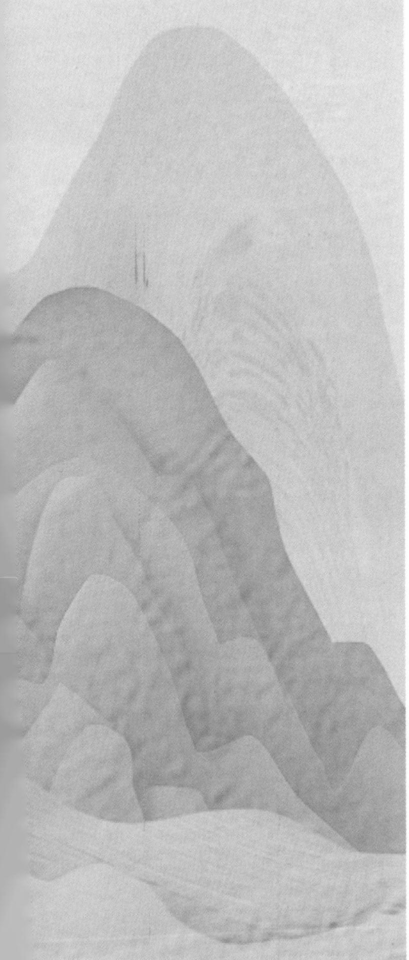

远影碧空集

丁四新 著

长江出版传媒 | 湖北教育出版社

图书在版编目（CIP）数据

远影碧空集 / 丁四新著. -- 武汉 : 湖北教育出版社, 2024. 7. -- ISBN 978-7-5564-5991-9

Ⅰ. C53

中国国家版本馆CIP数据核字第2024Q8U343号

远影碧空集

YUANYING BIKONG JI

出品人	方　平		
责任编辑	黄佑志	**责任校对**	李庆华
封面设计	李　枫　刘静文	**责任督印**	刘牧原

出版发行	长江出版传媒	430070　武汉市雄楚大道268号
	湖北教育出版社	430070　武汉市雄楚大道268号
经　　销	新　华　书　店	
网　　址	http://www.hbedup.com	
排　　版	武汉鑫伟创图文设计有限公司	
印　　刷	湖北新华印务有限公司	
地　　址	武汉市硚口区长风路31号	
开　　本	710mm×1000mm　1/16	
印　　张	30	
字　　数	415千字	
版　　次	2024年7月第1版	
印　　次	2024年7月第1次印刷	
书　　号	ISBN 978-7-5564-5991-9	
定　　价	118.00元	

王政杰、王巧生协助编理、校对是书，
谨致谢忱！

作者简介

丁四新，1969 年生，哲学博士。清华大学哲学系教授、博士生导师，中国哲学学科负责人，教育部“长江学者”特聘教授，全国优秀博士学位论文获得者。曾任武汉大学二级教授，现兼任中国哲学史学会副会长、中国周易学会副会长、北京市哲学会副会长。主要从事中国哲学、中国经学和中国古典学的研究。著作有《郭店楚竹书哲学思想研究》《郭店楚竹书〈老子〉校注》《楚竹书与汉帛书〈周易〉校注》《先秦哲学探索》《周易溯源与早期易学考论》《中国哲学通史·秦汉卷》《洪范大义》《上博楚竹书哲学文献研究》《出土文献与早期道家》等，发表学术论文 180 余篇。

2021 年 12 月 1 日，本书作者拍摄于清华大学蒙民伟人文楼

2015年1月24日，武汉大学李晓红校长看望本书作者

2009年6月26日，本书作者与郭齐勇先生、鲁汶大学Carine Defoort教授、哈佛大学Michael Puett教授合影于比利时鲁汶大学

目　录

前言…………………………………………………………………… 1

甲编…………………………………………………………………… 1

北辰星灿宏图美——丁四新先生采访记 ………………………… 3

灵根遍植凭精进——我的哲学学习与研究之路漫谈 ……………… 43

万卓恒先生行事及评论略纂 ……………………………………… 58

我们都有梦想——在武大哲学学院、国学院13届毕业生典礼上的发言 ……………………………………………………………… 78

乙编…………………………………………………………………… 81

萧汉明先生及其易学、中国哲学史研究 ………………………… 83

萧汉明教授七十寿庆座谈会程序 ………………………………… 86

萧汉明教授七十寿庆座谈会纪要 ………………………………… 89

丹柯炬　燃心授——回忆业师萧汉明教授四题 ………………… 95

痛悼恩师萧汉明教授 …………………………………………… 100

恩师病事琐忆 …………………………………………………… 101

扶进微学　尊广道艺——沉痛悼念庞朴先生并忆与先生交往二三事 …………………………………………………………… 104

一张合影照片——感念唐明邦先生的孝子深情 ……………… 108

沉痛悼念师祖唐明邦先生 ……………………………………… 110

沉痛悼念周继旨先生 …………………………………………… 112

丙编…………………………………………………………………… 115
《楚地出土简帛文献思想研究（一）》前言 ………………………… 117
序西班牙语《周易》译本 ………………………………………… 120
序《二程弟子心性论研究》 ……………………………………… 130
序《〈周易〉导读——帛书〈易传〉》 …………………………… 137
序《易纬今注今译》 ……………………………………………… 144
序《贾谊道论研究》 ……………………………………………… 151
序《周秦之际的月令政治模式及其政治理想》 ………………… 157
序《汉末道教的“真道”观及其展开——基于〈太平经〉〈老子想尔注〉〈周易参同契〉的研究》 …………………………………… 170
序《〈老子指归〉的哲学研究》 ………………………………… 184
序《西汉经学与灾异思潮》 ……………………………………… 203
序《湖湘学派体用思想研究》 …………………………………… 217
序《20 世纪初期儒墨比较思想研究：以梁启超、新文化阵营、学衡派为中心》 …………………………………………………… 225
学术导言二则 …………………………………………………… 236

丁编…………………………………………………………………… 239
《郑氏易义》后记 ………………………………………………… 241
《郭店楚墓竹简思想研究》后记 ………………………………… 242
《楚地简帛思想研究（二）》后记 ……………………………… 244
《楚地简帛思想研究（三）》后记 ……………………………… 248
《楚地简帛思想研究（四）》后记 ……………………………… 249
《楚地简帛思想研究》第五辑后记 ……………………………… 251
《玄圃畜艾——丁四新学术论文选集》后记 …………………… 254
《郭店楚竹书〈老子〉校注》后记 ……………………………… 255

《楚竹书与汉帛书〈周易〉校注》后记 …………………… 256
《学鉴》第四辑后记 ………………………………………… 258
《先秦哲学探索》后记 ……………………………………… 260
《周易溯源与早期易学考论》后记 ………………………… 263
《英语世界的早期中国哲学研究》后记 …………………… 268
《中国哲学通史·秦汉卷》后记 …………………………… 271

戊编……………………………………………………………… 275
评《象数易学发展史》第一卷 ……………………………… 277
道法自然的生命智慧——评《道家与民族性格》 ………… 281
评《传统智慧再发现》 ……………………………………… 285
简评《道家哲学智慧》 ……………………………………… 291
简评《郭店楚简〈老子〉校读》 …………………………… 295
吴于廑先生硕博学位论文读后 ……………………………… 299
《学术性格与思想谱系——朱子的哲学视野及其历史影响的发生学考察》评介 …………………………………………………… 307
主体性的彰显：中国哲学史的新书写 ……………………… 312
主体性的重光：论郭齐勇中国哲学史的书写观念 ………… 320

己编……………………………………………………………… 335
“禅宗与中国文化学术研讨会”综述 ……………………… 337
“海峡两岸孙逸仙思想与伦理社会之重构学术研讨会”综述 … 341
“郭店楚简国际学术研讨会”综述 ………………………… 345

附录……………………………………………………………… 353
序《郭店楚墓竹简思想研究》 ………………… 郭齐勇 / 355

扎实厚重　新见迭出——简评《郭店楚竹书〈老子〉校注》
…………………………………………………郭齐勇　夏世华 / 362
《老子》整理的又一力作——简评丁四新著《郭店楚竹书〈老子〉校注》
…………………………………………………………………曹峰 / 369
《郭店楚竹书〈老子〉校注》评介　……　陈慧（Shirley Chan）/ 375
评《郭店楚竹书〈老子〉校注》　…………………刘固盛　王闯 / 379
《郭店楚竹书〈老子〉校注》读后　……………………杨逢彬 / 386
郭店楚竹书《老子》在研究方向上的新突破——读丁四新《郭店楚竹书〈老子〉校注》　……………………………萧汉明 / 400
序《楚竹书与汉帛书〈周易〉校注》　……………………郭齐勇 / 407
《楚竹书与汉帛书〈周易〉校注》评介　…………………萧洪恩 / 411
综罗诸家，胆大心细——丁四新教授《楚竹书与汉帛书〈周易〉校注》读后　……………………………………………陈仁仁 / 415
帛书《易传》的哲学新知——读丁四新新著《周易溯源与早期易学考论》　…………………………………………………冯立 / 421
当代哲学视域下的易学创见——《周易溯源与早期易学考论》述评
……………………………………………………………郑朝晖 / 425
感受中国哲学的“世界性”——丁四新等著《英语世界的早期中国哲学研究》述评　………………………………………叶树勋 / 437
秦汉哲学史的新书写——简评《中国哲学通史·秦汉卷》……冯鹏 / 446
重写汉代之哲学——《中国哲学通史·秦汉卷》的哲学突破
…………………………………………………温海明　袁传志 / 450

编后记　…………………………………………………王政杰　王巧生 / 470

前　言

1969年，我出生于湖北省黄陂县（今武汉市黄陂区）乡下，大别山一隅。故乡赐予我的乡村经验，既古老又丰富，而这些古老经验似乎有助于我将来对中国传统经典及其思想的理解和研究。今天一出生就蛰居在城市中的人们是很缺乏这些经验的。教学过程中每每与学生谈起这些经验，我能深深地感受到他们的隔膜，他们的茫然。二十余年来的高速城市化，深深地改变了中国。当代中国已产生了两代几乎没有任何乡村生活经历和记忆的年轻群体，他们不仅在年轻人口数量上已占据了大多数，而且其分量正变得越来越重。然而，我不得不说，尽管面朝黄土背朝天的乡村生活很艰难，但是仍然给予我多方面的营养和价值。

20世纪80年代后半期，我有幸考入省重点中学——黄陂一中，从乡村跨入县级小城，并在这所中学里度过了一段令人奋发上进、记忆深刻的读书岁月。黄陂一中位于原前川中学的校址上，而前川中学是由胡康民（文化名人胡秋原的父亲）等人创办的（胡秋原本人也曾担任过这所中学的校长）。另外，民国大总统黎元洪曾担任该校的首任董事长。那时，黄陂一中官方常常用这段追溯来的动人校史激励一批又一批的青年学子。前川中学的校名，取自程颢《春日偶成》“傍花随柳过前川”的诗句。理学大家程颢、程颐两兄弟出生于黄陂城关，在此度过了他们的童年和少年时期。黄陂一中的这段校史及其背后的人文念想，也给予我深远而朦胧的记忆。我现在从事中国哲学研究，从事儒家经学研究，从事中国古典学研究，论缘起，是否冥冥之中与这些故事和念想有关？这是一个我现在难以回答的问题。不过，可以确定，居于县城文脉核心地带上的母校——黄陂一中给我留下了极深的印象，我为它感到骄傲，至今它在我心目中还是原来那种光辉灿烂、红瓦白墙、绿荫婆娑的样子。同时，作为一座小城，黄陂也给予我关于城市最初的样态。

1989年至1993年，我在厦门大学哲学系读大学本科。厦门和厦大干净、明媚、别致，一半是鲜花和陆地，一半是沙滩和海洋，充满了浪漫色彩，既温馨又新潮。那时的厦门是一座中型城市，是特区，我似乎带着一些梦想和期盼奔赴那里。厦门大学的校园很美，一座座带着浓郁闽南、南洋风格的黉宇矗立在海滨和山峦间，与中原地带的建筑风格迥异，给当时的我以极大震撼。尽管闽南的太阳有些毒辣，但从总体上来说，我在厦大的四年是一段惬意的时光。最初，我和我的同班同学都是以“社会工作与管理专门化”的名义被招入哲学系的，但最终，我们都以哲学专业的名义毕业，并获得了哲学学士学位。大概在大一下学期或大二上学期，我发现我对哲学逐渐产生了兴趣，而事实上我的哲学课程成绩也普遍偏好。这应当是我后来决定报考哲学专业研究生的内在动因。值得一提的是，1993年大四下学期，我很幸运，不但收到了武汉大学的研究生入学录取通知书，而且获得了黄秀玑奖学金500元。500元在当时是一个不小的数目，我用它还清了学费贷款，痛痛快快地离开了这座像花园一样的海边城市——厦门。

1993年至1999年，我在武汉大学哲学系中国哲学专业连续攻读硕博士学位，毕业时即因为博士学位论文得到了李学勤、庞朴和萧萐父等先生的肯定及导师郭齐勇教授的欣赏，我得以留校任教。顺便指出，拙作《郭店楚墓竹简思想研究》因及时研究郭店竹书而获评教育部2001年度全国优秀博士学位论文奖。1999年至2016年，我在武汉大学哲学系（哲学学院）工作，从事中国哲学的教学和研究，其间承担过一些行政工作（中国哲学教研室主任、哲学系主任和国学院副院长）。概括起来说，我的学术研究是从武汉大学起步和起飞的，我很感谢武汉大学和珞珈山的各位先生们。对于这方面的情况，本书有关文章作了一定追叙，可以参看。

2017年伊始，我来到清华大学工作，至今已有七个年头。去年（2022年）春夏学期，我在武汉大学带的最后一位博士生面临毕业，我即感到颇有必要对我的过去作一番梳理和总结。6月上旬，我有进一步的想法，并于当月

14 日深夜建群，告诉王巧生、王政杰两位学生我的打算。6 月中旬，我初步设想了本书的结构，并将有关文章集合了起来。6 月 21 日晚，我将有关文档发给了王巧生和王政杰，委托他们整理、校对和编辑本书的初稿。另外，部分资料还需要搜集和核对，这项任务也一并交给他们。7 月 7 日，季磊、赵乾男和王政杰对我做了一次专访，内容主要涉及我的学术经历、学术贡献以及教研经验和方法等。这篇采访稿已作为重点文章，收入本书中。

去年 11 月，巧生和政杰将整理好的稿子返回给我，但因为忙，我一直拖到今年（2023 年）3 月才抽出空来仔细审阅一遍。我的审订工作，一是对自己所写的序、跋、评论、纪念文章等略加润色，二是对季磊等人整理的采访稿进行了一定修改，又补写了《灵根遍植凭精进——我的哲学学习与研究之路漫谈》一文，三是对全书结构作了一定整饬，增删了个别文章。附录部分收入了一些他人对笔者已出著作的评论。对于此类文章，我特地嘱咐巧生进行了核对，力求跟发表时一致。

拙稿主体部分由六个部分组成，甲编为采访、报告等，乙编为纪念文章，丙编为序，丁编为跋，戊编为书评，己编为会议综述，另编有附录。需要指出，先师萧汉明教授为小书《郭店楚竹书〈老子〉校注》撰写的评论在他生前并未发表，今以先师文字不敢隐没故，此次特地收入本书附录中。本来是邀请他老人家给小书作序的，但鉴于丛书主编已作总序，且要求每本书不再单独加序，故先师顺手写下了这篇书评。

拙稿书名，取自中华诗词名句——“孤帆远影碧空尽，唯见长江天际流”。李白这两句诗的意境孤远、阔大、雄浑。一江春水向东流，孤帆远影踊跃于南国天际。书名即取意于此，同时作为标记，提示本书的内容主要与武汉及武汉大学相关，如斯而已矣。

最后，我要感谢拙稿中所涉及的每一位先生、前辈、同仁和学生。拙稿在形成和编辑过程中，曾得到王政杰、王巧生、季磊、赵乾男、王振辉、戴忠路等青年才俊及武汉大学档案馆涂上飙馆长的帮助；出版过程中，又劳博士生赵乾男、王子航、赵卓凡、陈建汉、王瑞琛和硕士生周心仪参与校对，特此致谢！同时，感谢湖北教育出版社编辑的付出！

又，本书的出版得到了清华大学人才引进经费的资助，特此注明。

丁四新

癸卯年谷雨于北京双清苑

甲编

北辰星灿宏图美

——丁四新先生采访记*

一、学思历程

（一）硕士阶段

问：丁老师，采访前，我们对您的经历作了一些了解。我们知道您本科就读于厦门大学，但为什么后来会选择去武汉大学读研呢？这中间有什么机缘和故事吗？

答：首先需要说明，现在一个人做学问基本上是从硕士或博士阶段入门的。我的学思历程同样如此，也是从硕士研究生阶段开始的。

当初我报考武汉大学，一个基本原因是厦门大学离我的家乡湖北黄陂太远了。厦门属于闽南地区，是一个与中原文化相隔较大的地方。回顾当初从湖北去闽南，我强烈感觉到那里的文化色彩、风格很不一样，与湖北地区相差很大，这尤其表现在建筑风格和形式上。从大一到大三，我内心里想回家的念头日渐强烈起来。所以，到大三下学期，我就决定优先报考

---

* 2022 年 7 月 7 日，季磊、赵乾男、王政杰通过腾讯会议对本人进行了采访。本采访稿由季磊整理，赵乾男、王政杰审订和补充。笔者对他们交来的稿子做了一定修改。——丁四新于 2023 年 4 月 2 日。

武汉大学。报考前，我曾给萧萐父先生写了一封信。为什么我联系萧先生呢？因为当时厦大“中国哲学史”课程使用的教材就是由他和李锦全两位先生主编的。① 由于萧老先生其时已不带硕士，他就将这封信直接转给了我后来的导师萧汉明先生。萧汉明老师立即给我回了信，欢迎我报考。简言之，我报考武大研究生的原因主要有两个：一是武大位于我的故乡，二是及时收到了萧汉明老师的回信。

那时，研究生升学虽然已开始了推荐制，但主流仍然是笔试，笔试成绩很重要。研究生笔试跟现在一样，是在考生所在学校进行的，所以我就在厦门大学参加了考试。结果出来，我的考试成绩比较理想，在几位报考武大中国哲学专业的学生中总成绩最高。无疑，我能够进入面试，最重要的因素是我的总成绩很突出。后来，萧汉明老师还告诉我，当看到我的书信写得有模有样的时候，他就已经在较大程度上决定录取我了——那年，武汉大学哲学系分配给中国哲学学科的硕士生录取名额仅一名，但我很幸运，萧汉明老师及导师组在四名参加面试的考生中选择了我。之后，武汉大学及中国哲学学科的导师们给予了我很多学习和发展的机会，这是我今天特别需要感谢的。

问：据我们了解，在当时，读研一般不是学生们的最佳选择，那您当时为什么选择读硕士，而不是大学毕业后直接参加工作呢？

答：一个原因跟我的家庭出身有关，本人家庭没有什么背景。另外一个原因是，我也不太善于与人交往，平时喜欢独来独往，独自思考和独自做自己想做的事情。所以一进入大学三年级下学期，我就很快做出决定，先报考研究生。顺便指出，在当时，读研确实不是一个受人欢迎的选择，经商下海、赚钱捞钱才是那时的风尚。这样，整个社会的考研动力不大，不像现在考研形成大军，如此壮盛。我们班共 23 位同学，平时学习成绩最

---

① 肖萐父、李锦全主编：《中国哲学史》上卷，人民出版社 1982 年版；《中国哲学史》下卷，人民出版社 1983 年版。姓氏“肖”，本应作“萧”。由于当时尚在推行新版简化字，出版方遂将“萧萐父”改为“肖萐父”。

靠前的几位都没有考研，他们也似乎没有读研的愿望。这与我不一样，我很早就感受到了来自命运和生活的双重压力，于是在大三下学期决定报考研究生。除此之外，我那时之所以决定考研和读研，是否有一些来自学术爱好和学术追求的因素呢？对此，我无法完全否定，但基本原因还是来自现实的压力。

问：您觉得，与在厦门大学相比，在武汉大学读书您有哪些不一样的体会呢？

答：这是一个很犀利、很敏感的问题。作为学生，我通常会尽量回避这样的问题，不愿比较这两所母校。现在，我只能勉强说一说。这两所学校有许多共同点，但也存在一些不一样的地方。就学习环境来说，这两所大学给我的个人感觉不太一样。厦门大学位于厦门市，厦门是中国对外开放和经济建设的试验区，也就是所谓特区。顺便插一句，在 20 世纪 80 年代至 90 年代初，厦门与其他几个经济特区的差距似乎并不明显，甚至在一定意义上来说，厦门算是领先的。厦门当时的商业风气很浓厚，港台风、西洋风、东洋风成为人们竞相追逐的时尚。尽管作为大学生，身处校园内，我们受到的影响有限，但是现在回想起来，我仍然感觉到不仅大家很浮躁，而且那时的我也很浮躁。一边是“外面的世界很精彩”，大家静不下来；一边是“外面的世界很无奈”，大家很感伤。回到武汉，进入武汉大学后，我个人在读书上变得非常专注，一连数年两耳不闻窗外事，几乎不关心外面的世界。不管是读硕还是读博，哪怕是一段极短的时间，我也会习惯性地利用起来，一边拿着书看，一边用笔画一画。我依稀记得，在参加会议的间隙，我也会看书，读经典。同时，我会不时抽出时间练习写论文。在漫长的读书生涯中，我有两个阶段比较痴迷于读书，分别是初中二、三年级和高中。初中二、三年级时，不知不觉我就迷上了读书，所以学习成绩很快就提了上来；到了高中，我仍然保持了这一劲头。但是，上了大学后，可能因为压力没有那么大，也可能因为环境开始变得温软，我的用功程度就不及上两个阶段了。读书主要靠自己，研究也主要靠自己，从初中二、三年级开始，我就慢慢养成了这种阅读习惯。很庆幸，这一习惯我一直保持了下来。

不过，我在读硕读博期间的学习状态，是否能够反映当时武大整个研究生群体的风气呢？我不是从事高等教育研究的，对于这个问题无法回答。我深知，个人状态不等于整体状态，个人情况未必能够反映整体情况。近十余年来，武汉大学的排名一直稳定在前十名的样子。厦大的排名也很稳定，很不错，是一所非常优质的学校。从全国范围来看，厦大地处东南一隅，比较孤立，这是它不利的一面。另外，福建的商业风气过重，曾经在一定程度上影响了该地高等教育的发展。不过，厦大号称“南方之强”，事实上它一直深受莘莘学子的热烈欢迎。

问：丁老师，进入硕士阶段之后，您主要学习了哪些内容？我们了解到您的硕士导师是萧汉明教授，您的硕士论文是研究郑玄易学的。当初，您为什么会选择这个题目呢？又是怎么进行这项研究的呢？

答：在硕士阶段，我上的课程比较多，中国哲学专业的老师们开设的课程我几乎都上了。课程大概有这些：儒家哲学专题、道家哲学专题、道教哲学专题、佛教哲学专题、易学哲学专题、中国哲学方法论、中国哲学史料学、现代中国哲学、中国哲学前沿、日本哲学等。课程主要采用专题形式，以讲授和经典研讨为主。除个别外，专业课都采用论文考核的方式。学习写作学术论文，是做研究生的头等大事和关键任务。论文写得怎么样，观点是否有创新，不仅直接关系到自己的学术前途，而且关系到老师们的评价和自己的感受。应该说，我写论文很用心，也很勤奋，花费了大量时间。当然，论文写废了的也不少，但重要的是我不因此气馁。上这么多专业课还有一个原因，就是僧多粥少，老师多，学生少。那一级中哲专业硕士生就我一个。

从 20 世纪 80 年代到 90 年代，中国学术界处于拨乱反正和多元化发展的阶段。在此时代背景下，《周易》经学逐渐在高等学校获得了承认，一些高校可以开设相关课程。导师萧汉明先生是改革开放后第一批从事易学研究的学者，他的硕士论文就是做船山易学研究的（《船山易学研究》，华夏出版社 1987 年版）。从入学开始，萧汉明老师似乎已预定要我做易学研究。一年级时，我阅读了许多易学书籍。当时，武大哲学系图书室及校图书馆收藏的相关资料并不丰富，可以说相当匮乏。我除了将校图书馆、系资料室的易学书籍读完外，还找导师及其他老师借了一些书来看。到了二年级，进入选题阶段，萧汉明老师直接给我划定了范围，要求我从象数易学入手。最后，他确定我研究郑玄易学。所以从二年级下学期开始我就思考如何做这一学位论文，大概在二年级末，我就将论文题目暂定为《郑氏易义》。

《郑氏易义》这个题名带有仿古色彩，那时我被古风所打动。如果从现在一般命名习惯来看，它应当叫作《郑玄易学研究》或《郑玄易学思想研究》。到二年级末，研究资料都已基本搜集齐全，我也大体上研读完了。1995 年暑假，我进入写作状态，至当年 9 月底，毕业论文初稿已经大体上完成了。相对于学校的要求来说，我的写作进度大大提前了。写论文时，我很注意结构的处理，注意其逻辑关系，同时注意宏观架构与具体章节目的有机结合。另外，我也很注意各级题目的名称，力求允当、准确。创新当然是一篇学术论文的关键，论述及论文结构都是为此服务的。其实，观点和看法有创新，论文写起来才得力，作者才会感到兴奋。

问：我们知道您的硕士论文做得很成功。我们想知道，硕士论文的训练对您后来的学术道路有哪些影响。

答：硕士论文写完之后，我感到很成功的地方是这篇论文的框架结构。我在读完郑玄的《易纬注》《周易注》等资料后，经过一定琢磨，就拟订了一个较为宏大、得体并富有逻辑的章节框架。这一点得到了老师和评阅人的一致肯定，评阅人张善文先生还专门给萧汉明老师来信一封，对我表示欣赏和关切。拙文分成“引言：郑易纲旨”和“‘易一名而含三义’梳辨”“本无论”“乾坤论”“爻位论”“人文论”五章，站在一个新的高度上对郑玄易学作了较为全面的梳理和论述。在具体写作上，我的办法比较单纯，没有采用很复杂的套路，而是在研读第一手材料的基础上，读到了什么内容，触碰到了什么精义，我就按照这些内容反复设计出一个合理的框架，将其十分简明扼要地表达出来。我写文章，不喜欢受过多的局外因素牵扯和影响。以上两点，在我后来的论文写作中都保持了下来，是我的特色。可以说，这篇论文的创新首先体现在章节结构的设计上。此前，学者（包括清人）对郑玄易学虽然有一些叙述，但都不系统，也不够鲜明。此外，这篇论文在郑玄易学思想，乃至易例上有一些新发现。论文得到了萧汉明老师和各位评阅专家的首肯，故这篇论文的完成标志着我正式进入了易学领域。

这里补充一下，当初萧汉明老师选择郑玄易学作为我学位论文的选题，是因为他认为，一名合格的易学专家不能单从义理角度切入，而应该首先从象数角度进入，因为象数是易学的特有语言。一个人只有掌握了象数，才能真正掌握《周易》语言，才能真正理解《周易》注疏的传统。所以象数是一个人进入易学领域的必经门槛，否则，在萧汉明老师看来，他进入不了易学的门庭。这样看来，我很幸运，较早迈过了易学的这道门槛，真正进入了易学研究领域。

（二）博士阶段

问：丁老师，在你们那个年代，年轻人读博尚未形成风潮，而您为什么又打算在硕士毕业后继续读博呢？

答：我硕士即将毕业那一学期，在萧汉明老师的推荐下，报考了郭齐勇老师的博士研究生。我硕士毕业那学期，萧汉明老师才在上一年（1995 年）11 月评上教授，他还需要在来年评上博导，然后才能带博士生。20 世纪 90 年代中期，中国社会已兴起了官员和商人返校读博的风潮。我后来才了解到，那是政策推动的结果。但我与他们不同，主要出于学术兴趣，我优先考虑读博。当时，我有就业的机会，已经通过了武汉市某政府部门的考察，但最后我还是放弃了，选择了继续读博。

问：与硕士阶段相比，您在博士阶段的学习情况有什么变化吗？

答：博士生阶段的学习与硕士生阶段相比有很大不同。在硕士阶段，我选修了很多课程，除了最后一学期，几乎每学期都有两三门专业课。到了博士阶段，除了英语和政治外，我们几乎不需要上课，平时主要是自己读书、做研究和写作。印象中，我们有两门专业课，最后通过交论文及举行报告会的形式完成，导师组以此作为评定两门专业课成绩的依据。

在硕士阶段，我主要阅读了易学方面的著作，同时写了一些文章。为了写文章，我也阅读了一些相关论著。同时，从硕士到博士阶段，我阅读了一些现代学者的著作，如徐复观、牟宗三的著作。那时，港台新儒家的著作进入大陆，大家都争着看。博士阶段的学习和研究主要靠自己，当时我已将1954版的《诸子集成》全部看完了，边看边画线，有时在天头地脚上做一些批注。其中，我对《庄子集释》《荀子集解》《墨子间诂》等著作作了重点研读。读完《庄子》，我又参看了王叔岷的《庄子校诠》等多种研究著作。总之，在博士阶段，我阅读和理解中国经典的能力实现了质的飞跃，真可以说“大鹏一日同风起，扶摇直上九万里”。

问：郭齐勇老师曾在《郭店楚墓竹简思想研究》一书的“序”中提到，您在博士论文的选题上曾发生过变化。我们想知道，这个变化是怎样发生的，您又是如何走上简帛研究这条道路的？能给我们讲一讲这个过程和原因吗？

答：原先，郭齐勇老师本想让我做《尚书》研究的博士学位论文。不过，现在看来，如果我当初做那个题目，恐怕就不会像现有博士论文《郭店楚墓竹简思想研究》那样有名气了。毕竟，对《尚书》文本及其思想的理解需要一个逐步深入的过程。

在我博士二年级下学期，受杜维明主任的邀请，郭齐勇老师去哈佛燕京学社做了半年高访。在那期间（1998年1月至7月），美国达特茅斯学院的艾兰（Sarah Allan）教授主持召开了“郭店《老子》国际学术研讨会”，这次会议在国际汉学界产生了巨大影响。为什么这次会议会产生如此巨大的影响呢？我们知道，老子其人其书及其思想是20世纪中国学术界讨论的一个重点和焦点，古史辨派对老子其人其书的问题尤其上心，提出了一些在今人看来非常荒唐的观点和想法。1993年10月，郭店简出土，其中有《老子》的消息不胫而走，海内外从事中国古代研究的学者都十分兴奋。1996年，杜维明先生在出任哈佛燕京学社社长后，立即无条件赞助了荆门市博物馆一笔科研经费，以帮助馆方尽快将这批竹简整理出来。当然，现在看来，郭店简的学术价值和意义其实比人们当时所估计的更大、更重要。据笔者考证，郭店简很可能包含了孔子本人的著作，《尊德义》《六德》《成之闻之》很可能是孔子著作，《性自命出》也主要表达了孔子的思想。如果当初学者意识到这一点的话，那么郭店简的学术价值和意义会变得更大，部分学者也会因此变得更为兴奋。

1998年5月，在“郭店《老子》国际学术研讨会”召开后不久，郭老师用电子邮件跟我联系，询问我能否更改选题，改做郭店简的研究。这样，1998年6月，我即有意转向，开始接触和阅读郭店简的文本。当年7月份，郭老师结束了访学，从美国返回，给我带回了他在哈佛大学搜集到的相关资料。在当年暑假，我便不间断地研读郭店简文本和这些研究资料。后来，其他老师还带回来了一些相关资料。那时，武汉大学已有好几位学者从事出土文献的研究，如徐少华老师、陈伟老师、罗运环老师。武汉大学具有较浓厚的研究出土文献的学术氛围。我就是在这种学术环境中大胆地往前走，闯入了简帛思想研究领域的。当然，我“初生牛犊不怕虎”的性格也起了一定作用。从选题的发生来看，我是被郭齐勇老师引导着进入这个领域的。不过，我能够作出如上选择，也说明我本人当时具有一定的学术勇气和敏感性。

问：丁老师，您的博士论文后来产生了很大影响，更被评为“全国优秀博士学位论文”，是您的成名作，您能给我们总结一下取得成功的原因吗？

答：现在看来，当初郭老师和我选择做《郭店楚墓竹简思想研究》这个题目，证明是对的，是很成功的。由于毕业在即，在《郭店楚墓竹简》（文物出版社1998年版）出版后的第二年初，我即完成了学位论文的初稿，并于1999年5月通过了答辩。由于是国内国际第一篇研究郭店简的博士学位论文，所以它具有特别意义，消息也不胫而走。总的来说，我的博士论文能够取得成功的原因有三点：一是选题站在学术前沿，是当时国内国际学术的焦点；二是它很快被写作了出来；三是质量达到了令各位评委和答辩委员比较满意的程度。

大概从1999年开始，教育部、国务院学位委员会组织“全国优秀博士学位论文”的评选。2000年，我的博士学位论文《郭店楚墓竹简思想研究》之所以能够被学院和学校推荐去参评“全国优秀博士学位论文”，我后来听说这是多重因素综合作用的结果。我的博士论文先是通过了省内专家的通讯评审，后又通过了国家层面的专家通讯评审、会评和终评。大概在2001年春，《郭店楚墓竹简思想研究》入选“全国优秀博士学位论文”的消息传来；同年7月，教育部、国务院学位委员会给我颁发了证书。

此外，在硕士和博士阶段，我发表学术论文，几乎不用本人操心，论文一般被老师们直接推荐给刊物，发表了出来。论文的不断发表，刺激着我的学术热情，而学术热情无疑是通往成功的重要动力。我很感谢珞珈山的先生们。

问：请您再总结一下，硕博研究生阶段的学习对您以后的学术研究有哪些意义？

答：现在看来，硕士和博士阶段是我做研究的两个入门阶段。这两个入门阶段在两个不同的重要方向上，给我打开了两扇大门，一扇通往易学，一扇通往简帛思想。而且，我的易学研究集中在先秦秦汉时期，于是很自然地，先秦秦汉哲学成为我学术研究的重心和中心。这样一来，我的学术特色十分鲜明，优势明显，给人留下了非常深刻的印象。简单说来，硕士和博士阶段的意义是让我实现了两次大的跨越，由此我进入了学术研究的殿堂。

（三）第一次转变（2007年）

问：丁老师，您在博士毕业、参加工作后，研究兴趣和研究观念上发生了哪些变化呢？2010年和2011年，您先后出版了《郭店楚竹书〈老子〉

校注》和《楚竹书与汉帛书〈周易〉校注》这两部校注性著作，是什么机缘促使您去做这类研究呢？

答：从博士毕业到目前为止，我的学问研究大体上经历了两个阶段，发生了两次重要的转变。一次大概是在 2007 年，无论是在观念、方法还是深度上，我的学问研究都发生了明显变化。首先表现在观念和方法上。以前，在读硕读博阶段，我主要是按照思想研究的套路来做学问，在其他方法上缺乏培养和训练，显得颇为不足。当然，这也是当时学科培养的模式所造成的。思想归纳和思想分析是我们学科（中国哲学）的基本方法，这一方法一方面给我们带来了一些好处，但是另一方面限制了人们对于经典的理解，因为人们对经典及其所构成世界的理解不完全依赖于“思想方法”。面对典籍及古代社会，“思想方法”的局限性早已被清代学者所认识。面对出土文献，我很希望在学问方法上有所突破，能够综合运用不同学科方法和手段。

在 2007 年前，通过自学，同时通过揣摩简帛学界的一些做法，我也进行了一些注释工作。其中还存在一个机缘。大约是 2004 年，庞朴先生交给我一项任务，让我负责马王堆帛书《周易》经传的校点，他是《儒藏》精华编“出土文献卷”的主编。他大概知道我研究《周易》，平时发表过几篇研究易学的文章，所以当我一从哈佛燕京学社回来，他就立即来信邀我承担这项任务。我先是推辞数番，未果，就只好勉为其难地接受了。做完这件事后，我内心比较忐忑，对这项成果并不满意。不过，通过承担这项任务，我锻炼了自己的能力，在学术研究的观念和方法上开始发生变化，慢慢摸索这一方面的门道。

在校注上，我真正在观念和方法上有所突破，还要到 2007 年后。那时，我立下决心，要在基础研究上有所突破，所以我默默地展开了校注郭店《老子》的工作。为了做这项工作，大概是在 2006 年夏天，我先对照着郭店简图版，结合学者们的释文，将全部简文重新认了一遍，并用电脑严格造字，隶写了一遍。经过这一番学习，我获得了一些古文字和古声韵方面的感觉，这种感觉增强了我进一步做文本校注和注释的信心，我也陆续发表了一些注释性文章，例如我在《周易研究》（2007年第2期）上发表了《〈易传〉类帛书零札九则》一文。之后，在2007年至2009年，我集中精力做郭店《老子》校注，完成了书稿。2009年春天，适值陈伟老师担任“楚地出土战国简册研究”丛书的主编，正在组稿。他来信问我有没有相关书稿，而我的这部书稿恰好当时已大体完成，于是在当年秋天我即将《郭店楚竹书〈老子〉校注》书稿发给了陈伟老师。这套丛书被列为“十一五”国家重点图书，得到了国家古籍整理出版专项经费的资助，后来又获得了第三届中国出版政府奖图书奖提名奖（2013年）。同时，这部著作也获得了武汉大学第十二届人文社会科学优秀成果奖一等奖和第六届高等学校科学研究优秀成果奖（人文社会科学）三等奖。可以说，我的这部著作的完成标志着我完全胜任出土简帛古书的校注工作了。自2009年冬天开始，我花了大概一年时间完成了《楚竹书与汉帛书〈周易〉校注》的书稿，并交由上海古籍出版社出版（2011年）。这部著作后来获得第九届湖北省社会科学优秀成果奖一等奖、第七届高等学校科学研究优秀成果奖（人文社会科学）三等奖、第三届全球华人国学成果奖。

总之，2007年后，我做学问的观念和方法发生了较大变化，能够胜任出土简帛古书的校注工作。而这种能力，自然对我处理传世古书的相关问题大有帮助，对理解经书和研究古代哲学思想大有助益。戴震在《与是仲明论学书》中说：“寻思之久，计于心曰：《经》之至者，道也；所以明道者，其词也；所以成词者，字也。由字以通其词，由词以通其道，必有渐。”对于研究经书和先秦学问来说，戴震的说法是很有道理的。

同时，需要指出，这不是说在这段时间里，我的思想能力停滞不前，实际上恰恰相反，我的思想能力和理解能力也有了显著提升。同样，这得益于一个重要机缘。2002年至2003年，我在哈佛燕京学社访学。在此期间，杜维明先生在他的公馆里召集了一个读书会，成员除我之外，还有陈立胜、林月惠、张寿安、郑宗义等人，次年（2003年）陈昭英、李明辉也参加了。当时，我们读了《郭店楚墓竹简》《白虎通》《北溪字义》《孟子字义疏证》

这四部书，大家都很投入，讨论很热烈。我受益匪浅，感觉思考力和理解力都有明显提高。这是我需要特别感谢杜维明先生及各位参与人的。

问：读老师的著作，令我们佩服，特别是您能熟练地运用多种学术方法，而有些方法是做中国哲学或中国思想研究的学者很缺乏的。请问，这是怎样做到的呢？具体说来，您在研究观念和研究方法上有哪些转变呢？

答：总体而言，在2007年至2010年间，我在学术方法上完成了比较大的转变，我在理解古文字、古音韵以及文献校勘、出土古书的校注等方面的能力有了大幅提升。其中，我掌握了古音通假规则，并可以熟练地加以运用；在古文字方面，我基本上能够辨别学者释读的正确性。对于一名做先秦哲学或先秦思想的学者来说，能够做到这两点就够了。在当代中国哲学学界，学者对这两种技术的掌握和运用还很不够，观念上好像也没跟上。

因为方法的转变，我的研究观念也发生了转变。做学问，研究方法不能太单一，尤其在先秦这一块。大量出土新材料、新文献突破了旧材料和旧文献，而文献是我们进行先秦思想研究的基础，既然文献已变，那么我们的观念就应当相应地发生改变。做先秦研究，掌握不同的学术方法是非常必要的；所用方法不同，所呈现出来的思想世界可能会很不相同。所以我主张，在做古典学问时，应该掌握多种研究方法，从多个方面加以处理和理解，否则很多问题难以得到呈现和解决。在整个中国哲学圈，我算是一个特例，既可以做思想研究，又可以做校注性的工作，可以熟练地运用小学方法来解决思想研究上的一些问题。我的研究观点和结论的得出，往往与我能够综合地运用多种研究方法有关。因此，我在中国哲学圈具有独特性和标识性，与其他学者的区别比较明显。

（四）第二次转变（2017年）

问：从厦门大学到武汉大学，从武汉大学到清华大学，每一所学校都是让我们非常羡慕的学校。武大是您的母校，据我们了解，您在那里其实做得很成功，发展很顺利，在许多方面领先于国内同行同侪，可以说前途无量。因此我们想知道，丁老师是基于怎样的考虑而决定离开武汉大学，来清华大学工作的呢？

答：2017年，我在人生和学术道路上确实又发生了一次转变。当初，我之所以决定来清华大学工作，原因之一是清华大学在北京，而北京是中国学术圈的中心。另一个原因是，清华大学研究生的起点可能比武汉大学的要好一些。当然，还有其他原因，这里按下不表。

从传授学问的角度来看，我的观念也有一定变化，指导学生的愿望及对学生的期望都有所增加。我现在对你们的要求高一些，也希望你们自强不息、努力奋斗。应该说，我来北京工作的一个目的就是为了培养学生。来北京工作或来清华工作，这当然会给我带来一些其他方面的正面影响，但老实说，这不是我所看重的。

总之，2017年，我从武汉大学调至清华大学工作，从培养学生的角度来看，意义是积极的。当然，从武汉到北京，环境的变化也带来心态的一些变化。但我年龄已长，不论天地如何变化，我都处之泰然。同时，这五六年来，我的学术观念也有一些变化，如“经学哲学”观念在我心中变得更为明晰，以孔子和子思子为中心的“新孔学”概念也已浮现；我更加重视基本观念、核心概念及中国哲学发展关键点的研究；老子哲学、庄子哲学、孟子哲学和荀子哲学时时跃动在我的写作规划中。另外，这几年，我的学问胆识也进一步见长，得到了锤炼，心中廓然，只是一个“公”。

二、学术研究

问：丁老师，您认为您的研究重点和学术贡献主要体现在哪些方面？

答：整体上来看，我的研究重点都与我在硕博士阶段的培养和训练有关，大体上可以分成三个板块，第一个是先秦秦汉哲学研究，第二个是简帛思想与早期《老子》文本研究，第三个是以《周易》《尚书》为中心的经学研究。

（一）先秦秦汉哲学研究

问：首先请您简单概括一下您在先秦秦汉哲学上的研究。

答：先秦秦汉哲学是我的学术研究的一个重点和焦点，一直到现在都是如此。在此领域，我的研究是儒道两家并重的，并不明显偏向于哪一家。同时，我对先秦秦汉时期其他学派的哲学思想也很感兴趣。对于诸家，我基本上持平衡态度。当然，在实际研究中，我是有选择和有重点的。目前看来，我的研究主要围绕儒家和道家展开，这可能是间接受到整个中国哲学圈影响的结果。在此基础上，我在人性论、三纲问题以及秦汉哲学上作出了一些成绩，对学界有所贡献。

问：人性论一直是中国哲学，尤其是儒家哲学研究的重点和难点，您在这一方面进行了哪些研究呢？相较于已有的研究，您认为您的贡献主要体现在哪些地方？

答：首先，在人性论方面，我发表了多篇学术论文，最近的一篇发表在《中央民族大学学报（哲学社会科学版）》2021 年第 3 期上，名为《作为中国哲学关键词的“性”概念的生成及其早期论域的开展》。此前，我在刘笑敢主编的《中国哲学与文化》集刊上发表了一篇名为《生、眚、性之辨与先秦人性论研究之方法论的检讨——以阮元、傅斯年、徐复观相关论述及郭店竹简为中心》[①] 的论文，在《现代哲学》2020 年第 3 期上发表了一篇名为《〈孟子〉“天下之言性也”章研究与检讨——从朱陆异解到〈性自命出〉“实性者故也”》的论文，在《文史哲》2006 年第 5 期上发表了一篇名为《世硕与王充的人性论思想研究——兼论〈孟子·告子上〉公都子所述告子及两“或曰”的人性论问题》的论文，以及在《陕西师范大学学报（哲学社会科学版）》2007 年第 4 期上发表了一篇名为《论早期先秦儒学的养气说

① 原载《中国哲学与文化》第六辑，广西师范大学出版社 2009 年版；《中国哲学与文化》第七辑，广西师范大学出版社 2010 年版。后收入丁四新：《先秦哲学探索》，商务印书馆 2015 年版。

与养性说》的论文。这几篇论文主要研究先秦人性论或性命论问题。此外，我还研究了王安石的性命论思想，写了一篇长文，后拆成三篇发表在陈鼓应主编的集刊《道家文化研究》和杨国荣主编的集刊《思想与文化》上[①]。

这些文章对于中国古典人性论的研究是有学术贡献的。在《作为中国哲学关键词的“性”概念的生成及其早期论域的开展》一文中，我对“性”概念的生成问题作了深入探讨，区分了“生”和“性”两概念，而在此前人们对“生”和“性”关系的叙述不很清晰，问题意识不够正确和全面。关于“性”概念产生的思想背景，这篇文章主要集中在两点上，一是天命论，二是宇宙生成论。“性”概念正是在天命论和宇宙生成论的思想背景下产生和提出来的。在春秋晚期，“性”概念正式形成，并开始流行。不过，关于孔子在先秦人性论产生和发展过程中所起的作用，学界的看法和论述一直很笼统，很模糊，甚至个别学者曲意否定孔子生前曾言性的事实。我这篇文章的一个重点是指出孔子在先秦人性论的产生和发展过程中作出过巨大贡献，甚至关键贡献，而这个关键贡献就是他将“性”与“天命”概念直接关联了起来，或者说贯通了起来。郭店简《性自命出》说：“性自命出，命自天降。”这两句话应该视为孔子思想的表达，出自孔子的思想创造。在孔子之前，《左传》《国语》都没有出现这样的思想脉络。在此脉络中，“天命”与“生性”被直接贯通起来，“人性”被看作“天命”的下落和转化，由此“天命”成为现实一切生命存在的终极根源，而且通过“性”的禀受，天命又被内在化了。中国文化的一个关键特质由此被构造出来。由此可见，“性自命出，命自天降”两句十分重要，是中国思想和文化的一大创造和转进。我论证了这一思想创造和转进的任务很可能是由孔子完成的；而在此之前，

---

① 丁四新：《王安石性命说的演进及其内在线索》，载《道家文化研究》第二十六辑，生活·读书·新知三联书店2012年版，第204–216页；丁四新：《性相近也，习相远也——王安石性命论思想研究（上）》，载《思想与文化》第十二辑，华东师范大学出版社2012年版，第193–202页；丁四新：《王安石性命论思想研究（下）》，载《思想与文化》第十三辑，华东师范大学出版社2013年版，第165–202页。

没有学者作出此一论证，或得出这一结论。人们往往习惯于沿用《中庸》“天命之谓性”的命题推论，而不能窥破孔子思想创造的真正所在。通过提出“性自命出，命自天降”的命题，孔子本人接上了中国文化的传统，成为中国文化的新奠基者和创造者。

《生、眚、性之辨与先秦人性论研究之方法论的检讨——以阮元、傅斯年、徐复观相关论述及郭店竹简为中心》这篇论文，对《性自命出》和《语丛二》这两篇出土文献进行了相关文字和文本研究，由此批评了傅斯年、徐复观和阮元的观点，特别指出了傅斯年《性命古训辨证》在文字知识和方法论上的缺陷，而此缺陷是根本性的。傅斯年自认为其大作有两个创新点，一个是所有传世先秦文献中的“性”字都应当还原为“生”字，认为先秦不仅不存在“性”字，而且不存在“性”概念；另一个是他对“命”和“令”的关系，以及对从先秦到两汉所有与“命”相关的概念内涵，从语言到文本再到观念作了系统说明。目前看来，傅斯年对先秦“性”概念及其与“生”关系的基本看法是错误的，不符合郭店简所显示的相关语言和概念事实。在郭店简中，“性”字大量存在，且明确与“生”有别；在与“生”字严格相区别的基础上，所有“性”字一律写作“眚”字，借“眚”字为之，故战国中期“性”概念是明确存在的。《性命古训辨证》常常被人们推崇为傅斯年的代表作，但现在看来，它只能作为反面教材。由此，我这篇文章还从方法论上批判了傅斯年等人所主张的历史语言学研究方法。这种方法被他抬举得很高，当作科学一样。其实，现在看来，它并不科学，局限性和欺骗性很大，需要深度反省和批评。不仅如此，民国时期的考据活动，大多是屁股决定脑袋，严重受到时代观念和个人立场、倾向的影响。

《〈孟子〉“天下之言性也” 章研究与检讨——从朱陆异解到〈性自命出〉“实性者故也”》是目前研究和检讨《孟子》“天下之言性也”章最深入和系统的一文。理解《孟子》“天下之言性也”一章一直是学术史上的一大难题，很多学者都写了文章，但是问题一直没有得到解决。我的这篇文章批判性地梳理了相关说法，应当说，比较准确地理解了孟子的意思，解决了相关问题。

写作《王安石性命论思想研究》一文，我花了很多工夫。王安石从青年到晚年在性命论上多有变化，但长期以来，其人性论思想的线索掩盖在无序的文献中。要梳理清楚王安石性命论思想发展的脉络和宗旨，就需要我们先对相关文献做一番考据，确定其写作时间。我的这篇文章就特别关注了这一点，在对王安石性命论相关文献作考据的基础上，梳理了王安石在不同时期的性命论观点。王安石的思想出发点是儒学，他年轻时气盛，崇奉孟子之学，但后来他起了变化，对自己年轻时的观点未能坚持下来。可能由于孟子只是亚圣，而孔子是圣人，故在晚年入佛之前，王安石又大力标举孔子“性相近也，习相远也”的人性论观点。我的这篇文章即将这一变化清晰地勾勒了出来，指明其要点，并着重批评了贺麟的论述。民国时期，贺麟先生撰写了《王安石的性论》一文，相关材料他几乎都涉及了，但是在做思想归纳和分析之前他没有做考据工作，而是根据自己的主观判断来认定，并依此展开其论述。由此，他错误地将王安石晚年的材料当作其早年的材料来对待。

这几篇文章都比较长，加起来已超过了 20 万字。等以后有时间，我再写几篇关于孟子和荀子人性论的文章，集合起来就可以出版一部比较系统的专著了。

问：“三纲”是儒家伦理学中的一个重要观念，但自进入近代以来，它是被人们批判和谩骂得最多的一个观念。而您最近发表了一篇重要文章，可以说在这方面的研究取得了重大突破。请老师简要概括一下您在此项研究上的问题意识和学术贡献。

答：可以肯定，我在“三纲”问题的研究上作出了一些贡献，一方面廓清了所谓“三纲”问题，另一方面很可能终结了人们对于此一问题的讨论。我的文章《三纲说的来源、形成与异化》发表在《衡水学院学报》（2021 年第 3 期）上。大概从谭嗣同开始，中国对“三纲”伦理批判持续了一百多年。在经历新文化运动和五四运动后，“三纲”在现代中国人的意识中遂成为一个贬义词。一提到“三纲”，人们习惯性地联想到“罪恶”，认为它是中国两千余年罪恶的渊薮，文明退步的根源。但到底是不是这样呢？这是一个需要再讨论的问题。我的这篇小文就梳理了先秦秦汉时期三纲说的来源、形成与异化问题，对三纲说作了准确定位和梳理。其关键材料是郭店简《六德》《成之闻之》等文献。这两篇出土文献所显示的思想正好与流行看法相反。《三纲说的来源、形成与异化》一文指出，首先，六位说和三大法说是三纲说的第一阶段，孔子对此一学说作出了系统的理论构造和升华。从实际内容来看，六位说或三大法说早已弥漫于西周至春秋时期；不过，作为一种系统的理论和学说，据目前资料，我们只能说它是由孔子首先提出来和构造出来的。在此，孔子是以一个思想家和理论家的面目出现的。其次，人们以往习惯性地认为“三纲”一语是由董仲舒首先提出来的；而我这篇文章则指出，实质意义上的三纲说很早已经出现，名义上的“三纲”概念在先秦已经隐约出现，汉初正式出现了“三纲”一词，董仲舒不过是沿用此一术语罢了。最后，拙文对谭嗣同等启蒙思想家对于“三纲”的批判给予了一定肯定，并指出他们所批评的三纲说实际上是异化了的三纲说，他们将“君为臣纲，父为子纲，夫为妻纲”当作汉儒三纲说的全部，但这不符合事实，此种三纲说其实出自《礼纬·含文嘉》，《礼纬·含文嘉》的三纲说不是汉儒三纲说的正统，更不是古代三纲说的全部。三纲说的产生和流行有其历史性，去掉其历史局限性，三纲说在今天仍然具有一定的积极意义。另外，我在这篇文章中还提出了“位分伦理学”的概念，这个概念能更好地契合中国传统伦理学的特色，能更恰当地概括中国伦理学的一个重要分支。我打算将来有机会写一本关于“位分伦理学”的专著，除了学术史的梳理外，也准备进行相当程度的理论建构。

顺带提一下，我也写了几篇文章讨论“罢黜百家，独尊儒术”的问题，有兴趣的话，大家可以看看。

问：郭齐勇先生主编的《中国哲学通史》出版后，在学术界产生了巨大反响，广受好评。其中，您是《中国哲学通史·秦汉卷》的第一作者和主要撰者，您认为该卷有何特点？相较于以往的同类著作，又有哪些创新和突破呢？

答：我和西安交通大学的龚建平教授承担了《中国哲学通史·秦汉卷》的写作，大概一半篇幅是由我撰写的。本卷的“导言”是由我撰写的。通过“导言”，读者会明显感觉到我们这一代从事中国哲学研究的学者已经将“主体性”观念内化进了我们的哲学史研究活动之中。由此，中国哲学是否有主体性、是否合法等问题，对我们来说已经没有讨论的必要。不过，通过哲学史的书写揭示和展现中国哲学的主体性，这却是大有必要的。

我们这一代攻读硕博士学位的时间大抵是在20世纪90年代中晚期至本世纪前十年。约在1985年，中国学术界掀起了一场“文化讨论热”（或称“历史反思运动”），其主题后来逐渐转向“传统”与“现代化”之争。20世纪80年代后期，学者的立场发生较大分化，部分学者超越了启蒙心态，对中国传统文化持保守态度，例如郭齐勇和陈来两位就是其中的杰出代表。进而，他们则由学术边缘地带走向学术中心地带。到我读研究生的时候，文化保守主义思潮已经泛滥开来，波涛汹涌。与此同时，港台新儒学正在大陆轰轰烈烈地传播，影响着广大中青年学者和学子。那时，我作为年轻人自然深受其影响。在北京大学圈子里，汤一介、蒙培元和陈来三位相对开放，汤和陈两位都有海外访问的经历，较早接触到港台新儒学那套理论及其著作。此外，武汉大学、南开大学、山东大学、中山大学等校的学者也成为宣传港台新儒学的重要站点，例如我的导师郭齐勇先生是研究熊十力的，山东大学的颜炳罡教授是研究牟宗三的。在这种环境和气氛下，我们都会去读他们的著作，我也看了几本牟宗三、徐复观等人的著作。因为我主要研究先秦秦汉时期，所以读徐复观的著作相对多一些。20世纪90年代，我们作为学生，都会或多或少地接受老师们所传播和宣扬的港台新儒学。在此背景下，对于中国哲学的认识及其历史的书写，其根本指导观念就是主体性的回归。而主体性具体落实在哪里呢？在于心性论等主题上。这也是我个人一直对人性论问题感兴趣的初始原因。

因为预先已接受了“主体性”观念，所以我在撰写秦汉哲学史时就感觉到此前几乎所有关于秦汉哲学的叙述都不贴切，都不能彰显秦汉哲学的存在。由于我大学一直在哲学系学习，博士毕业后又一直在哲学系工作，哲学意识已经沁入我的身心深处，故在写作《中国哲学通史·秦汉卷》时，我采取单刀直入的办法，直接面对经典文本和秦汉思想本身，将秦汉哲学的主题、线索、概念、命题及重要哲学家的思想有条理、有组织地叙述出来和诠释出来。还需要指出，我的这部书很少涉及考据、文献等问题，基本方法是思想分析和思想归纳。

总而言之，《中国哲学通史·秦汉卷》的首要贡献是完成了秦汉哲学的主体性叙述，比较全面、比较内在且很贴近地完成了这个叙述，它符合秦汉思想的发展线索、本来结构和本来面貌。我这本书突出了秦汉哲学的宇宙论（天道观）、经学哲学、政治哲学和思维方式，充分注意其发展线索和关键节点。有人说，我这部著作将秦汉哲学的叙述推向了一个新的学术水平。我认为，这个评价是中肯的。

（二）简帛思想与早期《老子》文本研究

问：您刚才提到，通过做博士论文您进入了简帛研究领域，您能详细介绍一下您在这方面的研究成果和贡献吗？

答：在简帛研究领域，我主要是做思想研究的，也附带研究文献问题，后者主要体现在校注上。我不做古文字学或语言学的研究。概括起来说，我的简帛研究包括两个重点，一个是思想研究，一个是简帛文献的校注和注译。

我当初为什么要从事简帛思想研究呢？对于这个问题，我前面已经谈过，主要因为一个特殊机遇。正当郭店竹简出版的时候，我做博士论文，需要选题，于是就定下了“郭店楚墓竹简思想研究”的题目。我就这样大胆地，甚至十分冒失地闯入了这个学术圈子。我对简帛古书的研究主要集中在那些思想性较高的文本上，而且偏重于儒家和道家。就资料来看，目前我主要研究了郭店简、上博简和马王堆帛书。

对于郭店简，我已经出版了两部专著，一部是《郭店楚墓竹简思想研究》（东方出版社 2000 年版），另一部是《郭店楚竹书〈老子〉校注》（武汉大学出版社 2010 年版）。去年，我已经完成了前一部著作的修改，新版很快会印制出来。

对于上博简，我有一部新著很快会出版。这部著作是我一个课题的成果。郭店简之后，我一直很关注上博简，希望在简帛研究上再下一城。同时，我也养成了研究简帛的习惯和学术自信。当上博简公布得差不多的时候，我就准备系统地做一下。武汉大学中国传统文化研究中心是教育部人文社会科学重点研究基地，基地每年可以申报两个重大项目。2012 年我申报的项目“上博楚竹书儒道哲学文献研究”获得批准。前两年，这个课题已经结项，课题成果《上博楚竹书哲学文献研究》已获得国家出版基金的资助，将由河北教育出版社出版。这部著作是目前学界最全面、最系统地研究上博简哲学文献的一部专著，其学术贡献比较明显。

对于马王堆帛书，我主要研究了《周易》经传和《道原》《经法》《十六经》等，成果也分为校注和思想研究两种。比较起来，我在这些方面做了一些工作，但还很不够。

问：近年来，您在早期《老子》文本方面的研究很深入，发表了多篇重要论文。请您具体介绍一下您在这方面的学术成绩。

答：早期《老子》文本研究是我的学术活动的一个重要方面，从我的博士学位论文一直延伸到现在，经历了二十多年。在此领域，我的研究可以分为两个方面，一是对早期《老子》文本变化观念的研究，迄今我发表了上十篇论文，在整个学术界，包括国际汉学界，我走得最远，最后感觉几乎是孤身一人在做相关探索。最近，《社会科学战线》（2022 年第 6 期）发表了我的《老子思想研究的文本依据：观念及其原则》一文。在此文中，我对自己的相关观点和学术贡献做了集中概括，主要有四点，其中最具创造性的是如下两点。

一是以天道观的数理解释了《老子》的分章观念，特别是汉简本和通行本《老子》的分章观念。为什么北大汉简本《老子》裁划为77章，上经44章而下经33章呢？而通行本《老子》的总章数是81，上下篇章数是37比44呢？对于后一问题，千百年来学者们一直在寻求其答案。对于这两种分章，我论证了其与天道观之数理的关系。具体而言，77章的北大汉简本受到盖天说的影响，其篇章数的设定以盖天说“圆出于方”的基本数理——“地四天三”说为依据[①]。通行本81章的篇章数很可能来源于刘向定著本，其分章以三统历（浑天说）的基本数理为依据。具体说来，总章数81以日法数，即黄钟一龠之数为裁划依据，而上下篇章数37和44则以中数五六之比为依据[②]。由此可以推断，早期《老子》文本的经典化其实受到了当时天道观的影响，文本的裁划及其章数的设计与天道观的数理有关。

二是突破了姚鼐的《老子》分章观念，提出了“原子分章”说。姚鼐提出的《老子》分章观念是老学史上的一个重要成果。姚氏主张以“章义”（“文义”）作为《老子》分章的唯一依据，认为《老子》文本应该按照此一原则来分章，章义和章都应当是单一的，且完全对应。换言之，只有按照这一观念来分章，《老子》的文本裁划才是合理的。而事实上，《老子》有许多章段看起来并不合理，没有遵循此一分章原则，于是姚鼐对通行本《老子》文本重新作了裁划和调整。对于这一问题，国际汉学界也有多位学者很感兴趣，想要探索《老子》文本分章所隐藏的奥秘。我综合考察了多种《老子》本子，发现楚简本的分章很细致，且文义与文本几乎是一一对应的，而汉简本和通行本的分章则在很多地方打乱了这种对应关系。于是我主张用“原子分章”（或“原子章句”）的概念来定性楚简本《老子》的文本特征。所谓“原子分章”，指《老子》分章的一种理想状态，其中每一章

---

① 详见丁四新：《汉简本〈老子〉总章数及上下经章数的组织原理和数理法则——一种可能性的研究》，载陈鼓应主编：《道家文化研究》第三十辑，中华书局2016年版，第115-137页。

② 详见丁四新：《论刘向本（通行本）〈老子〉篇章数的裁划依据》，《哲学研究》2014年第12期。

的设立及其具体裁划都以单一的“文义”或“章义”（“思想单位”）为基础，且不可再分[①]。以此来看，楚简本的分章是很合理的，因而离原本最近；相对而言，汉简本和通行本则有许多分章是不合理的。当然，汉简本、通行本《老子》分章不合理的原因有多个，其中一个原因是受到了天道观数理的制约。在此基础上，我进一步主张，人们引用和分析老子思想都应当以“原子分章”为依据。以原子分章为依据不仅是准确的，而且可以避免因人为分章（如以天道观数理为依据的分章即为人为分章）而对《老子》文义、思想产生误解。

在早期《老子》文本研究上，我的另一项学术贡献是校注，成功完成了《郭店楚竹书〈老子〉校注》一书。这部著作做得很仔细，颇富讨论性，创获甚多。我当时也是以高考闯关的精神来写作这本书稿的。

（三）以《周易》《尚书》为中心的经学研究

问：丁老师，您前面提到，硕士论文的完成标志着您跨过了易学门槛，应当说《周易》研究是您的老本行。近年来关于数字卦问题您发表了多篇重要论文，并宣称“终结了数字卦问题”。我们想知道您是如何得出这一结论的，又在此问题上作出了怎样的贡献。此外，在易学研究上，您还做了哪些工作？

答：我在《周易》研究上的贡献，主要体现在对出土《周易》材料及其相关问题的研究上，其中最为突出的是对《周易》卦爻画的性质和来源问题的研究以及对数字卦问题的检讨。其次，我校注了楚竹书《周易》和帛书《周易》，将当前人们对于《周易》卦爻辞的语文学研究推进到一个新的水平。最后，我在《中国哲学通史·秦汉卷》中郑重地将易学思想放在“经学哲学”概念下来做论述，也是我的贡献之一。

数字卦问题的提出和形成比较久远[②]，20世纪30年代至50年代就有一

---

① 详见丁四新：《〈老子〉的分章观念及其检讨》，《学术月刊》2016年第9期。

② 详见丁四新：《数字卦研究的阶段、贡献及其终结》，《周易研究》2018年第5期。

些学者关注到此一问题。如 1932 年，郭沫若曾将中鼎铭文末出现的两个数字组称为“族徽”；1956 年，李学勤先生在讨论一版西周甲骨时曾指出其中纪数的辞容易使人联想到《周易》的“九”“六”两数。但这一阶段的论述基本上属于猜测。一直到 1978 年 12 月初，在吉林大学召开的首届古文字学会议上，徐锡台先生作了一个关于周原出土甲骨的报告，报告内容涉及所谓“数字卦”问题。在第二天的会议上，张政烺先生专门就周原甲骨的“奇字”（数字组）问题作了《古代筮法与文王演周易》的临时报告，将这些数字组判定为筮数和易卦。

张说一出，在当时立即引起了轰动。因为《周易》太重要了，其卦爻画的来源问题一直是民国以来史学界和易学界关心的重要问题，在《古史辨》的一册中即有专门讨论。自张政烺先生提出筮数说、筮卦说或易卦说之后，国内国际相关学界近三四十年都很关注此一问题，并产生了较为激烈的争论。关于筮卦或数字卦问题，张先生连续写了几篇论文，其中一篇被英译，发表在英文期刊《古代中国》（*Early China*）上。他的核心观点是易卦来源于筮数，阴阳爻画来源于数字。不过，需要指出，他本人从未使用“数字卦”这一概念。据我的粗略考察，这个术语大致是在 1985 年至 1988 年间产生的，是学者对出土易卦材料的一种通俗称呼。不过，我认为，严格说来，这一术语的使用是不恰当的，甚至是错误的。

大约自 1999 年开始，研究数字卦问题的学者分成了两大派。一派以张政烺先生为代表，认为经书易卦（《周易》卦爻画）来源于筮数，是由数字构成的。其方法是归纳法，他搜集和归纳了大量商周甲金文材料及战国楚卜筮祭祷简上的数字组，断定它们是所谓“筮数”“易卦”或“筮卦”；并且，他发现，数字“一”和数字“六”出现的频率最高，由此推断《周易》阴阳爻画来源于“一”“六”两个数字，是由这两个数字构成的。今天看来，张先生后面一个说法是错误的。其实，从易学常识来看，筮数的形成首先取决于揲蓍法，而不是完全随机的。按照一定规则和程序，五十五数的揲蓍法最终形成四、五、六、七、八、九这六个筮数，五十数的揲蓍法最终形成六、七、八、九这四个筮数。而在这两种筮法中，数字“一”根本没有出现；而为了画卦的方便，筮数“七”遂逐渐约定画成“—”，只不过它确实像数字“一”罢了。长期以来，学者一直没有意识到这一点，张政烺先生同样如此。他按照经验，以归纳法处理和回答了筮数与《周易》卦爻画的关系，于是得出了《周易》阴阳爻画由数字“一”和数字“六”（“𠆢”）演变而来的结论。随着清华简《筮法》篇的出土，人们发现筮卦或易卦中的数字“七”一律写成了“—”的形状，因而所谓筮卦或易卦中的“—”，其实不表示数字“一”，而表示数字“七”。这样，所有疑难问题随即迎刃而解：今本《周易》阴阳爻画确实来源于筮数，但不是来源于数字“一”“六”，而是来源于数字“七”“八”（“八”）。此外，张先生及其学生李零认为，由数字爻画到阴阳爻画的变化是一个单线条的历史演变过程，而不是从一开始起即并行存在数字卦和阴阳爻符号卦两个系列。

另一派以李学勤先生为代表。1999 年，他在“纪念闻一多先生百年诞辰学术研讨会”上发表了题为《出土筮数与三易研究》的报告，采用金景芳先生的说法，认为《周易》经文中的卦画是纯粹的卦画符号，而不是来源于所谓筮数。李宗焜等人进一步认为易卦从一开始起即存在“卦画”和“数字卦”两个对立系统，彼此截然二分。换言之，他们认为阴阳符号卦画的传统从一开始就是如此，而不是由数字卦画演变和转化而来的。这一派的意见自 1999 年至清华简《筮法》出版的 2014 年在学界一直占据主导地位，而张政烺、李零一派则成为少数派。大概在看到《筮法》简后，李学勤先生已在一定程度上暗中纠正了自己以往的看法，不过他没有展开明确的自我批评，没有进一步去追问并回答《周易》卦爻画的性质和来源问题。

2014 年冬至 2015 年春，我完成了《从出土材料论〈周易〉卦爻画的性质和来源》一文[①]，后来发表在《哲学门》上，其主要贡献是解决了《周易》

① 丁四新：《从出土材料论〈周易〉卦爻画的性质和来源》，载《哲学门》第三十一辑，北京大学出版社 2016 年版，第 1-26 页。此文后收入丁四新：《周易溯源与早期易学考论》，中国人民大学出版社 2017 年版，第 3-39 页。

卦爻画的性质和来源问题。此后，我又陆续发表了两篇文章，一篇是《数字卦研究的阶段、贡献及其终结》，发表在《周易研究》（2018 年第 5 期）上，另一篇是《数字卦及其相关概念辨析》，发表在《中国哲学史》（2019 年第 3 期）上。前一文对所谓“数字卦问题”作了系统的总结和反思，批评乃至否定了“数字卦”作为术语的正当性，认为“数字卦”概念只具有当代易学史的意义，但不具备整个易学史的意义；而且，从易学理论来看，它很可能是一个被错误命名的术语。易卦可以称之为筮卦，从来源看，它们都是用筮数画成的，而卦画中的筮数包含数字的形状及其象征义两个方面的含义。后一文主要辨析和澄清了一些易学概念，学者围绕“数字卦问题”发生的争论其实多与概念不清有关。

此外，在出土易学领域，我还出版了《楚竹书与汉帛书〈周易〉校注》（2011 年）和《周易溯源与早期易学考论》（2017 年）两书，一是推进了对《周易》卦爻辞的语文学理解，二是对帛书《易传》的思想和文本问题做了一些研究。这两部著作都获得了国家级优秀学术成果奖。

在《中国哲学通史·秦汉卷》中，我对汉代易学做了系统论述。在中国哲学史的书写上，这大概是第一次将易学哲学作为经学哲学的一个重要分支，十分正式地纳入秦汉哲学史的叙述中。这与任继愈先生主编的《中国哲学发展史（秦汉）》一书不同，发生了重大变化。任书根本没有涉及易学，背后更不存在“经学哲学”的概念。此外，在本书中，我对易学哲学的思考还特别体现在对汉代象数易学逻辑的理论构造上。此前，人们对于汉代象数易学的论述往往流于对易学家所用易例的单纯介绍，而我则特别强调汉代象数易学自身的逻辑构造，而这个构造在汉末易学家那里达到了高度自觉的地步，且充满了表达天道观的思想意图。该书的相应部分，我抽出来，做成《汉末易学的象数逻辑与“中”的人文价值理念的象数化》一文，发表在《哲学研究》（2019 年第 5 期）上。

问：丁老师，我们也知道，您的博士论文一开始是准备做《尚书》的，虽然后来更改了方向，但您应当一直关注着这一方面。我们知道，您已经发表了多篇研究《洪范》的论文，并将出版一部相关专著。我们读了手稿，感觉意义重大。这对于我们做学问很有启示。我们想请您介绍一下您在《尚书》学研究上经历了哪些阶段，研究重点有哪些，又作出了怎样的学术贡献。

答：很庆幸，我当初没有做《尚书》的博士学位论文，因为《尚书》的文本太难读了，其背景远至殷周之际及此后一段时间。

我对《尚书》的阅读和研究经历了几个阶段。2012 年上半年，我碰到一个机缘，美国普林斯顿大学的柯马丁（Martin Kern）教授给我来信，邀请我来年参加一个由他召集的关于《书经》政治哲学的会议。我随后选择了《洪范》篇，准备就它写一篇论文。为什么选择这一篇呢？因为我是哲学系出身，《洪范》的思想性比较强，是中国经学和中国哲学的名篇。而且，毕业后我当教师，也多次给本科生讲授这一篇。一方面《洪范》是我的一个心结，另一方面它是中国哲学界有待讨论的一个文本。借此机缘，我就写了一篇研究《洪范》的长文，约七万字，内容包括考证和思想两个方面。此后，《洪范》一直悬停在我心中，我对这篇文稿不断扩充和修改并提出了一些新问题。一直到最近两年，我才理清思路，感到既要关注《洪范》的内在思想体系，又要关注每一范畴本身的思想内涵。随后，我就持续不断地进行研究和写作，在今年寒假完成了《洪范大义》的书稿。总计起来，我已经发表了四篇相关论文，还有一两篇即将发表[①]。

简单说来，我在《洪范》研究上的贡献主要表现在两个方面。一是对《洪

---

① 丁四新：《近九十年〈尚书·洪范〉作者及著作时代考证与新证》，《中原文化研究》2013 年第 5 期；丁四新：《论〈尚书·洪范〉的政治哲学及其在汉宋的诠释》，《广西大学学报（哲学社会科学版）》2015 年第 2 期；丁四新：《再论〈尚书·洪范〉的政治哲学——以五行畴和皇极畴为中心》，《中山大学学报（哲学社会科学版）》2017 年第 2 期；丁四新：《论〈尚书·洪范〉福殛畴：手段、目的及其相关问题》，《四川大学学报（哲学社会科学版）》2021 年第 6 期。今按，《儒家修身哲学之源：〈尚书·洪范〉五事畴的修身思想及其诠释》发表在《哲学动态》（2022 年第 9 期）上。另外一篇《早期修身哲学的新面向——以“精神威仪”和“克己复礼为仁”为中心》于 2022 年 10 月初通过了《哲学研究》的审稿，但由于该书已付印，并拟于当月出版，故中止了发表。

范》著作年代的考证。不管是在方法上还是在论证上，目前看来，我的研究最系统、最全面，提供了许多新证据，将《洪范》的考证问题推进了一大步。刘节认为《洪范》成书于战国晚期，这是不能成立的；而我认为《洪范》作于周初，是殷周政治智慧的大总结。当然，《洪范》是否存在部分文字是在西周时期被添加进来的？这当然是可能的，但目前难以具体回答。但不管怎样，其核心内容——“洪范九畴”是箕子对于殷人治理天下之集体智慧的大总结。现在想来，刘节作为青年学生，他之所以撰写《洪范疏证》一文，背后可能受到了梁启超的影响，甚至指使。二是对《洪范》的思想研究。我在写作《洪范大义》时已经有意把它作为储存“思想原理”的宝藏来看待。《洪范》是中国治理哲学和王道之祖，其思想内涵十分丰富。周初的政治哲学大体上包括两大方面：一是天命论、革命论，其目的主要是论证改朝换代或王朝存在的合理性，此一理论大量见于《诗》《书》及西周金文；二是治理哲学，告诉天子应当如何治理天下，这是《洪范》的核心问题，其主要政治目的是“彝伦攸叙”。所以，我们应当从治理哲学的角度来认识《洪范》的思想性质。在《周诰》诸篇中，周人信奉的是天命论和革命论，《洪范》则与此不同，属于另外一个思想系统，它是殷代治理经验和治理思想的大总结。

在《洪范大义》中，我花费了五章的篇幅来着重研究《洪范》的思想，经纬交织，抉要彰微，其贡献是多方面的，难以一一俱言。近一百年来，学者的研究或者绕开《洪范》思想，或者浅尝辄止，与我这部即将出版的著作形成鲜明对比。

问：《洪范》的核心内容是“洪范九畴”，关于这个“九畴”，您是如何理解、研究的，如何处理它们之间的关联的？

答：这是一个很好的问题。我们应当如何研究《洪范》本身的思想呢？除了认定它属于治理哲学外，为什么《洪范》所说是“九畴”而不是“八畴”呢？为什么它要将“皇极”放在第五畴，而“五行”放在第一畴呢？问题很多，我在研究和写作时一直在给自己提问。有问题，才能做研究。如上问题，结合具体历史，我用“数”的哲学观念加以解决。

“洪范九畴”的内在脉络是我研究《洪范》的一个关键问题。我将九畴的脉络分为两条。在汉代，学者将九畴关联起来，滚成一条脉络，构成一个综合、杂糅的思想系统。虽然其中有重点，有差别，但九畴是用一个脉络来叙述的。回到《洪范》文本自身，我们可以发现，它其实存在两条脉络，一条是从“五事畴”到“庶征畴”，这两畴具有密切的文本关联和思想关联。进一步，为什么它们会有这种关联呢？而这种关联又要回答什么问题？又是在哪种思想背景下进行叙述的呢？对于这些问题，我在即将出版的小书中都做了阐述和回答。另一条是从“皇极畴”到“福殛畴”，而且“福殛畴”的文本直接出现在“皇极畴”中。这样，我们有必要追问，古人当时究竟关心什么问题？我这本书的贡献之一在于将“洪范九畴”的思想脉络厘清了，与以往常将“九畴”捆在一起的理解大不一样。将《洪范》拉回三千年前的思想状态中来理解，这是必要的。后人解经，常常喜欢随文解义，又喜欢配合时代精神，将自己所欣赏的流行思想自觉或不自觉地拉扯进来。其实，这是解释《洪范》思想的巨大障碍和麻烦。

此外，我还单独处理和研究了每一畴的文本和思想以及每一畴和其他畴的思想联系。这可以参看我已发表的文章和即将出版的书稿。

问：在研究《洪范》的过程中，您使用了哪些方法呢？

答：我研究《洪范》，使用了多种方法，这些方法都是必需的，与对象、问题相匹配。由于《尚书》的著作时代久远，使用语文学方法理解文本是必要的。此方法演绎开来，包括古文字学、古音韵学和文献校勘学等。这一方法在古代也常常笼统称为“小学”。研究《洪范》思想，搞清其著作时代是一个前提，故做此项研究工作，不得不使用考据的方法。由于证据坚实、众多，特别是出土文献提供了众多证据，又兼之如今已走出疑古时代，因此我现在做《洪范》著作时代的考据研究时可以理直气壮，奋勇直前。唯一比较麻烦的事情是需要阅读大量相关研究文献和出土材料，恰好我在这两方面有较好的积累，故它们都在我的研究中做到了。

除了上述方法外，我还使用了两种方法，值得特别指出。一是经学方法。所谓经学方法，就是把经书真正当作经书来看待的方法，即把经书当作原理和诠释根据来看待的方法。等而下之，也可以说，它是一种义理的方法或哲学的方法。所谓“经”，具有贯通性，是常道、常理和常法。汉儒和宋儒对待《尚书》，就是尽可能地将其作为常道、常理和常法来看待，然后面对宇宙、人生和社会诠释，发挥其义理，于是有所谓“传”。汉人热衷于限制皇权，故夏侯始昌作《洪范五行传》；宋代理学家热衷于推究“二帝三王之心”，故蔡沈作《书集传》，特别重视所谓十六字心传的禹谟学。但是，长期以来，许多学者热衷于用非经学的方法来研究经书，热衷于用语文学方法和历史学方法来研究经书，且有愈演愈烈之势。这样，在他们眼中，经书已经变成了十足的语言材料和史料，而不复为经书。经书已丧失了对于宇宙、人生和社会的解释能力。面对此一现状，我认为有必要重申“经学方法”，“经学方法”应当居于首要位置。退而求其次，运用哲学方法或义理方法来对待《洪范》，也是颇有必要的。我研究《洪范》，贵主次之分，以经学方法或哲学方法为主导，以历史学方法和小学方法为辅助。

在方法上，我还使用了“彰显法”，或称“寻流探源法”，即从其流而溯其源和从其流而反观其源的方法。由于经义微奥，不采用“彰显法”我们即难以显明其大义。具体说来，我适当地叙述了汉儒和宋儒对于《洪范》的诠释，目的主要在于彰显“洪范九畴”本身的思想内涵。当然，汉儒和宋儒对于《洪范》的理解和诠释有些是不对的，是歪曲的，这需要我们有意加以辨别。

总之，《洪范大义》从考证和思想两个方面超越了以往的研究，这部即将出版的书稿无疑是现代《洪范》研究的代表作。

三、方法与经验

（一）读书法

问：丁老师，请问您有哪些方法和经验可以传授给我们？

答：做中国哲学学科的学问，首先要读书，读经典，尤其要精读。例如研究先秦秦汉时期的哲学与经学，一定要先精读几部经典，反复读，直到完全读懂为止。如何精读？当然，这里有一些窍门和层次。并且，光读懂经典还不够，读完之后还要阅读相关研究论著，形成问题意识，然后写两三篇论文，这样才表示你在这本书上大体过关了。我主张读书要和研究结合起来，通过研究加深理解，也加深记忆。读书只有长期读，读久了，一个人才能在古典文本的阅读能力上得到提高。同时，我们也应当通过不断地写作来加深理解，加深理解的深刻性和精细性，而不能停留于漫无边际的观感和空想中。就这样，在从读书到写作，又从写作到读书的不断循环中，一个人的阅读和写作能力必然会得到提高，其中天赋高的人会提高很快。当然，在此过程中，我们都会遇到困难或困境。而只有经历困知的过程，一个人的读书境界才会迎来突破。

如何读书？落实下来，这需要从传统注疏入手。例如读《墨子》，如果不先读孙诒让的《墨子间诂》，只靠读白文，我们就很难读懂，读不通。今天，注释《墨子》的书籍很多，但还是以孙诒让的《墨子间诂》最重要，孙书是值得精读的。我在读博的时候已经仔细看过中华书局1954年版的《墨子间诂》。2009年，鲁汶大学的戴卡琳（Carine Defoort）教授邀请我参加她组织的一个《墨子》国际研讨会，我又将中华书局2001年版的点校本《墨子间诂》仔细重读了一遍，并就《墨子·墨语》写了一篇长文[①]。这篇文章

① 此文已发表，参见丁四新：《〈墨语〉成篇时代考证及墨家鬼神观研究》，载《人文论丛》2010年卷，中国社会科学出版社2011年版，第149—196页。

分为两大部分，一部分是对《墨语》的考证，这是目前学界的最新成果，也很可能是最正确的意见；另一部分是研究《墨语》的鬼神观[①]，说明了墨子后学与墨子本人之鬼神观的不同，同时涉及在宗教信仰上如何给墨子学派划界的问题。关于《墨语》诸篇，我曾设想单独撰写一本书，研究其观念和思想，但因为忙，拨不出时间来，因此到目前为止我就只写了这一篇长文。简言之，在研究生阶段，我们应当将读书和研究结合起来，只有研究式的读书法才能最终提高我们的能力，包括提高这两方面的能力。我在当教师之后，在较长一段时间里仍然面临研读经典的问题，不过其目的早已转化成以研究为中心了。由于工作繁忙和写作需要，“研究”成为我读书的主要动力来源。可以说，我现在读书就是为了研究，而研究反过来促使了我读书和研读经典。进一步，研究在较大程度上又是为写作服务的。

在读书过程中，我们不能仅仅关注所阅读的经典，还需要阅读注疏，掌握其中的方法。其中，最直接的方法是训诂学方法和经典解释学的方法。读经读古书，掌握训诂学方法，这是基础，也是非常必要的。掌握训诂学方法，单纯靠读经典注疏是不够的，我们还需要阅读专门的训诂学书籍，掌握其理论术语，以及不同时期不同注疏的特点。如有可能，在训诂上我们最好做一些实践，写一些文章，从而获得实际经验。对于我而言，一直到写完《郭店楚竹书〈老子〉校注》一书后，我才算完成了训诂学上的训练，才算真正过关。尽管我在硕博士阶段读过了一些经典注疏，看过几本训诂学概论之类的书籍，积累了一些经验，但这些经验都是阅读获得的，是对象化的，有隔阂，而没有真正融入自己的学问中，转化成技艺。对于一名学者来说，工具或方法只有转化成技艺，才是真正有用的。

此外，谈到读书，司马迁和孟子有几句话很重要，也很实用。司马迁在《史记·五帝本纪》末赞曰：“好学深思，心知其意。”谈到治中国哲学史的经验，

① 见丁四新：《论〈墨子·墨语〉墨家后学之鬼神观》，《安徽大学学报（哲学社会科学版）》2011 年第 2 期。

张岱年先生很重视这八个字。《孟子·万章下》说："颂其诗，读其书，不知其人，可乎？是以论其世也。"同书《万章上》说："故说《诗》者，不以文害辞，不以辞害志。以意逆志，是为得之。"孟子的"知人论世"和"以意逆志"八字，也是我们应当遵循的重要方法。

问：作为学生，我们都要参加您组织的读书会，在这个读书会上，我们也都很有收获。请问您为什么想要组织读书会呢？您认为读书会对于学生的学术训练来说有什么意义呢？

答：读书会的积极意义是集思广益，大家都比较着，彼此激励，自信者越来越自信；其消极意义是防止人的惰性，防止懒惰、偷惰，防止不能勇猛精进。此外，读书会还有一个意义，即交流学术信息和增进师生情谊。

读书会分成不同的档次。从形式看，最低级的读书会是一个人念书，其他人听，其效果并不理想，似乎仅仅是为了完成一项被迫执行的任务。中级的读书会是采用"集释"的办法来进行。我们现在基本上采用这一办法。目前看来，这一方法是比较有效的，大家也都逐步进入了学术领域。做"集释"可以加深我们对古典文本的理解，在比较过程中，我们可以知道什么是正确的，什么是错误的。分辨对错，常怀对错之心，是做学问的基础。如果问题在当时不能解决，那么以后还可以继续追问和研究。而这种方法如果仅仅是一个人单独去做，其动力和压力可能都会比较小，所以我们需要采取读书会的形式。由于采取这种形式，大家就不得不认真去做了。当然，在"集释"过程中大家可以随时插入讨论。最高级的读书会是进行讨论，我们在每学期的读书会中都穿插了四场论文报告，论文报告的目的一是为了展示创新性的观点，二是为了展开讨论。不过，目前看来，论文报告会大体上还停留在点评层次，希望大家以后多努力，增强讨论。论文报告会的要求与读书会不同，我主要要求你们提出新观点，并进行较好的学术论证，同时把文章写好。

总之，读书会的一个目的是教会学生如何读书，另一个目的是教会学生如何做学问和写论文。从读书的角度来看，我们以"集释"为主要形式，这是恰当的，能够满足精读和细读经典的需要。目前看来，讨论法只能融合在“集释”过程中适量使用。由于讨论法对学者的要求很高，我们看到，它一般适用于比较高级的学术研讨会。

（二）研究法

问：老师刚才所说的主要是读书法、请问您对研究方法有什么看法呢？

答：研究方法会受到研究观念的影响，而研究观念在不同时代有不同表现，说到底研究观念往往是时代观念的一种表现。最近几年，我常想，为什么民国时期的学者会提出那么多现在看来非常奇怪，甚至是非常幼稚、错误的学术观点呢？那些方法和论证明明是偏颇的，有意歪曲的，但为什么它们还会被人们奉为金科玉律呢？这是因为在那个时代，受到民族苦难的压迫和启蒙观念的震慑，人们需要对中国传统文化进行自我批判和否定，他们需要那种能够“杀回马枪”的态度及相关方法。他们也因此顺势成为时代思潮的宠儿。而与他们立场相反或相对的那些所谓保守派和落后者，也因此在学术和思想上黯淡下去。最近二三十年来，随着“国学热”的兴起和持续，以往被视为落后的经学观念和方法又重新得到认可和重视。由此可知，研究方法背后确实存在研究观念的影响，并且影响很大。同样，学者在做学术时也会受到某种时代观念的潜在影响，但在当时，人们对于此一观念的认识和反思往往是懵懂、模糊的，可能要过二三十年，或三四十年才能感觉到和把握到。这就要求学者尽可能早地跳出时代观念的限制和影响。一方面，我们固然可以利用时代所带来的学术观念创造出一批学术成果，从而一举成名，但是另一方面，这些成果能否传诸后世，影响百年或者数百年呢？这就要求学者具有超越时代局限的主观意识、意志和能力。例如傅斯年先生被某些人认为是大学者，《性命古训辨证》被认为是他的代表作，长期受到一些人的极力追捧和推崇。这部书是其所谓历史语言学研究法最直接、最经典的一个体现，但现在看来，他的这一学术成果至少在一个关键问题上是错误的，他对于“性”的论述现在读来令人叹息，感到不可思议。

傅斯年可能没有想到，“思想世界”远比他用“历史语言学”逻辑框定的蓝图更幽微、更复杂和更狡黠。所以我认为，一个人要想成为一名真正的大学者，他就需要超越时代局限，具备高度的自我反省的能力以及前后眼观一两百年的学术智慧。仅仅善于利用时代给予的便利，成为名噪一时或一世的所谓大学者，这是不够的。我们看到，民国时期，有许多学者利用时代的便利或出于时代的需要对中国文化展开批判，通过“疑古”“古史辨”等方式而成为众所周知的所谓大学者；还有一些人很善于捕捉和制造时代思想风气与潮流，而成为引领时代和芸芸众生的所谓大思想家。但严格检讨下来，他们的许多观点和结论其实未必可靠，他们的言辞和思想可能十分有害，或者“以媚一世”，或者“世衰道微，邪说暴行有作”。

总之，研究方法受到研究观念的影响，而研究观念又往往受到时代思想或思潮的影响。研究观念有大有小，大的观念既可能是背景性的，也可能是主导线索式的。做学问，不可能离开主导它的某种观念，而这个观念又会转化、落实到具体方法上。其实，研究观念和方法都属于方法论，而我在此之所以要区别二者，是因为人们往往忽视了研究观念的存在。顺便指出，作为方法论的研究观念不仅具有前提性和主宰性，而且一般不是中性的。

问：关于读书，大家都认为方法很重要。老师是过来人，是一路辛苦读书和做研究过来的。在具体研究方法上，您认为中国哲学学科的学生要掌握哪些方法？

答：在中国哲学领域，最常见的研究方法就是思想归纳与思想分析，不过相对而言，后者更为重要。我们都应当做好这一方面的学术训练。研读一部经典，首先需要归纳其要点，这就使用了所谓思想归纳法。但是，仅仅靠归纳法，这是不够的，归纳出的要点只能构成其大致骨架，而理解经典的内涵和思想还需要更进一步的发现和做解释工作。只有这样，我们才能丰富其血肉，激活其灵魂。而要做到这两点，非思想分析法不能。思想归纳法与思想分析法是相互依赖的关系，它们是研究中国哲学（史）的主要方法。

反省和内证是研究中国哲学的重要方法。很多哲学问题，尤其是中国哲学的问题大多与人生问题相关，所以研究中国哲学就需要掌握这两种方法。反省即内反和自我省察，内证即内在证验和证明。之所以需要运用这两种方法，与普遍的人性和人生预设有关。可以设想，对于人性问题，我们可以运用反省和内证的方法来衡量和判断孟子和荀子人性善恶主张的是非然否及其合理性。也只有做到这样，我们才能真正理解经典，同时将我们的内在经验和情感带入进来。有一种误解，认为我们读书、写作、做研究都应当完全排除个人情感和经验，这其实是不对的，不能一概而论。通过反省，释放研究者个人所蕴含的普遍情感和经验，这有益于其对于经典的理解和研究。实际上，对于经典与古代哲学的理解和研究，都需要研究者带上一定的情感和经验，以此作为动力。不仅如此，适量的情感和生命经验也有益于表达；否则，文章读起来味同嚼蜡。进一步，反省和内证的方法也需要反复训练，以期通过活泼的理解打通文本和自我意识的隔阂。

中西比较是研究中国哲学的一个基本方法。“中国哲学”概念本身即是在中国传统思想内容之现代化和西化表达过程中产生出来的，设若没有西方哲学的传统及其东传，也就不会有“中国哲学”这个术语和概念。因此，作为学科意识的“中国哲学”从发生学来看，先天即带有中西比较的视域和思想背景；相应地，中西比较即不可避免地成为现当代学者研究中国哲学的基础方法。

整体理解也是研究中国哲学的重要方法。历史可以分解为不同片段，但不同片段其实又复合为一个彼此有关联的整体。孤立地研究某个对象或问题，这会存在巨大障碍，甚至错误，难以获得成功。当然，这里所说的“孤立”，不仅包括研究对象的孤立、研究活动的孤立，而且包括研究者作为学术素人或陌生者的知识孤立。从陌生到熟悉，这是一个过程；从初入行到经验老到，这又是一个过程。不仅如此，孤立在本质上是无法做到理解的。所以我们应当从整体上来理解一个特定的对象和问题。这就像在清华校园里，一个人只有掌握了其整体性的关联，才能很容易判断某一具体位置及达到此地的道路。在中国哲学领域，一个人要形成整体性的研究观念，这当然需要经历一个逐步积累和提升的过程。也正因为如此，我主张，研究一个领域就应当爱一个领域，而且不能浅尝辄止，或轻易地转移阵地。做学问贵在坚持，贵在积累，和贵在会通。

以上几点是做中国哲学的基本方法。除此之外，做中国哲学，还需要语言学、文献学和历史学等方法，尽管这些方法都处于中国哲学学科之方法论的边缘地带或基础层面。理解经典的思想，首先是对其文本的理解，或者说，一般是通过对其文本的理解来理解其思想的。这样一来，语言学的方法不仅是必要的，而且是基础性的。古人用“小学”指称，比较准确地说明了其性质和地位。掌握小学方法，是通往理解经典文本及其思想的必由之路。如果不善于运用小学方法，那么我们对于经典的理解或解释就很容易出问题，出现硬伤和闹出笑话。因此在先秦秦汉哲学领域，仅仅采用思想归纳法和思想分析法，也是不够的。与小学方法相当的是文献学方法和考据学方法，这两种方法今天由于电子数据库的建立以及电脑搜索的广泛使用，使得做文献和做考据比以前更方便、更快捷和更准确了。所以，现在做古典学问，多用电脑查一查或搜索一下，很多问题即可迎刃而解。

（三）研究意识

问：丁老师，除了这些方法，我们在研究时还有哪些需要注意的呢？

答：除了掌握上述方法，我们还需要培养和建立一些研究意识。

首先是问题意识。做学问不是面向大众搞知识普及，一定要有问题意识。而所谓问题意识又是建立在对学术史的全面把握上的，这是一个比较高的要求。现在刊物上发表学术论文，其字数大多限定在一万五千字或一万二千字以内，这使得我们无法进行过多的学术评述，有点可惜。但不管怎样，做学术应当有问题意识，而且这个问题意识应当具有学术意义。进而，一个问题怎样才算有学术意义呢？这就要求所提问题是比较特别的，值得回答和讨论的，它既可以是一个全新的问题，也可以是对一个老问题的新回答。

其次是探索意识。在有了问题意识之后，我们接着应当具备探索意识。解决问题如果不探索，在自我意识中不存在困难，而只是一马平川，平铺直叙，进行简单的知识组合，那么这是很平庸的，并不符合学术创新的要求。进而，我们应当怎样进行探索呢？我看，一个有效的办法是，在总问题的率领下，我们应当不断提出一些次级问题，一点一点地向前照亮和探索。当然，我们无疑可以提出一个全新的问题，可以推翻原初的总问题和设想，而重新来过。一名学者只有做到这样，才算有探索意识。另外，在探索过程中，我们应当不断回到问题的根源并与经典形成对话，在经典中找到其议论的真实根据。我在评价一个学生时，首先不是看他有没有问题意识，而是看他有没有探索意识，看他有没有在黑暗中独自摸索和坚持下去的智慧和决心。一般说来，在经过一段时间的学术训练后，研究生都能提出一些问题，具备问题意识，但是与此相对，一个人形成探索意识，这就困难得多了。有时候我甚至认为，探索意识属于人的天赋秉性。换言之，那些在其思维中原本就缺乏这一意识的人，是不适合于将来在学者群体里打拼，展开创新竞赛活动的。

再次是创新意识。创新意识和探索意识密切相关，创新是学术活动的中心。从本质上来说，没有创新的学术活动只能处于学术活动的边缘地带。不过，知识创新不会凭空发生，它其实建立在人们的学术探索意识上。相比较而言，探索意识似乎更关键，一个人的创新意识在很大程度上取决于其探索意识。

最后是求真意识。求真意识譬如舵手，对我们的问题意识、探索意识和创新意识都起着保证和指引作用。求真是学术活动的一个本质规定，一般说来，没有“真（truth）”保证的学术创新很难说是有价值和意义的。求真意识对于学者的整个学术活动都起着规范作用。有些人做学问不讲真假，喜欢标新立异；还有一些人基于出名的目的，喜欢操弄和拉小圈子，无所谓真与不真。这都是不实诚的表现。

（四）做专精之学

问：丁老师长期从事中国哲学、中国经学和中国古典学的研究，在这三个方面的成果很突出，已经卓然成家。丁老师，最后对我们学生，您还有什么寄语吗？

答：我希望你们首先做专精之学。在研究生阶段，从硕士到博士，你们会铺开两到三个研究点。不要过多，超过三个就过多了。做专精之学之所以必要，是因为现在从事学术研究的人太多了。一个人如果不专精，不持之以恒，在当今学界实际上是很难立足和取得成就的，既影响产量又影响质量。一个人的精力有限，而做学问和写作又很消耗时间，所以我主张你们做专精之学。专精之义有二，一个是集中与积累，另一个是深邃与持久，要“掘井及泉”“原泉混混”，而不能浅尝辄止。

在做专精之学的过程中，我们应当选择重点。哪些是研究重点呢？这需要机缘和符合个人的学术特性。例如，我之所以做简帛思想研究，其时恰逢郭店简公布，而我也因为及时赶做这项研究而一举成名，此后持续下来，就成为我的学术专长之一。我之所以研究《周易》经学，这得益于导师萧汉明教授的指导和要求，他要求我做易学方面的毕业论文。易学在20世纪90年代还只是个小圈子，而萧汉明老师在这个圈子中的人缘极好。我先担任了湖北省周易学会的创会会长，后来又担任中国周易学会的副会长，都与这个机缘有关。像我做的《中国哲学通史·秦汉卷》，不算严格意义上的专精之学，它属于秦汉哲学的整体研究和宏观论述。我所说的专精之学，指研究一个特定历史时期内某个重要人物的思想，或者某部重要著作、经典，或者某个重要的主题、问题。做专精之学，就是一个人要成为那方面的重要专家，努力做出别人难以企及的成果。我主张你们先成家，后成名，成名建立在成家的基础上。成家意味着家业丰厚，意味着作品、成果众多，这即是专精之学。对你们来说，这样成名可能比较顺当，也符合逻辑。而我的成名方式是个特例，其时赶上了郭店简的出版，郭店简一出版即成为世界性的学问。我碰巧赶上这个大好时机并且抢占了先机，所以我是先成名，后成家的。

如何选择研究重点？这还要符合研究者的学术个性。我这里说的“个性”，主要指个人的研究品质，包括学术爱好、学术积累、学术方法、思维特征和个人气质等。一个对字词很敏感的人，要他去做思辨工作，那么大概率他难以胜任，因为这不符合他的学术个性。一个对思辨很感兴趣的人，要他去做枯燥的文献工作，那么这很可能使他心生烦乱，因为这不符合他的学术个性。按照自己的学术个性来选择研究重点，就很自然。

最后，我简单地说一下我们做中国哲学学术的意义。往大里说，意义有两点。一是揭示和弘扬中国哲学的普遍性和真理性。在一定意义上说，普遍性和真理性是同一的。这就是说，我们不但应当将中国哲学的基本精神及其知识体系揭示出来，而且应当努力使之成为世界精神和世界思想的一部分。二是传承和维护中国传统哲学的价值，努力为中国精神的当代建构确定其民族方向和意义。此外，我们做中国哲学研究，还应当身肩弘扬民族精神和传承民族文化的使命。萧萐父先生曾有词曰“北辰星灿宏图美”。这个北辰就是中国文化的基本精神，满天繁星就是我们这些身肩文化使命的学者。做中国哲学，应当具有“为天地立心”“为往圣继绝学”的情怀和抱负，应当具有强烈的文化使命感。我们为什么要做中国哲学？为什么要弘扬中国文化？说到底，是我们背后的“文化使命”在起作用。这种来自延续和传承文化、文明的基本动力，在很大程度上已预先决定了一位中国哲学学人的学术境界和高度。

灵根遍植凭精进

——我的哲学学习与研究之路漫谈 *

尊敬的主持人，谢学长、廖学长和秦学长，各位老师，各位学弟学妹，今天，我感到非常荣幸，能够在母校建校百年纪念日受邀前来母校，出席学院组织的庆祝会，并作为代表发言。我的发言分为四个部分，一是“我在厦大和武大的哲学学习”，二是“我的哲学研究汇报”，三是“哲学之用：价值与意义”，四是“如何学习和研究哲学：意志、方法与目标”。

一、我在厦大和武大的哲学学习

（一）我在厦大如何学习哲学

1. 报考厦大的理由

我是 1989 年考入厦大哲学系的。当时，哲学专业已经不吃香，社会舆论正在使劲鼓吹“下海”。“海”就是商海，“下海”就是经商与赚钱，

---

* 2021 年 4 月 6 日，是厦门大学建校一百周年纪念日。4 月 7 日，我以杰出系友的身份受邀在母校人文学院做了一次励志报告，同场报告人有谢维和、廖晓华、秦晓林，对象主要为哲学系的学弟学妹，报告要求以我的亲身经历为依据。发言前，我列了一个比较详细的提纲，并按照要求列出了一些具体提示和内容。由于手头没有录音资料，我就根据这份提纲再做书面陈述。临场发言，我插入了一些客套话，但现在差不多都已经忘记了，除个别地方外，这次书面陈述就不再补出。——丁四新于 2023 年 4 月 9 日。

它是 20 世纪 80 年代末至 90 年代流行的词语。我们当时就是在这种背景下参加高考和填报大学志愿的。

我为什么报考厦大？理由大概有如下四点：一，厦门大学位于海滨，厦门是一座颇具吸引力的城市。二，厦门是四大经济特区之一，而且它在当时似乎魅力四射。三，厦门大学是中国最好的大学之一，是一所极其优质的学校。四，厦门大学身上还散发着嘉庚精神的光芒。在这四条理由中，无疑第三条是最重要的。而我们当时之所以填报了哲学系，是因为当年厦大的招生广告上为“社会工作与管理专门化”，并没有带上“哲学系”的字样。现在回过头来看，不得不说，当时整个中国社会都很浮躁，金钱拜物教流行，哲学专业普遍不受考生和家长的待见，在大学里的地位也比较低。我就是在这样的环境里进入哲学系学习的。

2. 厦大是一个读书的好地方

厦大是中国最好的大学之一，是一个很适合读书的地方。它不但环境优美，而且人文气息很浓厚。

第一，厦大优美的校园环境令人赏心悦目。厦大面朝大海，背靠五老峰，校园内的黉宇极富闽南和南洋色彩，摄人心魄。一年十二个月没有冬天，海风常年吹拂，鲜花遍地开放。三角梅、凤凰花、木棉花这些花树都是中原地带所没有的，令人印象深刻。就地理位置而言，当时厦大在厦门岛的位置比较偏僻，在市郊，温馨而安静，很适合读书，适合思绪的翻动。大一我们住在芙蓉四，大二下学期我们就搬到了海滨新区的宿舍。海滨新区离胡里山炮台很近。傍晚时分，我常常独自一人去胡里山炮台静坐，面对大海沉思；或者约一两位同学去那里聊天，畅谈人生理想。应该说，那是一件很享受的事情。

第二，厦大的气氛比较宽容，校园文化很活跃。厦大有许多高品质、高水准的学者，他们是大学的基础，这一点是毋庸置疑的，但是让我感到最惬意的地方是它宽松而宽容的学习环境和气氛，每一位学生都可以自由生长和飞翔，学什么、怎么学、一天学习多少小时大体上都由自己把握。同时，地处海滨一隅的厦大校园笼罩着一层比较浓厚的个人主义情绪，大家更多地专注于自己。厦大的校园文化相当活跃，本科生是参与校园文化的主力军，参加社团和学生刊物编辑部很能锻炼人，能激发学生的热情与活力。我曾经担任过一年学生刊物《哲海》的主编，很受鼓励。在一定意义上说，我之所以选择哲学专业读研究生，也可能与我加入《哲海》编辑部有一定关系。我很感谢《哲海》。

3. 我的哲学学习

我的本科专业是哲学，但实际上我们当时是以“社会工作与管理专门化”的名义招收进来的。我们那时学习的课程很多，大体上由通识、社工、管理、心理学和哲学五类组成，其中哲学课约占 40%。任课教师除了两三位外，基本上是原来搞哲学的老师。有多种社工教材是由哲学系的老师编写的。印象中，我们上过的哲学课程有马克思主义哲学（包括马克思主义哲学原理、历史唯物主义、马克思主义哲学原著选读三门）、西方哲学（包括欧洲哲学和现代西方哲学两门）、中国哲学史、逻辑学、伦理学、美学和科学哲学等。马克思主义哲学原著课从《共产党宣言》《1844 年经济学哲学手稿》《反杜林论》《自然辩证法》《路德维希·费尔巴哈和德国古典哲学的终结》《哲学笔记》《实践论》《矛盾论》中选读了一些章节。教过以上课程的老师有徐梦秋、洪成得、何乃川、高令印、蔡旗、潘世墨、许共诚、白锡能、赵民、王善钧、商英伟、卢善庆、张善诚、张加才、周建漳、朱耀垠、苏振富、陈思诚等，蔡旗、周建漳两位老师先后担任了我们的班主任，吴立武老师从三年级开始担任我们的辅导员，他与我们男生同住在一栋楼。陈嘉明当时已在厦大任教，但可惜没有给我们上过课。临近毕业，大部分同学觉得整个大学期间最有价值的课程还是哲学，真正学到了一些东西。而我大概是从一年级下学期开始感觉自己最适合的课程是哲学，成绩也相对好一些。临近毕业，我最终选择了做庄子哲学研究的毕业论文，指导教师是何乃川先生。

尽管在厦大我所受的哲学教育不够完备，但是这一经历为我研究生阶段的学习打下了一定的基础，最重要的是它培养了我的哲学兴趣和从事哲学研究的信心。值得一提的是，从三年级下学期开始，我为了考上研究生拿出了高考劲头来准备马哲、西哲和中哲三门课程，对着教材做了详细的笔记。这段自学过程给我留下了很深的印象。

（二）我在武大如何学习研究哲学

1. 为什么报考武汉大学

我是在武汉大学哲学系攻读硕士和博士的。当初，我为什么报考武汉大学呢？理由其实很简单，主要因为武汉是我的家乡，而武汉大学哲学系又很不错。大概一个人在他乡待久了，就不免思念故乡，所以我最终选择了报考武汉大学。接着，我为什么报考中国哲学专业的研究生呢？这主要是从语言方面来考虑的，我那时心想，研究中国哲学可能更容易一些。需要指出，其时我的古文阅读能力并不强。

1993 年 7 月，我从厦门大学毕业。1993 年 9 月，我进入武汉大学学习，开始了一段新的读书生涯。

2. 如何学习和如何学会做研究

如果说上大学让我进入了一个立体世界，对外面的世界感觉更敏感，那么在研究生阶段我就进入了一个高度自我封闭的读书世界里。那六年，我的精神高度专注，跟同学们的交往一直“貌合神离”，我只专注于自己的读书和论文写作。正因为这样，硕士班的同学给我起了一个“丁神仙”的外号，我的博士生导师则说我是“读书种子”。应该说，这种高度专注的状态有助于我顺利完成研究生阶段的学习和研究能力的培养。

在研究生阶段，我如何学习？这主要包括三个方面，一是课堂教学，二是自学和研读经典，三是撰写论文。

我的课堂学习集中在硕士阶段。在这一阶段，我上了多门专业课，它们一般以专题方式进行，如易学哲学专题、儒家哲学专题、道家哲学专题、佛教哲学专题、日本哲学专题、现代中国哲学专题、中国哲学方法论和中国哲学史史料学。由于当时武大中国哲学专业的硕士生很少，每门课上课的同学通常只有两三位，个别课程甚至只有我一人。在上课途中，学生可以随时插话，与老师问答。而我是一个比较喜欢插话、问问题的学生。博士阶段，我的专业必修课只有两门，而且它们都不采取课堂教学的方式。这两门专业课都采用论文报告会的形式进行。我硕士和博士阶段在教学形式的区别，可能基于这样一个前提，即硕士生需要较多的引导和教学，而博士生则只需要一定的监督和考核。总起来说，在博士阶段，我感觉很自由，主要靠个人的自觉和努力。

对于如何学习的问题，除了上课外，我更多的是自己读书、思考和写作。如何读书，这是一个问题。我是以“笨拙”的方式一路读上来的。对于读书，特别是对于读经典，我不敢马虎，力求一点点弄懂，宁拙毋巧。经典应当精读、细读，应当画线、画重点，应当作批注，反复咏味之。遇到有疑问的地方，我一般不放过，钻研再钻研。在读书和做研究的过程中，我感到很重要的是起疑问，在没有疑问的地方起疑问，看出问题，这是很不容易的。

在硕博士阶段，我读了一些经典著作，中华书局 1954 年版《诸子集成》八大册我都读过，其中数种如《墨子间诂》《荀子集解》《庄子集释》我做了精读，清人注释的《十三经注疏》我看了部分。顺便指出，在参加工作后，我一直没有中断经典研读，只不过读书的方式有所变化，一般与自己指导的学生一起读，一起做讨论。由于我从事的是中国哲学史研究，而且主要研究古代部分，故而仔细研读经典是不可缺少的。

读书如何能够读得深，读出效果？以我的经验来看，一是应将经典研读与相关研究著作的阅读结合起来。不阅读研究著作，不但难以形成问题意识，而且缺乏相应的论述能力。阅读研究著作既是一个学习的过程，又是一个反思和批判的过程。一方面，反思和批判的基础在于我们对经典的仔细研读，另一方面，反思和批判为我们研读经典指明了方向，培养了问题意识。二是应当将研读经典与撰写论文结合起来。研读经典当然可以单独进行，但是与论文写作结合起来，这既是研究生的培养目的，又是一种行之有效的经典研读方法。论文写作可以促进我们的经典研读，使之既精细、深入，又充满动力。有时候，我们研读经典其实是对经典的发现及其含义的不断揭示和塑造。

如何学会做研究？这个问题包括两个方面，一个是经典研读和学术积累，一个是具体论文的写作。对于前者，我在上面已经做了回答。对于后者，我认为，一篇成功的学术论文应当具备良好的问题意识和创新观点，同时议论深入，且能充分尊重前人的见解。中国学术界有很长一段时间只顾自发议论，申述自己的观点，而不愿做下学的工作，梳理他人和前人的意见。严格说来，这样做，其实不符合撰写学术论文的规范。学术写作的根本目的是探索问题的真相。通过硕博士论文的写作，我实现了两个转变，一是实现了从主观性很强的文章写作到主观与客观相结合的学术写作的转变，二是实现了从观点、见解为主导的文章写作到结合材料并使之根据很坚实的学术写作的转变。

如何学会做研究，还存在一个激励机制的问题。依我的经验，激励机制大体上由两项构成，一个是导师的肯定和欣赏，另一个是论文发表。一般说来，导师对自己学生的研究品质很清楚，能得到导师的肯定，这很重要。发表文章，对于一名学生做学术的激励作用是显而易见的。不仅如此，发表论文实际上是学者脱颖而出的重要方式。

3. 做硕博士论文

如何学会做研究？这其中还存在一个关键环节，就是如何做好硕博士学位论文。硕士学位论文的完成，标志着一名学者在学术上入了门。博士学位论文的完成，则标志着一名学者在学术研究上的完全独立，正式迈入了登堂入室的阶段。如上界定，对于本世纪以来培养的硕博士生来说更是如此。

我的硕士论文是做郑玄易学研究的，我的博士论文是做郭店竹简思想研究的。根据导师和评阅专家的意见，我的这两篇学位论文都很成功，它们分别标志着我进入了易学研究领域和简帛思想研究领域。我很高兴，我的硕士学位论文得到了多位权威专家的高度肯定。其中一章后来发表在《中国哲学史》上，而研究郑玄象数易学的部分经过一定压缩则整体发表在刘大钧先生主编的《象数易学研究》第二辑上。我的博士学位论文是我的成名作，在郭店简的研究上占了先机，产生了较大的学术影响，是简帛思想研究的典范。

如何做硕士和博士学位论文？这确实是一个问题。首先是选题。选什么题目，要根据学生个人的学术品质、学术兴趣、学术积累和学术机遇等来确定。有时候选题很重要，很关键，我的博士学位论文之所以后来能获得全国百优，是因为它占了先机，及时研究了郭店竹简，而郭店简在当时是国内外相关学术界的热点和焦点。有时选什么题目，作为学生，我们自己似乎难以决定，而可能是被导师决定的。被导师决定，这不一定是坏事。说到底，一篇论文的成功，是靠研究生自己脚踏实地地钻研出来的。我的两篇学位论文的选题范围，大体上是由导师划定的。

如何做好硕士、博士学位论文，这还包括搜集资料、阅读资料、师生讨论、写作等几个环节。由于时间限制，我在这里就不谈了。

二、我的哲学研究汇报

从宏观上看，我的哲学研究可以分为武汉大学阶段和清华大学阶段。1993 年至 2016 年，属于武汉大学阶段；2017 年至今，属于清华大学阶段。其中前一阶段又可分为多个小阶段，后一阶段尚处于初步展开过程中。在这两个阶段，我在学术研究上取得了一些成绩，现简述如下。

（一）武汉大学阶段

在武汉大学期间，我的哲学研究或科学研究可分为三个阶段：一是研究生阶段，二是以 2007 年为界，2000 年至 2016 年可分为两个阶段。

1996 年 5 月，我的硕士学位论文《郑氏易义》以全优的成绩通过了答辩并获得了张善文、周继旨两位外审专家的高度肯定。这篇学位论文的特点主要体现在谋篇布局上，一是架构宏大，二是结构合理，基本上体现了我对论文的整体把控能力和宏观架构能力，这是我的一个重要学术特点。其次，这篇论文对郑玄的一些象数思想略有发明，是前人没有看到的。

1999 年 5 月，我的博士学位论文《郭店楚墓竹简思想研究》以全优的成绩通过了答辩，并获得了评阅人李学勤、庞朴、萧萐父等先生的积极肯定或高度肯定。这篇论文除前言、结语外，共分八章。不过，根据导师的建议，作为学位论文我只使用了前五章。《郭店楚墓竹简思想研究》一书的前五章大体上是对郭店简单篇竹书的研究，而这些竹书在当时是人们讨论最热烈的几篇；后三章是对郭店竹简思想的通论。这篇论文之所以取得成功并产生较大影响，首先是因为它很及时，不但写作很及时，答辩很及时，而且出版也很及时。《郭店楚墓竹简思想研究》是国内外学界第一篇研究郭店简的博士学位论文。其次是因为它对《老子》《太一生水》《五行》《性自命出》《语丛》诸篇竹简的研究有所推进。最后是因为它从整体上推进了对郭店简思想的综合研究和论述。此前，人们缺乏对郭店简思想的整体论述，而即使有所谓整体论述，也大多流于“读后感”性质，学术含量不足。承蒙学界前辈的看重，我的这篇学位论文获得了 2001 年度“全国优秀博士学位论文”奖。至今，每当回想起写这两篇论文的时光，我仍然感到岁月静好，相当兴奋。

2007 年前后，我在做学问的方法上取得明显进步，不但在思想能力上有所推进，而且在小学方法上完成了自我训练。随即，我成功地完成了《郭店楚竹书〈老子〉校注》和《楚竹书与汉帛书〈周易〉校注》两书的写作。

归纳起来，迄今我总共发表了 130 多篇论文和学术札记，出版了 8 部学术著作，分别是《郭店楚墓竹简思想研究》（2000）、《玄圃畜艾》（2009）、《郭店楚竹书〈老子〉校注》（2010）、《楚竹书与汉帛书〈周易〉校注》（2011）、《先秦哲学探索》（2015）、《周易溯源与早期易学考论》（2017）、《英语世界的早期中国哲学研究》（2017）和《中国哲学通史・秦汉卷》（2021），即将出版《洪范大义与忠恕之道》《上博楚竹书哲学文献研究》

等书。其中，《郭店楚竹书〈老子〉校注》《楚竹书与汉帛书〈周易〉校注》《周易溯源与早期易学考论》三部专著都获得了国家级优秀学术成果奖。

（二）清华大学阶段

我进入清华大学工作才几年，一切还在展开过程中。我能感受到的变化有：一，我的年度期刊论文发表量在提升；二，更关注研究和学术写作本身；三，在思考新的学术战略问题。需要指出，上述《中国哲学通史·秦汉卷》的扫尾工作是在清华大学完成的；即将出版的《洪范大义与忠恕之道》《上博楚竹书哲学文献研究》两书的部分工作是在清华大学完成的。

归纳起来，我的研究领域集中在先秦秦汉哲学、儒家经学和简帛思想上。在这些领域，我的成果比较多，形成了自己的特色。在方法上，我的特点是将思想研究与文献、考证、语言文字等方法结合起来，既能做思想研究、哲学研究，又能做古籍校注工作。在整个中国哲学界，我的这一特征十分明显。

未来，我打算完成几部大的著作，在先秦哲学研究上作出新的突破和贡献，用更多的精力从事哲学性或思想性的研究，倡导新的经学观念，注释《周易》和解释《周易》等。当然，这方面我不能谈得太多，“行胜于言”是做人做学者的一大美德。

三、哲学之用：价值与意义

各位学弟学妹，哲学当然是有用的，是有价值和有意义的。长期以来，社会上流行一种偏见，认为哲学无用，其实不论是从找工作还是从实际生活来看，乃至从国家意识形态和民族文化的建设来看，哲学都是有用的，不仅有用，而且有大用。关于哲学的有用与无用问题，我讲三点。

（一）哲学是有用的

哲学有用，这是从绝对意义上来说的，而不是从相对意义上来说的。“哲学”的原始义就是“爱智慧”，是追寻智慧之学。当然，不同历史时期“哲学”有不同的含义和内容，但归根结底，哲学是人类反思自然、社会、人生和人类精神活动的智慧，是超越于流俗而居于流俗之上的大智慧，是智慧的智慧。一个民族的存在，不能缺少哲学智慧。尽管中国古代没有“哲学”之名，但有哲学之实。中华民族的大智慧或者根本智慧，就是哲学智慧。人类的思想和生活需要哲学，也包含着哲学。哲学既高远又不高远，既抽象又很实在。“道不远人”，“仁者见之谓之仁，知者见之谓之知”，哲学也是这样，人伦日用之中有哲学，哲学蕴含在生活实践中，蕴含在面对生命的思考和对真理的追求中。智者的只言片语中无疑闪耀着哲理和哲学智慧。不过，作为学问形态的哲学却只向成熟的思想者绽放和展现。

虽然哲学的有用性是绝对的，但在不同历史时期和在不同群体中它有厚薄之分，这是一个不争的事实，中外概莫能外。

哲学是各学科之母，是科学之母。分化之后的哲学，作为百科之一科仍然是有用的。不但如此，它有大用。世界观、人生观和价值观，这是哲学要管的大事，也是其大用所在。总括起来，哲学是关于生命和关于世界真相的学问。哲学训练人的思维，这包括批判思维、全局思维、整体思维和分析思维。哲学文化是人类近两三千年来最重要的文化传统之一，人类文明的精华就浓缩在哲学思想中。

从实用角度或职业角度来看，哲学也是有用的。人类意识形态的建构、舆论的宣传和思想文化的传承，乃至对于意识形态的打破和人类自身思想的解放，都需要哲学。哲学是理论之母和思想之母。先秦诸子、儒家文化、道教文化和佛教文化无不饱含着哲学思想。学好哲学，掌握理论，对于我们做文学、历史、艺术等领域的研究是大有帮助的。哲学实际上是大文科的基础，而科学研究背后也有科学哲学。

需要哲学也就是需要哲学人才。从最实用的角度来说，除了研究机构和教育机构外，政府和企业同样需要大量哲学人才。就我所知，武汉大学哲学学院和清华大学哲学系毕业生的就业率都是很高的，政府、企业、高校、研究机构需要大量的哲学人才。

（二）哲学之用是无用之用

“无用之用”是庄子的话，是庄子用来评价其哲学价值的。这句话我们今天可以借用来评价哲学的价值。“无用之用”这句话的落脚点还是“用”，它首先肯定了哲学是有用的，同时这句话认为哲学之用与世俗之用不同。一把铁锹可以铲土，一把斧子可以伐木，哲学之用当然不是这种用。学了财经可以理财赚钱，学了军工可以制造武器，哲学之用也当然不是这种用。一个人学了哲学，不能直接去理财生财，也不能直接去制造武器。哲学之用虽然跟实际之用有千丝万缕的联系，但是它更智慧、更抽象，而且往往是理论性的、反思性的和批判性的。哲学武装人的头脑，是思想的思想、智慧的智慧。所以哲学之用是无用之用，具有强化和武装人类思想的大用。

（三）我个人学习和研究哲学的出发点

我当初选择攻读哲学专业的研究生，后来从事哲学教学和研究工作，并没有太计较哲学之有用和无用问题。我的动力和根据主要有三点：第一，兴趣。大约从本科一年级下学期开始，我对哲学产生了一定兴趣，朦胧中树立了一定志向。对哲学，对思想和理论的兴趣一直在鼓励着我前行。应该说，读研时对哲学的兴趣我已经内化了。孔子曰：“知之者不如好之者，好之者不如乐之者。”对哲学，我现在大概处于“乐之”状态。第二，学术贡献。谈到所谓学术贡献，这里似乎隐藏着“爱拼才会赢”的人生哲理，隐藏着计较心和好胜心，但我将学术贡献作为研究中国哲学的动力，这主要是基于“文化传承”的角度来说的。一个人的学术贡献再大，也要“淡然独与神明居”。只有做到如此，他在心态上才算达到很高的人生境界。

第三，文化传承。文化传承是从使命感的角度来说的。传承和创新对文明的延续来说十分重要，而推动文明传承和创新的力量则来自于人们的文化使命感。近十年来，我研究中国哲学的动力和根据，逐渐与文化传承的使命感关联了起来。从一定意义上来说，作为学者，我们都是文化传承的工具。“文王既没，文不兹乎”，“天将以夫子为木铎”，我们都应该向孔夫子学习。孔子具有极强的文化传承意识，又具有极其神圣的文化使命感，所以孔子成为中华民族的圣人，成为文化意义上的新文王和新文祖。关于使命感的意义，陈嘉庚在筹办厦门大学的一段演讲词中说得很好：“民心不死，国脉尚存，以四万万之民族，决无甘居人下之理。今日不达，尚有来日，及身不达，尚有子孙，如精卫之填海，愚公之移山，终有贯彻目的之日。”从意志看，嘉庚心如金石；从中国现代历史和个人处境看，嘉庚又具有极其强大的使命感。在学术研究上我们应当发扬光大嘉庚精神。

四、如何学习和研究哲学：意志、方法与目标

如何学习和研究哲学，从方法论上来说，我认为，包括三个基本方面，一是哲学志向或哲学意志的问题，二是具体方法的问题，三是目标的问题。

（一）志于哲学：灵根遍植凭精进

学习和研究哲学，正如我们从小到大读书、学习一样，首先需要立志。立志是非常重要的。孔子自述其人生历程，首先从志于学开始。《论语·为政》篇载孔子曰：“吾十有五而志于学。”只有立志于学，一个人才能学，因为一个人只有将目的内化于其意志中他才能主宰其心灵和行为活动。当然，鉴于哲学的抽象性、反思性和理论性，对于一个人来说，立志于学习和研究哲学可能是一个很漫长、很艰难的过程。事实上，进入哲学之门对于大多数人来说是一件相当困难的事情，许多人看一看、读一读之后就立马垂头丧气和偃旗息鼓了。

志于哲学，一个人从故事性的阅读进入抽象的理论思考，这无疑需要其自身意志的不断加持，最终突破其自身的局限而进入思维的高级阶段。萧萐父先生曾有词曰："花果飘零休怅望，灵根遍植凭精进。""灵根"在萧先生的词中，指中国文化的智慧之根和精神之根，而"精进"则是锐意求进、毫不懈怠之义。一个民族的精神、智慧的遍植需要学人痛下精进的工夫。"精进"无疑来源于个人的坚强意志。若一个人的意志力不足，那么他是无法做到精进的。

总之，我认为"志于哲学"是很重要的，这不仅对于进入哲学来说是如此，而且对于此后持续的哲学研究来说也是如此。

（二）方法

在志于哲学、精进不已的基础上，我认为，学习和研究哲学从总体上看还需要把握如下几个环节：一是理解，二是探索，三是分析，四是解释，五是批判，六是创新。"理解"是哲学研究特别是哲学史研究的题中之义，对对象和材料的先行理解是研究的前提和基础。"探索"强调问题意识，在问题意识中不断向前摸索以求出道路，而摸索应当摸索到山穷水尽之处。探索意识很重要，在一定意义上说，善于探索即善于做研究。分析与归纳相对，相对来说，分析更重要。"分析"即是所谓一生二、二生三，即是将问题和内涵不断地推演和展开。分析是解释的基础。"解释"是一个文本的哲学含义从幽到显的被阐明过程；不过，哲学解释应当符合其历史背景和思想系统，应当做到历史与逻辑的统一。"批判"既是否定又是肯定，其目的主要不是为了否定前人或他人的意见，而是为了肯定自己的观点。批判是创新的前提。"创新"是研究的出发点和落脚点，它包括新资料、新论证和新观点（新看法、新意见或新结论），其中新观点最重要。创新是学术研究的灵魂。

我认为，做哲学研究，特别是做哲学史研究，应当遵从"三中心法"。一是以经典研习为中心。从中国哲学看，经典可分为两种，一种是整个二级学科的基本经典，如“四书”、《老子》、《庄子》，一种是三级学科或研究对象的基本经典。对于这些经典，我们都应当精读、细读和反复读，结合重要注疏读、问题和学术写作来读。二是以问题为中心。一个人做研究必须有学术问题，必须带着疑问。围绕问题展开，经过研究而解决问题，这是学术研究的必要环节和重要环节。三是以学术写作为中心。读书和研究的成效都体现在论文写作中。在教学中，我常常看到，一名学生可能愿意读书，但是他未必愿意努力写作。写作难于读书，对于意志的考验更甚。学术写作不仅需要一个人全身心投入，而且需要创新，需要接受老师的评价和期刊专家的审查。“学术论文”是一架衡量研究生学术水准和心理的天平。在很大程度上，学术写作是研究生实现其自身价值和意义的基本方式。学术写作不过关，对一名研究生的打击很大，这一点很容易观察到。反之，那些优秀者则充满学术自信，未来可以成为名家、大家。

读书、研究有一些技巧或方法。如读书要与写作相结合，研读原著与阅读研究论著相结合，在综述和批评的基础上提出问题，重视比较方法，特别是中西比较的方法，等等。我认为，一名从事中国哲学研究的学者应当具备良好的西方哲学素养。从教学角度来看，老师应当注重启导的方法，应当善于辨别学生的不同学术品质，应当将论文汇报作为师生交流的一个重点。另外，师生感情的交流也很重要，如何引导学生对学术生起崇敬之心，向往学术，尊重学术，甚至为学术献身，这是一种令人可望而不可即的教学境界。

（三）目标

正如人生一样，做学生和做研究生应当有目标。目标体现一个人的企图心，而企图心是一个人通往成功的主观动力。

读书就其本身来说亦有目的，一是要读懂经典，二是要读出一个思想结构来，三是应当读出自己的看法和新观点。在研究生阶段，读书是为写作做准备的。这些因素综合起来，其目的就是一个人的成才问题。

在硕士和博士阶段，一名研究生最直接、最必要和最显著的目标是写作一篇合格的硕博士学位论文。作为一名研究生，他应当牢记此一中心任务。一名研究生是否成才，首先以其学位论文为标志。

研究应当带有一定任务，任务从终极处来说是一个人的企图心在其人生价值和意义上的显现，并进一步落实在人生实践的不同层面上。当然，外化的任务反过来会对一个人提出一系列要求。人生不能没有目标，学者亦不能没有目标。一个目标接着一个目标，一个阶段接着一个阶段，学者的人生价值和意义与其企图心是密切相关的。

万卓恒先生行事及评论略纂

一

“万卓恒”三字，二三十年前即已映入我的眼帘，然而长期以来我对万先生的印象并不深刻，甚至很模糊、很隔膜。尽管他是萧萐父先生终生难忘的恩师，尽管我们是黄陂同乡（大约在2010年我才开始真正意识到这一点），然而长期以来他的名字远离我的意识活动，一忽儿飘浮在这里，一忽儿又隐藏在那里。大概是在2011年4月份，我的乡土意识蓦地有所增长，我不由自主地有了想要了解万先生的深切愿望。于是我开始在互联网上搜索他的资料、信息，又询问了个别同事，最后还特地为此请一名研究生去武汉大学档案馆咨询了涂上飙馆长，但很可惜，除了复印到数张整理的纸质文件外，我们其实没有获得多少信息。而我原想从武大档案馆获得一幅万卓恒先生的手迹或一帧他照片的愿望，也一并落空了。涂馆长说，老武大有千余袋民国时期的旧档案，至今无人整理。或许，我所要的资料、信息就隐藏在那些旧档案袋里了吧。

师祖萧萐父先生晚年亲自编纂了《吹沙集》三集，2007年由巴蜀书社汇总出版。在每一集护封的“作者简介”里，他写道：“一九四七年毕业于武汉大学哲学系，曾受教于万卓恒、张真如、金克木教授之门。”由此可见，万卓恒在萧萐父先生心中的分量。如今，万卓恒先生的行事差不多已成过眼烟云，对于他的深切记忆，伴随其学生的相继去世也已经永远地消失了。

笔者惜其于国族危难中仍坚持哲学教育，却天不假年，未尽其才，且声名不彰，至今湮没，故特意搜集相关资料，以留存其行事和显扬其精神。

万卓恒（1902—1948），湖北省黄陂县（今武汉市黄陂区）五通口镇（今武湖街道）人。其父为辛亥功臣万声扬（1878—1940），与黄兴同学于日本东京弘文书院，曾任汉口市市长。万卓恒是长子，一生未娶。他是1923届清华学校留美预备部学生，在校期间曾加入文学社。后留学于美国哈佛大学，获哲学硕士学位。旋即归国，任东北大学教授。1931年10月至1948年3月，任国立武汉大学教育哲学系/哲学系教授，并担任过系主任、校教授委员会主席。据《吴宓日记》记载，万卓恒先生于1948年3月5日病逝于武昌医院。据詹寰的回忆，他因肺结核病恶化而去世。在国立武汉大学任教期间，万卓恒先生曾开设论理学、数理逻辑、伦理学原理、知识论、西方伦理学史、哲学问题、近代哲学、现代哲学、形上学、认识论、美学等课程，是数理逻辑、康德哲学、形上学、认识论等领域的专家。但惜乎其著作、讲义多未行世，今所见出版物有两种，一种是《伦理学》讲义，收入周荣主编《民国时期武汉大学讲义汇编》第四册（国家图书馆出版社2018年版）。该丛书目录云："伦理学，万卓恒编，国立武汉大学，一九三四年出版。"该讲义全为英文，是对康德哲学英译文本的摘编。另一种是《哲学方法》一文。邬纪明整理《武大老教师著述及相关资料篇目索引》云："万卓恒：《哲学方法》，《哲学与教育》（武昌）第1卷第1期，1932年。"此文现有PDF文档流传。顺便指出，从《国立武汉大学一览》等资料来看，万卓恒先生是民国中后期武汉大学哲学系最重要的教授成员，但很可惜，武大哲学系官方对其行事非常缺乏了解。造成这种结果的原因当然是多方面的，但归根结底是生活在当下的人们缺乏了解其历史真相的动力。

本文搜集了许多与万卓恒先生有关的资料，这些资料汇集起来已经大大超过了以往的叙述和回忆。不过，令人感到非常遗憾的是，由于笔者缺乏东北大学方面的人脉，万先生在东北大学工作的一段经历在本文中完全无法得到反映。需要指出，在资料搜集上，本文得到了王政杰（清华大学博士生）、王振辉（清华大学博士生、武汉大学硕士生）、戴忠路（武汉大学硕士生）、陈钰（清华大学博士生）、江一焕（武汉大学博士生）和武大档案馆涂上飙馆长的帮助，特此致谢。

二

《国立武汉大学一览》是对民国时期武汉大学各年度讲授课程等信息的简要记录，由国立武汉大学编印和出版。《国立武汉大学一览》电子资源截至 1938 年。万卓恒在武汉大学期间所开课程均在文学院和法学院，今据《国立武汉大学一览》叙述如下。

据《国立武汉大学一览（1931 年）》的记载，万卓恒所开课程有：论理学，下注“已习者得免习”；论理学（二）；伦理学、美学，下注“各授一学期”。其中“论理学”为文学院和法学院各系的通开课，且均需单独讲授。此例下同，下文不再赘述。从内容看，“论理学”即普通逻辑学。“论理学（二）”即数理逻辑，是专为哲学专业学生开设的。

在“职教员履历”部分，《国立武汉大学一览（1931 年）》首次出现了万卓恒的履历，具体为：

籍贯：湖北黄陂。

经历：美国哈佛大学硕士，东北大学教授。

现任职别：文学院教授。

到校年月：二十年十月。

“二十年十月”，即公元 1931 年 10 月。万卓恒先生到武汉大学任教的原因是九一八事变。在九一八事变爆发后，许多教授不得不离开东北大学，奔赴其他高校任教。据《国立武汉大学一览（1931 年）》的记载，刘永济先生也是在 1931 年 10 月从东北大学赴武汉大学任教的。

据《国立武汉大学一览（1932 年）》的记载，万卓恒 1932 年度所开课程有论理学、近世哲学研究、哲学问题。

据《国立武汉大学一览（1933年）》的记载，万卓恒1933年度所开课程有论理学、论理学（二）、伦理学。其中伦理学讲授多次。

据《国立武汉大学一览（1934年）》的记载，万卓恒1934年度所开课程有论理学、伦理学、哲学问题。

据《国立武汉大学一览（1935年）》的记载，万卓恒1935年度所开课程有：

论理学（二）（每周三小时，一年授完，万卓恒先生授）。本学程讲授：（一）亚里士多德派论理学之基本概念；（二）符号论理学；（三）铿斯、尼柯诸人之归纳学说。

伦理学（每周二小时，一年授完，万卓恒先生授）。本学程述（一）社会与道德之演化，（二）道德行为之心理的基础，（三）道德哲学中之主要问题及学说。

近代哲学（每周二小时，一年授完，万卓恒先生授）。本学程讲授洛克之人类之悟性论，巴克莱之人类知识之原理及对话，休谟之人性论，及康德之纯理批判。

哲学问题（每周三小时，一年授完，万卓恒先生授。本年不开）。本学程讲授知识论及形上学之主要问题如真理、实在、物体、心等；并将现时哲学家对此类问题之理论加以分析与批评。

据《国立武汉大学一览（1936年）》，万卓恒本年度所开课程有：

论理学（每周二小时，一年授完，万卓恒先生授）。本学程内容如下：（Ⅰ）型式逻辑（命辞之结构与种类，对当，直接推论，三段推论武〈式〉，假言推论式，选言推论式，双刀式等）。（Ⅱ）科学方法（分类与定义，类比推论，旁证法，比较法，统计法，密尔之归纳法，概然推论等）。教科书：*A. Wolf: Textbook of Logic*。

论理学（二）（每周三小时，一年授完，万卓恒先生授。本年不开）。本学程讲授：（一）亚里士多德派论理学之基本概念；（二）符号论理学；（三）铿斯、尼柯诸人之归纳学说。

伦理学（每周二小时，一年授完，万卓恒先生授）。本学程述（一）社会与道德之演化，（二）道德行为之心理的基础，（三）道德哲学中之主要问题及学说。

近代哲学（每周二小时，一年授完，万卓恒先生授）。本学程讲授洛克之人类之悟性论，巴克莱之人类知识之原理及对话，休谟之人性论，及康德之纯理批判。

哲学问题（每周三小时，一年授完，万卓恒先生授，本年不开）。本学程讲授知识论及形上学之主要问题如真理、实在、物体、心等；并将现时哲学家对此类问题之理论加以分析与批评。

民国二十六年（1937年）度、二十七年（1938年）度《国立武汉大学一览》合刊为一册。据此册课程介绍，万卓恒在此期间所开课程有：

论理学（每周二小时，一年授完，万卓恒先生授）。本学程内容如下：（Ⅰ）型式逻辑（命辞之结构与种类、对当、直接推论、三段推论式、假言推论式、选言推论式、双刀式等）。（Ⅱ）科学方法（分类与定义、类比推论、旁证法、比较法、统计法、密尔之归纳法、概然推论等）。

现代哲学（每周二小时，一年授完，万卓恒先生授）。本学程讲述西洋近八十年来之哲学。从十九世纪中叶（一八五〇年）起至今日止，凡德、法、英、美等国的重要的哲学学派及其学说，俱在探讨之列。参考书：Ruggiero：Modern Philosophy；Joade：Modern Philosophy。

哲学问题（每周三小时，一年授完，万卓恒先生授，廿七年度不开班）。本学程讲授知识论及形上学之主要问题如真理、实在、物体、心等；并将现时哲学家对此类问题之理论加以分析与批评。

伦理学（每周二小时，一年授完，万卓恒先生授）。本学程述（一）社会与道德之演化，（二）道德行为之心理的基础，（三）道德哲学中之主要问题及学说。

认识论（每周三小时，一学期授完，万卓恒先生授）。本学程讲述以下各问题：（1）知觉与物体，（2）概念与共性，（3）真理论，

（4）先验知识，（5）经验知识与归纳之哲学基础，（6）观念论，（7）实在论，（8）现象论。

形上学（每周三小时，一年授完，万卓恒先生授）。本学程讲述以下各问题：（1）现象与本体，（2）范畴论，（3）感觉世界与物质世界，（4）“自我”之概念，（5）心与物，（6）“层创”进化论，（7）机械论与目的论。

又据此册课程表，万卓恒还在此期间讲授了近代哲学、论理学（二）两门课程。

三

关于万卓恒的信息，我们在武汉大学档案馆还搜集到了两件档案资料，一件是“文学院课程指导书”，另一件是毕业论文指导情况表。

（一）武汉大学“文学院课程指导书”

此份档案第 12 页涉及万卓恒的教学情况，其具体内容如下：

第三学年				
必修课程	学分	每周时数	教员	备考
伦理学原理	3	6	~~万卓恒~~ 周辅成	
第四学年				
伦理学原理	3	6	万卓恒	
知识论	2	4	万卓恒	本年不开
现代哲学	2	4	万卓恒	本年不开

表上第三学年中“万卓恒”三字上的删除线，乃原件本有。此件档案对应的时间当为 1947 年。1947 年“六一”惨案发生时，万卓恒先生已病重不起（参见萧蓬父《冷门杂忆》），估计 1947 年上半学年他因病重一时无法正常上课，故讲课教师遂不得不变更为周辅成先生。据武汉大学档案资料记载，周辅成是 1947 年 4 月到武汉大学任教的。

（二）毕业论文指导情况表

从名义看，哲学为中国传统学问所本无。民国时期，哲学属于极度冷门专业。在武汉大学工作期间，万卓恒一共指导了 8 名学生的毕业论文，其中即包括萧萐父的论文。万卓恒指导毕业论文的具体情况如下：

档号	案卷标题	案卷时间	件	页
Z8-1933-65	国立武大法学院哲教系许士雄毕业论文（导师万卓恒）《关于 TRIADIC 的研究》	1933	07	73
Z8-1935-3	国立武大文学院哲教系刘佛年毕业论文（导师万卓恒）《因果问题之商榷》	1935	07	31
Z8-1943-143	国立武大文学院哲学系孙法科毕业论文（导师万卓恒）《论自由为人生之理想》	1943	07	100
Z8-1943-149	国立武大文学院哲学系王华陆毕业论文（导师万卓恒）《价值及其判断之分析》	1943	07	56
Z8-1945-139	国立武大文学院哲学系周文逸毕业论文（导师万卓恒）《论道德标准》	1945	07	50
Z8-1947-8	国立武大文学院哲学系畲全坤毕业论文（导师万卓恒）《逻辑思想在哲学史上的演进情形》	1947	07	51
Z8-1947-9	国立武大文学院哲学系萧捷父毕业论文（导师万卓恒）《康德之道德形上学》	1947	07	70
Z8-1947-146	国立武大文学院哲学系陈若伦毕业论文（导师万卓恒）《逻辑学原理》（第五、六章翻译）（原著恰蒲曼·痕尔）	1947	07	90

上表中的刘佛年（1914—2001），是湖南醴陵人，1978—1984 年任华东师范大学校长。萧捷父，即萧萐父（1924—2008）先生。萧萐父又作肖萐父，“萐”又或写作“箑”。萧萐父先生是武汉大学中国哲学学科的主要创始人，著作有《船山哲学引论》和《吹沙集》三集等。“畲全坤”系“余焓坤”之误。

他与萧莲父、叶阳生等人发起创办了《珞珈学报》，宣扬民主，呼唤和平，反对国民党的独裁、恐怖统治。

四

“万卓恒”还出现于《梅贻琦日记》《吴宓日记》及詹寰、萧莲父、黄曾阳等人的回忆中。吴氏日记及詹、萧二氏的回忆甚有价值。

（一）《梅贻琦日记》和《吴宓日记》

《梅贻琦日记（1941—1946）》1941 年 6 月 26 日：

万……（原缺）：教部视察员，万卓恒令弟。①

万卓恒有三位弟弟，大弟为万超恒。梅氏日记所记“万……”是否为万超恒，待考。1924 年 1 月 17 日，鲁迅在北京师范大学附属中学校友会作《未有天才之前》的演讲，记录者即为万超恒。

《吴宓日记（1946—1948）》1948 年 3 月 9 日：

昨夜煦送函，言《字典》总校费事。宓今晨 9：00 往访，始知煦忽患病，疑为肺炎，甚沉重。宓与榴略谈而归。即至工学院会议厅，与众送故哲学系教授兼主任万卓恒君（三月五日，殁于武昌医院。）之灵，由城中运到，乃同步行恭送至东湖滨。柩既登舟，（葬湖外武大公墓。）众方散归。时已 11：00 过，宓至系中办公。②

“武大公墓”，疑即位于与武大东山头隔湖相对的丰都山。丰都山顾名思义，为埋葬死者的地方。在这则日记的末尾，吴宓又作悼诗一首——《送万卓恒教授丧》，云：

碧湖晨雾散，绿野秀苗新。

① 参见梅贻琦：《梅贻琦日记 1941—1946》，清华大学出版社 2001 年版，第 57 页。

② 参见吴宓：《吴宓日记 1946—1948》，生活·读书·新知三联书店 1999 年版，第 356 页。

死去同生隔，临丧却赏春。
盖棺无尽学，接席未相亲。
山半楼长好，不婚不宦人。①

（二）詹寰《漫话当年武大》

詹寰是民国时期武汉大学哲学系1942级学生，毕业于1948年，学位论文为《病态心理学》。詹先生在《漫话当年武大》一文中回忆和评论了当时哲学系的多位教授。其中关于万卓恒的一段是这样的：

> 担任哲学系主任的是万卓恒教授，也是一位独立特行、博学多才的教授。他曾留学美国，获博士学位。我在母校时，他主讲三、四年级的“形式逻辑”和“西方哲学名著选读”。他不但精研西方哲人哲理，造诣甚深，对于文学戏剧理论也很有素养，还能清唱几段精彩的京剧。遗憾的是，万先生年轻时过度用功，身体孱弱，瘦削的身材，满脸的病容，戴一副近视眼镜，那时已不能走到教室去授课。但他不愿耽误学生的学业，仍然要我们去他家中听课，他住在哪一条街，已记不甚清楚，我们几个学生通常按时走进他那间卧室兼书房，然后围绕着他成一个半圆坐下来。他讲得很小声，很吃力，一面喘着气，呛咳着，不停地擦眼睛，我们很过意不去，劝他休息，他总是说：“不要紧的。”有时讲得过度劳累，不知不觉就睡着了。我们怕惊醒他，就安静地坐着自修，直到壁钟敲响十二点，他雇的女工端进午饭来，我们才叫醒他：“万先生，十二点钟了，吃午饭吧。”他生活简朴，午饭多半是半碗面条加两个鸡蛋。他却仍要站起来送我们出门。此后，我因上了黑名单于1945年暑期离开乐山到犍为、秀山、宜宾等地的中学避难，直到1947年春季方回到珞珈山武大复学。回校第二天我就去看万先生，那时他已因肺结核恶化，时常咯血，病倒在床。但他仍强撑病体，倚在病榻上谆谆嘱我好好念书，

① 参见吴宓：《吴宓日记1946—1948》，生活·读书·新知三联书店1999年版，第357页。

> 不要辜负青春时光。此情此景，恍惚犹在昨日。此后不久，先生就与世长辞了。先生身后凄凉，他终身未娶，没有子女，送殡时记得只有解子光、侯春福、戴伯淮、我和一位黄姓的同学，此外就只有万先生的一个姐姐。中文系黄焯教授执笔为万先生写了墓志铭，系主任刘博平教授亲自伏在墓石上书写铭文，足以让先生不朽。先生长归道山时不过五十来岁，中年早逝，英才未展，实在令后学者深为惋惜。先生遗体葬在风光如画的珞珈山麓东湖之滨，朝夕与湖光山色相伴，想不寂寞，差可告慰于先生在天之灵了。[①]

詹寰的回忆有不够准确的地方，如说万卓恒"获博士学位"，其实他只获得过哲学硕士学位。詹文所说"此后不久"四字，属于概括性语言，万卓恒去世的具体时间为1948年3月5日。詹文所说"送殡时记得只有解子光、侯春福、戴伯淮、我和一位黄姓的同学"，这属于选择性叙述，所提五人均为学生。我们不能由此推出，当时送丧的人中没有任何教师。詹文的最大价值是提及了万卓恒的死因——肺结核恶化。肺结核是慢性病，一时好了也容易复发。笔者揣测万卓恒之所以在获得硕士学位后立即回国而没有继续攻读博士学位，很可能是因为那时他已经染上了结核病。

（三）萧萐父《冷门杂忆》

萧萐父是民国时期武汉大学哲学系1943级学生，毕业于1947年。在《冷门杂忆》一文中，萧先生回忆了民国时期的武大哲学系及各位教授，其中他对万卓恒教授的感情尤深。其文曰：

> 首先，当时哲学系系主任万卓恒老师，是同学们最为敬畏的严师之一。因为他特有的孤僻性格，平时不苟言笑，经常是一个人背着手，曳着一根手杖，孤独地散步在大渡河边，始终处于一种深不可测的沉思

---

① 詹寰：《漫话当年武大》，骆郁廷：《乐山的回响：武汉大学西迁乐山七十周年纪念文集》，武汉大学出版社2008年版，第257–258页。

神态之中。同学们碰见向他行礼，他也只是点点头，不说一句话。万先生为我们开了“伦理学原理”“西方伦理学史”和“数理逻辑”三门课程。前两门是万先生综合大量研究成果而独立建构的一个伦理学的历史和逻辑体系，课前指定许多参考书，讲课时不用教材，上课时只带一支粉笔，以最条理化的板书和最清晰的论证，剖析一个个原理及一个个学派，全课讲完，逻辑井然，几乎没有一句多余的话，准时下课。“数理逻辑”一课，万先生指定的教材是罗素和怀特海合著的《数学原理》(*Principia Mathematica*)，而每次上课仍是拿一支粉笔，从原理、公式到逻辑演算，边写板书边讲解，清清楚楚，天衣无缝。而那时同学们把上万先生“数理逻辑”课，视为强迫自己接受严格的逻辑思维的训练。万先生所开课，正好涵摄了当时中国南北两大哲学学脉，即南方东南大学为代表的人文主义与北方清华大学为代表的新实在论。四年级时，我从万先生所讲“西方伦理学史”中得到启发，选定“康德之道德形上学”作为毕业论文题目，求得万先生指导。从定题到立纲，几次去见万先生。他住半山庐，独身居一斗室，1946年秋冬他病了，有时斜躺在床上，我就坐在床前听他用低沉的声音讲话，话不多，但总是那么凝重。至今还记得他的主要叮咛：一定要根据康德的原著，第二、三手的解说材料，不足为据，只能作为参考；直接把握原意，切实弄懂以后，确有心得，才可发挥。论文初稿本应在1947年5月前交导师审阅，可是，当时在武大的反美蒋学生运动，由抗议沈崇事件正逐渐走向红五月高潮，我由于投身学运，不免荒废学业，虽也在间隙中赶写完论文草稿，而未能按时抄正交卷，不得已，最后去见万先生，请求缓交。万先生在半山庐宿舍，正重病卧床，我深感内疚，立在床前简述了论文草完情况，最后小心地就“结论”中观点请问了一个问题：康德“目的国”思想中实现个人自由(自律)的道德理想，太抽象，可否发挥一下，理解为一个人应为实现“目的国”中人人自由的伟大理想而具体奋斗？万先生默不表态，似乎知道我在想什么；从他的目光中，我感觉到，他对我们当时闹罢课、游行而未按时完成学业，显然能谅解，但又很惋惜，最后只低声说了一句："按你自己的心得写吧！"从此，我再未去看过万先生。接着，在武大发生了震惊全国的"六一"屠杀大惨案。当时万先生以武大教授会主席的身份，病中带头签名，发表抗议声明。武大学运蓬勃高涨，组织抗议，扩大宣传，设立烈士灵堂，发动抬棺游行……等，奔忙到了7月底。最后，我为逃避国民党特务追捕而匆匆离校，只将论文草稿交好友余正名等代抄〖工〗整，替我送呈万先生，那已是1947年9、10月的事了。以后得知，万先生宽容了，审阅后还给了75分，评为乙等。可是不久，万先生就以贫病交加，在珞珈山凄然去世。去世前，为偿还医药欠债，不得已卖去了全部藏书……师德师恩，思之泫然！[①]

我曾在一本书的《后记》中说到："抚念生平，其所以走上学术道路，勉力驰骋古今，全赖从中学起就受到几位启蒙老师言传身教的智慧哺育和人格熏陶。至于大学时代传道授业诸师，冷峻清晰如万卓恒师、朴厚凝专如张真如师、渊博嵚崎如金克木师，诲教谆谆，终身不忘。"这所说的，都是实情。[②]

文中提及的"六一惨案"，百度百科列有词条，可以参看。文中提及的好友余正名，系武汉大学经济系学生，他参与了《珞珈学报》的创办。

（四）黄曾阳《HNC（概念层次网络）理论》

黄曾阳是武大子弟，中文系黄焯教授的公子，曾任中国科学院声学研

① 萧萐父：《吹沙二集》，巴蜀书社2007年版，第376–382页。《冷门杂忆》，原载武汉大学哲学系、社会学系编：《珞珈哲学论坛（第一辑）》，武汉大学出版社1996年版。
② 萧萐父：《吹沙二集》，第382页。这段话出自《吹沙集·后记》，载萧萐父：《吹沙集》，巴蜀书社1991年版，第625–626页。这段话李维武作了转引，参见李维武：《现代大学哲学系的出现与20世纪上半叶中国哲学的开展》，《学术月刊》第41卷第11期，2009年11月，第42页。

究所研究员。在所著《HNC（概念层次网络）理论》一书中，关于万卓恒教授，他有一段回忆：

对于学术评论，我喜爱一针见血的方式和语言。当然，这里说的一针见血是指透彻性，而不是简单化的贴标签，对这一喜爱值得谈一件往事。大约是1946年的冬天，我随同父亲去看望当时的武汉大学哲学系主任万卓恒先生，万先生住在珞珈山上叫做“半山楼”的两层楼房里，四周林木森森。先生一生未婚，住室内外的环境和布设，先生的气度，使人产生一种如同面对一位高僧的感觉。那一次万先生谈起黑格尔对孔子、老子和庄子的看法，我的印象是，黑格尔对中国这三位先哲的评价都不高，尤其是孔子，但万先生对黑格尔评价的评价很赢得我父亲的赞许，具体内容已印象不深（当时肯定也没有完全听懂），但是，对万先生关于“尖刀和抹布”的比方说法却印象极深。接下来，两老（我父亲当时46岁，万先生应不超过50岁，不过当时的习惯称呼是耀老和卓老，我父亲字耀先）以尖刀和抹布为“识”的两极标准评论了很多历史人物。这一段少年生活的花絮在我的意识里种下了尖刀和抹布的深刻印象，不知不觉之中对我的思考和写作习惯产生了无所不在的影响。①

（五）郑昱《爱上武大的理由》

2003年暑假，郑昱（武大新闻学2002级学生）在成都采访了一位武大哲学系的老校友，其采访文章《爱上武大的理由》有部分文字涉及万卓恒先生，今抄录如下：

去年暑假，我在成都采访到一位哲学系42届老校友，哲学学院萧萐父教授的同窗。忆及当年求学武大，老人高度近视的双眼迸发出光芒，

---

① 黄曾阳：《HNC（概念层次网络）理论——计算机理解语言的新思路》，清华大学出版社1998年版，第191页。

“我是冲着张真如先生报武大的。看了商务印书馆印行的张真如教授留学时的毕业论文，我就下决心一定要来武大搞清楚黑格尔和康德哲学。于是我在联考的志愿书上就填着：第一志愿武大哲学系，第二志愿武大哲学系，第三志愿武大哲学系。”

当时哲学被称为冷门……虽然身系“冷门”，老校友却得到了这些大师们的真传：万卓恒、吴宓、金克木、张真如、朱光潜、缪朗山……谈起恩师，老校友热泪盈眶，“这些教授都是怪人，有奇怪的脾气。他们博学、严谨、不浮躁、不媚俗、不张扬。系主任万卓恒才学不次于金岳霖，一生没有任何著述，终生（身）不娶。相识三年我从没见过他笑。六一惨案后，万教授赶到学生灵堂竟然痛哭不已……”[①]

五

万卓恒先生在武汉大学长期坚持数理逻辑的教学和研究，民国时期已引起贺麟等人的注意，近来斯洛文尼亚卢贝尔雅那大学研究员扬·弗霍夫斯基（Jan Vrhovski）做了较多的文字评述。其中，扬·弗霍夫斯基的评论更重要。

（一）贺麟《当代中国哲学》

贺麟在《当代中国哲学》第二章“西洋哲学的绍述与融会”中提及万卓恒，其文曰：

还有一点，此时须得顺便报告者，即自严几道氏介绍《穆勒名学》及耶芳斯《名学浅说》以来，国人渐知逻辑之重要。近年来对于西洋的数理逻辑国内学者有相当深的研究，且有新的贡献者，颇不乏人，

① 郑昱：《爱上武大的理由》，《武汉大学报》2004 年 11 月 13 日；是文又载“珞珈新闻网”2007 年 12 月 1 日。

如俞大维、金岳霖、万卓恒、沈有潜、沈有鼎、汪奠基、张荫麟、王宪钧、胡世华诸先生可为代表。[①]

这段话常被人们所引用，如时明德等人在一篇探讨中国数理逻辑发展滞缓原因的文章中即进行了转述。[②]

（二）扬·弗霍夫斯基的论述

扬·弗霍夫斯基在《亚洲研究》上发表了一篇题为《在哲学和数学之间：20世纪30年代在中国数理逻辑的传播、教学与研究的总体趋势》的论文，[③]其中部分文字涉及万卓恒先生，今据王洪光的中译文摘录如下。是文第二节“作为学院哲学一部分的数理逻辑：从清华大学到武汉大学”曰：

国立武汉大学于1928年正式成立，其成立是为了将湖北一些较小的高等教育机构，包括（1926年）新成立的国立武昌大学，合并为一所现代化的重点大学。由于国立武昌大学成立时间较晚，在中国的学院哲学现代化新浪潮的影响下，已经拥有了一套相对理论化且与时俱进的逻辑学课程。而在武汉大学（以下简称“武大”）哲学系的框架内，逻辑学现代化课程的第一个进展是屠孝实（字正叔，1898—1932）被任命为逻辑学教师的那一年。（《国立武汉大学一览》，1931年，第73、82页）屠孝实毕业于日本东京早稻田大学，曾任北大哲学教授，他在1926年撰写并出版了极具影响力的教科书《名学纲要》，书中包含了根据耶方斯（Jevons）的《逻辑学基础课》（*Elementary Lessons on Logic*）一书所编写的关于早期代数逻辑[布尔（Boole）和德·摩根（De

---

① 贺麟：《当代中国哲学》（《民国丛书》第三编），胜利出版公司1945年版，第31页。

② 时明德、曾昭武：《数理逻辑在中国发展滞缓的原因探析》，《信阳师范学院学报（哲学社会科学版）》1998年第2期，第30页。

③ Jan Vrhovski, Between Philosophy and Mathematics: General Trends in Dissemination, Teaching, and Research on Mathematical Logic in 1930s China, *Asian Studies*, 2022, 10 (2) : 209–241. 此文有中文翻译，译者为王洪光，发布在互联网上：https://www.researchgate.net/publication/364261528。

Morgan）］的简短介绍。

1932 年，毕业于清华和哈佛哲学系的万卓恒（1902—1948）接替屠孝实。万卓恒在任职武大前曾经在东北大学教哲学，他在武大担任教授期间（1931—1948）被公认为一位专长数理逻辑的逻辑学教师。[①] 作为一个懂数理逻辑、讲《数学原理》的哲学教授，万卓恒的名声远远超出了该校教授和学生的圈子。尽管他没有写过任何与数理逻辑甚至与逻辑学有关的著作，但在中国现代逻辑史的一些当代著作中，都提到他是民国时期从事数理逻辑教学和传播的哲学家之一。[②] 除了“论理学”，万卓恒还讲授其他与当代西方哲学和认识论有关的课程。武大自 1932 年以来的课程和专业的官方概述表明，万卓恒开设的首门逻辑学课程已经具备了现代视野。他的讲课内容从 1932 年起包括了如下主题：形式逻辑中的种种问题、演绎的形式，以及当代逻辑学。（《国立武汉大学一览》，1932 年，第 23 页）除了逻辑学基础课程之外，万卓恒在接下来的几年里还组织开设了一门高级课程（称作“论理学二”），这是为哲学专业学生开设的选修课。1934 年，基础课程专门概述亚里士多德逻辑，旨在提出人类思维原则的一般纲要和正确思考的理念；而高级课程包括三个主要部分：亚里士多德逻辑、符号逻辑（数理逻辑）和归纳理论（《国立武汉大学一览》，1934 年，第 26–27、33 页）。根据他的学生萧蓮父回忆，课程与符号逻辑有关的部分

---

① 除了贺麟提到万卓恒是中国当代专长数理逻辑的最重要的哲学家之一，还有他的学生的叙述和回忆，其中最著名的是萧萐父。参见李勉媛（2016）；李维武（2009）；湘人（2017）。——作者原注。即李勉媛:《关于地方综合大学教师教学发展问题的思考》,《吉林省教育学院学报》2016 年第 3 期；李维武:《现代大学哲学系的出现与 20 世纪上半叶中国哲学的开展》,《学术月刊》第 41 卷第 11 期，2009 年 11 月；湘人:《萧萐父评传》,秀威资讯科技有限公司 2017 年版。

② 例如，时明德、曾昭式（1998），第 29–33 页。——作者原注。即时明德、曾昭式:《数理逻辑在中国发展滞缓的原因探析》，《信阳师范学院学报（哲学社会科学版）》1998 年第 18 卷第 2 期。

> 完全围绕《数学原理》，包括基本原理和逻辑演算（Xiangren 2017, 26）。1936 年，基础课程的内容再次发生变化，重新组织为包括：1）形式逻辑，2）科学方法，而高级课程的内容保持不变。（《国立武汉大学一览》，1936 年，第 33、40 页）同年，规定了两本基础教科书：除了当时已是标准教科书的沃尔夫（Wolf）的《逻辑学要义》（*Essentials of Logic*），还有一本是由武大哲学教授范寿康（1895—1983）撰写的《论理学》（1931）。

是文第九节“数理逻辑在师范学校和大学”曰：

> 另一方面，大学逻辑学基础课程的内容在很大程度上取决于授课教师。20 世纪 30 年代初对中国大学的总体看法表明，有时候，逻辑学课程的现代视野与授课教师同清华哲学学派的关系相关。一个很好的例子就是北大，张申府在清华讲过数理逻辑。另一个例子是新成立的武大，在那里讲授当代逻辑学课程的万卓恒是清华学校（1923 届）毕业生，拥有哈佛大学哲学硕士学位。20 世纪 30 年代和 40 年代的武大，被认为是中国少数几所同时在逻辑通识课程和哲学系专业课程（高级逻辑）框架内讲授数理逻辑最好的大学之一。然后，有时候，发展更高级的逻辑学课程背后最重要的因素自然是教师对这门学科的熟悉程度，而且主要是通过他们在西方大学获得的一手经验。①

2022 年 10 月 7 日，扬·弗霍夫斯基又以这篇文章为基础作了“数理逻辑在中国的历史：从其开端到清华大学”（History of Mathematical Logic in China: From Its Beginnings to Tsinghua University）的线上报告。其中与万卓恒相关的文字，可以参看武大哲学学院官方网站发布的讲座纪要，本文不再赘述。

---

① 贺麟在《当代中国哲学》（1947）中也提到万卓恒，称他是数理逻辑领域仅有的少数中国专家之一。贺麟之所以认可万卓恒是一位数理逻辑学家，可能因为他是极为重视罗素《数学原理》中数理逻辑的少数几位逻辑学教授之一。（参见贺麟 1947, 31）——作者原注。即贺麟:《当代中国哲学》（《民国丛书》第三编），胜利出版公司 1945 年版。

六

最后，关于万卓恒先生的家世，目前有多篇文章涉及。比较重要的是《武汉市志·人物志》“万声扬”词条及万志杰《缅怀我的祖父万声扬》一文。

（一）《武汉市志·人物志》“万声扬”词条

《辛亥武昌首义人物传》《辛亥革命人物像传》《武汉市志·人物志》三书皆立有万卓恒万声扬的小传[①]。其中，第一种不够准确、完整，没有给出生卒年；后两种的叙述则相对完整，并有因袭关系。现将《武汉市志·人物志》“万声扬”词条全文抄录如下：

> 万声扬（1878—1940年），亦名午亭，字武定。黄陂武湖人。家贫，性豁达。光绪二十七年（1901年），常在武昌花园山李廉方住所与吴禄贞、耿伯钊诸人畅谈革命。次年与黄兴同赴日本，入东京弘文书院。1905年加入中国同盟会，与李书城等主编《湖北学生界》（后改名《汉声》）杂志，鼓吹反清革命。同时将《猛回头》《海天潮》等10余种进步书刊秘密输入国内。
>
> 宣统元年（1909年）毕业回国，谒见湖北提学使梁鼎芬，意欲改革教育，梁不予任用。乃愤而走沪，纠合同志，组织昌明科学仪器公司，被推为公司总理，经营普通书店业务，暗中发售革命书刊，并作为国内外革命同志的联络机关。后任两湖优级师范理化学堂堂长及湖北支郡师范学堂丁堂监学，同时在武昌三道街成立数学研究所，自任所长。所著《中学适用算术新教科书》为清末通用教材。在理化学堂主讲大代数，且常在课外讲述时事，借以激发学员爱国思想。王世杰、黄昌穀、

① 贺觉非编著：《辛亥武昌首义人物传》上册，中华书局1982年版，第132-133页；辛亥革命武昌起义纪念馆编著：《辛亥革命人物像传》，武汉大学出版社1993年版，第208页；武汉地方志编纂委员会：《武汉市志·人物志》，武汉大学出版社1999年版，第14-15页。

李作栋均出其门下。

1911 年武昌首义，任湖北军政府顾问、政事部文书局副局长、编制部副部长。黄兴就任战时总司令时，任总司令部秘书。中华民国临时政府在南京成立后，万在北京联络活动。袁世凯复辟帝制失败，万重理旧业，在北京陆军大学、农业大学任教。汤芗铭来鄂任武阳夏商场督办，邀万任秘书长。1926 年 9 月湖北省政务委员会成立，任军政股长兼拆城委员会主任。1932 年 4 月任汉口市市长。1940 年秋病逝于重庆北碚。万擅长书法，宗欧体及汉隶，法度谨严，笔意隽永。

（二）万志杰《缅怀我的祖父万声扬》

此外，涉及万卓恒先生家世的文章有万澄中撰写的《汉口市市长万声扬及其一家》一文[①]，万志杰撰写的《缅怀我的祖父万声扬》等。万澄中是万声扬的侄子，万志杰是万声扬的孙子、万超恒的儿子。万志杰文来源于其姑妈万圣寅、母亲索靖华和堂叔万启宇的讲述，并参考了其他文献，比较可靠，且最为详细。今摘录其末尾所附“说明文字”如下：

我的祖父万声扬有四子三女，长子万卓恒一生未娶，次子万超恒生有一子一女（即我和我姐姐），三子、四子都没有孩子，我是他唯一的孙子（今年已 72 岁）。解放后，我们家人都不在意公开提起万声扬的往事，家人也没有写过什么回忆录。后来由于国家重视辛亥革命重大意义的宣传，其他人在写辛亥革命纪念文章时，常常提到万声扬的名字，有些内容不够完整，所以在他逝世 70 周年和辛亥革命百年到来之际，特将原收集的资料整理成此文，以表缅怀和纪念之情。此文内容主要来源于三姑妈万圣寅（91 岁，健在）、我母亲索靖华（已故）和堂叔万启宇（已故）的讲述，以及参阅了资料贺觉非编《辛亥武昌

① 万澄中：《汉口市市长万声扬及其一家》，《武汉文史资料》武汉市政协、文史资料委员会 1996 年第 3 辑，第 82–84 页。

首义人物传》（上册）、李书城《辛亥前后黄克强先生的革命活动》。[①]

这些文字对于万卓恒先生的出身、家庭背景，特别是其谱系做了十分扼要的叙述，非常重要，值得参考。

七、结语

万卓恒先生虽然出生于一个革命意识十分浓厚的家庭，但更多地受到了家庭文化教育气氛的影响。他甘于冷门，醉心于研读哲学和传授哲学，潜心从事哲学教育和哲学研究。从其讲授课程、指导的毕业论文及其学生萧萐父、詹寰等人的回忆来看，万卓恒先生诚然是一位纯粹的学者和以哲学事业为己志的真正教授。他不仅体恤学生，而且替学生和时代扼腕。他的哲学知识和素养非常深厚，是一位杰出的哲学教授。但十分可惜，天妒英才，万先生不幸于美国求学期间遭罹肺疾，沉疴半生，致其英年早逝，而未有巨著传遗后世，嘉惠后学。萧萐父先生忆及万卓恒先生，曾殷殷深情，潸然泪下；詹寰先生忆及万卓恒先生，曾备感凄凉，无限惋惜。今笔者纂录诸条文献如上，读者可以据此窥见其行事与学问于一二，而遥想其为人。

鸣呼哀哉！谨以此文纪念万卓恒先生。

① 万志杰：《缅怀我的祖父万声扬》，辛亥革命网，2010年10月10日。

我们都有梦想
——在武大哲学学院、国学院13届毕业生典礼上的发言*

亲爱的13届本科毕业生及硕士、博士毕业生们：

下午好！

受院领导班子的委托，我在此代表全院教师在毕业典礼上讲几句话。这几天，我一直在思考，讲什么好呢？二十年前的我，十七年前的我，十四年前的我，同你们此时此刻一样，也站在大学各个毕业阶段的门槛上，以非常复杂、激动的心情面对未来，憧憬着未来！

此时此刻，典礼厅外热浪翻滚，令人畏怖，但是厅内气氛十分祥和、轻松，在座每位的汗毛上还不时回荡着空调吹来的丝丝凉意！想当初，亲爱的同学，你在两年前、三年前或者四年前，有的甚至是在十年前，刚到珞珈山的日子，你的心中必定充满了无限的梦想和期待。现在，一晃两年、三年、四年，甚至十年都过去了，经过寒窗苦读，你们都已经长成了参天大树，国家的栋梁之材！如今，你早已经默默地褪去了初到珞珈山时的青涩。而在这片山水上的一草一木、一砖一瓦，乃至一寸春晖、一片秋月，都已经深深地烙入你们无限感恩的脑海里了。曾经，你随同四方涌来的游客在拥挤不堪的樱花大道上一起观赏过粉艳的樱花吧？曾经，情深意切的你，

---

* 此文系本书作者2013年6月20日下午在武汉大学哲学学院报告厅的发言。

或许为了博得美人一笑，竟然悄悄地跑到梅园的一角，偷折了一枝、两枝还挂着寒意的幽香吧？这些美好的记忆请珍藏在心底，或许会为将来的你添加一份正能量！

亲爱的同学们，你们就要毕业了！你们中的一部分人即将带着满腹经纶和新的梦想，同时也带着对母校、母院的美好记忆，奔赴新的征程。在这里，我衷心地祝福你们，代表全院教师全心全意地祝福你们在未来人生的旅途上再创辉煌！

武大哲学学院不但具有悠久的历史、辉煌的过去，即使是在现在，它仍然雄踞在全国同行的前列！它值得你们备感骄傲和永远珍藏在心底！哲学系曾经有两位著名教授担任武汉大学校长，即李达校长和陶德麟校长。另外，请你记住，还有许多名震全国的教授，乃至大师级的学者在本系和本院执教过。记住他们，这即意味着对于知识本身的尊重！

亲爱的同学，当你奔赴新的工作岗位和新的大学的时候，请将美好的记忆随身带走，而将所有的烦恼和不快，包括情场上的失意和暗恋的忧伤都一股脑儿地倾泻在烟波浩渺的东湖里吧！轻装上阵，迎接更加美好、灿烂的明天！

亲爱的同学，如果你继续留在美丽的珞珈山深造，攻读硕士或者博士学位，那么作为一位过来人，我奉劝你，要尽可能多地读书和思考，勤查资料并不断地加强对于知识的批判和创新意识。一百多年来，现代中国迎来了知识传授和创新之体制的大变革，这就是西方大学制度的引入和建立！毫无疑问，当今绝大部分新知识是由大学及其相关科研机构来完成的！从前的中国士人，年少的时候以“学而优则仕”自励，得功名以后又以“仕而优则学”自律，不过如此而已。现在，这个群体早已经由传统的“士子”身份，一变而成为具有较大自由、真正独立的“知识分子”了。他们已经牢固地拥有了自己的栖身之地并创造出与社会各阶层相交换的高端产品，这就是知识！他们已经不必再像两千五百多年前的孔子那样终日栖栖惶惶！反过来看，作为一名知识分子待在精英大学里做教授的最基本理由，也许是唯一的理由，就是知识的创新！亲爱的同学，如果你继续待在武大哲学学院攻读硕士、博士学位，那么请你记住，你徜徉在风光如画的校园中消磨时光的唯一理由正在于知识创新，或者为了知识创新！

亲爱的同学，我们每个人都有梦想，过去有，现在有，未来还会有。国家也有国家的梦想。2012 年 11 月 29 日，习近平总书记在参观国家博物馆时提出了中国梦，即中华民族在不远的将来实现伟大复兴之梦，实现“国家富强、民族振兴、人民幸福”的梦想，向全国人民正式吹响了发起冲锋的号角。这个梦，也是中华民族一百多年来的耿耿夙愿！这个梦，也一直在吸引和感召着近现代中国无数的仁人志士，他们甘愿为之抛头颅，洒热血，忘我地工作，作贡献！“天下兴亡，匹夫有责。”亲爱的同学，如果你即将参加工作，那么请为中国梦的实现贡献一份自己力所能及的聪明才智！如果你还将攻读硕士或者博士学位，那么请你刻苦自励，勤奋学习，为中国梦的实现尽可能多地储备知识和创新知识！

最后，我在这里再次代表全院教师，衷心地祝福你们每一位的个人梦想在未来的某个时刻也都能如愿地实现并创造出人生的辉煌，如同眼前的珞珈山一样光芒万丈！

谢谢大家！

乙编

萧汉明先生及其易学、中国哲学史研究

武汉大学哲学学院教授、易学与中国哲学史研究著名专家萧汉明先生，于2011年1月18日下午2时在云南昆明寓所因突发心脏病逝世，享年71岁。

萧汉明先生于1940年10月6日出生于湖北孝感。1968年毕业于复旦大学国际政治系（本科），毕业后被分配至昆明军区陆军第十四集团军军垦农场劳动锻炼，1970年1月正式入伍，并服役至1978年6月，曾任第十四集团军政治部宣传处教育干事、昆明军区军政干校政治教员。1978年7月转业，1979年至1982年在武汉大学中国哲学专业攻读硕士学位，毕业后调至武汉大学哲学系任教。1989年评为副教授，1995年评为教授，1997年聘为博士生导师。1995年出任中国周易学会副会长，1999年受聘为山东大学易学与中国古代哲学研究中心兼职教授。2006年2月退休。随后，被武汉大学国学院、湖北省周易学会等学术研究机构和团体聘为顾问。

萧汉明先生是在逼近不惑之年才毅然决然踏上学术道路的。即使是在随后极其艰难、困苦的岁月里，即在父母、长子患病多年后相继去世且债台高筑的情况下，他依然保持坚贞不渝的学术志向和高尚的学术志趣，甘愿坐冷板凳、啃酸果、啃硬骨头，因为他已将学问研究看成了自己的生命，达到了“好之”“乐之”的境界。

萧汉明先生的学术主攻方向为易学、道家与中国古代自然哲学。他博通经子，熟谙古代天文、历法、算学、传统医学、内外丹学和道教等知识，传统文化的综合涵养十分深厚。其研究目的在于掘发中国传统哲学、思想、文化的基本结构、线索和内在精神，从而展现其特有的魅力；同时，发掘出有益于当代中国哲学发展的思维方式与方法，汲取有益于改善和补助现代人类生存方式的传统文化精髓，从而促进传统哲学和思想的现代化。其治学的基本理念是史论结合、学思并重。在学术研究上，他敢于挑战难题，啃硬骨头，力求独辟蹊径，而不愿附势赶潮。在思想创造上，他讲求独出新见。这个新见不是改头换面、任意揉捏的舶来品，而是真实的成果。在学术干劲上，他表现出一种敢于扎死寨、打硬仗、心无旁骛、迎难而上的勇士精神。

萧汉明先生的主要学术建树体现在哲学史（包括易学史）与哲学原理两个方面。从易学史、哲学史的角度来看，主要为船山易学、中国哲学的缘起、医易会通视域下的中医理论体系、道家道教思想、诸子学和中国古代自然科学研究等方面。从哲学原理来看，主要体现在对网络性思维特征的揭示，对辩证法理论形态的思考等方面。他的船山易学、《周易参同契》和医易会通的研究为学界同仁交口称赞，为他赢得了极高的学术声誉。他在阴阳五行、道家哲学和传统自然哲学的研究方面也取得了上佳的成绩，成就斐然。三十年间，他先后出版了专著及个人文集《船山易学研究》（华夏出版社 1987 年版）、《阴阳大化与人生》（广东人民出版社 1998 年版）、《〈周易参同契〉研究》（上海文化出版社 2001 年版）、《易学与中国传统医学》（中国书店 2003 年版）、《周易本义导读》（齐鲁书社 2003 年版）、《道家与长江文化》（湖北教育出版社 2005 年版）、《传统哲学的魅力》（中华书局 2008 年版）、《易苑漫步》（上海古籍出版社 2010 年版）八部，发表学术论文 100 余篇。此外，主编、合编论文集多部。萧汉明教授还培养了一批少而精的研究生弟子，其行事言教又深深地影响和感染了一届又一届珞珈青年学子。

萧汉明先生一生襟怀坦荡，淡泊名利，为人诚恳、厚道、谦和、正直和仗义，富有传奇色彩，赢得了同事及海内外同仁、朋友、青年学子的高度尊重和衷心爱戴。在他逝世后，国内国际有关学术研究机构、团体及个人发来了大量唁电唁函和纪念诗文，一方面对其早逝表示了沉痛的哀悼和深切的怀念，另一方面又对其在德业双修上所取得的超卓成就表达了无限的景仰之情。

萧汉明先生永远活在我们心中！萧汉明先生永垂不朽！

（本文由丁四新、陈仁仁联合署名，原载《周易研究》2011 年第 2 期）

萧汉明教授七十寿庆座谈会程序 *

时间：2009 年 10 月 18 日下午 1：30—5：30
地点：武汉丰颐大酒店一楼会议室
主办者：武汉大学哲学学院中国哲学教研室
主持人：丁四新、杨华教授
程式设计：丁四新
礼仪指导：杨华

一、弟子行敬宾礼、敬师礼及献花贺寿（15 分钟）

甲　弟子请宾入座；请诸师入座；恭请萧师和师母入座
　　弟子序立（入门处两侧对立），向入场者行一鞠躬礼
乙　萧师率众人诣孔子像，二行长揖礼
丙　弟子共向嘉宾一行长揖礼，向诸师二行长揖礼
丁　弟子向萧师和师母三行长揖礼
　　以次（序齿）趋前三揖萧师和师母，第三揖时萧师立而扶弟子；行礼讫，诸生退入座
戊　弟子向萧师和师母献花贺寿
　　弟子高声齐贺：吾师、师母，福寿安康，如意吉祥！

---

* 说明：此次寿仪，以白鹿洞书院之《程董学则》为本，新旧杂采，中西合璧，不求其数，但取礼义。以长揖代跪拜，虽是亢礼，然既可寓人格平等之义，又可表尊师弘道之情。再揖近于再拜，三揖则取其极。

二、寿庆缘起：尊师重道（主持人丁四新做简单说明，5分钟）

三、院方致辞及同仁代表发言

甲　陈祖亮书记致辞、副院长吴根友教授致辞（5＋10分钟）

乙　刘大钧教授代表中国周易学会、嘉宾及老朋友发言（20分钟）

丙　蒋国保、郭齐勇教授代表师友发言（10＋10分钟）

四、萧汉明教授：七十自述（35分钟）

五、弟子朗诵“颂师文”一篇（5分钟）

休息10分钟。随后，武汉音乐学院古琴专业研究生朱益红独奏一曲《梅花三弄》。

六、嘉宾和师友自由发言（60分钟）

陈静，周山，林忠军，黄钊，罗炽，李维武，田文军，徐水生

七、弟子自由发言（30分钟）

陈仁仁，崔波，丁四新，黄黎星，刘体胜，梅珍生，孙劲松，唐琳，萧平，王巧生，问永宁，郑朝晖，张中全

八、弟子朗诵《学记》二节文本，并祝萧师、师母福寿安康，如意吉祥；随后，全场起立，祝贺萧汉明教授及夫人福如东海，寿比南山

弟子高声朗读《学记》选段：

玉不琢，不成器；人不学，不知道。是故古之王者建国君民，教学为先。《兑命》曰：念终始典于学。其此之谓乎！

凡学之道，严师为难。师严然后道尊，道尊然后民知敬学。是故君之所不臣于其臣者二：当其为尸，则弗臣也；当其为师，则弗臣也。大学之礼，虽诏于天子，无北面，所以尊师也。

弟子高声诵读贺寿辞：吾师、师母，福寿安康！师严道尊，地久天长！（反复三次）

全体起立（萧师、师母除外），郭齐勇教授领诵贺寿辞：真心祝福萧汉明教授及夫人郭东升教授——福如东海，寿比南山！（众人高声齐诵此八字）

九、散会。弟子行谢师礼和谢宾礼

弟子序立（面向萧师二纵列），向萧师、诸师及嘉宾二行长揖礼；然后互相对揖，逆退（居外者先退），立外门两侧。

嘉宾、诸师、萧师、师母依次离开会场。

十、萧汉明教授七秩寿庆座谈会圆满结束

（原载黄黎星、崔波、丁四新主编：《黉门菊灿——萧汉明教授七秩华诞纪念文集》，吉林文史出版社2009年版）

萧汉明教授七十寿庆座谈会纪要

2009 年 10 月 18 日下午，在武汉丰颐大酒店一楼会议室，文人哲彦数十人及部分中国哲学、国学专业的研究生雅集东湖之滨、珞珈山下，共庆萧汉明教授七十大寿。此次寿庆会由武汉大学中国哲学教研室主办，具体程序由丁四新教授设计，杨华教授担任礼仪指导。寿庆会的目的乃是尊师重道，同时让学生们一睹萧师的风采，切身倾听他的治学经验以及嘉宾、诸师和弟子对其为人为学的评说。

一、下午一点半，寿庆会正式开始

在杨华教授的指导下，萧教授指导的研究生和博士后（以齿为序：黄黎星、崔波、梅珍生、丁四新、问永宁、唐琳、孙劲松、张中全、陈仁仁、王巧生、刘体胜、萧平）身着唐装，整齐端俨地分列于会场入口处的两侧，凡有嘉宾、老师、学生来到，必行一鞠躬礼。莅临会场的嘉宾有：中国周易学会会长、山东大学刘大钧教授，中国社会科学院研究员陈静女士，上海市社会科学院研究员周山先生，苏州大学蒋国保教授，武汉大学黄钊教授，湖北大学罗炽教授，山东大学林忠军教授、李尚信教授，河南省社会科学院高秀昌研究员，湖北省委宣传部理论处喻立平处长。与会的武汉大学哲学学院领导、中国哲学教研室同仁有：哲学学院党委书记陈祖亮、副院长吴根友教授、郭齐勇教授、田文军教授、李维武教授、徐水生教授。入场的嘉宾、师友，皆在研究生的引导下落座。俟诸位嘉宾、师友坐定后，萧汉明教授及夫人郭东升教授在两名研究生的搀扶下入场，众弟子三鞠躬迎之。萧师、师母落座，搀扶的两名研究生位于座椅两侧相向作揖，退下。

二、全场起立，面向孔子像（在萧师靠山的位置），萧师率众向孔子像二行长揖礼

此礼，达于圣教之源。礼毕，萧师、师母及嘉宾、师友皆落座。

诸弟子旋即排成两列（各有六名）进入会场中央，行礼：对嘉宾，一行长揖礼；对院领导及诸师，二行长揖礼；对萧师、师母，三行长揖礼。恭敬本师之法具体为：弟子以年齿为序，二人相偶，依次急趋前，三行长揖礼；行至第三揖，萧师、师母立而扶之，弟子躬身侧退，萧师、师母还入座。如此六番，弟子行礼毕，退入座（与萧师、师母相对方向）。礼毕，二男、二女弟子分别向萧师、师母献花贺寿，众弟子高声齐颂："吾师、师母，福寿安康，如意吉祥！"

三、礼毕，主持人丁四新教授对此次寿庆会的缘起做了简短的说明

丁四新教授指出：（1）通过礼仪的方式来体现师道的尊严并对萧师的多年教育作出有形的回报；（2）"七十岁"乃是人生中一种非常重要的时刻，古制七十赐杖，孔子七十从其所欲，孟子以七十岁的老人是否食肉衣帛作为实践仁政的重要内容；（3）武汉大学中国哲学学科点十五年前亦召开了萧萐父、唐明邦、李德永三先生的七秩寿庆会。因袭传统，继往开来，教研室决定召开萧师的寿庆会。寿庆会的目的：一是为了弘扬尊师重道的精神，二是为了请萧师将其一生的研究方法和成果向在座的众人汇报。

四、随后，由武汉大学哲学学院陈祖亮书记代表哲学学院全体师生对萧汉明教授七十寿庆表达最诚挚的祝贺

陈书记在致辞中从学术成就、教书育人和学科点建设等方面高度评价了萧汉明教授在哲学学院工作的二十四年中给哲学学院作出的巨大贡献，还高度赞美了萧汉明教授"淡泊名利、甘为人梯、坚韧不拔、自强不息"的人格。副院长吴根友教授在致辞中盛赞萧汉明教授作为一个学者，在学术研究上具有"不断深化并拓展自己的学术研究，精进不已，日新富有的进取精神"，并且勇于坚守一个学者所必需的学术良知，在重新阐述易学与科学的关系时，"言之成理，持之有故，表现了一个正直的学者坚守学术正义，敢于与权威论学的可贵精神。这一精神既是传统士人优良学术传统的现代表现，也是一个现代中国的学者对中国优秀文化传统合理价值的正当辩护。”同时，吴院长在致辞中还揭示萧教授身上的“一些无形的精神与师友之间口耳相传的学术经验”，并以此作为鼓励后学的重要资源。最后，吴院长以一首洋溢着大易生生不已精神的祝词来恭贺萧教授七十大寿：“时间流淌，万物变易；乾刚坤顺，生生不已；君子德馨，兰蕙莫比；七十寿辰，恰逢盛世；唯祈康健，共用厚福。”

五、在院领导的贺词、致辞之后，为萧师的师友发言

中国周易学会会长、山东大学刘大钧教授代表中国周易学会、嘉宾及老朋友发言。在发言中，刘大钧教授回顾了与萧师相交二十余年的历程，并通过今昔对比表达了对这次寿庆会的高度赞赏，他说：“没有大知识，没有大境界，就出不了今天的这个形式。”又说：“‘文革’过去四十年了，但流毒非常深，而且对每个人的思想影响非常大。消除这种‘文革’留下的对思想文化的破坏需要一种方式，而今天的寿庆典礼就是一种非常好的方式。”又说：“今天，丁四新教授在此认真地主持、召开寿庆会，并且得到了哲学院各位领导的大力支持，据此，这就不仅仅是给萧汉明教授祝寿，而且更是用这样的一种形式来重新倡导尊师重教的风气，并用一种这样的形式把它固定下来。我认为这非常好。”最后，刘大钧教授向萧汉明教授赠送了一个精制的山东黄釉瓶。此礼品取义于《易传·文言》，曰：“君子黄中通理，正位居体，美在其中，而畅于四肢，发于事业，美之至也。”刘先生作了精当的阐释，并赠送手书“福寿”二字，上附寿联一副：“益寿缘木食米，延年采菊饮茶。”据刘先生解释，其中包含了米寿和茶寿的寓意，表达了希望萧教授健康长寿的美好愿望！

随后，蒋国保教授和郭齐勇教授代表师友发言。蒋国保教授的致辞主要围绕四句诗展开，对萧学长的为学为人等做出了精辟的评价：“汉学功夫宋学神，易学天地任驰骋。功名当头云烟过，一片真心启后人。”第一句是讲萧教授在十分艰辛的生活条件下刻苦治学，学问兼综汉宋的特点；第二句是讲萧教授在学问上能够学有所专，在自己的易学领域做得很精深，有看家的本领；第三句是讲萧教授甘守寂寞，不为名利所动，而真心求得至道的精神；第四句是讲萧教授在为学为人上的特点，如果后学能保存，“对中国哲学的研究，对中国文化的研究，甚至对我们民族精神的塑造都是有意义的”。郭齐勇教授回忆了萧汉明教授作为学长对自己的提携与关爱，总结了萧汉明教授为学的特点：“于义理于象数，于汉易于宋易，都能入内出外，条分缕析，抉发深意，破解疑难，创发诠释，发潜德之幽光，育英才于学院。”高度赞扬了萧汉明教授“敬以直内，义以方外”的崇高人格，并强调了萧汉明在整个珞珈中国哲学学科点建设中所起到的承上启下的重要作用。“由于他的带头，我们学科点的各位老师都相互关爱，构成了相互和谐的团队精神。在这个团队精神形塑过程中，有萧萐父老师、李德永老师、唐明邦老师的指引，有学长做楷模。没有萧汉明学长，我们团队的整合和内外作风的培养都很难有今天这样的结果。”最后，郭齐勇教授结合几十年来世事沧桑的演变，表达了对现今师道尊严之沦丧的无限痛心和愤慨！

六、寿庆会进入萧师七十自述的阶段，此一阶段的用时最长

萧汉明教授起身，对自己七十年来的生命历程作了简略而厚重的回顾。在自述中，萧教授以睿智通达的态度面对人生的坎坷，不慕荣华而坦诚淡泊。在他身上，我们看到了中国知识分子时常遭受到的种种困顿，而通过这些困厄又展现了中国知识分子的坚强性格和伟大的人格！他在自述中说，自己有三个幸运的条件让其取得现在的成绩：一是有幸结识了诸位同仁，共同致力于中国哲学事业的研究；二是有幸招到一些素质很好的学生；三是有幸交到一些肝胆相照的朋友。最后，萧教授表达了对夫人郭东升教授这么多年来携手共克艰危、不离不弃的感谢之情！言毕，博士后黄黎星教授高声朗诵了《颂吾师萧汉明教授》一文，以烘托萧师。

七、十分钟休息过后，寿庆会下半场继续进行

会议首先展示了著名画家李巍先生的贺寿画，接着武汉音乐学院古琴专业研究生朱益红弹奏了一曲《梅花三弄》，以洗凡心，以示祝贺。曲终，陈静、周山、黄钊、罗炽、高秀昌、田文军、李维武和徐水生教授相继回忆了与萧汉明教授的交往经历，称赞其为学为人。黄钊教授献诗一首，云："人生易老情常在——老友萧汉明教授七十华诞志庆：喜逢老友庆生辰，昔时交谊记犹新。南岳盛会初握手，东湖论坛再识君。探儒究道启我意，洒露育才感众心。人生易老情常在，共绘晚霞乐长生。"罗炽教授献诗二首并当场吟诵，其一："排云黄鹤兴悠悠，一碧秋空任我游。卌载人前无冠戴，千年身后有书丘。阴阳大化开新论，医易参同辨主流。归去来兮何所憾，黉门菊灿柳风柔。"其二："学海经年苦作舟，珞珈山上且回眸。浮生易弃名和利，世事难分乐与忧。灯下道书怡倦眼，樽前伉俪伴清秋。东湖水碧醇如酒，枫叶飘丹雪满头。"李维武教授恭献寿联一副："从船山上溯伯阳，衡论诸家通古今；由义理下贯医道，探究众学融科玄。"

进入弟子感恩阶段，陈仁仁、崔波、问永宁、梅珍生、张中全回忆了当年师从萧汉明教授受教的经历并对萧师的为学为人盛加赞扬，场面相当感人。

八、寿庆会至此，朗诵《学纪》，诵读贺寿辞

诸位弟子起立，高声朗诵《礼记·学记》中的两节文本。

玉不琢，不成器；人不学，不知道。是故古之王者建国君民，教学为先。《兑命》曰：念终始典于学。其此之谓乎！

凡学之道，严师为难。师严然后道尊，道尊然后民知敬学。是故君之所不臣于其臣者二：当其为尸，则弗臣也；当其为师，则弗臣也。大学之礼，虽诏于天子，无北面，所以尊师也。

朗诵毕，诸弟子反复三次高声诵读贺寿辞，曰：

吾师、师母，福寿安康！师严道尊，地久天长！

然后，与会人员全体起立，郭齐勇教授领读贺寿辞："衷心祝福萧汉明教授及夫人郭东升教授——福如东海，寿比南山！"后八字，在场众人一起高声齐诵。

九、散会

弟子序立，向萧师、诸师及嘉宾二行长揖礼，然后互相对揖。鞠身倒退走出会场，序立于门外，恭候嘉宾、师友及萧师、师母等离开会场。

十、武汉大学中国哲学学科点萧汉明教授七十寿庆座谈会圆满结束

乱曰:《易》云:“童蒙求我，匪我求童蒙。”破蒙起顽，由其师者。韩子《师说》云:“师之所存，道之所存也。”盖一国一族之风习与文化命脉，常赖师者之传。师严道尊，其此之谓乎！今者，师道大坏，陵夷已久，故必重起旧制，揆以人情，达于古今，而折中于天理，以救时下之弊。如此行久不易，浸渍不已，则可转变人心，移风易俗矣。是以我等门人小人于今日有述焉，有作焉，而望天地位、万物育也。

（本文由李攀整理，丁四新审订）

丹柯炬 燃心授

——回忆业师萧汉明教授四题

七十大寿，乃孔子心游矩内、从其所欲之岁。忆及萧、唐、李三先生的七秩寿庆会，其简朴之风景如在昨昔，如在眼前。不想，白驹过隙，十五年韶光转瞬即逝，而作为三先生年齿最长的弟子、业师萧汉明教授亦已追至七秩大寿矣！面对这薪火相传、慧命相续的师道丹柯，晚生侧身天地之间，蹢躅踌躇，感喟良久，一时难以挥毫落纸云云。

一、机缘与接引

我初遇萧师的机缘，得自师祖萧（讳萐父）老先生的批示。大约本科三年级下学期末，我打算报考外校中国哲学专业的研究生。事先，书投三家，约摸九月下旬，我最先收到了萧师的复函。这一往一来，从此就确立了我投考武大的机缘。信当初是寄呈萧师祖萐父先生的，萧、李二位老先生主编的《中国哲学史》正是鄙等在大学本科所用的教材。不过，其时师祖克已授炬，已将硕士生交由萧师等来指导了。我的求缘信经师祖的批示，转交萧师回复——需要特别说明的是，在与萧师首次见面之前，我一直误以为他们师生二人乃父子关系呢！就这样，我与萧师不期而遇地建立了终生的师弟因缘，无所逃于天地之间。

考研过后，录取之前，我总共见过萧师两面。第一面是在其府上。春季开学前，我顺便拜谒了萧师。第二次则是在面试上。家贫，无以为束脩。

两次见面皆以野容直心相抵，举止辞气朴实率真，少了文明人的婉曲和计较。当时共有四位考生总分过线（其他三位是武大应届和往届生），萧师最终择取了我。后来，据开素师姐的说法，在第一次见面之后，萧师其实已作了裁决。在随后读研的日子里，我对于拔取之事虽然怀揣了一点感激之情，然而老实说那并不浓烈，也可以说很淡薄。其时，我依旧天机自动，没有将“感激”作为生活中的一个生存法则来存想和鼓捣。依今日的环境和俗眼来看，这是我笨的地方，也是萧师迂腐的地方。近些年来，每忆及此事，除了感恩之情日渐增长之外，也常以此初心自砭、自省。现在，时代不同了，少年老成、口尧而桀行之徒习见。反躬自问，我时时效法萧师以自律自检。

二、交往与人格

萧师既是我学问上的接引人，又是鄙等在人格修养上的楷模之一。我与萧师的交往长达十六年，可谓熟悉矣，然而直到最近读了蒋师叔（讳国保）的回忆文章之后，才非常震惊地知道，原来萧师的大儿子萧刚是在萧师读研期间即已罹患重症，拖延十余年后才永别斯世的。可他却从未在我等门人小子面前讲明此事！十余年来，我一直以为萧刚师弟是在患上绝症二三年后即弃亲不养的！今天想来，深感惭愧。当然，由此也足见萧师韧力内葆之深厚！“记得就在他写毕业论文（《船山易学研究》雏形）时，他的长子得重病连续两次动大手术，为了照顾孩子又不影响做论文，他每天总是带着书擦黑回家，清晨返校，常常要在路上奔波三个多小时。”每读及蒋师叔写的这段文字，我不禁心头酸楚，潸然泪下。在局外人看来，萧师的豁达、超然、宽容和大度，乃是浑然天成；然而，在了解其生命之艰辛的人看来，则完全是“梅花香自苦寒来”，乃是一种受到环境加倍的摧迫和自我磨炼的结果。

“参也鲁”，在与师友的交往中，我一直表现得很迟钝。萧师也从不因此就用工具理性的眼光来开导我、呵责我，乃至琢磨我。这是我需要特别多加感谢的地方。与仆鄙不同，萧师善与人交流，和豫通悦而与物为春。我向他请益学问和事理，言辞大抵直率，或议或讥，天机自张，而他的反应却很从容、淡泊：同样达到教导的目的，他却循循善诱，“瞻之在前，忽焉在后”。20世纪90年代，萧师居住在武大图书馆左侧的一套旧房子（现已隳拆，规划为图书馆的扩建部分）里，我在那儿曾多次遇到本科生来访，与萧师问答课业，或讥评世风时政，关切民生。师生之间其乐融融。不过，萧师虽然具有如此高超的接人本领，亦具备一些从政的基础资源，然而他早已厌弃宦场和学界的权谋游戏。“与接为构，日以心斗。”学界亦是一大江湖和名利场，他虽早已看清，然而不敢轻弃孔门成德之教，从而穿梭其间，去捞取资本。他在世俗的名利方面克己甚严，在日常交往上刻意保持低调和平淡，却试图在学术上做出一些真实的成绩。这是他的压根心愿。这种理想主义（相对于时人而言）的学人情结，正是萧师在艰难困苦的日子里还能够安然渡过难关，而较为忠实、本分地在学术道路上彳亍独行的原因。

萧师是我等门人小子的良师益友。老友罗炽教授曾把他比作陶渊明来形容，一曰“卌载人前无冠戴，千年身后有书丘”，二曰“归去来兮何所憾，黉门菊灿柳风柔”。根据我的切身经验，这比较符合萧师的为人，是颇为贴切的诗性描绘和概括。

三、教法与入门

萧师对待学问的勤恳态度，蒋师叔的文章有很好的叙述。按照萧师自己的说法，“知之者不如好之者，好之者不如乐之者”（参见上海文化出版社2001年版《周易参同契研究》扉页萧师、师母合影照下的题词），他实以孔子之教为座右铭，虔诚地将“乐之者”作为自己的学问追求境界。在研究中，他最注重对第一手资料的研读和梳理。对于一些仅依据第二手资料即写作文章而去博取浮名的人，萧师颇不以为然。据根友师的说法，萧师主张做学问不赶热潮，不当学问上的二传手。这和我切身所感的印象非常吻合。我在明确被录取为武汉大学中国哲学专业的研究生后，不等秋季报到，萧师即命我细读龚自珍的著作，并以龚氏的阴阳五行观为题准备写一篇论文。当时受教，并无感觉，现在想来，他很认真。这是萧师的特殊教法，根友师亦曾在文章中大加赞赏。在读硕期间，郭师、李师、吕师等都曾亲自操刀批阅了我的习作；写得比较满意的，他们就推荐出去发表。那时研究生少，的确千锤百炼，精雕细刻。现在的研究生培养，物质条件虽大有改善，然而执政者讲求速成，广种薄收，来自师资方面的呵护自然就少很多了。我曾与永宁兄细拉了这方面的家常，不禁怃然。

"板凳要坐十年冷"；"文章千古事，得失寸心知"；"写文章不能太随便，学术论文都要从一点一滴的真实工夫中来"。这些话令我受益匪浅。在萧师那里受教，总的看起来还比较顺利。以后，又得到郭师等的大力栽培和提携。如今虽然为学有根，立业小有成就，然而扪心自问，离诸位恩师的期盼还相差甚远！

四、师法与传承

"诗言志。"师祖萧先生晚年有一首代表作，读来令人大为感动，今不妨引之如下。《金缕曲·癸未岁杪八十自省》：

耄耋休言寿。怅平生，韶光半掷，愧酬师友。蓬岛迷茫泥路滑，自择何须搔首。幸葆此、童心无垢。桃李芬芳腾巨浪，更峥嵘，笔剑冲牛斗。少年游，诗情茂。

星穹德律萦怀久。解连环，螺旋结构，乐章合奏。平等智观儒佛道，偏赏蕾芽新秀。伫桥头，承前启后。历史洄流多激漩，弄潮儿、争作擒龙首。丹柯炬，燃心授。

师祖在词中对自己的一生作了高度的概括和总结，有两点是他老来深引以为豪，而因之可断言没有虚度此生的，其一"幸葆此童心无垢"，其二"丹柯炬，燃心授"。我近日曾与为祥兄等人在台大校门旁的啤酒馆里议及师祖，皆称赞师祖做人有品，有风骨，非今日宵小、媚俗之徒可比。从台北返回武昌后，我即将《火凤凰吟》《吹沙集》重又检出来细看，得知我们的评议仅及肤表，其实师祖一生最为看重的是“童心”的葆存问题，愈到晚年，这一生命本体意识就表现得愈加强烈和显豁，而其本体工夫则做得愈加圆熟。我大为感慨，老一辈学人在学术成绩上出于师祖之右者或不止一二，然而在立德上——据拙陋所闻——则概无出其上者矣！由此而言，师祖萧先生堪称当今学林楷模。我曾受郭师之命为师祖取信、发信五六年，后因身染恶疾而作别。在那段日子里，我几乎每周两次服侍在侧，然而彼时只见师祖形状日渐衰老，却未曾深体其含德保真、童心未泯的一面，实属罪过！关于第二点，师祖一生共培养出了十余位在业界颇有成就的弟子，分炬传灯，硕果之丰之美，有目共睹，被传为儒林佳话。此无须鄙等赘言。总之，师祖萧先生不但是一位了不起的业师，更是一位伟大的人师！

以师祖的这两条“师法”或“心传”来检核萧师，弟子以为他未违祖师意，而深得其作为人师、业师之要旨，萧师特时命不济，善卷自隐而已。一代有一代的任务，任重而道远。“丹柯炬，燃心授”，薪尽火传，生生不息，而上下与天地同流也！

己丑年十月十九日门人丁四新伏案于雄楚珞桂寓所

（原载黄黎星、崔波、丁四新主编:《黉门菊灿——萧汉明教授七秩华诞纪念文集》，吉林文史出版社 2009 年版）

痛悼恩师萧汉明教授

湖北省周易学会终于幸运地正式成立了，然而我们的恩师，学会的发起人，学会的顾问——萧汉明教授却猝然长逝，永远地离开我们了！泰山其颓，梁木其坏，哲人其萎！物是人非！面对此情此景，我们悲伤莫名，痛苦万分！

白云黄鹤之下，不才大概是最先泣闻恩师倏然长逝于高原昆明的。电话那头丧夫丧父的悲痛，突击我等门人小子每一根脆弱的神经，乃至彼此泣血吞声，相对无语！

我们哀痛又哀痛，我们至今依然处于深度的哀痛之中！我们唯有在哀痛之中心丧三年，才能报答恩师生前无私的谆谆教诲于万一！我们唯有在心丧三年中以恩师的谆谆教诲去润溉灵根深植的悲痛恻隐之情，我们才能报答恩师所赐之大恩于万一！

恩师倡导的湖北省周易学会之事业发端于既往，恩师之大恩内蕴的不朽精神有望于将来！

不论我们是在滇池、澜沧江还是在珞珈山、石门峰，不论我们是在长江、黄河还是在伦敦、纽约，不论我们是在恩师曾经的音容笑貌跟前，还是在他老人家生命的最后面貌展现在哀乐低旋绵绵相伴的一望中，我们的思想，我们的心动，都时时因为对您无尽的思念而去极研大易之精奥，而去探索世界之赜隐，而去建设利乐有情的精神家园。

我们唯有痛楚又痛楚，哀悼又哀悼…………

恩师永垂不朽！恩师地下安息！

2011 年 1 月 22—23 日子时门人丁四新偕湖北省周易学会同仁泣挽

恩师病事琐忆

弟子不才，受教于先师萧教授已十七八年矣！其言教行事可以传述者，车载斗量！

近五六年，恩师往来于昆明武汉，颇为频繁，其原因不外有二：一者冬日聊取西南之旸燠以自暖，夏日则纳凉于高原；一者与师母郭老师相伴，侍奉双亲于旁侧（萧师七年前购置的小小寓所距离其岳父母大人的府宅很近）。后者当然是主要的。去年十一月中旬，岳父大人郭老爷子遽然去世，恩师于百忙中急赴昆明奔丧，四天后又匆忽返回，为了及时完成北大《儒藏》编委会下达的校对任务。岁初九日，恩师师母又再度奔赴高原吊亲侍亲（恩师之岳母大人尚健在），兼及度假，不料，天不假年，恩师竟倏然崩折于昆明寓所！令人痛哉，惜哉！

近五六年，恩师之身体日衰，状貌益显苍老！（然神气愈发厚重、高古！）先是从山南到山北，一个单面的来往，恩师即时见虚汗淋漓，渍衣满额。如是者约三年。晚辈其时未以为意，恩师亦未尝申明于众人之前。近二三年，恩师感觉胸闷，气喘日频，然始终淡然处之，神气自若。戊子年，师祖萧公莛父先生逝世于武昌中南医院，萧师则蹶足于天水麦积山，休息半月有余方愈（是岁六月以后，恩师一直寄寓昆明等地未归）。2009 年季春，恩师从昆明返回，晚生前往其府上拜谒请安，始得知萧强师弟的心血管出了毛病，恩师其时较为焦急。现在想来，恩师自己彼时亦当罹患此疾，且有甚乎其子。然而，他似乎没有丝毫的察觉，依旧泰然处之，从容漫步于学苑之中。

2009 年 10 月 18 日，我们为恩师举办了七秩寿庆会。会后，恩师陪同专程前来贺寿的刘大钧先生及其夫人到汉口江滩游览，其间，他数度小憩，跟不上队伍。四十天后，到台北开会，刘先生在五福客栈向晚生郑重面谕：“您老师的身体不行了。”亦在此次寿庆会后数日，萧洪恩教授又特地宴请了萧师和师母，我们作陪。在从珞珈山庄返回南山区的路上，萧师因胸闷一路停歇了两次；有人留下来陪他，他不肯，总是让人先走。自此，大家正式知道萧老师的身体其实很衰弱，开始有所警觉。然而，他老人家只是淡淡地说：“我得的这病和萧先生的一样。”六七年前，恩师查出有脂肪肝，戒酒约两年。约在2009年底，恩师又再度戒饮白酒，而改喝红酒了（烟当然照抽不误——这是与他厮守了大半辈子的习惯），——其时，他是否已察觉出自己的心脏出了毛病？弟子在此无从得知。

恩师的心脏病日趋严重。2010年春节期间，晚辈打电话给远在昆明的恩师拜年，他齉着声音，说他刚到昆明即病了半个月，不轻，患的是感冒。我当时嘱咐他要注意身体。现在想来，他所谓感冒也未尝不是由其心脏机能的衰竭引起的。同年9月，许苏民教授来敝校讲学。许老师是我们师辈的好友，我们教研室成员在梅园宴请了他，萧师当时也被请出来作陪。那夜，烟雾缭绕，晚生反应强烈，喉咙发痒，回家后又持续咳嗽，所以对这次聚会印象深刻。一个多月后，廖名春教授来我院作学术报告，我们请恩师出来作陪，他说身体不适，不宜夜间外出。我说我们的宴请就在小观园（距离萧师家仅约百米），于是他出来参加了聚会。后来，我才知道萧师不肯出门的原因：在宴请许教授的那次小会上，恩师一路从梅园回家，停停歇歇，出了满身大汗，受了风寒，因而感冒了两个星期。于是，他认为，夜间再也不能轻易出门了。现在想来，一段四五百米的距离竟然让人身患重感冒，此亦未尝不是恩师心衰的附带表征之一吧！

死生有命。去年12月27日，恩师还与白井顺博士通了电子邮件，满怀信心地说自己“现在身体还好”，不想，二十余天后却传来了他病逝的噩耗——恩师永远地离开了我们！离开了他深深热爱的学术事业！

恩师有他自己的生命观念，他的身体如何，属于他的生命观的一部分，晚生在此无缘置喙，妄加评论。然而，由于心脏病突发，导致他猝然病逝于高原，在晚辈看来，这对于中国文化的传承和发扬来说，的确是一个不小的损失和遗憾！因为弟子知道，恩师身怀绝学，远达人迹罕至之处。刘大钧先生所撰挽联曰："大千能察限，我悲数理断要津。"这绝非虚言！从此，不但晚生永远失去了一位博识的恩师，而且中国文化也永远失去了一座厚载远届的"津梁"！据此看来，恩师又不完全拥有自决其生命的权利，他身上其实正担负着传承中国文化的重任！

天丧斯文！斯人也，而有斯疾也！我们多么渴望恩师能再活十年、二十年啊！

门人丁四新扼腕追忆于 2011 年 1 月 29 日夜

扶进微学　尊广道艺

——沉痛悼念庞朴先生并忆与先生交往二三事

沉痛悼念庞朴先生！在末学眼中，他是一位和蔼可亲的长者，博学的大师和文质彬彬的君子。

末学初知庞公，是在与萧萐父先生攀谈及替萧公收发相关书信中。其时，在20世纪90年代后期。萧公非常敬佩庞公，屡次赞叹其为人。他们之间互有诗词酬和，相与甚欢，神交乎南北。萧先生五十岁之后，转好道家，跨踔乎东湖之滨、珞珈山之南；而庞公好乐儒学，弦歌大雅，独步于京城。但这些差异，无碍于他俩的交谊，“人相忘乎道术”！

末学之所以浅知萧先生十分信赖庞公，乃因1999年4月在其庐舍中，萧公谈起拙作（博士学位论文）的外审事情，当即指点末学，请呈庞公评鉴，因为一者庞公在简帛领域已是名家，二者其时他正与二三位大师同扇郭店楚简研究的风潮，三者他为人谦和，乐于提携无名小辈。当然，还有一因，他与萧先生平素交往欢畅。萧先生的指示，正中郭师胸臆。评阅书返回之后，末学看到庞公的评语甚高，遣词十分率真，这实在出乎我的想象，也出乎郭师和萧先生的预期。庞公在对拙文做了高度评价之后，似乎意犹未尽，又特地在评阅书末直书四句十六字，云：“后生可畏，后生可佩；后生可爱，后生可赖。”本来，这四句话在评阅书中完全不必有，然而庞公却不拘老生宿儒的威重，率直地在后生小子及珞珈诸友面前流露真性情。这种生命性格，世所罕见。他的高风，末学由是感佩不已！此一事也。

第二件事情，大概是在2004年春的某一天，晚生忽然接到庞公电子邮件，邀请在下校点儒藏项目“马王堆汉墓帛书《周易》经传”。末学自知学疏才浅，难以担当此一重任，于是立马回信，委曲辞谢，但未获庞公批准。这样，末学只好硬着头皮接下了这桩重任。为了完成此一任务，末学第一步，先将已发表的帛书《周易》经传释文用电脑抄录了下来——这是在2004年完成的；第二步，根据帛书照片核校释文，进而做了一定的校勘和注释——这是在2005年完成的，费时半年之久。2005年9月，末学借到山东大学参加儒学会议的机会，将打印稿正式面呈庞公，算是交差了事。鄙人深知，囿于学力，这份稿子漏谬之处很多。当然，从另一方面来看，这次校点任务毕竟给末学提供了一次难得的学习机会，对于个人学问的增长大有裨益。而在那时，晚生也开始关注自己在小学（音韵、训诂和古文字学）上的修养，不时写一点有关简帛文献的札记和注释文章。2008年至2010年，除了上课之外，在这三年里，我连续撰写了《郭店楚竹书〈老子〉校注》和《楚竹书与汉帛书〈周易〉校注》两书，其中后一书的完成即与庞公交代的上述项目直接相关。这两部书出版后，不想很快得到了学界的广泛认可，大家都认为做得很认真，也很踏实。随后，这两本书也相继获得了教育部和湖北省的人文社科学术优秀成果奖。毫无疑问，这些成果的取得，在一定程度上需要感谢庞公，尽管对于他来说这是无心的。学问有时候就是这样，无心插柳柳成荫，尽管末学的成就未必能称庞公之意。

第三件事情，末学从庞公的干女儿刘贻群博士处偶尔寻获了一幅他的墨宝。贻群学妹其时在郭师门下攻读博士学位。听刘贻群说，庞公保留了中国传统文人的一些做派，比如大年初一，晨起练习书法。这些书法练习稿，刘贻群顺便保留了一些。大概在2005年初夏，我从她那里挑选了一幅。后来有一天，刘学妹对我说，庞公在电脑上浏览旧作，觉得那一幅字写得比较中意，希望回寄给他。原来，刘贻群将庞公的许多书法练习稿子拍成了数码照片，保存在庞公的电脑中。不过，当庞公听说这幅字被末学要走了之后，即说保留在我的手上也很好。这幅墨宝，抄写于庚辰岁朝（千禧年2月5日春节），因为是供书法练习用的，所以裁成的纸幅较窄，不成比例。

而鄙人之所以挑选这幅字，有两个原因：一者这幅字的书法，晚生很喜欢；二者书写的内容，末学也觉得非常受用。字用行书，抄写的是唐末诗人高骈的七言绝句《闻河中王铎加都统》。诗云：

炼汞烧铅四十年，至今犹在药炉前。

不知子晋缘何事？只学吹箫便得仙。

庚辰年，庞公迎来七十三岁。孔子即于是岁泰山颓、梁木坏。大概，庞公抄写这首诗时亦有所感焉。先生抄写此诗，当然并非要照搬高骈原意，而是借以抒发自己的胸臆。从20世纪50年代至世纪之交，扣除众所周知的那十年，庞公的为学生涯正当四十年。这首诗对庞公的大半生作了一定程度的映照——“勤勉自谦”，这既是一介书生的本色，又是他对自己的总结。信笔至此，末学忽然想起萧公蓮父先生80岁时所作的《金缕曲》，有句云：“怅平生，韶光半掷，愧酬师友。”同样谦虚，推重学问，总结平生。数年前，末学对庞公的墨宝作了简单的装裱，挂在书房中。不过甲午孟春，为了方便犬子上学，鄙人携家人一起搬到了珞珈山的脚下，在一套小房租住，而庞公的那幅字则仍然挂在数公里外的那间书房中。毫无疑问，它一如既往地挂在晚生的心中，时时生辉，映照着我的精神，让末学不敢有一丝一毫的懈怠！

末学所受庞公的德惠还有一些，难以尽言。先生的学问深造广大，晚生难以了解万一，所谓“高山仰止，景行行止”，唯有钦佩不已！庞公的“一分为三”说，关于上古立法的“火历”说，思孟五行说，在20世纪80年代的文化学说和主张以及对当代儒学研究的大力推动，足以让自己彪炳当代学林，占有不可磨灭的地位。毫无疑问，庞公是当代中国极富创新力和影响力的学术大师。儒学从微到显，简帛从微学到显学，乃至传统文化从微弱到热显，都有庞公的扶助，都有他的汗马功劳。一千九百多年前，面对儒家经学的衰微，汉章帝曾下诏要“扶进微学，尊广道艺”。晚生以为，用这两句话评价庞公，他也是担当得起的：从文化传承来说，庞公确实具有此等使命感和责任感，而他的学术贡献也是我等小子难以窥其津涯的。

另外，庞公对后生新秀的扶进，更是不遗余力！大家近日都在感怀他的德惠。

如今，先生虽已魂归道山，但其德惠，末学感念终生，永远铭记在心。而先生的人格和文籍，亦足以垂范后生，启迪来学。愿先生在天之灵安息，永得清静！

后学丁四新悼念于武汉大学国学院

2015 年 1 月 11 日

一张合影照片

——感念唐明邦先生的孝子深情

樱花时节，晚辈在学院收发室捧获唐明邦先生所赐大作《周易通雅——唐明邦易学论文选》（武汉大学出版社 2010 年版，下简称《通雅》）一书，扉页上还亲题“丁四新同志存念”等字样。从书迹来看，丝毫没有颤抖的迹象，唐先生还是那么充沛、浩然，——先生的身体依然壮健，这令人颇感欣慰。这本文集，晚生多次拿起，又放下，摩挲片刻。有时，也翻阅其中的一二篇文章。作为院里三大秘书之一，除了上课、指导学生，平日还要忙于应对教研室的杂事和人间的俗务，在这日益绩效化、利益化的世界，有时还要与“鸱枭”们和“狐狸”们应酬、周旋——实在难以抽出整块的时间来通读唐先生的世纪大作。

《通雅》一书扉页后收有数十张照片，唯有其中一幅母子亲情照，令晚辈萦心挂怀，反复瞻视，睇目良久。这张照片，十分自然地表露出唐先生的本色！——这张照片，也是晚辈将《通雅》多次拿起又放下，摩挲片刻的重要原因。

今夜，晚生又将《通雅》一书翻检出来，对着这帧照片凝视，遐想，感叹。我找来相机，借着灯光翻拍下它。然后，迅速上传到我的个人博客上。是时候，晚生应当为这张照片写点感念的文字了。

随这张照片流淌而出的是至真、至纯，自然而天真的浓浓亲情，没有丝毫人为雕琢的人间俗气，仿佛整个世界充满禅悦的光辉和宁静。母子身后的背景，晚辈十分熟悉，因为我也出生于非常相似的乡土环境。从样子来看，他们身后的老屋大概已有四五十年吧？门墙比较单薄，样式古朴，石阶五级，由门前至房屋，也组合得颇为协调。檐下堆着几捆秸秆，颜色发亮，大概脱去麦粒不久，仿佛还在散发着淡淡的香味。门前放着的风斗，晚辈也很熟悉；还有一小堆麦颖，踡伏在邻居的台阶旁，似乎正洋溢着丰收的喜悦。——这正是三峡地区收获麦子的时节。

六十七岁的唐老先生在这样的时节回到故乡，全然是为了欢庆母亲九十寿辰！从先生的装束来看，这张照片大概是他回到故乡老屋的当日拍下来的吧！相机，大概也是他为了与母亲合影留念而特地携带回去的。

在一张品相上乘的板凳（显然是特意挑选出来的"坐骑"）上，母亲坐在中间，怡然；儿子偏坐一端，在板凳脚的正上方，心安理得。母亲穿着夹衣，身形微微佝偻，神情怡然、冲和、安恬；儿子器宇轩昂，挺身正坐，亦怡然自得。无疑，这是一幅母子攸叙，洽然无间，上下与天地同流的、自然而淳然的天伦之乐的图景！

这是唐先生的境界，作为"人子"大大地挺立在那里，其他的一切都放下了！

唐先生的这种淳朴、率真的性情，永远值得我等门人小子感念和景仰！

2011 年 4 月 16 日夜

沉痛悼念师祖唐明邦先生

遽闻易学耆宿、珞珈易原、尊敬的师祖唐明邦（1925 年 1 月 23 日—2018 年 5 月 4 日）先生仙逝，晚生感到无限悲痛和万分伤感！

晚生曾在珞珈山亲炙于唐先生门下，他老人家给我们上过“《周易》哲学与中国文化”的课程。先生讲课，声如洪钟，浩然沛然，给我们留下了极深的印象。后来，唐先生还评阅了晚生的硕士学位论文，参加了我的毕业论文答辩会。他的多部著作，如《李时珍评传》和《邵雍评传》晚生亦曾拜读过。在耄耋之年，唐先生还亲自编辑了巨著二册——《周易通雅——唐明邦易学论文选》和《天人之学——唐明邦自选集》。出版后，他都亲赐给晚生，晚生也都细致地翻阅过了。特别对于《周易通雅》中的一帧照片，晚生观想良久，情不自已，遂将区区感念书之于博客上。

唐先生的性格，冲淡平和，谦逊礼让，疏于名利，纯良素朴，亦孝亦友。珞珈弟子咸知先生之贤德。

唐先生学贯三教，性达天人。在中国哲学、易学和道教的研究上用心尽力，成绩卓著，著述良多。他特别钟情于《周易》，是当代易学耆宿、珞珈易原，影响广泛，及于黉门内外。在学术的道路上，他是晚辈学习的榜样，是晚辈的指路明灯，良师和益友。他常常教导我们说，学术要贵专，要掘井及泉，守住阵地，多做作品，而不能三心二意，朝秦暮楚；基础要扎实，“练拳不练功，到老一场空”。这些话，经过他的耳提面命，印象非常深刻。

晚生在博士毕业后还曾多次聆听唐先生的教诲，跟着他数次出外开会。例如，2001 年，他带着我们一起到湖北省丹江口市参加湖北省孔子研究会主办的学术会议。2011 年 10 月，在河南省安阳市，我们还一起参加了由中华孔子学会等主办的“首届羑里论坛：孔子与《周易》”的会议。晚生最后一次见到唐先生，是在 2016 年 1 月 21 日。那天，晚生跟着郭齐勇老师一起登门拜访了唐先生。郭老师有给老先生拜年的习惯。那次，唐先生看起来气色不错，身体似乎很好，很健康。当时，我私下认为，唐先生还能活七八年，应该没有问题。不料，先生竟逝于昨日，遽尔驾鹤西游！

先生的去世，是中国易学界、道学界的重大损失，是珞珈师友的重大损失！哲人其萎，令人怀想！先生之风，山高水长！

晚生丁四新遥拜于北京学清苑

2018 年 5 月 5 日

沉痛悼念周继旨先生

今天上午，笔者无意在一个微信群中看到周继旨先生逝世的消息，我的身子猛地一紧，随手将这则消息转发在“新儒林”群里。下午，我又在一个群中看到了王国良教授转发的正式讣告，才知周继旨先生军功出身，米寿，享年 88 岁。

我初识周老先生是在 1996 年。那年夏天，我硕士毕业。遵照导师萧汉明教授的指示，把我的毕业论文寄给他审查。这事，我在拙作《周易溯源与早期易学考论》（中国人民大学出版社 2017 年版）的后记中曾有提及，现不妨抄录如下：

> 在此，笔者还要特别感谢南京大学的周继旨先生、福建师范大学的张善文先生、武汉大学的唐明邦先生和山东大学的刘大钧先生。周、张、唐三位是笔者学位论文的评阅人，多年后周继旨先生在途经武汉、顺便访问故友萧萐父和唐明邦先生的时候，还特地让萧先生命我前去侍座，一起吃个饭，见见面。

我有幸在 1999 年 8 月中下旬的某一天见到周继旨先生本尊，他到云南旅游，在返回南京的途中特地绕道武汉，看望和拜访了珞珈山的几位老朋友。唐明邦先生是他的北大同学。我模糊记得，他的整个脸庞都被高原的紫外线明显晒黑了，额头、耳郭很突出。印象中，他很达观。第二天，我还陪着他去武汉东湖磨山游玩了一上午。此后，我再也没有见过周老先生。

2002 年至 2003 年，我在哈佛燕京学社做访问学者，恰巧他的女儿、中国社会科学院的周齐研究员也在那里做同年度的访问学者。从她那里，我对周继旨先生有了一些了解；但周齐所说的话我记得不牢，现在差不多都已经忘光了。2012 年 8 月，我在韩国参加一个会议，又遇到了周齐，在觥筹交错之际，我当然又问到了他父亲，比如身体健不健康之类的话。

多少年来，我一直惦记着这位老先生，心里很感激他给我的论文一个优评。其间，他的两位老朋友——萧萐父和唐明邦先生都已作古，而他豁达依然，其顺宁之功似乎让人感觉不到他的存在。然而，周老先生去世的消息遽尔传来，在我脆弱的心灵中蓦地激起了一圈又一圈悲痛的涟漪。

周继旨先生千古！

以此悼念周老先生。

后学丁四新遥拜

庚子年二月初十

丙编

《楚地出土简帛文献思想研究（一）》前言

20世纪最后三十年，无论对于考古学、文字学、历史学，还是对于中国哲学、思想和文化的研究来说，都是令人十分激动的三十年。迄今，专门学者及一般知识分子，都对接二连三发现的简帛文献表现出极大的兴趣和研究热情，特别是楚地出土的一系列简帛佚籍和文献，近年来更是成为惹人注目的焦点和催人发奋研究的对象。信阳长台关楚简、长沙马王堆汉墓帛书、慈利楚简、阜阳汉简、云梦睡虎地秦简、龙岗秦简、关沮秦汉简、孔家坡汉简以及楚故郢都附近发现的各种楚简、秦简和汉简，一再地激起人们的研究热情，尤其重要的是，许多楚地出土简帛已经、正在或者即将改变一些旧有的学术观念和见解，导致今人对先秦至两汉的许多具体学术看法以及史料的解释产生了较大的不同和进步。

比如就马王堆帛书来说，通过较为细致、系统的研究，学者对《老子》的成书及其作者问题，对黄老思潮的具体内涵，对《周易》经传及其与孔子的关系等问题，对先秦至汉初的数术内容等都产生了更为深切、具体的理解。就郭店楚简来说，《老子》甲、乙、丙三组竹简的发现已极大地改变了人们的先秦子籍观；而大批儒家经典佚籍的发现，在一定意义上改变了人们以往对儒家和孔子思想时常具有的肤浅理解，较大地丰富和深化了先秦儒家的思想内涵与思维重心，从而在一些重要方面改写了先秦儒家的思想价值和精神内涵。上博楚简所涉的先秦古籍甚为夥众，《孔子诗论》等竹书已经整理出版，改变了人们以往对孔子与《诗经》之关系的看法；而上博简《周易》及其他竹简佚籍一旦整理发表，可以预计，必将在某些方面较大地改变人们以往的经籍观和子、史观，推动先秦学术研究更进一步的发展。

今天，我们之所以有极大的兴趣和热情来做楚地出土简帛文献的研究工作，是与下述学术盛况分不开的：其一，楚地出土简帛书籍十分丰富，而且正在不断发现、整理和出版过程之中；其二，从内容看，楚地出土简帛文献涉及众多人文学科，其中思想性著作尤为突出；其三，学者的研究活动为整个学术圈不断提供鲜活的学术见解和动力资源，日新月异地推动着这一领域的进步。此外，我们这个研究群体所在的工作单位——武汉大学位居荆楚故地，有责任在相关方面的资助下担当起楚地出土简帛文献的部分研究工作。丁四新副教授申请的“楚地出土简帛文献思想研究”课题被批准为高等学校全国优秀博士学位论文作者专项资金资助项目，这使得我们的研究愿望和构想可以再次付诸行动。

所谓楚地出土简帛文献思想研究，就我们的理解，包括三个方面的先决因素：其一，“楚地”指楚国曾经统治之地，并在文化上表现为相对独立的、可以绵延的广义地理单元。具体说来我们把延至西汉时期的原楚国故地都当作“楚地”来处理。其二，我们的研究对象是“楚地”出土的简帛文献，自然这包括在楚地出土的秦汉简帛。其三，楚地出土简帛文献十分众多，研究不可能涉及各个方面，我们只是研究其中思想性较强的作品，或者进行思想性的研究。从研究形式来看，我们的研究以专著和论文为主，包括注释性文本研究。我们初步设想，研究成果将包括郭店楚简、上博楚简、马王堆帛书在内的专著或论文集，共计七部左右。现在编出的这部论文集，是我们这个研究集体共同劳动的结果，文章主要集中在郭店楚简、上博楚简、张家山汉简和马王堆帛书等方面，特别是郭齐勇、陈伟、萧汉明、吴根友四位教授和丁四新副教授有关郭店楚简的论文和注释文字，体现了他们新的学术见解，在一些方面超越了此前的研究观点。

郭齐勇教授是国内儒学研究的著名学者，近年来他的研究工作集中在先秦子学和简帛文献的研究上；陈伟教授是国内著名的楚简和楚文化研究专家，他在楚文字的识别、研究和文本注释上都颇有造诣；萧汉明教授和吴根友教授长期从事中国哲学与文化的研究工作，他们对先秦道家、《周易》和数术作品的研究甚为深入。此外，我们这个研究集体还包括多名研究生，希望通过对他们的培养，充实、壮大学界此一方面的研究力量。

楚地出土简帛文献研究，是一项长期的研究任务，我们希望通过学术批评和研究活动，与其他学者共同推动这项研究事业的蓬勃发展。自然，曾经与今后，我们的研究无论是在论证还是在观念方面，会存在许多不甚令人满意，甚至错误的地方，还请各位方家批评、指正。我们的唯一目标，就是追求古典文本历史与解释的双重真实。

最后，感谢湖北教育出版社愿意协助我们出版相关研究成果。

2002年8月14日

（原载丁四新主编：《楚地出土简帛文献思想研究（一）》，湖北教育出版社2002年版）

序西班牙语《周易》译本

《周易》号为五经之首，在中国经学史与文化史上的影响极为深远、广大。在古代，《周易》是一部以占问国家大事及个人前途为目的，而依据所筮得之具体卦爻（包括象、辞）以解占，从而预示吉凶，并启示人们采取相应措施以趋吉避凶的著作。因此，《周易》既具有浓厚的筮占文化特征，又充满高度的实践智慧。在春秋后期至战国中期，《周易》在解占的过程中逐步实现了解释的象征化、德行化和哲学化，并最终导致了《易传》的产生。秦时，“《易》为筮卜之事，传者不绝”（《汉书·艺文志》）而未遭燔焚；汉时，《周易》的地位得到了进一步的提升。在《汉书·艺文志》中，班固依刘歆《七略》之例将易类著作列于《六艺略》之首，并说《易》为《六艺》经传之原，而将其提升至中国文化的最高位置上。

一

“《周易》”一名最早见之于《左传》，从先秦至两汉，它主要指《经》的部分，后来也可包《传》而言之。《周易》之“周”，孔颖达以为代号，但大多数学者并不同意他的看法；郑玄、陆德明和贾公彦训“周”为“周普”“周备”，这是可信的，与《系辞》所谓“《易》之为书也，广大悉备”的说法是一致的。“易”字，汉人普遍以“日月相衔”为训，许慎《说文》又以“蜥易（蜴）”为说，这是不正确的。郭沫若说甲金文“易”字为“益”字之简化，“益”即“溢”字之初文。此说未必是。从甲金文看，此字像双手持器皿向另一器皿倾注之形，由倾注，故器皿所盛之水或液体即有变化，引申之，“易”有“变易”“变化”之义。孔颖达《周易正义》云：“‘易’者，变化之总名，改换之殊称。”这与《系辞》“变动不居，周流六虚”的说法是一致的。

关于《周易》产生的时代背景和原由，古人多有论述。《周礼·春官·太卜》《筮人》两篇有“三卜”“三《易》”的说法。所谓“三《易》”，指夏之《连山》、殷之《归藏》和周之《周易》。这“三《易》”之间具有一致性，据《太卜》所云，“其经卦皆八，其别皆六十有四”，这说明《周易》确实是继承前代易学并加以改造、变化的结果。《左传》《国语》所记二十二筮例即常用它《易》为占，就可以证明这一点。从《尚书·洪范》第七畴（稽疑畴）来看，可以肯定，至迟在殷代后期古人已建立了龟筮并用的传统；而下至整个春秋时期，“龟卜”在“稽疑”中的重要性仍然超过了“占筮”。《左传·僖公四年》有“筮短龟长”的说法，可见“占筮”后出，它的设立受到了龟卜文化的影响。另外，《洪范》第七畴所说之《易》，显非《周易》，也说明《周易》系统的形成确实是借鉴了前代易学的结果。

《周易》的产生和形成，《经》《传》应当分看。《汉书·艺文志》曰：“《易》道深矣，人更三圣，世历三古。”在汉代人看来，宓戏（或写作伏羲、包牺）氏“始作八卦”，其时为上古；殷周之际，文王重卦，“作上下篇”，其时为中古；孔子作《易传》十篇，其时为下古。其实，伏羲始作八卦、文王重卦之说均源自《系辞传》，或者说，这种说法最早见于《系辞传》。不过，在同一段文本里，《系辞下》既有包牺氏“始作八卦”的说法，也有上古圣人依物取象而作别卦（六画卦）之说。《淮南子·人间》、王弼均以伏羲重卦为说，郑玄以神农重卦为说，与《系辞》的说法比较一致。司马迁、班固等人则以文王重卦为说，但此论在《系辞》并无根据。而且，既然箕子谓“稽疑”有贞悔二卦之分，《周礼·太卜》又谓“三《易》”“其经卦皆八，其别皆六十有四”，那么可以断定，六十四卦在文王之前已经产生了。《系辞下》云：“《易》之兴也，其于中古乎？作《易》者，其有忧患乎？”又曰：“《易》之兴也，其当殷之末世，周之盛德邪？当文王与纣之事邪？是故其辞危。”文中之《易》，特指《周易》，《系辞传》的作者认为《周易》的兴作正当殷周之际，是由文王演作出来的。后来，司马迁提出了“西伯拘羑里，演《周易》”（《史记·太史公自序》）的说法。现在，通过多方面的考察和论证，大多数学者认为《周易》是周初的著作，只有极个别的学者认为它迟至西周末期才最终成书。

《易传》又称《十翼》，由《彖》上下、《象》上下、《系辞》上下、《文言》、《说卦》、《序卦》和《杂卦》十篇组成。这十篇的主旨及行文方式虽然各异，然而它们相互补充，构成一个有机的解释体系。它们各自很可能是逐步形成的，但后来被有意地汇集和编纂在一起了。这十篇的作者，《史记·孔子世家》《汉书·艺文志》认为是孔子。北宋欧阳修在《易童子问》中对此表示了怀疑，认为不独《系辞》非孔子所作，“《文言》《说卦》而下，皆非圣人之作，而众说淆乱，亦非一人之言也”。现在看来，欧阳修的怀疑是有道理的，《系辞》《文言》《说卦》《序卦》《杂卦》很难说是由孔子自著的。不过，《系辞》和《文言》包括了许多“子曰”之言，且可与其他文献相印证，因此这两篇仍应当判定为孔门后学传《易》之作。不但如此，根据近几十年的考证，《易传》其他八篇也可以断定为先秦著作。其中，《彖》《象》的制作时间最早，很可能即为孔子本人著作，《系辞》是战国中期的作品，《文言》稍晚于《系辞》，《说卦》作为一个整体很可能是在战国晚期才演变成传世本的规模和样子的，不过其中大多数章段应当来源很早，部分章段甚至远至殷商时期。

孔子生前是否读过和传授过《周易》，曾经是学者长期争论的一个热门话题。现在看来，《论语·述而》记孔子自谓“加我数年，五十以学《易》，可以无大过矣”及《史记·孔子世家》记孔子“晚而喜《易》”“读《易》，韦编三绝”，是确有其事。马王堆帛书《要》篇云“夫子老而好《易》，居则在席，行则在橐”，即与此相印，疑古派在这个问题上的观点是不正确的。据《史记·仲尼弟子列传》，孔子之后，儒门《易》由鲁人商瞿六传而至于齐人田何（字子庄），其时正当刘邦建汉。汉初的易学家基本上出自田何一系。西汉，《周易》博士有施、孟、梁丘、京氏四家，前三家均为淄川杨何的弟子，京房之师焦延寿曾从孟喜问《易》。杨何为田何的再传弟子。《十翼》诸篇大概出自于这一传承系统。

二

三画卦又称经卦，六画卦又称别卦。《易经》一共六十四卦，每一卦又都由内外两卦组成。从占筮活动来看，具体一卦的获得无疑是揲蓍演卦的结果。张政烺先生等猜想商周时期的卦画即是由记录揲蓍结果的数字构成的，并举出了大量甲金文材料。不过，张氏的论证在逻辑上还有待完善。古人对于卦画的来源约有三说：其一，八卦及六十四卦是由上古圣人“仰观俯察”的结果；其二，六十四卦是由八卦相重得来的；其三，认为圣人作《易》，“兼三才而两之”才导致了“《易》六画而成卦”的。今天看来，这些都是后人的解释，未必合乎八卦、六十四卦形成的原初情况。六画卦可以分别为两个三画卦，这一点完全可以上溯到殷末时期，《洪范》即称之为贞卦和悔卦，也即人们常说的内卦和外卦、下卦和上卦。贞卦和悔卦的分别十分重要，它是整个先秦时期占《易》的解释活动的基础。

八卦，即乾（☰）、坤（☷）、震（☳）、巽（☴）、坎（☵）、离（☲）、艮（☶）、兑（☱）。对于八卦的卦象和卦德（又称卦义），《说卦》作了归纳和总结。《周易》六十四卦，分为上经三十卦，下经三十四卦。上经以《乾》《坤》两卦为首，以《习坎》《离》两卦结尾；下经以《咸》《恒》两卦开始，以《既济》《未济》两卦结尾。今传本《易经》六十四卦的排列顺序由《序卦》定次，在以竹木简为主要载体的时代，《序卦》是必要的。帛书《易经》六十四卦的排列顺序与今传本根本不同。《杂卦》将六十四卦两两分为一组，每一组体现了“非覆即变”的组织原则。显然，《序卦》与《杂卦》应当配合起来读，才能理解今传本六十四卦之所以如此排序的原理。《周易》的每一卦由卦画、卦名、卦辞和爻题、爻辞构成，除《乾》

《坤》二卦有用九爻和用六爻之外，其余六十二卦均只有初至上六爻。“爻题”依据每一爻在卦中的位置及阴阳特性，而依次称为初九 / 初六、九二 / 六二、九三 / 六三、九四 / 六四、九五 / 六五、上九 / 上六。卦辞或爻辞是由拟象之辞、记事之辞及断占之辞构成的。例如，《大过》九五“枯杨生华”，这是拟象之辞。《屯》六四“求婚媾”，这是记事之辞。“吉凶”“悔吝”等，它们是断占之辞。断占之辞十分频繁，遍布六十四卦卦爻辞之中。《易经》的每一卦表达了不同主题，例如《讼》《蛊》《咸》三卦的主题分别为“争讼”“干父之事”和“夫妇相感”，六十四卦综合起来就构成了一个完整地理解生活世界并充满高度实践智慧的思想体系。

《十翼》之《彖传》以卦辞为解释对象，它推阐卦义，具有深刻的哲理性，思想贡献不小。《象传》又分为《大象传》和《小象传》，《大象传》根据上下二卦之卦象、卦名作道德性或政治性的正面含义的引申和发挥；《小象传》先摘引爻辞，然后以十分简短的文字阐明其原因。《彖传》和《小象传》一起，共同发明了《周易》的基本卦爻位理论，对整个易学解释体系作出了巨大贡献，影响十分深远。《系辞传》是两篇通说性的文章，它引用孔子的话说：“《易》有圣人之道四焉：以言者尚其辞，以动者尚其变，以制器者尚其象，以卜筮者尚其占。”辞、变、象、占为《易》之四道。《系辞传》实际上在这四个方面都有深入而系统的论述，总结比较全面。《十翼》不仅在易例（解释的方法）上奠定了此后易学发展的基础，而且在思想上也达到了哲学解释的新高度。其哲学创造主要体现在乾坤论、阴阳论和性命说三个方面，提出了乾坤二元对待、流行变化的观念，提出了“一阴一阳之谓道”“形而上者之谓道，形而下者之谓器”的命题，提出了“保合太和”“继善成性”和“穷理尽性以至于命”等观点。这些命题和观点，为宋明儒学提供了基本范畴和思想框架，同时也成为宋明诸子返本开新的源头活水。

三

两汉易学非常发达，大体上可分为三个时期。宣帝之前为第一阶段，以“训故（旨意）举大谊（义）”为特点，乃说经之学；元帝之后，孟京之学崛起，以阴阳灾异为说；东汉后期，经注之学重新兴起，象数之学十分兴盛，出现了郑玄、荀爽和虞翻等著名易学家。汉代易学自始至终都很注重阴阳观念，不过其早期着重于阴阳观念的哲学阐释，这是继承战国中晚期易学传统的结果。司马迁在《史记·太史公自序》中说：“《易》著天地、阴阳、四时、五行，故长于变。”这与《庄子·天下》所云“《易》以道阴阳”、帛书《衷》篇所云“《易》之义萃阴与阳”是相互印证的。随后，孟京之学将阴阳说与灾异说相结合，而突出了卦气说，并扩展了数术方面的内容，于是易学为之一变。汉末易学（东汉晚期易学）继续注重天道、天象的解释，它一方面在取象与解释方法上变得空前繁杂，另一方面又有意地排斥灾异化、数术化的理解。不能不说，汉易象数学发展到后来，对《经》《传》的注解确实具有烦琐、牵强和僵化的特性。有鉴于此，魏王弼作《明彖》《明象》诸篇以批评之。《明彖》篇突出了《彖传》本已发明的主爻观念，而注重卦爻解释的统一性和整体性，王弼称之为“统之有宗，会之有元”。在《明象》篇中，王弼接过《系辞传》的相关话题，深入地论述了一卦之言、象、意三者之间的关系，认为立象是为了尽意，得意而可忘象。“象”属于手段，“意”属于目的，因此在解释经义的时候，人们即不必过分执着于具体物象的寻求和印证。根据《说卦传》，汉儒常将“乾—马”的卦象对应关系固定化，只要卦爻辞中出现了“马”，在解释时他们就一定要从卦爻画中找出相应的乾卦来；而如果无法找到，汉儒就采用互体等方法以取象，以期达到卦、象之间的完全匹配为止。王弼强烈地反对此种释经的路向，根据《庄子·外物》中“得意而忘言”的方法论，他主张只有“忘象”以求“圣人之意”，卦义或经义才可以真正显露出来。王弼由此开创了义理派之易学。关于王弼与郑玄《周易注》的差别，李鼎祚在《周易集解序》中做了概括，云：“郑则多参天象，王乃全释人事。”这个概括很笼统，但基本上符合汉魏之变的易学特征。

宋元两代是易学发展的又一个重要时期，不但形成了义理派和象数派的对立，而且在义理派中又产生出了理学、心学、气学和功利之学的解释路向，从象数学中又分化出图书派和数学派。北宋士人多喜研《易》，这为当时思想的深入发展，特别是理学的形成提供了浓厚的易学文化氛围。理学家胡瑗、周敦颐、张载、邵雍和二程等均有易学著作，胡瑗的《周易口义》是北宋《周易》义理学的开端；周敦颐的《太极图说》和《通书》融会《易》《庸》之学，开创了本体宇宙论的新儒学话语系统；张载除有《横渠易说》外，他的哲学著作《正蒙》无疑受到了《周易》的深刻影响；邵雍属于数学派，他借助“数”的观念建构了元会运世、皇帝王霸的历史哲学，并改造了八卦方位，开创了所谓易学先天学；而程颐的《伊川易传》一书与王弼的《周易注》一起，同为易学史上义理派的两部代表作。此外，由陈抟、刘牧等人开创的图书派，不但影响了宋代理学的思想发展，而且《河图》《洛书》本身即是一个十分重要而有趣的话题，并一直延续到清代，形成了专门之学。南宋有朱震和朱熹两位易学大家。朱震本为程门弟子，他的《汉上易传》是象数派的代表作之一。朱熹高举研究《周易》“本义”的大旗，提出了“《易》本卜筮之书”等著名观点。元代易学进一步深化和扩展了宋易的话题，成就突出的学者有俞琰、雷思齐、胡一桂、吴澄和张理等人。

清代易学，主要表现在三个方面：其一，明末清初，易学研究处于儒释道三教相融合的思潮之中，王夫之、方以智和智旭等人的成就突出。其二，辨析和考证了《河图》《洛书》《太极图》三图的来源和形成，认为它们不是来自于孔子的《系辞》，而是源自汉人的创造，并通过方外道教系统的扩展而传递下来，从而在一定程度上消解了宋儒本体宇宙论主张的神圣性。胡渭的《易图明辨》是此一方面的代表作。其三，对于《周易》经传字句的训释和原意的理解，清人取得了十分突出的成就。这方面的代表作是王引之的《经义述闻》。宋翔凤的《周易考异》和李富孙的《易经异文释》也备受后人重视。此外，惠栋高举汉学的旗帜，作《易汉学》《周易述》以伸张汉易；焦循作《雕菰楼易学三书》，于义理深有所得。

20世纪的中国思想与文化，是在崭新的历史情势下曲折地前进的。前八十年是“革命”观念盛行的年代，后二十年是“改革”与“发展”并重的时期。1912年后，《周易》从“经学”的显赫位置上遽尔跌落下来。此后，它大体上只是作为学者从事学术研究的对象和材料。清末民初，人们竞相废弃故训古义，而各种新见蜂出，解说炫目，但是不能不说，此期学者所取得的学术成绩是很有限的。20世纪50年代至70年代，《周易》经学受到了否定性的大批判，随后被列为饱含封建迷信思想的“大毒草”而被禁绝约二十年，至今学者言《易》尚有所忌讳。20世纪80年代至90年代，是《周易》及易学研究的恢复期，产生了大量依“学科”而生的研究成果，各种通俗读物亦乘机泛滥于坊间街头。至世纪之交，多所高等学校基本上形成了各自的易学传授传统。另外，出土简帛《周易》是近三十余年来学界研究的一个热点和重点，成果较多。

《周易》在中国文化史上具有极为广泛而深刻的影响。据悉，民国以前的《易》类古籍有3000余种之巨。从古至今，《周易》不仅自身发展为蔚为壮观的庞大经学源流体系，而且也是子学——中国哲学与思想——赖以生生不息的源泉。不仅如此，它还深刻地影响了中国传统科技、建筑、文学、审美及民俗、数术、宗教等文化系统的形成。古人有“医易同源”说，道教有《周易参同契》等宝典，佛教有《周易禅解》都具体地说明了《周易》对于中国文化影响之深远。《周易》也奠定了民族思维的一些基本方式，比如取象比类、整体主义和辩证思维。而《周易》所包含的阴阳相须、刚柔相济，自强厚载、崇德广业，存诚善世、顺天应人，以及保合太和、天下和平的观念，已经成为积淀在中华民族心理深处的核心价值和宝贵精神。

四

西汉立为经学博士的有施、孟、梁丘、京氏四家，不过其所传之经文后皆亡佚。马融、郑玄、荀爽、王弼皆传费氏古文《易》，今天人们通用的《周易》本子即源自费氏《经》。清嘉庆二十年南昌府学《重刊宋本十三经注疏》本是现在学者常用的权威本子。不过，研究《周易》经传文本的差异和变化，还必须参看出土诸本及陆德明《经典释文》。出土诸本有楚竹书本（1994年春出土于湖北地区）、帛书本（1973年底出土于长沙马王堆汉墓）、汉简本（1977年出土于阜阳双古堆汉墓）和汉石经本等。楚竹书本有58支简，共1806字，涉及34卦文本。帛书本除了经文之外，还包括《二三子》《系辞》《衷》《要》《缪和》《昭力》六篇《易传》类文本。汉简本保留下来了大量碎片，汉熹平石经目前只发现了部分残石。

五

据学者的研究，葡萄牙传教士曾德昭（Alvaro de Semedo，1586—1658）是最早向西方介绍《易经》的人，意大利传教士卫匡国（Martino Martini，1614—1661）随后作了更为详细的介绍。法国神父白晋（Joachim Bouvet，1656—1730）及其“索隐派”（Figurism）不但深入地介绍了《周易》，而且写作了一批研读《周易》的著作。白晋曾和发明二进制算术的莱布尼茨（Gottfried Wilhelm Leibniz，1646—1716）多次通信，谈论了邵雍的《伏羲六十四卦方位图》。莱布尼茨指出，这个图表中的六十四卦顺序正符合二进制数字的排列。法国传教士刘应（Laude de Visdelou，1656—1737）是第一位着手翻译《易经》的人。第一个西文《易经》全译本是由法国传教士雷孝思（Jean Baptiste Regis，1663—1738）用拉丁文翻译的。1882年，在英国伦敦出版了理雅阁（James Legee）的英译本《易经》。1924年，出版了卫礼贤（Richard Wilhelm）的德译本《易经》。1950年，贝斯（Cary Baynes）又将卫礼贤的德译本翻成英文，成为今天欧美通行的《易经》本子。此外，西方研究《周易》的著名学者还有韦利（Arthur Waley）、荣格（Carl Jung）、奥德（Joseph Alder）、马歇尔（Stephen Marshall）、夏含夷（Edward L. Shaughessy）、肯特（Richard Kunst）、田笠（Stephen Field）、高厦克（Richard Gotshalk）和成中英（Chung-ying Cheng）等。

本译本由古巴资深翻译家玛丽娅担纲翻译，译者对《周易》的大量资料进行了研究，并参考英文译本，对照中文版本翻译而成。作为这部中国古典名著的西文译本，该书在推进中西文化交流，使西文读者更好地了解中国文化方面，迈出了重要的一步。

2011年7月28日序于武汉大学

[原载张善文今译，（古）玛丽娅西译:《周易：汉西对照》，外文出版社2012年版]

序《二程弟子心性论研究》

从整体上来看，儒学是中国哲学与文化的主干。在当代，牟宗三的儒家三期发展说最为流行。牟先生在《重振鹅湖书院缘起》（1948 年）和《儒家学术的发展及其使命》（1949 年）这两篇文章中指出，先秦至汉儒（孔、孟、荀以至董仲舒）为儒家发展的第一期，宋明儒为第二期，民国以来的儒家为第三期。第三期儒家即现代新儒家，还在开展之中，其返本开新的主要任务尚未完成。

儒家发展的第一期以孔孟为主干，包括孔、颜、曾、思、孟、荀和董仲舒等人。孔子是儒家的创立者，一方面他“述而不作”，自觉地继承三代的文化，继承周人的天命论、以德配天和保民而王的思想，另一方面他在礼乐文化还很浓厚的时代氛围中发现了“人”本身（人的存在性）的价值和意义，将其看作一切知识和实践的中心，同时由人的存在性，孔子又开展出了“仁”的核心价值观念。这就是说，孔子实现了以“仁”定义“人”、以“仁”诠释“人”之存在的伟大转变，为人类思想的宝库作出了巨大贡献。而通过上接天道、天命，下贯人伦物理，旁摄为仁由己、克己复礼和忠恕一贯等思想命题，孔子将周人以“王德”为中心的天命论转化为以“人仁”为中心的天命论，并形成了一整套贯通天人、形上形下的学说体系。在战国早中期，根据郭店简和上博简，儒家思想在心性论（性情论）、工夫论（道德内化的五行说）、伦理学（位分伦理学、德行伦理学）和政治哲学（禅让说、君权来源和统治术）等方面得到了大力的深化。沿着孔子开辟的方向，战国时期的儒学同样推进了对“人”自身的理解，即从以“生”为中心转变到以“性”为中心来理解人的存在：理解生命之在己的根源，及人与天命、天道的贯通问题。这一转变始于春秋晚期，成熟于战国中期。从此，性命论或心性论成为儒家和诸子理解“人”的基本理路。在孔门七十子及其后学中，据宋儒的说法，曾子、子思、孟子一系得到了孔子的真传，维系着儒家的道统。孟子深化了孔子以来的儒家思想，一方面他提出了性善说和存养的工夫论，另一方面他又旗帜鲜明地“辟杨墨”，并与告子展开了关于人性善恶问题的辩论。毫无疑问，孟子儒学代表了先秦儒学的另一座高峰。不过，从先秦到汉代，儒家人性论，特别是人性善恶之从理说与从气说的问题始终没有统一起来，而存在着深度紧张。我们看到，孟告为此大起辩论，荀子则主张性恶，并对孟子作了严厉的批驳。到了汉代，就人性善恶的问题，董子对孟、荀均作了批评。

儒家发展的第二期是宋明儒。宋儒以程朱理学为重心，而明儒则以阳明的良知学为重心，理学和心学对后半期中国思想和文化的影响极为深远、广泛。经过唐季和五代天下大乱的局面，宋朝在统一中原与南方之后很快采取了重文抑武和优待士人的措施。在这种新形势下，儒家学说迎来了以理学为核心的又一个发展高峰。从北宋三先生（孙复、石介、胡瑗）到北宋五子（周敦颐、程颢、程颐、邵雍、张载），儒家哲学在吸纳和批判佛老，进而返本开新的过程中达到了新的高峰，超越了第一期的思想成就。周敦颐开创了本体宇宙论的新儒学思维体系，融合《易》《庸》之学而以诚体为大本大原。邵雍精于数理而构造了皇帝王霸的历史哲学，观物经世而肯定了理的本原性。张载勇于造道，以“太虚即气”的命题将本体与变化彻底统一了起来，而他所谓闻见之知与德性之知、天地之性与气质之性的区分，无疑深化了儒家心性论的思想内涵。二程更进一步，以“天理”为宗主，在理气论、心性论、中和论、格物致知论和工夫论等方面都有非常深入的论述，他们对于理学思想框架的建立和基本概念的阐明起了关键作用。在二程那儿，“四书学”的概念被最终确立起来，从此儒家经学的重心由六经之学转变为四书之学。同时，北宋理学家接过韩愈的“道统说”，明确地宣称他们的学问是希贤、希圣、希天之学，推崇尧舜，推崇禹、汤、文王、周公，推崇孔子和孟子，以他们为圣人。二程兄弟更是当仁不让，自谓继承了孟子以后千载不传之道统。而在人生境界和目的论上，理学家的志向十分高远，如程颢云“仁者与万物为一体”，张载云“民胞物与”，又说“为天地立心，为生民立命，为往圣继绝学，为万世开太平”。此后，理学经过朱熹等人进一步的深化和综合，变得更加体大思精。在南宋理宗时期，程朱理学最终获得了朝廷的肯定，上升为官方的正统思想。此后，理学进一步影响着整个中国近世社会，乃至对朝鲜、日本和越南等亚洲国家产生了深远的影响。

在理学的开创过程中，二程兄弟无疑最为重要，其思想体系具有典范意义，对后世学人的影响十分深远。作为一种儒家学问，理学所应具备的诸种要素在他们那里都已经具备了，而且比较丰满和深刻。二程不但学问广博、精深，而且善于培育人才。在北宋时期，与二程的“洛学”并存或稍前的儒家学派有周敦颐的“濂学”、张载的“关学”、邵雍的“数学”、王安石的“新学”和二苏的“蜀学”等。这些学派一般在其奠基人死后不久即告散亡，只有“洛学”和“新学”延续较久。程明道说：“异日能使人尊严师道者，吾弟也。若接引后学、随人才而成就之，则予不得让焉。”（朱熹《伊川先生年谱》）此言不虚，谢上蔡便曾多次赞叹二程锻炼（培育）人才之功。拿二程和张载比较，出自二程亲炙的杰出弟子要远较“关学”为多，且统系深远，至于朱子，理学臻于高度成熟，博大精深。我们看到，程朱理学长期影响着东亚社会，近百年来它虽屡经刻意污名化和大力否定，然而迄今不但根株未绝，而且呈现出蒸蒸日上之势。

程朱理学在近世中国的思想和意识形态上的地位是不言而喻的。系统、深入而细致地研究理学的发展和变化，这是当代中国学术研究的重要任务之一。据《伊洛渊源录》《儒林宗派》《宋元学案》及巧生博士的考订，二程的亲炙弟子（不包括再传弟子及私淑弟子）共有 70 人。其中，最著名的弟子有杨时、谢良佐、游酢、尹焞和吕大临等人。杨时开辟了道南学派，一传为罗从彦，再传为李侗，三传为朱子，朱子集理学之大成。此一系为理学之大宗，合称为“程朱理学”。这些弟子，特别是四大高弟和吕氏兄弟，无论是在传承二程和前辈学人的思想上，还是在推进理学的发展上都贡献良多，是理学发展史的重要一环。因此研究理学，特别是宋代理学史，毫无疑问应当对他们的行事和思想详加考察与梳理。当前，学界对二程弟子的研究虽然已有相当的积累，然而与二程、张横渠等理学大家相比，还是很不够的。因此对二程弟子的思想展开系统、深入的梳理和专题研究，是十分必要的。

巧生博士的《二程弟子心性论研究》，正是一部研究二程弟子思想而学有所得的优秀著作。“心性论”是理学最为重要的部分之一。这部专著以作者同名博士学位论文为基础，经过修改和增补而成，凝聚了作者长期研究宋明儒学的心血和心得。除了《引言》和《结语》外，全书包括《性论》《仁论与爱有差等》《本心论》和《未发之际体中》四章。另外，该书还包括《二程弟子著述考》《杨时易论抉要》和《侯仲良理学思想阐微》等附录内容。书中论述涉及谢上蔡、杨龟山、游定夫、尹和靖、侯师圣、吕与叔、周恭叔、郭兼山、刘元承和王信伯等程门重要弟子，他们在心性论上凡有精彩之处，该书一般都做了讨论和概括。应该说，这部著作推进了学界对二程弟子的思想研究，学术贡献表现在如下几个方面，值得充分肯定。

其一，本书对二程弟子的名录与著述作了详尽的考察。传世文献所记二程弟子数量众多，而凌乱分散，如此，要做全面的考察和辨析，这显然存在着相当的难度。虽然朱子、万斯同和黄宗羲等对此已有相当好的爬梳，在《伊洛渊源录》《儒林宗派》和《宋元学案》中作了条理和叙述，但是在巧生博士看来，这些著录还不够完备，且彼此互有出入，而亟待补充和订正。在朱、万、黄等人的基础上，巧生博士通过必要的考证，更加准确地钩稽和审订了二程弟子。他的这一工作对于完善二程弟子名录是颇有价值的。比如，杨龟山之婿陈渊，《伊洛渊源录》和《儒林宗派》二书均未载录，但《宋元学案》认为他是二程的弟子。为此，巧生博士作了考证。他按照相关性和时序对相关资料做了全面梳理，然后令人信服地得出所谓陈渊为伊川弟子的说法是不可靠的结论，进而他又指出这种错误说法的可能来源。除此之外，巧生博士还对二程弟子的著述状况做了全面而翔实的考索。在考索的过程中，他使用了许多目录书和大型丛书等资料，十分辛苦，并顺便指出了这些资料中的一些错误。

其二，本书在研究资料的占有和运用上颇为全面，而其论述常常令人耳目一新。作者在研究资料的占有和运用上大体表现在如下两个方面。一者，本书使用了新发现的材料进行论证。这样做的好处显而易见，使得作者的观点不但有据，而且论证更加有力。举例来说，学界对杨龟山"理气孰为根本"的意见不一。虽然多数学者倾向于认定理是形而上者，更为根本，但是此前的论证总是缺乏直接而明晰的根据。巧生博士则在杨龟山的《周易系辞精义》中发现尚有一些易学文献未为学界所留意，而其中的相关文字恰能作为龟山以理为形而上者、气为形而下者的证据。这样，龟山以理为本的观点就得到了确实的论证。再如对谢上蔡仁论的分析，以往学界的研究一般仅据《上蔡语录》，显得材料不够充分，而巧生博士在论述时又补充了不少见于《论孟精义》但未见之于《语录》的材料，使得谢上蔡仁论的思想内涵在深刻性与丰富性上大为增加。二者，本书使用了大量与议题相关的间接材料。例如，巧生博士在论述吕与叔的"未发之际求中"或求本心的工夫时，在直接分析此种工夫的内容与性质之前，他提出吕与叔之所以有这种工夫体验，或与其有思虑纷扰之病有关。并且，他指出，这其实是当时学者的通病，是彼时大家热衷讨论的一个重要问题。这类引文虽然与议题没有直接的关联，但是由此深化了研究的深度，使全书的论述变得更为充实。更为重要的是，对文献的熟稔和广泛占有，使得作者也得出了许多新颖的见解和观点。

其三，本书在理论分析上颇为深入，识见精辟。这是本书最为突出的特点。一般，本书新见的得出，是以前人的相关研究为基础的。其中，巧生博士对于牟宗三的论著情有独钟，他充分汲取了牟宗三先生的一些见解和观点。例如，作者根据牟氏对本体之能动性的理解而区别了理学的分派，赞同北宋理学以道体和性体为首出，在开始的时候，道德主体与实践的意味还相对较为薄弱的观点等。这无疑有助于本书理论分析水平的提高。但是，巧生博士对于前辈大家的观点并不盲从。这里，仍以牟宗三为例，作者指出牟先生在分析程伊川《论中书》时，其观点前后有矛盾之处。另外，巧生博士认为，牟氏的“超越的逆觉”一语易生误解并就此专门提出了修正意见。而本书之理论分析和识见的精辟，还源自于作者具有良好的形上学思维素养和理论辨析能力。例如，在第三章的“小引”部分，本书对性体与本心作了集中的辨析。作者指出，性体是无声无臭之体，而本心虽然是理，但是毕竟可感，正如伊川所云“有个形象”，因此是具体的。这样一来，在严格的意义上，性体与本心就是体用的关系。这种区分，是作者依据谢上蔡、游定夫的一些材料而做出的，而相应地，这需要作者具备相当的形上学思维能力。再如，二程及其弟子有着丰富的仁论思想，存在着多种说法。其中之一，便是常常把仁与万物一体联系起来。巧生博士对二程弟子的诸种仁论作了仔细分辨，指出这些弟子虽然常以万物一体论仁，但是除了吕与叔之外，其他诸弟子在本质上并无一“由万物一体训仁”的说法。并且，吕与叔把仁归根于万物一体之气，则此从理上说颇有商榷之处。诸如此类，都展现出作者具有良好的思辨和分析能力，读来令人印象深刻。

其四，本书的一些观点和结论颇具创新价值和启发意义。作者发现二程的重要弟子皆有形上本心观念和相应的工夫论，并且有些弟子的相关阐发非常突出。此点，乃发前人之所未发。另外，当时程门弟子热衷于探讨一些核心问题，如仁论和未发工夫，它们也与本心论具有内在的关联。在巧生博士看来，这一共同趋向的出现不是偶然的，有其内外的必然性。作者在吸收前人成果的基础上作出了更进一步的解释。简言之，本书的研究有助于提高人们对于二程弟子心性论的重视程度及思考本心论的理论建设。

以上是我对王巧生《二程弟子心性论研究》一书的四点看法，未必全面和恰当，敬请读者指正。此外，本书还有不少优点，笔者在此就不一一罗列了。总之，本书是一部系统研究二程弟子心性论的专著，对于南北宋之际理学的开创、形成和发展都有很好的论述，是一部开卷有益的优秀著作。

当然，本书也存在着一些缺憾。比如，理学的理论非常渊奥和绵密，而学者的阐释又辩论蜂起，作者在这些方面还稍显生涩，需要加强训练。又如，本书仅专门论述了二程弟子的心性论，但心性论不足以涵盖理学的所有重要话题。

最后，需要指明的是，巧生是我的博士生，本书是在鄙人的指导下而由他独立完成的。他的硕士论文是研究阳明后学季本的思想的，由先师萧汉明教授指导。而当巧生毕业的时候，先师萧教授年近退休、不能再担任博士生导师，故他衔师命特地报考了我的博士研究生。巧生素好宋明儒学，在宋明儒的研究者中他最推崇牟宗三先生。从本书可以看到，他在思路和诠释系统上受到了牟先生的深刻影响。回忆当初他决定研究二程弟子的心性论时，我不仅很支持，而且很高兴。原因之一是程颢、程颐这二位理学大人物乃笔者的乡贤，出生于今武汉市黄陂区。十多年前，当读及朱子《黄州州学二程先生祠记》所云“二程夫子，则亦生于是邦”的文字时，我颇为感动和感慨。巧生的论文选题偏难且涉及的人物和资料众多。有鉴于此，当初导师组曾建议他缩小研究范围，争取早日完稿、毕业。所幸，他很专心，又很勤奋，如期完成了论文初稿。又经数月的打磨和修改，在 2009 年 9 月，他顺利通过了论文答辩并于同年岁末获得了哲学博士学位。此后，巧生一度在山东大学做博士后研究，继续研究宋明儒学。自博士卒业以来，他还涉猎了易学和简帛思想，撰写了多篇相关论文，收获颇丰，进步不小。现在，他寄身于湖北省社会科学院，除了继续研究理学和心学外，他更加注重个人当下的修身实践——工夫和践行了。

未来，我衷心希望他一如既往地保持自强不息的精神，推阐理学，弘扬孔夫子之道，在学术研究上取得更加辉煌的成绩！

是为序。

乙未年冬月十五序于珞珈山武汉大学

（原载王巧生：《二程弟子心性论研究》，湖北人民出版社 2016 年版）

序《〈周易〉导读——帛书〈易传〉》

简帛研究，是当今中国相关学术界和国际汉学界的显学。20 世纪 70 年代，是简帛发现的重要时期，银雀山汉简、定县汉简、马王堆汉墓竹简帛书、云梦睡虎地秦简和阜阳双古堆汉简等都是在这一时期发掘出土的，简帛研究也由此进入了繁荣时期。随着江陵张家山汉简、荆门郭店楚简、上海博物馆藏战国楚竹书、清华大学藏战国竹简、岳麓书院藏秦简和北京大学藏西汉竹书等的相继发现或出土，简帛研究也持续处于升温过程之中。其中，郭店楚简的出版至为关键，使得简帛学上升为一门国际显学，并掀起了研究热潮。回顾四十年来简帛文献的发现、整理和研究，马王堆帛书无疑是其中极其重要的出土资料之一，而帛书《周易》经传又是其中的亮点！

从汉代以来，《周易》类或三《易》类资料出土约有八次。前三次，发生在西汉宣帝、西晋太康和民国三个时期。第一次，据王充《论衡·正说》篇，人们发现了“河内女子发老屋，得逸《易》《礼》《尚书》各一篇”。至于此篇逸《易》叫什么，王充本人也不清楚，不过《隋书·经籍志》具体指明为今本《易传·说卦》《序卦》《杂卦》三篇。这一说法后来得到了戴震、郭沫若、李镜池等人的肯定和继承[①]。现在看来，《隋志》的说法也是难以成立的，那篇逸《易》还是应当推定为《杂卦》。第二次，人们在魏襄王

① 戴震:《东原文集》卷一《周易补注目录后语》，载《戴震全书（修订本）》第六册，黄山书社 2010 年版，第 223-224 页；郭沫若:《周易之制作时代》，载《郭沫若全集》历史编第一卷，人民出版社 1982 年版，第 394 页；李镜池:《周易探源》，中华书局 1978 年版，第 300 页。

墓发现了“汲冢竹书”。据《晋书·束皙传》和杜预《春秋经传集解后序》，这批竹书包含了与今本《易经》相同的本子、《易繇阴阳卦》二篇、《卦下·易经》一篇和《公孙段》二篇。其中，《易繇阴阳卦》“与《周易》略同，繇辞则异”；《卦下·易经》即《春秋经传集解后序》所说《阴阳说》，《晋书·束皙传》谓其“似《说卦》而异”；而《公孙段》大概与帛书《缪和》《昭力》的性质相似。此外，汲冢竹书还有“《师春》一篇”，“纯集疏《左氏传》卜筮事”（《春秋经传集解后序》），对证明《左传》早出是颇具效力的。第三次，人们在东汉太学遗址发现了熹平石经《周易》残石。熹平石经对于认识《周易》古本和校正今本的文字略有帮助。

后五次发生在近四十多年的时间里。1973 年底，湖南长沙马王堆 3 号汉墓出土了帛书《周易》和六篇《易传》类著作。1977 年夏，安徽阜阳双古堆汉墓出土了汉简《周易》。1993 年 3 月，湖北江陵王家台 15 号秦墓出土了竹简《归藏》。1995 年 5 月，上海博物馆收藏了楚竹书《周易》。2008 年 7 月，清华大学收藏了楚简《筮法》和《别卦》。此外，记在甲金文中和战国楚简（包山、天星观、葛陵）上的六位数字组也很重要，是今人提出和讨论所谓“数字卦”概念及其相关问题的基本材料。

从重心来看，近四十年来的出土易学研究主要表现在数字卦与《周易》卦爻画之来源问题、出土早期《周易》文本、帛书《易传》和竹简《筮法》《别卦》上。所谓“数字卦”问题，是由张正烺先生在 1978 年 12 月正式提出来的，它是一次重大的学术突破。张先生称这些书写在甲金文材料和竹简材料上的六位数字组为“易卦”和“筮卦”（学者后来习惯称之为“数字卦”），并由此深入地思考了《周易》卦爻画的性质和来源问题。现在看来，“数字卦”概念的使用比较恰当，但需要做出区分和限定：“数字卦”不过是“易卦”的通俗称谓，它是以“筮数”的形式表现（书写成画）出来的“易卦”（“筮卦”）。“数字卦”概念虽然古本无之，但是在当代学术史上仍有其单独命名的意义。由于清华简《筮法》的出土，《周易》卦爻画的构成及其来源问题终于可以得到解决。帛书、汉简和楚竹书《周易》

的阴阳爻画都分别作“八”“一”两个数字的形状，但是它们为何作此形状，学界一直没有确切的答案。而根据《筮法》，这个问题可以得到很好的回答。我们看到，在《筮法》所有卦例中，其与阳爻相应的数字“一”一律表示数字“七”，这是一个惊人的发现。由此可以得出结论：《周易》的阴阳爻画是由“八”“七”两个数字画成，或由这两个数字变化而来的。进一步，我们看到，“七”“八”“九”“六”在今本《周易》中都直接得到了安排：“七”“八”为爻画，而“九”“六”为爻题。今本《周易》对四象数作出这样的安排，是与大衍筮法（五十数的揲蓍法）完全吻合的。总之，清华简《筮法》篇对于彻底解决《周易》卦爻画的来源问题起到了关键作用。

关于帛书《周易》经传，在笔者看来，学界的研究主要体现在如下三个方面：其一，帛书《周易》经传的整理和释文。帛书《周易》六十四卦的释文公布较早，且质量很好，自1984年首次公布以来改动不大。不过，需要指出，这个本子不分上下篇，六十四卦的构成原理及卦序与今本迥异。学者普遍认为帛书本《周易》六十四卦的构成及卦序原理，见于帛书《衷》篇“天地定立（位）”一段文字，即今本《说卦》第三章。最近，我们又看到了清华简《别卦》篇，竹简所展示的六十四卦构成及卦序图，其原理与帛书本正同。另外，帛书《易传》的释文从20世纪90年代首次发表以来即多次得到订正和改进，最近的一个版本载于《长沙马王堆汉墓简帛集成》（中华书局2014年版）。其二，帛书《周易》经传的校释。张政烺、李学勤、韩仲民、张立文、刘大钧、廖名春、邓球柏、赵建伟、连邵名、刘彬、严灵峰、黄佩荣和池田知久等先生在这一方面均有论著出版，笔者亦曾撰有《楚竹书与汉帛书〈周易〉校注》（上海古籍出版社2011年版）一书。目前，尽管在校注上学界已取得了不小成绩，但是今后还需要作总结和提高。其三，帛书《易传》的文本和思想研究。除校释外，对帛书《易传》的文本研究还包括帛书《二三子》的文本构成，今本《系辞》与帛书《系辞》《衷》《要》三篇的文本关系，帛书《衷》是否由两篇合成，帛书《缪和》《昭力》二篇的分合及此二篇之“先生”是否为“孔子”，孔子与《周易》经传的关系，及帛书《易传》是否受到了道家的影响和《易传》的儒道性质等问题。与此同时，学界不但分别研究了帛书《易传》六篇的思想，而且从总体上研究了其哲学、政治及易学所特有的思想。其中，解释观念、阴阳说、乾坤说、卦气说和易例（解易方式）等得到了学者的重点关注。另外，从宏观上来看，比较今本、帛本《易传》的文本和思想，这非常有利于梳理今本《易传》的来源，还原此一时期《易传》的多样性，及阐明汉初易学的思想特征。

以上所述，是对于出土易学资料及其重要学术问题研究的概况。这些资料和问题构成了刘震博士写作《帛书〈易传〉卦爻辞研究》及相关论文的背景。目前，研究帛书《周易》经传的论著较多，而刘震博士的这部大著即为其中之一。这是一部优秀著作，它凝聚着作者多年的心血和心得。这部著作是在作者同名博士学位论文的基础上再作修改，并编入其他相关论文的结果。该书由三个部分组成，其中第一部分即为作者的博士学位论文，第二部分是作者近十年来已发表之易学研究论文的集结，最后一部分为附录。刘震博士的学位论文，我很早就拜读过了，当时只粗知其善，却知之不深，知之不够真切。近年，由于研究帛书《周易》经传，我可以略谈一下自己对于这部书稿的读后感了。就第一大部分，笔者有如下四点浅陋的看法。

第一，该书第一部分在研究对象的选择上眼光独到，令人耳目一新。该书既不是单独研究帛书《周易》的经文，也不是单独研究帛书《易传》六篇之某个单篇的文本和思想，而是从帛书《易传》中钩稽和归纳出易卦的卦爻辞，然后再做文本比较和思想分析的。这种进路不但必要，而且非常新颖，是值得大加赞赏的。而为了更好地展开对帛书《易传》的引经和释经研究，作者又将第一部分分解为《究天人阴阳之变的〈二三子〉与〈衷〉》和《明学聚问辩之道的〈缪和〉与〈昭力〉》两节。不过，作者并没有考察帛书《系辞》《要》二篇的引经和释经情况，而这又是为什么呢？实际上，帛书《系辞》引经、释经之例不在少数，总计有十七条之多，但是为何作者在书中没有考察和分析它们呢？依鄙见，其中存在两个彼此相关联的原因：其一，帛书《系辞》已见于今本《易传》，且在文本上没有多少实质性的不同；其二，作者考察帛书《易传》引经、释经的目的，乃是为了比较其与今本的不同。至于为何作者没有具体考察帛书《要》篇的引经和释经，刘震博士认为此篇帛书大体上“没有实际意义上的解《易》文字”，中间虽然涉及《否》《鼎》等卦，但“与今本《系辞传》的部分内容相一致”。于是他便将考察和论述的重点放在《二三子》《衷》《缪和》《昭力》这四篇帛书上。笔者很赞成刘震的这一选择和处理。而为了尽可能地呈现帛书《易传》文本的本来面貌，作者大体上又是以帛书原本的顺序来展开论述的。

第二，该书第一部分在资料的利用和裁剪上颇为恰当，且在本质上是一种比较研究。笔者看到，作者先抄录并对照今本《周易》卦爻辞和帛本《易传》的引经文本，然后一边引述今本《易传》、王弼《注》和帛书《易传》的解释文本，一边作出细致的比较和分析。在此，我们不禁要问，作者为什么要选择王弼《注》作为研究的基本材料呢？刘震有一个说法，即王弼《注》是汉魏时期流传下来的最完整的本子，且从学派上来讲属于汉代的古文易学，与帛书《易传》能够形成很好的比较。这样，他说：“将帛书、今本与王弼三者作一个综合性的比较，并期望借由这样的方式，对于尘封在汉代《易》学与帛书《易传》上的诸多疑问有一个基本的回答。”这就是该书在资料运用和论证上的目的。

第三，该书仔细辨析了今、帛本《易传》对经文（卦爻辞）的解释，大都比较平实和公允。关于《乾卦》九二的含义，《文言传》说为“君德”，帛书《二三子》说为“君子之德”，刘震博士认同帛书的解释，并说：“《文言传》中的‘君德’是对‘君子之德’的转换，而这种转换或者是由于抄写者的笔误与错解，或者是随着诠释对象的变化而做出的改变。”关于《晋卦》的旨意，《彖传》《序卦传》说为“进阶”，后世进而说解为“臣子之晋升”；刘震指出，帛书《二三子》的解释主旨则在于“圣王安世”，这是很不同的。至于《缪和》对《涣卦》九二的解释，刘震认为，帛书其实将“时”“福”“赍”三者有机地结合了起来，体现出孔子对于人生的一种深刻思考，但此思考不是宿命论的。此外，作者还认可《缪和》的“先生”身份为“孔子”的观点。以上这些看法或解释，我都是赞成的。该书的精彩之处还有很多，这里就不一一列举了。

第四，该书有很好的问题意识，有些观点发前人之所未发。其中，刘震博士有一个贯穿全书的核心观点，即帛书《易传》早于今本而成书。他说："帛书《易传》极有可能成书于秦代之前，也就是诸侯统治期间，而今本《易传》的成书则要在秦代之后，甚至是在汉初。"其依据主要有二：一者，帛书《易传》对于《周易》卦爻辞的解释是比较原始的，保留了先秦时对爻辞的原始解释，其文字较为古朴，内容也比较单一，而今本《易传》则有明显的增删、修订和润饰的痕迹；二者，帛书《易传》很少受到宗法制度或宗法礼仪的影响，喜欢以史释《易》，而今本则有浓重的宗法思想，连阴阳观念也带上了宗法的意义，作者甚至推测《文言传》等今本《易传》篇目"受到汉代大一统思想的影响，很有可能其在汉代时有一次官方的修订，而这种修订不仅是文字上的，更为重要的是内容与思想上的修改"。我认为，刘震的这一观点颇具创新性，富有启发意义。他的论证深入而具体，反复推阐，的确发人之所未发，值得重视。今、帛本《易传》的写作时代是一个重大的基础性问题。

以上，是笔者对该书第一部分的一些粗浅看法。未必全面，未必得当，但愿能替读者诸君指点一二。至于书稿的第二部分，则汇集了刘震博士近十年来研究早期易学，特别是出土易学的六篇论文，它们是《孔子与〈易传〉的文本形成之管见》《谈〈周易〉中的"福"》《清华简〈筮法〉中的"象""数"与西汉易学传承》《清华简〈筮法〉与〈左传〉〈国语〉筮例比较研究》《〈易传〉圣人形象初探》和《帛书〈易传〉的价值和意义》。其中，孔子与《易传》的关系问题既是老问题，又是学界一直很纠结的问题；而楚简《筮法》乃最新资料，研究难度很大。在这些文章中，刘震博士提出了许多有价值或有启发意义的观点。例如，他认为西汉易学今文学派有今义和古义之分，帛书《周易》经文属于古义一系，而帛书《易传》属于今义一系。又说，在先秦时代，孔子弟子及后学并没有将《周易》视为儒学的主要经典而加以详究，这一点在孟子和荀子那里可见一斑。关于《筮法》"象""数"与西汉易学的传承关系问题，刘震说：“清华简《筮法》中的筮法与龟卜有着较为密切的联系，而其后则成为孟喜、京房所传之纳甲筮法。”关于筮数“八”，他说：“在占筮体系取象拟天的过程中，‘八’所代表的‘阴’与方位之中的东方、季节之中的春季，乃至八卦之中震卦逐渐关联在一起。它的爻象表述逐渐被卦象表述所取代。所以才会出现《左传》《国语》筮例之中‘八’字难以理解的情况。”关于帛书《易传》的价值和意义，他说：“就学术上而言，帛书易学在时代上弥补了汉代易学的断层，特别是由战国时期到西汉这一时期的易学史，使得我们有机会了解易学在这一时期的发展与转化。”我非常赞成刘震博士的这一判断，帛书《易传》的学术价值确实在于此处。

刘震博士勤于思考，善于提出问题，他的许多论点具有创新价值，值得笔者和其他读者参考和借鉴。他的导师是蒙培元先生。蒙先生是著名中国哲学史家，在儒学，特别是在宋明理学研究上贡献巨大。而刘震善于分析问题和提出新见，这大概是受到了蒙先生的影响吧。同时，刘震专心从事易学研究，与其家学有直接关系。他的父亲是当代易学大家刘大钧先生。刘先生不仅学术成就卓著，而且易学事业发达。而刘震最终选定研究帛书易学，笔者揣测，这大概是因为帛书《周易》经传是近三十年来最为重要的易学课题之一吧。近年，笔者屡闻刘震博士善于讲学，在中国政法大学弘扬大易和讲授国学，声名远播，我对此感到十分高兴，为之击节不已。

《周易》为五经之首，对中国文化的影响至深、至远，而在当代，弘扬大易精神、传播《周易》文化的责任十分重大。我衷心希望刘震博士未来更上一层楼，在《周易》文化的弘扬和《周易》学术的研究上都取得辉煌成绩！

是为序。

乙未年仲冬初十序于武汉大学国学院

（原载刘震：《〈周易〉导读——帛书〈易传〉》，上海科学技术文献出版社 2016 年版）

序《易纬今注今译》

萧洪恩教授是研究《易纬》的专家，自 20 世纪 80 年代中期以来，迄今已届三十年。七八年前，他曾出版相关研究专著一部；现在，他的新作《易纬今注今译》已四易其稿，摆在笔者的案头上。大约一个半月以前，洪恩教授特地命我作序，这令我十分感动。我在拜读了其新著和旧作，特别是二书的《前言》和《后记》之后，对于他研究《易纬》的过程及其主要论点都有一定的了解，既被他的初心和做学问的决心所打动，也被其大著的精彩论断深深地吸引着。我曾在二十年前粗略地读过八种《易纬》书篇，后来因为授课的需要也曾有所涉猎。同时，又由于对汉代思想，特别是对经学和谶纬学素有研究的兴趣，因此笔者在此不避艰难，借此机会略谈一下我对汉代经学和谶纬学的粗浅想法，及拜读洪恩教授二书后的一些感想。

一

对于西汉经学和谶纬思潮的关系，笔者很早即形成了一些看法，认为汉代谶纬思潮的兴起是以儒家经学为前导的，这即是说谶纬思潮是对西汉经学的继续。这大概也是许多学者的看法吧。建元五年（前 136 年），武帝“置《五经》博士”。随后，一俟窦太后驾崩，武帝又于元光元年（前 134 年）“诏贤良”，采纳董仲舒等人的意见，“罢黜百家，表章《六经》”，事见《汉书·武帝纪》和《儒林传》。而在此之前，汉初诸帝及窦太后都大力提倡黄老之学。《汉书·儒林传》曰：“孝惠、高后时，公卿皆武力功臣。孝文时颇登用，然孝文本好刑名之言。及至孝景，不任儒，窦太后又好黄老术，故诸博士具官待问，未有进者。”然而自武帝置《五经》博士和诏举贤良之后，儒术即成为当时读书人最为重要的谋禄利的工具。《汉书·儒林传》说：“及窦太后崩，武安君田蚡为丞相，黜黄老、刑名百家之言，延文学儒者以百数，而公孙弘以治《春秋》为丞相封侯，天下学士靡然乡风矣。”此后，汉武帝又采纳了公孙弘的进言，确立了“儒—仕”合一的吏制。武帝之后诸帝，又不断扩大博士弟子员额及加强“儒—仕”合一的制度，经学因之很快成为当时儒学的主体，而西汉也因此成为中国文化以儒家为主干的关键时期。

从严格的意义来看，《周易》经学在西汉大体经历了三个阶段。一个是祖师的阶段（汉初），再一个是师法阶段（武宣时期），最后是家法阶段（元帝以后）。大约在元成之世，《周易》上升为《五经》之首，五经“相须而备”而“《易》为之原”（《汉书·艺文志》）。同时，《周易》经学在宣元时期发生了解释观念上的大转变。而这一转变，主要表现在“阴阳灾异”对于《周易》经学的解释产生了深刻影响。这一事件，始于宣帝时期，至元帝立京氏《易》为官学时才宣告完成。从广义来看，“西汉经学”的概念也可以将谶纬思潮包括在内。如此，谶纬思潮即为西汉经学的继续。由此看来，“西汉易学”概念的外延很广，不但《易纬》诸篇包括在内，而且焦赣的《易林》和扬雄的《太玄》也可以纳入其中。

所谓“谶”，是一种用隐秘的语言来预决吉凶的占验之辞。《说文解字·言部》：“谶，验也。有征验之书。河洛所出书曰谶。”张衡曰：“立言于前，有征于后，故智者贵焉，谓之谶书。”（《后汉书·张衡传》）《四库全书总目·易纬坤灵图》按语：“谶者诡为隐语，预决吉凶。”所谓“纬”，刘熙《释名》云：“纬，围也。反复围绕以成经也。”《四库全书总目》曰：“纬者，经之支流，衍及旁义。”（《易纬坤灵图》按语）“纬”以辅“经”，乃“经”之支流；其本意在于借助谶语、符应之说而以新的方式阐释经义。汉有七经，因有七纬。从思想特征来看，谶纬既是一种神秘化的天人感应之学，也是一种异化的经学解释学，是阴阳灾异学说与民间术数相结合的产物。

至于谶纬的起源和流行时代及《易纬》八种的撰作时间问题，学者持论纷纭，分歧很大，乃至悖谲不同，彼此攻讦，没有一定的意见。这在洪恩教授的两种大作中都有清楚的综述和交代。不过，一般说来，后人相信张衡、刘勰之说的较多。张衡说："图谶成于哀平之际也。"（《后汉书·张衡传》）刘勰说："通儒讨核，谓起哀平。"（《文心雕龙·正纬》）而今人钟肇鹏先生等即信奉此说。据张、刘说，《易纬》八种就被后人判定为西汉晚期，乃至哀平时期的著作了。笔者在未读洪恩教授的《易纬今注今译》和《易纬文化揭秘》两书之前，也是认同此说的。现在看来，这是想当然地推崇古人说法罢了。其实，迄今，笔者没有写过任何一篇关于《易纬》诸篇撰写时代的考证文章。

洪恩教授与上述张、刘的说法迥异，或者说他的考证正是要突破和否定二氏的说法，进而破除今人相习已久的陋见。在此问题上，洪恩教授有一个基本观点，他认为:《易纬》的核心篇章作于西汉中期，且早于孟京易学;同时，它们经历了从民间易学上升为官方经学的过程。为此，他作了多方面的论证，提供了许多证据。他对《易纬》等汉代典籍都十分熟稔，远在笔者之上，我相信，他的结论是经得起时间的检验和读者诸君的批评的。

二

洪恩教授的新稿与他已出版的旧作具有紧密的关系。他的大作《易纬文化揭秘》（中国书店 2008 年版）充满了创见，给鄙人诸多教益和启发，该书至少在两个方面吸引着我。第一，对于《易纬》八种，特别是《乾凿度》《稽览图》和《通卦验》的考证，他不但提出了新见，而且材料充实，有分析，有论证，令人非常叹服。第二，他对《易纬》象数和义理思想的概括、梳理，不但非常细致、具体，而且也很系统、深入，超出了以往的水准。

就前者来看，洪恩教授认为《易纬》是早于孟、京易学的民间易学，它经历了从民间易学演变为官方经学的进程。同时，他又认为《易纬》上承

《易传》，下起孟京易学，是易学发展的必经环节。而与此相应，洪恩教授特别考证了《乾凿度》《稽览图》和《通卦验》三种《易》类纬书的产生时间，这见于《易纬文化揭秘》的第一章第四节。在考证中，一者，他特别注意将所举材料与“太初改历”“孟京易学”做比较；二者，他在《乾凿度》等三篇中注意到了一些硬性的包含着历史时间的材料。如此一来，他的论证看起来就充满了说服力。而他的这些结论，也吸收在《易纬今注今译》的《前言》中。

就后者来看，洪恩教授显得更为擅长和胜任。这显然与他长期从事中国哲学的研究工作密不可分。在《易纬文化揭秘》的第二章至第五章，洪恩教授分别论述了《易纬》的象数思维模式、历史观、结构论和历史地位，而这些论述又是很细致的。比如在第二章，他从“易学象数思维模式概观”“《易纬》象论精义”“《易纬》数论阐秘”和“《易纬》道论释微”四个方面具体论述了“《易纬》的象数思维模式”。又如在第四章，他从“一阴一阳之谓道”“卦气说与自然有机论”和“爻位说与社会组织论”三个方面具体论述了“《易纬》的结构论”。毫无疑问，洪恩教授深化了对于《易纬》的系统理解，其贡献超出了前人，值得重视。当然，这些研究精华也同样浓缩在其新著《易纬今注今译》的《前言》和各篇种的《简介》中。

总之，《易纬今注今译》这本新著的完成，无疑是以其旧作《易纬文化揭秘》为前提的。这即是说，后者为前者的撰写提供了良好的基础。除此之外，从主观，即从作者方面来看，洪恩教授的志向及其在研究过程中所倾注的心力也是不容忽视的。作为同行，我对此深有体会。能够持续不断地研究《易纬》并撰写多部相关论著，这是一件需要极强意志和毅力的事情。

三

远在20世纪80年代中期，洪恩教授即已立定志向，准备对《易纬》展开多课题、多维度的研究，而这本新作（《易纬今注今译》）原本就是他的计划之一。当一个半月以前，笔者收到这部大作的时候，感触颇大，原来洪恩教授已经在不知不觉中又完成了一部巨著！他的学术干劲和韧性，着实令人敬佩不已！大约在上月中旬，我抽空认真拜读了这部书稿，感觉十分厚重，受益良多。

从宏观上来看，洪恩教授的这部书稿有一个总体观点，而书中八种《易纬》的今注今译都受到了它的指导和制约。这一点，特别清晰地表现在《前言》及各篇种的《简介》中。这个总体观点，洪恩教授用四句诗做了概括，即："凿度重开正乾坤，览图验卦备类成。教民不倦通天地，为帝演谋铸太平。"在此，他将《易纬》八种简化为两类，一类由《乾凿度》《乾坤凿度》《乾元序制记》和《坤灵图》构成，乃理论著作，主要阐述的是"道"的问题，其核心是围绕"乾"展开论述的，它们的一个重要原则就是强化阳德、崇尚父权；而另一类则由《稽览图》《通卦验》《辨终备》和《是类谋》构成，乃实践著作，主要讲述的是"术"的问题，其核心是围绕"谋"展开论述的，它们的一个重要原则是强化"豫蓄而待之"，着眼于未来。进一步，在洪恩教授看来，每一类的前两种又各分为上下卷，其中上卷偏重于"理"，而下卷偏重于"术"。而在目标上，《易纬》是"教民通达天地"和"为帝谋划太平"之作。因此，将这两类文章合起来看，《易纬》在性质上属于"道""术"并重的政治对策文，体现了西汉中期的思想。

在上述总体观点的基础上，洪恩教授的这部书稿具有五个方面的学术贡献和特点。其一，在形式上，这部书稿采取了"今注今译"的方式。而如此整理和研究《易纬》，这几乎是学界迄今尚未做过的工作。《易纬》八种的文本不但对于普通读者，而且即使对于专业学者来说也存在着较大的阅读难度，因此将它们今注今译出来，是一件很必要且难度不小的事情。其二，在注译结构的设计上，洪恩教授的办法也有值得嘉奖的地方，比如在今注今译前，每卷（篇）均有题诗和简介，而在注释中他又详分章节，这十分方便读者掌握《易纬》的文本脉络及其思想主旨。比如，对于《乾凿度》上卷，洪恩教授即分为"易一名而三义""伏羲作法""四正四维""八卦用事”“据正立位”“五气五常”“易数一七九”“乾坤相并俱生”“上下经论”“六位三才”“君人五号”和“顺时变”十二个章节。由这些章题，人们就很容易知道每一节文本的主旨。其三，在校勘方面，这部书稿较以往的同类著作更为周详。从郑玄，特别是从清代以来，《易纬》的版本和注释文献已积累不少。洪恩教授在校勘上先详列诸本的同异，然后做出分析和裁断。毫无疑问，本书的参考文献也极为丰富，其中部分重要文献是笔者此前未曾注意到的。其四，在参照和比较诸家的基础上，洪恩教授的注释更为详细和明晰，为读者扫清了理解《易纬》文本及其思想的诸多障碍。我们说《易纬》诸篇存在相当大的阅读难度，这不仅是从字面意思上来说的，而且从术语和思想上来说也是如此。本书的今注今译不仅做到了明白晓畅，而且善于达意，这是很不容易的。本书的译文采取意译，亦属深思熟虑的结果，既照顾到一般读者，又有利于撰者吸纳诸家意见，并将自己的研究心得反映于其中。其五，在中村璋八、安居香山《重修纬书集成》及常秉义《易纬·解释易经》的基础上，本书的佚文搜集更为完备。在各篇种今译之后，本书均载有《补遗》（《乾元序制记》除外）；而在全书的末尾，又附录有其他《易纬》篇目的佚文。

总之，洪恩教授的这部新书稿，既是他不忘初心、长期从事《易纬》研究的结果，也是他对于此一研究领域颇具价值的一个新贡献。这个“新”，一是新在“今注今译”上，二是新在他本是研究《易纬》的专家，却能够将自己对于文本的深层次性理解带入注译之中。笔者深信，洪恩教授的这部大著出版之后，一定会成为相关学者案头的必备参考书。

洪恩教授的大名，笔者早在撰写硕士论文时就已经听说过了，那是在20世纪90年代中期，其时唐明邦先生刚过七十华诞，而先师萧汉明教授才五十五岁的样子。洪恩教授的硕士学位论文是研究《易纬》的，而笔者的学位论文是研究郑玄易学的，我俩在研究上难免有交集的地方，因为迄今，《易纬》最重要的注释就是郑玄《注》。

洪恩教授对《易纬》情深似海，始终不忘初心，除了硕士论文之外，戊子年他出版了《易纬文化揭秘》一书，而七八年后的今天，他又撰成了《易纬今注今译》的煌煌巨稿，这令笔者十分感动。大约一个半月前，当他在电话中命我为之作序，作为晚辈，我深知这是洪恩教授对笔者的信任、欣赏和鼓励，我当即应承下来，没有因为担心自己学力不足、知识浅陋，难以胜任，而借故推辞。我对《易纬》和郑氏《注》的了解是浅陋的，虽然曾经也阅读过一些研究谶纬的著作，但是无论在广度还是在深度上，都远远不及洪恩教授。这篇序文也未必能原旨达意、尽展洪恩教授这部大作的精华，但是我愿意在此抛砖引玉，以供洪恩教授及读者诸君的哂正。

是为序。

乙未年夏至序于武昌珞珈山

（原载萧洪恩:《易纬今注今译》，武汉大学出版社 2016 年版）

序《贾谊道论研究》

贾谊（前200—前168），又称贾生，是汉初的一位重要人物，在中国思想史和文学史上都占有一席之地。司马迁曾为之作传，刘歆曾盛赞他道："在汉朝之儒，唯贾生而已。"（《移让太常博士书》）不过，从其一生来看，贾谊是一个悲剧性人物。在中国士人的心目中他占有非常重要的位置，历代悼念和感怀他诗文的颇多。在现代，毛泽东和鲁迅等人曾有评论，前者甚至为之赋诗二首。

一

我很早即知贾生其人，现在，我对贾生其人的了解更多，对其思想的理解更为深入了。

关于贾生其人，在读了《史记》《汉书》等书之后，我有两点看法。第一，造成贾生个人悲剧命运的原因是多重的。贾生肯定是一个才华十分出众，而又积极有为、企图成就一番功名的人物。不过，他个人积极有为的政治理想与汉初黄老思潮盛行的时代背景是不相协调的。这是导致其悲剧命运的宏观原因。年少而不谙官场权力游戏的规则，这是导致其悲剧命运的主观原因。而权臣们的集体阻挠和加害，是导致其悲剧命运的又一原因。其中，最后一个原因是主要的，直接的。这些原因，司马迁在《史记·贾生传》中或有明言，或有暗示。贾生二十余岁即被"文帝召以为博士"，后又"超迁"，"一岁中至太中大夫"，但是他的这种快速升迁又几乎没有得到朝中重臣们的支持。实际上，这等于无视他们的存在，极大地冒犯了他们的权威和尊严。等到文帝提议“贾生任公卿之位”的时候，这些权臣们就自觉地联合起来，给贾谊强加了一个“专欲擅权，纷乱诸事”的罪名。《史记·贾生传》曰：“绛、灌、东阳侯、冯敬之属尽害之，乃短贾生曰：‘雒阳之人，年少初学，专欲擅权，纷乱诸事。’”绛侯周勃、颍阴侯灌婴、东阳侯张相如和冯敬，乃朝廷重臣和老臣，其中绛、灌二人还曾与陈平“共立代王为孝文皇帝”（《史记·孝文本纪》《史记·樊郦滕灌列传》等），功劳尤大。在绛、灌等人的阻挠和加害下，放逐贾生就是铁板钉钉的事情。从此，文帝也拉开了与贾生的距离。此外，梁怀王堕马而死一事，也加重了贾谊个人命运的悲剧性。来自命运本身的不幸，也是造成贾谊人生悲剧的一个原因。

关于贾谊被贬谪的原因，汉人有两种意见。一种认为，他之所以被贬谪为长沙王太傅，主要是因为遭到一帮权臣的嫉妒和陷害。这首先见于司马迁的《史记·贾生传》，刘向支持此说。刘向说，贾生“为庸臣所害，甚可悼痛”（《汉书·贾谊传》）。另一种认为，贾生被贬谪，乃由于未见用于文帝。这种看法，是刘向首先在一个假设句中提出来的。刘向说：“贾谊言三代与秦治乱之意，其论甚美，通达国体，虽古之伊、管未能远过也。使时见用，功化必盛。为庸臣所害，甚可悼痛。”（《汉书·贾谊传赞》）在此，刘向暗中似有责备文帝之意。班固则明确反对这种暗示，为文帝做了大力辩护。他说：“追观孝文玄默躬行以移风俗，谊之所陈略施行矣。及欲改定制度，以汉为土德，色上黄，数用五，及欲试属国，施五饵三表以系单于，其术固以疏矣。谊亦天年早终，虽不至公卿，未为不遇也。”（《汉书·贾谊传赞》）一方面，班固责难贾谊“其术固以疏”，未必像刘向所说的那样“虽古之伊、管未能远过也”；另一方面，他以文帝“玄默躬行”、贾谊“未为不遇”而替人主做了巧妙的辩护。不过，在根本点上，班固与司马迁、刘向的观点是一致的，他们都承认造成贾谊不幸命运的主要原因在于绛、灌一班权臣的加害。站在客观的立场上来看，文帝贬谪贾谊，在当时可以说是明智之举。从《吊屈原赋》及从梁怀王堕马而死、贾生“哭泣岁余，亦死”来看，贾谊本人对文帝实际上是毫无怨恨和怨言的，毕竟，文帝放逐他，乃是其迫不得已而做出的被动反应。

第二，贾谊的个人悲剧在身后引发了巨大的同情，但其实这也是中国古代士人对其自身命运的一种曲折关心。怀才不遇，是中国古代士人命运的共同写照。在家天下的时代，“学而优则仕”的道路其实充满了许多的不确定性，知识分子一夕从青云跌落泥涂的例子在历史上比比皆是，贾生不过是一个典型。在历代咏怀贾生的众多诗文中，有两首唐诗特别著名。第一首为刘长卿的《新年作》（一说宋之问作），诗云：“乡心新岁切，天畔独潸然。老至居人下，春归在客先。岭猿同旦暮，江柳共风烟。已似长沙傅，从今又几年？”“已似长沙傅，从今又几年”，这其实是刘长卿假借贾谊被贬谪一事来抒发自己沦落天涯的离愁和苦闷。第二首是李商隐的《贾生》，诗曰：“宣室求贤访逐臣，贾生才调更无伦。可怜夜半虚前席，不问苍生问鬼神！”这首诗以“怀才不遇”为咏叹的主题，从古至今它引起了广大读者的共鸣。不过，贾生生前是否真的怀才不遇？这正是班固要质疑的一个问题。遇不遇，在古典语境中是一个特定的术语，表示某人受到人主或上级的赏识，他由此得到擢升或重用。从《贾生传》来看，文帝显然是重用贾生的：一者“召为博士”，二者“超迁至太中大夫”，三者提议“贾生任公卿之位”。被贬谪长沙三年之后，文帝又征见贾生，多次向他咨询方策，可见文帝仍然是很重视他的。其实，梁怀王堕马而死，贾生因此极其自疚，“哭泣岁余，亦死”，也未尝不是他对于文帝知遇之恩的一种曲折反映。这样看来，班固对于文帝的辩护是可以成立的。王安石《贾生》诗曰：“一时谋议略施行，谁道君王薄贾生？爵位自高言尽废，古来何啻万公卿？”此诗针对李商隐的诗而发，虽然别有理趣，但是跟班固同调，这是无疑的。

二

关于贾谊的思想，一般人在读了《史记》《汉书》和《新书》等之后，容易形成这样三点看法：其一，贾谊的思想具有杂糅诸家，尤其是儒法两家的特点；其二，贾谊的思想围绕“治术”展开，在刑名法术之学上颇有推展和应用；其三，贾谊的思想在兼容儒家因素的基础上，又具有黄老道家的色彩。很显然，利春不满意于这种粗浅的见解。不仅如此，他还不满意于人们对于贾谊的思想做拼盘式的理解。在其博士学位论文及同名书稿中，利春提出了新的思路和新的观点。我读后，感觉有三点颇具价值，值得向广大读者推荐：

第一，“系统性”是《贾谊道论研究》一书的最大特点，而这一点又集中在“道论”上。在研读《新书》之初，利春在相当长的时间里难以真正找到进入贾子思想的路径，但他不愿重复老旧的套路，经过反复研读和思考，他终于找到了一条通往贾谊思想的主导线索，而这条线索就是“道论”。“道论”即是贾谊思想的主题。我认为他以“道论”作为贾谊思想的主题，这是符合《新书》的文本实际的。在论文中，他首先对于贾谊的“道德说”，对于“道”“德”的概念及所谓“六理”“六术”等做了仔细的梳理和辨析。这是其论文的立足点。在拜读了他的论文初稿后，我确实感觉到利春的思想分析水平有了很大的提高，他对于贾谊思想的论述是高屋建瓴的，各章之间贯通为一体，而不是杂拌在一起的。应当说，他在贾生思想的重构上做出了巨大努力，具有积极的学术意义。

第二，在“道论”的视角下，利春对贾谊的政治哲学展开了深入的讨论，取得了一些独到的见解。在他看来，贾谊的政治哲学包含如下一些内容和观点：圣王的道治是贾谊讨论的主要对象，“仁”“信”是圣王道治的基本原则，“慎”“敬”是圣王实践其道治哲学的基本德性。关于贾生的民本思想，利春特别指出：贾谊用“瞑”来说明民的内在属性，认为民是贤愚皆具的群体；以“天命”来保证“民本”思想的有效执行；“道”是最高原理，而“民”是最后目的，且二者在根本上是一致的。此外，他又指出，贾谊的王道理想和王道政治还体现在以“礼”为中心的制度设计上。这些精彩的论断，无疑是利春熟读《新书》、好学深思的结果。

第三，利春在总体上将贾谊的思想定性为儒家，相对于流行意见来说，这是一种重大突破。此前，就贾谊的思想性质，有两种流行意见，一种认为贾谊属于杂家，他的思想属于杂拌性质，这是大多数人的观点。另一种则认为贾谊属于法家，且大致属于申、商一路，这是司马迁的说法。《史记·太史公自序》曰："自曹参荐盖公言黄老，而贾生、晁错明申、商，公孙弘以儒显，百年之间，天下遗文古事靡不毕集太史公。"这两种意见，利春都不同意，不过他特别批评了前一种观点。在他看来，不少学者之所以把贾谊定性为杂家，是因为他们仅仅看到了贾子思想中有先秦诸子特征的表象，而没有深入贾谊思想的深处，实际地去发现贾子在融汇百家思想中所坚持的儒家原则；同时，这些学者没有意识到这种兼容并蓄的学术气象正是汉初儒学的一个典型特征，没有意识到先秦儒学正是通过贾谊等人的思想努力而发生转变的。就《新书》的篇章构成及内容来看，利春的观点是有充分根据的，是值得读者重视的。

应当说，在一篇博士学位论文中取得上述成绩是很不容易的。利春以"道论"为主题所做的重构，这对于我们重新认识贾谊的思想颇具意义。

三

在少年时期，我即读过李商隐的《贾生》诗，那时我对贾生的命运充满了同情。后来，在读过他的《过秦论》一文后，我十分叹服其个人才华和历史卓识。此外，我印象中似乎读过他的《论积贮疏》和《鹏鸟赋》二文。但可以肯定，那时我对贾生思想的理解是很肤浅的。六七年前，当利春打算研究贾谊思想，特别是其哲学思想的时候，我感到非常高兴，贾生其人及其思想也借此机会一同回到我们的心中。

利春长期从事秦汉哲学和思想的研究，他的硕士论文是研究扬雄人性论的。在读博期间，除了重读扬雄的书籍外，他又认真研读过陆贾、贾谊、韩婴、董仲舒和刘歆等人的著作，其中贾谊的思想成为他的研究重点。在完成博士学位论文后，他自己已经成长为一名研究汉代思想的专家了。答辩之后，利春重新回到了洛阳，在河南科技大学从事中国思想与文化的教学和研究工作，再次行走在贾谊曾经行走过的这片土地上。毫无疑问，他对贾谊的感情又增加了一分。如今，利春生活在研究河洛文化的浓厚氛围中。日后，除了汉代思想和经学之外，我希望他能够将自己的研究拓展到北宋时期，特别是邵雍、程颢、程颐三位的研究上。邵子和二程夫子是理学大家，他们曾长期生活在洛阳这片土地上，死后也安息在这片厚实的土地上。

自他毕业以来，利春和我在珞珈山又见过两次面。第二次见面，他曾谈及他的博士论文的修改和出版问题。不料，当他再次写信给我，正式请求我为他的书稿写一篇简短的序言时，我已经离开了那座默默伫立在半山腰、散发着淡淡霉味的民国老楼，携妻负子，远赴千里之外的新单位工作了。

是为记。

丁酉年惊蛰于清华大学新斋

（原载闫利春：《贾谊道论研究》，中国社会科学出版社 2017 年版）

序《周秦之际的月令政治模式及其政治理想》

一

春秋战国时期，君主集权在不断加强。到战国中期偏晚的时候，天下统一的大势已经颇为明显，“统一”的社会意识在很大程度上已经形成。当时诸子百家的思想及其学术活动即受此天下大势和社会意识的深刻影响，并反映在他们的著作中。《孟子·梁惠王上》曰：

孟子见梁襄王。出，语人曰：“望之不似人君，就之而不见所畏焉。卒（猝）然问曰：‘天下恶乎定？’吾对曰：‘定于一。’‘孰能一之？’对曰：‘不嗜杀人者能一之。’”

这似乎是先秦古籍第一次谈论所谓“天下统一”的问题。此前，《老子》有所谓“执大象，天下往；往而不害，安平太”（今本第35章）的说法。此“平太”，本当作“太平”，因押韵之故，作者遂颠倒其字序。从上下文来看，孟子所谓“定于一”，是一种政治话语，是君主对天下之民的统一。孟子主张以仁政来安定和统一天下，所谓“不嗜杀人者能一之”是也。这是一种理想形态。诸子致平天下的政治意识，到西汉时期越发浓厚，越发重要。司马谈在《论六家要指》中概括了阴阳、儒、墨、名、法、道德六家的思想，总其要曰：“此务为治者也。”（《史记·太史公自序》《汉书·司马迁传》）

不过，作为社会意识的“统一”观念虽然在战国中期偏晚的时候已经出现，但直到西汉武帝时期方才大体完成。那时的“统一”观念表现在多个方面，首先是政治上的统一。政治上的“统一”意识在战国中期已经萌生，大国在思考如何统一天下或如何应对天下统一的问题。合纵连横及外交与战争上的成败得失，都是此种“统一”意识的直接体现。公元前221年，秦王政攻灭六国，最终统一天下，于是建立了中国历史上第一个中央高度集权的统一王朝。政在统一天下之后实行了一系列的统一措施，这些措施以“专制”为根本特征，以“皇帝—集权型的中央政府—郡县制”为基本政权结构。这些措施包括：改称“王”为“皇帝”（从“三皇”“五帝”中各取一字），建立巡守制度；废除封建制，代之以郡县制；统一文字、车制和度量衡，改革币制；以德运说论证改朝换代的合理性，取代了周人的旧天命说和旧革命说；统一学术思想，实行严酷的专制政策，“别黑白而定一尊”“若欲有学法令，以吏为师”“史官非秦记皆烧之”“非博士官所职，天下敢有藏诗、书、百家语者，悉诣守、尉杂烧之”（《史记·秦始皇本纪》《史记·李斯列传》）。这些措施的实行，当然是以严刑峻法为其后盾的。

汉因秦制，汉人的“统一”观念一方面是对秦人的继承和纠偏，另一方面对其做了重大改进。汉朝的政治制度以皇帝专制的中央集权制为主，同时辅之以封建制。郡县制是实现中央集权的工具。中央集权制与封建制在汉初有过一段短暂的蜜月期，随后很快走上了对立地步。而这种对立，甚至尖锐的对立，反过来又凸显了统一的中央政权对于帝国之安危存亡的重要性。以皇帝为首的中央政权与诸侯王国之间的政治斗争，引发了帝国持久的动乱。最后，汉武帝采纳主父偃的建议，颁布“推恩令”以削藩，从而彻底消解了封建势力对中央王朝的抵抗，巩固了帝国的统治。天子的地位和重要性进一步上升。在此基础上，汉朝改变了以法家为主的统治方针，而兼用黄老的“无为”、法家的“法刑”和儒家的“仁义”观念。相应地，黄老、法家和儒家之间的思想斗争亦不可避免。随着形势的变化和道、法、儒三家思想斗争的展开，汉武帝最后统一思想，尊大“一统”，形成了以儒家经学为核心的意识形态。在文化教育上，汉人改变了秦人单纯“以吏为师，以法为教”的方针，重视以《六艺》为代表的经典教育，重视礼乐教化，重视孝道实践和重视文字改革（由篆书改为隶书）。思想和文化的“统一”既是一项长期的政治任务，又是一项复杂的系统工程。在武、成二帝之间，汉人建构了一套所谓“艺文”的知识系统。

相对于秦人，汉人不但进一步强化了“统一”观念，而且有许多重大的创新。它们主要体现在如下六个方面：

其一，提出了新的德运观。德运观是一种新的天命论、历史哲学和政治哲学，其根本目的在于提供和论证改朝换代的合理性和合法性。旧德运说以“从所不胜”（土德→木德→金德→火德→水德）为原理，是由邹衍首先提出来的。所谓秦得水德，或汉得水德、土德（或主张得水德，或主张得土德），都是此种德运说的应用。不过，在成帝时期，刘向提出了新的德运说，它以五行相生说为原理（土德→金德→水德→木德→火德），刘向依此认为汉得火德。汉得火德之说在西汉后期的影响不断扩大，但正式采纳此说的汉朝皇帝是光武帝刘秀。相生说的德运理论属于儒家性质，它改变了邹衍旧德运说的阴阳家性质。需要指出，最早应用相生说的德运理论的人是王莽，以作为新代汉的论证根据。

其二，注意纲常伦理的建构，大力提倡孝道，并建立了一套以三纲五常为核心的伦理学说。三纲涵盖六纪，三纲即君臣、父子、夫妇，六纪即诸父、兄弟、族人、诸舅、师长、朋友。三纲有主干义，有制度义，有规范义，有匹合义，有主从义。《礼纬·含文嘉》曰：“君为臣纲，父为子纲，夫为妻纲。”(《白虎通·三纲六纪》)此将三纲的主从义推至其极。五常曰仁、义、礼、智、信。汉人认为，三纲五常是天道（阴阳五行）的下贯，是善性的外现。三纲五常伦理学说的提出，标志着中国传统伦理思想“一统”任务的完成。从董仲舒到《白虎通》，这一结构细密、影响深远的伦理思想体系被彻底建构了起来。

其三，形成了“统一的民族”观念。炎黄始祖说和三皇五帝说被关联起来，“自黄帝至舜、禹，皆同姓而异其国号，以章明德”，形成了中华民族源于炎黄二帝的说法。《史记·五帝本纪》做了系统的阐述，在一定意义上说，司马迁是此一民族观念的最终完成者。

其四，形成了以“太一神”为中心的国家宗教。“太一神”崇拜，本是楚国和流行于楚地的宗教信仰。由于此种国家宗教能够与“统一”意识相应和，武帝于是在帝国层面建立了以“太一神”为最高神灵的宗教系统。《史记·封禅书》曰：“天神贵者太一，太一佐曰五帝”，这个新的神灵系统，以太一神为中心，以五帝与天官的配属为骨干，而将天神地祇纳入其中。新神灵系统的国家化，推进了汉王朝在宗教和文化上的统一，同时再次强化了皇帝的重要性。

其五，不断深化时空观的统一性，并提出了新的宇宙观。浑天说大概产生于景帝至武帝前期。考古资料显示，中国古人对于宇宙、时空之统一性的思考很早，并且一直在不断深化和具体化。战国晚期至汉初，古人以月令模式和式盘深化了对宇宙时空之统一性的建构，是当时天道观落实下来的重要表现。汉武帝时期，人们在宇宙观上又做了重大改进，于太初元年（前104年）改历，根据浑天说制定和颁布了新的历法——《太初历》。浑天说和《太初历》对中国文化的影响非常深远。

其六，形成了统一学术思想的指导观念并建立了相应的知识体系。统一学术思想的活动，大抵源于汉武帝时期。在汉武帝实行“罢黜百家，表章《六经》”（《汉书·武帝纪》）的政策和董仲舒提倡《春秋》“大一统”观念的基础上，刘向等人又以王官之学统一诸子之学，形成了以《六艺》经传统率诸子百家之学的新知识体系。《汉书·艺文志》的编排和目录内容即直接表明了这一点。顺便指出，黄老学者也试图以道家统一当时学术思想，《论六家要指》即曰：“其（道家）为术也，因阴阳之大顺，采儒墨之善，撮名法之要，与时迁移，应物变化，立俗施事，无所不宜，指约而易操，事少而功多。”可见在司马谈看来，道家才配担当统一当时学术思想的重任。

此外，司马谈迁父子的编史活动也是“统一”观念的体现。司马迁的编史活动本身即是对于历史事件所做的一种统一，而《史记》毫无疑问是“统一”的历史观的重要结晶及其经典著作。

二

学术思想领域的“统一”，是我们讨论先秦至西汉时期“统一”观念的一个重点。在此前的相关研究中，人们非常关注学术思想领域的“分派”问题，而较少讨论其“统一”观念。不但如此，即便有所讨论，人们也习惯性地将其定位在汉武帝一段时期。实际上，这是很可疑的。笔者认为，古代学术思想观念从“统一”到“分裂”，或从“分裂”到“统一”的运动，共包括三个层面：

第一，从实际的宏观的学术史来看，诸子的学术思想经历了一个从“统一”到“分裂”，再从“分裂”到“统一”的过程。此一层面的学术思想运动，是下两个层面之学术思想运动的现实基础。西周到春秋时期，是“统一”的学术思想观念的形成且居于垄断地位的时期，是所谓王官之学形成和传播的阶段。在春秋末期，孔子以《诗》《书》《礼》《乐》《易》《春秋》教，将原本具有高度统一性的王官之学传授给众多私门弟子。自彼时以来，学术和思想开始分裂，孔门弟子各引一端，成一家之学。孔门即有四科——德行、言语、政事和文学（《论语·先进篇》）之分。战国时期是学术思想大分裂、大组合和大创作的时代，是诸子百家之学日趋繁荣昌盛的时代。在战国中晚期，有部分诸子基于“统一”观念而开始自觉地批判百家的学术分裂。不过，学术思想领域的“统一”诉求变得越来越强烈，是从战国末季到西汉中晚期的事情。当然，这种“统一”意识的浓度，与政治上的“统一”（“天下统一”）诉求大体上是一致的。需要指出，汉初是一个在“统一”的时代大格局中又有意追求学术思想之多元化的时代。

第二，诸子在学术思想之观念上经历了一个互相批判，追求统一，乃至“一统”的过程。孟子不满“杨朱、墨翟之言盈天下”，呵斥杨、墨无君无父，而欲“正人心，息邪说，距诐行，放淫辞，以承三圣者”（《孟子·滕文公下》），试图以孔子之教统一天下之思想、言论和学术。我们可以将孟子对杨、墨的态度设想为诸子分派观念的起点。其后，惠子、庄子、荀子、韩非子、尸子、吕子和刘安、董仲舒、司马谈、司马迁、刘向、刘歆等人，或归纳、批判诸子之学，直接揭示了诸子的学术“分派”，或提出某一思想观念，以“统一”学术思想。例如，惠施之学一方面“多方”“其道舛驳”，另一方面惠子本人却“泛爱万物，天地一体”（《庄子·天下》）。庄子及其学派一方面批判儒、墨、杨、秉及辩者之学（《庄子·骈拇》《胠箧》《徐无鬼》），另一方面却试图建立以逍遥、无待为宗旨的生命哲学，并以之为内圣外王之学的旨趣所在。荀子批评了它嚣、魏牟、陈仲、史鳝、墨翟、宋钘、慎到、田骈、惠施、邓析、子思、孟轲十二子，而以孔子、仲弓为依归，试图重构王道（《荀子·非十二子篇》）。韩非子揭示了“儒分为八，墨离为三”，而彼此“皆自谓真孔墨”的学术争鸣和学派角力现象（《韩非子·显学》）。《尸子·广泽》篇评论诸子之学曰：“墨子贵兼，孔子贵公，皇子贵衷，田子贵均，列子贵虚，料子贵别囿。”同时，尸子批评他们彼此相非，但均掩蔽于私智。大致说来，在战国晚期偏早之前，诸子的学术思想观念以“分派”为主；从战国末季至西汉，诸子的学术思想观念则以“统一”为主，并得到了时代背景的支撑和官方或明或暗的倡导。最后，在西汉武帝时期，经学胜出，逐步形成了以经学（王官之学）统一诸子百家之学的新局面。

《庄子·天下》是一篇大文章，作者提出并深入思考了“道术”（内圣外王之道）之“一”（整体性与贯通性）与“道术”之“裂”（百家之学）的问题。吕不韦、刘安和司马谈试图以黄老道家之学为主，同时杂糅或兼容诸子之学，以之建构一个相对统一的学术思想体系。随着汉武帝实行“罢黜百家，表章《六经》”的学术思想政策，董仲舒倡导《春秋》“大一统”的观念，武帝和董仲舒等人在形式上已将“《六艺》之科”“孔子之术”作为统一学术思想的标准。应该说，自武帝之后，经学在汉代已经成为不可逆转的时代潮流。在此背景下，刘向、刘歆进一步提出了“诸子出于王官论”（实质意义上），以王官之学统一诸子之学，以《六艺》经学统率诸子百家之学。[①]

---

① “诸子出于王官论”，其意见于《汉书·艺文志》。《汉书·叙传下》曰：“刘向司籍，九流以别。”由此可知，首先正式提出类似于“诸子出于王官”论调的人是汉儒刘向。

后来，班固继承和肯定了刘向、刘歆父子的此一观念（《汉书·艺文志》），同时批评了司马迁“论大道则先黄老而后《六经》”（《汉书·司马迁传》）的做法。

第三，诸子构造其学术思想之观念有其一般逻辑：（一）学术思想的“统一”观念来源于诸子所认定的最高思想原则，而这个最高的思想原则通常被称为“一”。孟子继承孔子“吾道一以贯之”（《论语·里仁》）的思想，在学术思想活动中始终追求这个“一”的最高原则。《孟子·梁惠王上》曰：“（天下）定于一。”同书《离娄下》曰：“先圣后圣，其揆一也。”同书《万章上》引孔子曰：“唐、虞禅，夏后、殷、周继，其义一也。”同书《万章下》曰：“贵贵尊贤，其义一也。”同书《告子下》曰：“三子者不同道，其趋一也。一者何也？曰：仁也。”可证孟子本人在其思想活动中确实一直在努力追求最高的思想原则，而这个最高的思想原则被称为“一”，即所谓“仁”。孟子在“知言”的过程中力辟杨、墨，“正人心，息邪说，距诐行，放淫辞，以承三圣”（《孟子·滕文公下》），正是以“一”来统一学术思想的。在这一点上，庄子学派丝毫不让孟子。庄子思想的最高概念是“道”，“道”具有“一”，即具有“周”“遍”“咸”的特性。此“一”反映在学术思想上即为“道术”之“一”。据《庄子·天下》篇，“道术”（系统而统一的学术思想）之“一”，与“方术”（百家之学）之“察（際）”相对，即学术思想之“统一”与“分裂”观念的相对。《天下》篇曰：“古之所谓道术者，果恶乎在？曰：无乎不在。曰：神何由降？明何由出？圣有所生，王有所成，皆原于一。”此“一”具有统一、原初、混沌、和谐、美好诸义。庄子学派正是以此“一”来观照和批判一偏一曲的百家之学的。荀子跟庄子学派有所不同，他不使用“一”，而使用“大理”“大全”的概念来定义“道”的统一性。相应地，学术思想之“道”，即具有此“大理”或“大全”之义。《荀子·天论篇》曰：“万物为道一偏，一物为万物一偏。愚者为一物一偏，而自以为知道，无知也。”此“道”，指实然世界之“道”。荀子认为，“道”是“大理”，是“大全”，而万物、一物、愚者对于“道”之所知，依次等而下之，且后者皆为前者之“一偏”。《荀子·解蔽篇》曰：“凡人之患，蔽于一曲，而暗于大理。”同篇又曰：“此数具者，皆道之一隅也。夫道者，体常而尽变，一隅不足以举之。”此“道”，指学术思想世界之“道”。“道”之“大理”或“大全”，与百家“一隅”之见相对。很显然，在荀子那里，实然世界之“道”与思想世界之“道”是统一的，且后者是以前者为根据的。

（二）学术思想的“统一”观念与“分裂”（或“分派”）观念具有逻辑上的先后关系，且常常具有时间上的先后关系。《庄子·天下》篇的作者在谈论所谓内圣外王之道，在谈论所谓“道术”与“方术”的关系时，即认为此二者具有逻辑上的先后关系，且这个先后关系与时间的先后是对应的。《天下》篇先说“古之所谓道术者，果恶乎在”，又说“古之人其备乎”云云，然后说：“天下大乱，贤圣不明，道德不一。天下多得一察（際）焉以自好……悲夫！百家往而不反，必不合矣！后世之学者，不幸不见天地之纯，古人之大体。道术将为天下裂。”很显然，作为“一”（“整全”）的“道术”在先，而百家之学（分裂的道术）在后。所谓“天下大乱”的时代，大体指战国以下。由此可知，在《天下》篇的作者看来，春秋以上为学术思想的统一时代，战国以下为学术思想的分裂时代。相应地，春秋以上是学术统一观念的时代，战国以下是学术分派观念的时代。《庄子·齐物论》中说：“故为是举莛与楹，厉与西施，恢恑憰怪，道通为一。其分也，成也；其成也，毁也。凡物无成与毁，复通为一。唯达者知通为一，为是不用而寓诸庸。”此世界的“统一”（“为一”）和“分裂”（“成毁”），是由于人们观看此世界的观念、方法不同而导致的。只有以道观之，此世界才是贯通一体的（“道通为一”）。庄子还进一步揭示了整全的世界为何分裂为有彼此、有是非对立的世界。他认为，其原因就在于“我”的介入：通过我的思维、认识和言论，“我”使得此世界不断分解和对立，直至碎片化。《齐物论》曰：“非彼无我，非我无所取。”又曰：“是非之彰也，道之所以亏也。”又曰：“既已为一矣，且得有言乎？既已谓之一矣，且得无言乎？一与言为二，二与一为三。自此以往，巧历不能得，而况其凡乎！”与认识相关的修养工夫程度及其所达到的境界层面愈低，则世界被分裂的程度愈高。

秦汉两代是学术思想“一统”观念的高涨时期。汉武帝即位之初就采取了“罢黜百家，表章六经”的政策，试图以六艺经传、孔子之术为标准来统一学术思想，统一诸子百家之学。董仲舒提倡《春秋》“大一统”的观念，他说：“诸不在六艺之科、孔子之术者，皆绝其道，勿使并进。”而他本人的著述“皆明经术之意……令后学者有所统壹”（《汉书·董仲舒传》）。毫无疑问，“统一”的学术思想观念在武帝初期已经大体形成了。刘向、刘歆和班固继承汉武帝、董仲舒等人的观念，并做了很大的提高和完善，他们不但有“诸子出于王官”之论，而且实际上以六艺之学统率百家之学，以王官之学统一诸子之学。从逻辑上来看，他们显然认为六艺之学（王官之学）和百家之学（诸子之学）具有本末、源流和先后的关系。

三

夏君世华长期从事周秦两汉哲学和文化的研究，用功甚勤，多有创获。近年，因为课题的原因，他撰写了《周秦之际的月令政治模式建构及其政治理想——以〈吕氏春秋〉和〈周礼〉为例》这部书稿。大约在两个月前，因为希望我作序，夏君将他的大作寄给我，但我直到最近才抽出空来仔细阅读一遍。这部书稿分为两编，共六章，所涉领域正在我的研究范围与学术兴趣之内。我对上编的三章，兴趣尤浓。读后，我印象比较深刻、感觉比较有意义的地方有四五处，今不妨罗列如下：

其一，夏君的书稿自始至终体现了当时学术思想界所追求的时代主题，即所谓“统一”观念；或者说，他的大作即是在此一观念的指导下完成的。“统一”的观念体现在时空的一体化及其政治应用和政治模式的建构上，夏君将其概括为“月令政治模式”。他说：“从战国中期至秦汉之际，黄老学、易学、春秋学和天官律历之学各自独立传承，却都朝着同一个方向演变……

从上述司马迁对春秋学谱系的梳理来看，在其所作的《史记》中，很可能已经完成了天官律历之学、易学、黄老学和春秋学的合流，这种合流最终建构了一种基于天官律历之学和元气论的理想的大一统政治模式，本书将这种政治模式称为月令政治模式。”确实，如其所言，“月令政治模式”体现了一种统一的时空观对于大一统政治和学术思想的深刻影响。

其二，夏君所提出的“月令政治模式”概念具有一定的新意，这一概念在当代学术界尚未达到耳熟能详的地步。“月令”在战国晚期至秦汉时期无疑是一个重要的名词、概念和术语，它不仅关涉天时、自然世界、物事的时变，而且涉及政治，将时节与政令贯通为一体：前者是天道，后者是人事；前者是体，后者是用。但从政治的角度来看，后者才是构建“月令”的出发点和目的，或者说“月令”之所以为“月令”，其根本原因正在于它是“月政”。“月令”是“时政”“月政”“候政”和“日政”的统称。有学者曾说：“所谓‘月’，乃包举天时；所谓‘令’，则其所列举之政事。故合‘月’‘令’而言，恰为承天以治人之一施政纲领。”（王梦欧《礼记月令校读后记》）此论正得其要。夏君认为，月令作为一种政治模式，与中国古典政治文明同时诞生；《洪范》可以看作殷周之际对于月令政治模式所做的第一次自觉的整理；《吕览·十二纪》的规模宏大、体制严谨，是在秦汉之际对月令政治模式所做的又一次有意识、有计划的系统整理和总结；《周礼》虽然不属于典型的月令政治模式，但是它深刻地浸润在战国中晚期至西汉以月令为核心重构大一统政治模式的思潮和思维方式之中，而月令政治模式的理念和要素即以隐晦的方式反映在《周礼》设官分职的设计中。看来，夏君不但对中国古典资源非常熟悉，而且对“月令”概念做了诸多的深入思考。

其三，夏君的书稿将《吕览·十二纪》和《周礼》关联起来做了统一的思考，认为二者异曲同工，呈现了月令政治模式及其所寄寓的政治理想内容。这个观点和思想，当代学者阐述甚少。蔡邕《月令问答》曰：“《月令》与《周官》，并为时王政令之记，异文而同体，官名百职，皆《周官》解。”夏君由此伸展，认为《周礼》以官为经、以职为纬所建构的政治模型，与《十二纪》以月为经、以令为纬所建构的行政纲纪是互补其不足、相得益彰的关系，它们组合在一起，就立体地呈现了一幅月令政治模式的全景。夏君认为，《十二纪》和《周礼》所建构的政治模式在思想上都以元气论为基础，而其政治理念都是“依时寄政”和“法天而治”，其政治理想都是“君主无为”和“与元同气”，其礼乐象征都是“圜丘祭天”“郊祀五帝”“四灵来朝”和“天人合同”这些法则或元素。

其四，结合主题，夏君在书中花费了大量篇幅对阜阳双古堆汉墓出土的“式盘”作了深入的文化分析。他说，汝阴侯墓式盘的原理是：它以天圆地方为上下结构，容纳了北斗、天地、日月星、四时、五行、八方、九宫、十干、十二辰、二十八宿等宇宙天文要素；同时，在思想内涵上，它以太一为宇宙本根，从无到有，经过元气、天地、阴阳、四时、五行而生成万物。他的分析，又结合了大量传世典籍，如《吕氏春秋·圜道》、《有始览》、《音律》《大乐》、《周礼·冯相氏》、《礼记·月令》郑注、《易纬·乾凿度》、《乾坤凿度》、《周易·说卦传》、《春秋繁露·阴阳位》《阴阳出入上下》等。他的这部书稿，资料与观点相洽，博识与洞见并存。读后，我很佩服他的分析，而我由此对“式盘”的原理及其文化意涵有了更多的了解。

此外，夏君将《礼记·月令》看作一部凝练了先秦政治和思想传统，同时又简易可行的“王权规范”。他肯定《月令》在汉代上升为“经”的地位，正反映了月令政治模式在现实政治建构中“不断向全面、纵深方向发展的趋势”。诸如此类的观点和说法都是中肯之论。

四

当然，对于这部书稿，笔者想补充的是，不论是《吕氏春秋》的《十二纪》还是《礼记》的《月令》篇，其实都受到了阴阳家思想的深刻影响，甚至可以说，它们若从《吕氏春秋》或《礼记》中抽离出来即可以直接判定为阴阳家的著作；而所谓“月令政治模式”，实际上与阴阳家也有莫大的关系。“阴阳家”的概念大概是由司马谈首先提出来的。在《论六家要指》中，司马氏将“阴阳”置于六家之首，他说：“尝窃观阴阳之术，大祥而众忌讳，使人拘而多所畏。然其序四时之大顺，不可失也。”又说：“夫阴阳、四时、八位、十二度、二十四节各有教令，顺之者昌，逆之者不死则亡，未必然也，故曰：‘使人拘而多畏。’夫春生夏长，秋收冬藏，此天道之大经也，弗顺则无以为天下纲纪，故曰：‘四时之大顺，不可失也。’”所谓月令制度或“月令政治模式”，正符合司马谈所概括的阴阳家大旨。后来，刘向、刘歆和班固宣扬“诸子出于王官论”，认为阴阳家“出于羲和之官”。《汉书·艺文志》曰：“阴阳家者流，盖出于羲和之官，敬顺昊天，历象日月星辰，敬授民时，此其所长也。及拘者为之，则牵于禁忌，泥于小数，舍人事而任鬼神。”所谓羲和之官，见于《尚书·尧典》。据《尧典》，羲和总领羲仲、羲叔、和仲、和叔四人，故《汉志》仅云“出于羲和之官”。从《尧典》和《汉志》来看，羲和之官是以天官、天道，即“历象日月星辰，敬授民时”为其职守的，而阴阳家即在此基础上发为政令，秦汉之际谓之为“月令”。“月令”即将天时和政令贯通一体，而政令相应地是天时在政治中的相应生成：应之则吉，逆之则凶。从《史记》《汉书》来看，阴阳家又可分为三派，一派是《尚书·尧典》《大戴礼记·夏小正》《管子·四时》《吕氏春秋·十二纪》《礼记·月令》《逸周书·时训解》和《淮南子·时则》所代表的正统派，它们以“依时寄政”为要义。一派是邹衍的五德终始派，邹子的德运观是对天命论的革新，其目的在于预言德化的天命（土德→木德→金德→火德→水德）在历史中的循环，论证改朝换代的合法性（参看《史记·孟子荀卿列传》《封禅书》）。在汉代，张苍可以归入阴阳家；但贾谊、刘向等人则不宜归入阴阳家，尽管后者提出了所谓新德运观。这两派的著作，《汉书·艺文志》都归入《诸子略》“阴阳家者流”，共21家、369篇。在出土文献中，上博楚竹书《参德》、北大藏西汉竹书《阴阳家言》和银雀山汉简《为政不善之应》都属于阴阳家著作。此外，郭店简《太一生水》的前半部分（前八支简）也比较可能属于阴阳家作品。最后一派属于小数派，也可称为术数派。此派亦以天官时节为“教令”依据，但其趣味有重大的不同，它“泥于小数”，特别强调使人忌讳和畏惧之义。这一派的著作，记载在《汉志·术数略》中[①]。汉代儒学与经学对阴阳家的思想一般持肯定的态度，并做了大量的吸收，例如董仲舒的公羊学即是如此。

需要指出，阴阳家思想及夏君所云“月令政治模式”，都是以当时的宇宙观、天文学和历法学为基础的。以汉武帝太初元年为界，中国古人此前的宇宙观一般为盖天说，此后的宇宙观则以浑天说为主导，但后者同时在不同层面、不同程度上保留了盖天说的内容。相应地，历法也发生了改变，公元前104年，汉武帝正式颁布和实行了《太初历》。《吕览》十二纪和《礼记·月令》所表现的秦汉之际的月令系统，当然是以盖天说的宇宙观为背景的。阜阳双古堆汉墓出土的式盘正符合盖天说的宇宙模式，是法象天圆地方并反映天圆地方之宇宙观的结果。至于《汉书·律历志》和《易纬·乾凿度》中的宇宙论和历法时节，则都受到了浑天说的严重影响。与此同时，天圆地方、天上地下的盖天说作为人间尊卑秩序之价值观的天道来源，继续得到了后人的大力肯定。

夏君世华是我在武汉大学时指导的博士研究生，那时就学术问题与他多有交流，毕业后亦互有商量。他的毕业论文是研究先秦儒家禅让观念的，颇有难度。现在，看到他研究新的问题，有新的著作出来了，我颇感高兴。如实说，他以“月令政治模式”为其大作的关键词，这是我原来没有预料到的。他邀请我写一篇小序，我在认真阅读和领会其大作后，草述了一些感想和意见于上，希望能博洽其大意，符合其宗旨。

是为序。

戊戌年处暑序于北京学清苑

（原载夏世华:《周秦之际的月令政治模式及其政治理想：以〈吕氏春秋〉和〈周礼〉为例》，人民出版社2021年版）

---

① 阴阳家分三派的说法，笔者此前曾略有阐发。参阅拙编：《楚地出土简帛文献思想研究》，湖北教育出版社2002年版，第242-243页。

序《汉末道教的“真道”观及其展开——基于〈太平经〉〈老子想尔注〉〈周易参同契〉的研究》

一

道教是在汉末创立的本土宗教，其知识体系复杂博大，既吸纳了传统鬼神崇拜、神仙方术、巫术医术、道德观念、黄老思想等因素，又吸纳了汉代宇宙论、元气阴阳五行论、天人感应论等内容。作为新创的本土宗教，它与敬天事鬼（敬天尊祖）的传统宗教有别。从目的看，道教的创立是基于人对于“永生”的追求。对于“永生”的追求，是世界上许多宗教产生的原因。不过，道教具有鲜明的中国特色，其对于形体长生和肉体成仙的执着追求是区别于世界上其他各大宗教的特质所在。

道教产生的思想根源，首先在于人对自身生命的焦虑，即人对于自身之生死、寿命的焦虑。从更深处说，是人冀望超脱生死而进入永生之域的焦虑。这是一个普遍的宗教信仰和哲学问题，在此东西方并无什么不同，但各自对此问题的处理方式和表现形式不同。大抵说来，西人的宗教生命观认为灵肉是对立的，可以两分的：肉体是消极、被动的一方，犹如材料一般，而灵魂则是积极、能动的另一方，是生命的真正本源。在西人看来，唯有灵魂是不朽的，生命是神在创世造物之初有意加入材料（肉体）中而使之成为生命的结果。因此对于西人来说，“永生”只可能是灵魂的永生。进一步，灵魂的永生有两种形式：一种是循环论的，表现为灵魂在肉体和太虚之间的循环，这是原始宗教的灵魂不死的观念；另一种是灵魂从此岸（尘世）到彼岸（天国）的超升，这是一神教的永生观念。但在后一种形式中，灵魂进入永生之门的决定权在于造物者或创世者，即在于唯一之真神本身，而暂时寄寓在万有中的凡俗灵魂是无权决定其自身能否永生的。

中国古人的生命观与西人的宗教生命观不同。据目前资料来看，中国古人虽然有至上神的观念，但并无创生、创世之说；而且，灵肉不是完全分为两橛的。中国古人一方面认为神灵无所不在，另一方面又认为万物是自然生成的；且在万物自然生成的过程中，神灵即随寓于万物之中。据考古资料推测，中国原始宗教信仰有灵魂或魂魄一类的观念，认为它（它们）是不死的，并以循环方式来体现其永生特性。这种魂魄（灵魂）不死并通过循环方式复活的原始生命观念，在后代得到了继承。不过，原始信仰中的不死灵魂（魂魄）是否像周代以来所理解的那样，为一魂气的精神实体呢？这是目前难以回答的一个问题。自东周以来，古人的宗教生命观即将人的精神实体明确归属为气类，有“魂气”等说法，因此中国古人的魂魄观念即带有明显的物质性特征。“魂”字产生于春秋时期，战国文献习见。“魄”字则产生更早。在古代文献中，“魂”“魄”二字对言有别，连言及散言则通。在战国时期，古人常以天地之气来理解所谓魂魄之气，如《礼记·檀弓下》记延陵季子曰“若魂气则无不之也”，同书《郊特牲》曰“魂气归于天，形魄归于地”。而所谓天地之气，即为阴阳之气。汉人更习惯于用阴阳之气的概念来区别魂魄，许慎谓魂为“阳气”，魄为“阴神”（《说文·鬼部》），《白虎通》则完全以“气”统一了魂、魄、精、神四者，认为“魂”是少阳之气，“魄”是少阴之气，“精”是太阴之气，“神”是太阳之气（《白虎通·性情》）。后来，孔颖达在《左传·昭公七年》疏中进一步解释道：“人之生也，始变化为形，形之灵者名之曰魄也。既生魄矣，魄内自有阳气。气之神者名之曰魂也。魂魄神灵之名，本从形气而有。形气既殊，魂魄亦异。附形之灵为魄，附气之神为魂也。附形之灵者，谓初生之时，耳目心识，手足运动，啼呼为声，此则魄之灵也。附气之神者，谓精神性识，渐有所知，此则附气之神也。”[①] 简言之，中国古人以“气”“精气”“天地之气”或“阴阳之气”的概念解决了灵肉（精神与物质）的统一性问题。在他们看来，魂魄是气之精粹者，而形体则是气之粗杂者。因此，尽管灵肉（魂魄与形体）可以二分，但二者均不能完全独立于“气”之外，中国古人不承认有完全独立于气外的绝对灵性实体。而所谓灵魂出窍，即是魂魄之气的出窍；所谓死亡，即是魂魄之气与形体的彻底分离。如此一来，中国古人对于“永生”的追求即首先寄托在“气”上，并进而落实在形躯的修炼和寿命的延长上。中国古人缘何高度重视具有形体、形躯含义的“寿命”概念，乃至秦始皇、汉武帝都极度渴望得道成仙，而道教为何即以此为其信仰和教义之本，都可由此得到深入说明。

长寿，不论古今，是人皆有之的一个基本愿望。在中国，除了医家之外，儒家和道家也很重视寿命问题。《尚书·洪范》第九畴为目的畴，“五福”（寿、富、康宁、修好德、考终命）为其具体内容，且以“寿”（长寿）为第一福。由此可见，“寿命”作为生命存在的第一目的因得到了中国古人的高度重视。对于“寿命”，儒家分为三种，分别是长寿之命、遭命和随命，儒家特别注意寿命长短与德行修养之间的关系，特别关心生命存在之道德价值（“义”）。道家与此不同，道家思想从一开始即围绕治理哲学展开，故在其政治思维结构中就很重视人君（或圣人）的健康与寿命问题，因为“人君”的健康与生死直接关涉国家的安危、统治和治理。汉简本《老子》第五十三章（今本第十章）曰：“载荧魄抱一，能毋离乎？”[②] 这两句话大概是中国哲学讨论形神、寿命问题的开始。汉简本《老子》第二十二章（今本第五十九章）曰：

① 《阮刻春秋左传注疏（上海图书馆藏清嘉庆刻本）》，浙江大学出版社2015年版，第3012页。

② 北京大学出土文献研究所编：《北京大学藏西汉竹书（贰）》，上海古籍出版社2012年版，第148页。

“治人事天莫如啬。夫唯啬，是以早服。早服是谓重积德，重积德则无不克，无不克则莫知其极，莫知其极则可以有国，有国之母可以长久，是谓深根固柢、长生久视之道也。”此章亦见于郭店简本《老子》[①]，很重要，因为它包含了“长生久视”四个字，揭示了古人积德修身的一个重要生命目的。自此以后，“长生久视”即成为中国古代宗教和哲学内置的一个通常目的。老子之后，道家形成了一个特别重视和思考“己身”之生命的学派，笔者称之为形体主义的道家学派。此派道家包括杨朱、子华子、詹子、公子牟和撰写《吕览·重己》诸篇的作者，他们提出了“贵生”“尊生”“重生”“重己”等主张，其目的在于养生、延长寿命以及提高生存质量。[②] 这些话题已处于形神论的理论背景中，这些学者以高度自觉的精神看待形体生命的意义，充分尊重形体生命的价值，可以说，尊崇和阐扬形体生命存在的价值和意义即成为他们的主要思想追求。不过，需要指出，长生久视和养生延年还不属于永生，它们都还局限在“寿命”的观念内。相比之下，“成仙”则是古人生命观念的大跃进。

从追求延年长寿、长生久视到追求肉身成仙，是中国古人“永生”观念的一大转变。成仙的观念来自燕齐方士，方仙术在战国中期以前本不被当时诸子和士大夫阶层所重视。不过，在战国中期偏晚仙话已经开始传播，最明显的证据来自《庄子》。《庄子》的许多章节受到了仙话的严重影响，《道

① 北京大学出土文献研究所编：《北京大学藏西汉竹书（贰）》，上海古籍出版社 2012 年版，第 133 页；荆门市博物馆编：《郭店楚墓竹简》，文物出版社 1998 年版，第 118 页。

② 庄子及其后学肯定了寿命的价值，有其养生观念，而他们的养生观念归纳起来即是自然主义，以中道为方法论观念，以恬淡无为为具体方法。《庄子·养生主》曰：“为善无近名，为恶无近刑，缘督以为经，可以保身，可以全生，可以养亲，可以尽年。”同书《达生》篇批评了单豹、张毅的养生方法，云：“豹养其内而虎食其外，毅养其外而病攻其内。”《庄子·刻意》篇批评了导引之士，并说：“若夫不刻意而高，无仁义而修，无功名而治，无江海而闲，不道引而寿，无不忘也，无不有也，淡然无极而众美从之；此天地之道，圣人之德也。故曰：夫恬淡寂漠，虚无无为，此天地之平而道德之质也。”参见郭庆藩：《庄子集释》，中华书局 2004 年版，第 115、646、537–538 页。

遥游》曰："藐姑射之山有神人居焉，肌肤若冰雪，淖约若处子，不食五谷，吸风饮露，乘云气，御飞龙，而游乎四海之外。其神凝，使物不疵疠而年谷熟。"[①]《大宗师》曰："豨韦氏得之，以挈天地；伏戏氏得之，以袭气母……勘坏得之，以袭昆仑；冯夷得之，以游大川；肩吾得之，以处大山；黄帝得之，以登云天；颛顼得之，以处玄宫；禺强得之，立乎北极；西王母得之，坐乎少广，莫知其始，莫知其终；彭祖得之，上及有虞，下及五伯；傅说得之，以相武丁，奄有天下，乘东维、骑箕尾而比于列星。"[②]这两段引文都出自《庄子》内篇，可以作为证明。战国晚期，随着形神问题变得更为重要，方仙术的影响于是更为深入。在秦统一六国之后，秦始皇蓦然关心自己之生死而寻求长生之道，可见成仙养生的观念其时已经蔚然成风。秦始皇迷信方士，追慕神仙（真人、仙真人），反复寻求不死之药（仙药、神药），这些事迹都记载于《史记·秦始皇本纪》，历历可见。入汉以后，仙话和方仙术传播更广，影响更大。

总之，养生和求仙都是为了解决"寿命"问题，但二者的目的有所不同。养生是为了追求长寿，而长寿有其起点和终点，因此养生的目的不过是为了寿命的延长，将寿命的终点向未来推移一段时间罢了。成仙则与此不同，其目的是永生，同时它是"永生"的一种表现方式。成仙虽然有其起点，但无终点，虽然有生的问题，但无死的问题，形体生命经由成仙而通向永生无限的彼岸。随着汉代不断强化元气自然生成论的观念，精英和大众都对形体可以永生成仙的观念产生了浓厚的兴趣和强烈的渴望，于是肉体成仙的观念遂成为道教产生的最强目的因之一。

---

① 郭庆藩：《庄子集释》，中华书局 2004 年版，第 28 页。

② 郭庆藩：《庄子集释》，中华书局 2004 年版，第 247 页。

二

“太平”观念是道教产生的又一大思想原因，是古人对于当时社会和政治现实不满的一种间接反映。“天下太平”作为一种理想的社会形态即由此成为中国古人的普遍追求。早期道教经典《太平经》《想尔注》《河上公章句》都受到“太平”观念的严重影响，而太平道、五斗米道之所以在汉末兴起，亦与此观念在彼时的大流行颇有关系。

对于“太平”观念，笔者有几点看法。第一，“太平”观念可能起源很早，在战国时期，经过阴阳家和官僚系统的不断推崇，至战国末季它产生了广泛的社会影响和政治影响。在汉代，“太平”“天下太平”或“致太平”的观念进一步深入朝野、诸子和儒家经学中，形成了更为广泛的社会思潮，并成为社会意识形态的关键词汇。第二，在先秦，与“太平”观念相对，《礼记·礼运》在理想社会形态上主张大同、小康之说。但不得不指出，大同、小康之说在秦汉时期并未流行。而为何大同、小康说并未流行，而“致太平”之说却大为流行，这是一个值得思考的问题。第三，“太平”观念首先是一种社会理想，其次是一种政治理想，且二者为一体之两面。在此社会、政治理想下，“太平”观念具有极强的解释力。第四，在汉代，太平之验表现在三个方面：一是肯定性的政治现象，如天下咸宁、王者制礼作乐和万国来朝等；二是由肯定性的政治现象所带来的社会效应（“太平之风”），如“内无怨女，外无旷夫”之类；三是基于天人感应思维的瑞应及天地山川处于安宁状态，如甘露降、嘉禾生、凤凰翔、无飘风暴雨之类。第五，“太平和气”的说法大概出现于东汉时期，并在东汉后期流行开来。它以“气”的方式说明了所谓宇宙和谐及其存在之必要性。“太平和气”是一个兼具宇宙论特征和宗教色彩的概念。第六，“致太平”的关键在于王者，王者与所谓“太平”是相应的。人君是“致太平”最为重要的责任主体，人君能否称为王者的关键在于其能否“致太平”，因此“致太平”是汉人对人君的一个普遍政治要求，同时也是一种沉重的政治压力。“致太平”是对于“王者”身份的一种新规范，从一定意义来说，它超越了孔孟对“王者”的定义。

三

近来，笔者拜读了几部研究早期道教思想的著作，感觉其中一些观点和结论未必正确，而有商讨的必要。值此机会，笔者不揣拙陋，略述浅见如下。

其一，“太平”是道教思想中一个非常重要的观念，但是关于它的起源，学界似乎至今不清。笔者认为，“太平”观念最早可以追溯至老子那里。今本《老子》第三十五章曰：“执大象，天下往。往而不害，安平太。”①此章文字亦见于四种出土简帛古本，“太”，郭店简本作“大”②，“大”即“太”字。此章“安平太”的“平太”二字，本应作“太平”，因上下句押韵的关系（害、太二字，上古音均为月部），作者遂颠倒字序，写作“安平太”。河上公《注》曰：“万民归往而不伤害，则国家安宁而致太平矣。”③河上公《注》即以“太平”作解，这是对的。进一步，老子还以“天下往”及“往而不害”二句初步界定了“太平”之义。除第三十五章外，今本《老子》第三十二章曰：“天地相合，以降甘露。”此章文字亦见于郭店简本《老子》。“甘露”，即为太平瑞应之一，它具体指甘美的雨露，因其润泽万物以成百谷，故曰甘露。河上公《注》云“甘露”为“善瑞”④，这是对的。笔者曾对“甘露”有所考论，可以参看。⑤

其二，目前学界对于早期道教典籍所持的宇宙论似乎认识不清，没有

---

① 楼宇烈：《老子道德经注校释》，中华书局2008年版，第87页。
② 荆门市博物馆编：《郭店楚墓竹简》，文物出版社1998年版，第121页。
③ 王卡点校：《老子道德经河上公章句》，中华书局1993年版，第139页。
④ 王卡点校：《老子道德经河上公章句》，中华书局1993年版，第131页。
⑤ 丁四新：《郭店楚竹书老子校注》，武汉大学出版社2010年版，第127–129页。

充分意识到浑天说在其中所起的作用。笔者认为，道教产生于东汉末季，早期道教典籍所持有的宇宙学说其实是由浑天说和盖天说两者混合而成的。盖天说是以视周天的经验结果为基础而建立起来的，其根本特点为“天圆地方”。根据考古发现可知，盖天说的起源很早，不迟于距今六七千年前。河南濮阳西水坡45号墓距今约6500年，据该墓南侧为圆弧形、北侧为方形，可知当时已经存在所谓“天圆地方”的盖天说。又，牛河梁红山文化遗址距今约5500年，在这个遗址中，人们发现了祭祀天地的圜丘（天坛）和方丘（地坛），其圜丘为圆形、三重，方丘为方形、两重，结构完全符合古人关于盖天说“参（三）天两地”（《周易·说卦》）的说法。置身于盖天说的宇宙结构中，人们很容易产生上天、下地、中人的观念，而古人的所谓三才说即是以此三分的宇宙观为基础的。据史书记载，以盖天说为背景的古代历法有六种，其中《颛顼历》大约产生于战国中期，至汉武帝太初元年（前104年）废止。《颛顼历》采用十九年七闰法，一个回归年为365又1/4日。但该历法还不够精确，日久天长，一个回归年就会出现较大误差。而其误差的原因，在西汉景武年间被职掌天文历法的史官和民间方士归结为现有宇宙学说，即盖天说存在不足。这样，新宇宙学说，即浑天说很快得到了朝廷的肯定。汉武帝命令邓平等人制定新历法，是为《太初历》。《太初历》是根据浑天说制定的，于太初元年颁行，它在历法上取得了多方面的进步。刘歆的《三统历》是对《太初历》的重编和整理，不过其历法实质内容未变。

回头看浑天说的宇宙论，它其实包括两个方面，即宇宙结构论和宇宙生成论。在以往的中国古代天文学研究中，学者通常仅注意其宇宙结构论的方面，强调“浑天如鸡子”、天形浑浑然（球形）的图象特征，但几乎忽略了其宇宙生成论的一面。其实，浑天说理论自正式提出以来即包含着结构论和生成论两个方面，其宇宙生成论最显著的地方是古代宇宙学家以太初、太始、太素三者构造了先天地生的三个阶段。汉武帝有太初、太始的年号，《易纬·乾凿度》《孝经纬·钩命诀》《白虎通·天地》和张衡《灵宪》等都对浑天说宇宙生成论的先天地生的阶段有明确叙述，可为明证。

笔者曾及此一问题，可以参看拙文[①]。

就早期道教思想的相关研究来看，如下两点值得指出。一者，学者在考察早期道教经典中的“太初”“太始”“太素”这些词语时虽然能够溯源至纬书等文献，但是并没有直接点明它们属于所谓浑天说之宇宙生成论的内容。二者，《易纬·乾凿度》卷上曰：“有太易，有太初，有太始，有太素也。太易者，未见气也。太初者，气之始也。太始者，形之始也。太素者，质之始也。炁形质具而未离，故曰浑沦。”[②]《孝经纬·钩命诀》曰：“天地未分之前，有太易，有太初，有太始，有太素，有太极，是为五运。”[③]这种将天地未生之前的宇宙生成划分为五个阶段（太易、太初、太始、太素、浑沦，或太易、太初、太始、太素、太极）的做法，其实是纬书作者在三阶段说（太初、太始、太素）的基础上有意增加的结果，而其所增“太易”“太极”两个阶段，明显带着《周易》经学的痕迹。

进一步，需要指出，浑天说宇宙观的产生，并不意味着盖天说宇宙观的必然消亡，实际上后者作为一种相对宇宙观被包容在前者之中，它们大体上是各司其职、相融无碍的关系。而且，盖天说所起的如下两种作用在汉代有所加强：作用之一是给中国古人提供了三元一统的思维方式，所谓三才说或三统说均以盖天说的三分宇宙观为基础；作用之二是给中国人的价值观奠定了天道观基础，上下尊卑等价值观念正是以盖天说宇宙图象进行论证的。早期道教“三一为宗”说的提出，有可能受到老子“三生万物”说的影响，但在笔者看来，更可能受到了三统说的影响。三统说是由三才说转化而来的，是公羊学大师董仲舒针对当时流行的五行德运说提出来的新说。“三统”，指黑统、白统和赤统，三统之间若循环。邹衍的五行德运说将改朝换代的

---

① 丁四新：《浑天说的宇宙生成论与宇宙结构论溯源——兼论楚竹书〈太一生水〉〈恒先〉与浑天说的理论起源》，《人文杂志》2017年第10期，第5-8页。

② 赵在翰辑：《七纬》，钟肇鹏、萧文郁点校，中华书局2012年版，第33-34页。

③ 刘仲达《鸿书·天文部》引《孝经纬·钩命诀》，见（清）赵在翰辑：《七纬》，第726页。

天命转移和变化解释为土德、木德、金德、火德、水德的循环，强调了历史命运和历史变化的客观性和不可抗拒性。这种观念与战国中晚期呈现出的天下大势相一致，故其传播迅疾，并得到当时大国、强国的普遍青睐。董仲舒是一位儒者，有儒者的自觉，他的三统说正是针对邹衍的德运说而提出来的一种新历史哲学观念。三统说以三代为坐标，目的是阐明所谓王者改制或三代改制之说，属于董子王道论的内容。可以肯定，董子当初提出三统说时仍置身于盖天说的宇宙观中，其所谓三统尚未进之于天统、地统、人统的新三统说。检索《春秋繁露》一书，“天统”一词出现了四次，但“地统”“人统”并未出现。在此书中，无论是黑统、白统还是赤统，董子均以“天统”言之，云“天统气始通物”“天统气始蜕化物”“天统气始施化物”和“所以明乎天统之义也”。而由天统、地统、人统构成的新三统说，其实是由刘向、刘歆父子在重构《太初历》、制作《三统历》的新历法时提出来的。据《汉书·律历志》，在《三统历》中，刘歆有两个方面的大改造，一个是大力加以儒化，另一个是在其中显著加入了盖天说因素。天统、地统、人统的新三统说，正是建立在涵摄盖天说之新浑天说理论基础上的。早期道教经典《太平经》的“三一为宗”说，亦是以刘向、刘歆的新三统说为基础而再作推广的结果。《太平经》卷七十三至八十五曰：“元气恍惚自然，共凝成一，名为天也；分而生阴而成地，名为二也；因为上天下地，阴阳相合施生人，名为三也。三统共生，长养凡物，名为财。”[①] 这段话说明了天、地、人三统的来源和形成。《太平经钞乙部·和三气兴帝王法》曰：“元气有三名，太阳、太阴、中和。形体有三名，天、地、人。天有三名，日、月、星，北极为中也。地有三名，为山、川、平土。人有三名，父、母、子。治有三名，君、臣、民，欲太平也。此三者常当腹心，不失铢分，使同一忧，合成一家，立致太平，延年不疑矣。”[②] 这是以三统为思维方式对“三一为宗”说做了进一步的推衍。

---

① 王明编：《太平经合校》，中华书局 1960 年版，第 305 页。

② 王明编：《太平经合校》，中华书局 1960 年版，第 19 页。

总之，早期道教哲学在思维方式及宇宙观上受到了刘向、刘歆父子之新三统说的严重影响。

其三，“苍天已死，黄天当立，岁在甲子，天下大吉”这四句话，是张角发动黄巾起义的口号，但这口号中的前两句话应当如何解释，目前看来还是一个值得探讨的问题。对于前两句话，一种意见认为它们是“由阴阳家的五德终始说演变而来”的，并引用《太平经》等材料作了分析，但惜乎语焉不详，论述不明，让人难晓究竟。古人的德运说从理论系统看有两种，一种是阴阳家邹衍的德运说，以五行相胜为序，即以土德、木德、金德、火德、水德为序；另一种是刘向、刘歆的新德运说，以五行相生为序，即以土德、金德、水德、木德、火德为序。刘向、刘歆的新德运说具有浓厚的儒学色彩，笔者判定其属于儒家性质。“苍天已死”第四句的原始出处，见于《后汉书·皇甫嵩朱儁列传》[①]。但是，由于李贤等人没有为其作注，故其含义有待讨论。后两句比较容易理解，“岁在甲子”指张角兄弟约定的起义之年，即汉灵帝中平元年（公元184年）；“天下大吉”指太平社会即将在天下实现。前两句则较为费解，检讨今人解释，似乎未必是，仍有商榷的必要。

“苍天已死，黄天当立”两句，应当按照刘向、刘歆的新德运说来解释；用阴阳家邹衍的德运说来解释，这是不对的。《太平经》卷六十六《三五优劣诀》有“天有五帝，地有五帝，人有五帝”的说法[②]，“苍天已死，黄天当立”即是就此五天帝系统而言的。《太平经》卷九十三《敬事神十五年太平诀》云：“春也青帝神气太平，夏也赤帝神气太平，六月也黄帝神气太平，秋也白帝神气太平，冬也黑帝神气太平。”[③]可知当时确实存在所谓五方色天帝之说。同卷同篇又说：“是故凡象，乃先见于天神也。天神不平，人安得独称平乎哉？是故五帝更迭治，可皆致太平。其失天神意者，皆不能平其治也。

① 《后汉书》卷七十一，中华书局2007年版，第671页。
② 王明编：《太平经合校》，中华书局1960年版，第234页。
③ 王明编：《太平经合校》，中华书局1960年版，第398页。

是故谨顺四时，慎五行，无使九神战也。”[①] 这段话进一步阐明了以天神气占世间是否太平及如何可致太平的问题。据上引《太平经》卷九十三两段文字，可知“五帝更迭治”是按照五行相生或者五季时次的顺序来进行的，其顺序为：青帝（春木）→赤帝（夏火）→黄帝（长夏土）→白帝（秋金）→黑帝（冬水）。上引两段话虽然是就一岁之占来说的，但其中所包含的德运理论可以放之于朝代更迭的解释上，而与刘向、刘歆的新德运说完全符合。

“黄天当立”，乃张角兄弟自谓。在五色天帝中，黄居中为土，当土德。据刘向、刘歆的新德运说，土德是继生于火德。汉朝首先实践刘向、刘歆新德运说的皇帝是光武帝刘秀，建武二年（公元26年）春正月壬子“始正火德”，《后汉书·光武帝纪》曰：“起高庙，建社稷于洛阳，立郊兆于城南，始正火德，色尚赤。”[②] 汉当火德，则主运者为南天赤帝。张角宣称“黄天当立”，正是以汉当火德为前提的。比较起来，“苍天已死”一句似乎更令人费解。其实，此句与“黄天当立”相配。苍天，为东方青帝，为木，其运为木德。按照“比相生而间相胜”（《春秋繁露·五行相生》）的五行生胜说，可知火生土而木伐土。这即是说，土德能否当运，跟火德和木德均有关系：不仅火德直接生成土德，而且只有木德完全不伐土德，即木德已死，土德才能当运。因此，张角兄弟发动起义的口号在汉人的思维中即必同时应有“苍天已死”一句，以与“黄天当立”相应。这个推论，在《太平经》中可以得到证明。《太平经》卷六十五《断金兵法》曰：“木王则土不得生，火不明则土气日兴。”又曰：“故金气都灭绝断，乃木气得大王，下厌土位，黄气不得起，故春木王土死也。”同书卷六十九《天谶支干相配法》曰：“人大兴武部者，木绝元气，土得王。”又曰：“水王则火少气，火少气则化成灰，化成灰则变成土，便名为火，付气于土也。”[③] 如上四则引文表明，张角所依赖的德运说确实已将“木克土”一义加入其中，故其在倡言“黄天当立”的同时即必宣告“苍

① 王明编：《太平经合校》，中华书局1960年版，第400页。

② 《后汉书》卷一，中华书局2007年版，第7页。

③ 以上四则引文，见王明编《太平经合校》，中华书局1960年版，第225、226、270页。

天已死”。

归纳起来，“苍天已死，黄天当立”两句应当按照刘向、刘歆的新德运说，即按照相生的德运说，而不应当按照邹衍的旧德运说来做解释。用邹衍的旧德运说来做解释，这是不对的。另外，西汉前期的德运是水德，西汉后期（太初元年以后）的德运是土德。光武帝建武二年采用刘向、刘歆的新德运说，汉朝始认定汉当火德。张角是汉末人，从历史背景看，其德运思想也自然应当出自刘向、刘歆父子的新德运说。

四

孙功进是笔者在武汉大学任教时指导的博士研究生。在 2014 年秋天他进入珞珈山问学之前，我和他已经相识好多年了，印象中我们是在山东大学周易研究中心主办的一次会议上认识的。功进为人非常低调、谦逊、诚恳、踏实、肯干、能吃苦。可能因为年龄已不小的缘故，他读书和研究都很自觉、用功，平时抓得很紧，完全不用我这个导师操心。在攻博期间，他还有家庭重担在肩。

从他交来的课程论文看，在来珞珈山求学之前，他实际上已经具备了良好的学术基础。毕业论文的主题大体上是他自己选定的，我表示同意，早期道教是他的研究领域之一。宽泛说来，早期道教在我的研究领域范围之内，但其实我恰恰对此领域缺乏实际研究，迄今没有写过任何一篇相关文章。因此，我对他的指导，一般只能落实在博士论文应当如何写作的纯技术层面。当然，如果涉及汉代整体思想背景或思想溯源之类的东西，那么我还是能够提供一些具体意见的。

功进的博士学位论文《汉末道教的“真道”观及其展开——基于〈太平经〉〈老子想尔注〉〈周易参同契〉的研究》，从选题到观点创新，乃至文字组织和表达都很成功。审阅其学位论文的过程，同时也是我学习相关知识的过程。其论题中的“真道”概念，与“伪伎”相对，主要指延年长生之术。

他的学位论文取得了如下创新观点，我是同意的:（一）对汉末道教的“真道”观展开了系统研究，论题本身即具有创新性。（二）认为“生”是《太平经》“真道”的要旨，并将《太平经》的主要治世方略纳入“真道”观中来审视。（三）揭示了《想尔注》“真道”观展开的逻辑，阐明了“真道”与“神道”的关系，解释了“道真”“精白”“太阴”“规心”等概念的含义。（四）从“真道”的角度重新审视《参同契》的炼养思想，对“一九”“子当右转”“午来东旋”“九还七返”“母隐子胎”等术语做了新解释，认为《参同契》包含炉火烧炼和黄老养性术两种真道，等等。

在笔者看来，功进的博士学位论文有相当的难度，存在两点困难。一点是如何用“真道”观念将汉末道教特别是《太平经》贯通起来。众所周知，《太平经》的内容复杂庞大，要梳理出一条基本线索，这是很不容易的。另一点是从“真道”的角度重新理解《周易参同契》。众所周知，《参同契》充满隐语谜言，能看懂已属不易，更何况要作学术批评和提出自己的见解。

功进的学位论文不久前经过专家的评审和遴选，已被列入《儒释道博士学位论文丛书》，将由巴蜀书社出版。在交稿前，功进希望我给他的书稿写一篇序言，我欣然应允了。

以上序言，拉杂近万字，所论或有不当，或有失误，在所难免，但不管怎样，笔者也算完成了功进交给我的任务了。

是为序。

庚子年谷雨于北京学清苑

（原载孙功进:《汉末道教的“真道”观及其展开——基于〈太平经〉〈老子想尔注〉〈周易参同契〉的研究》，巴蜀书社 2021 年版）

序《〈老子指归〉的哲学研究》

严遵是西汉一位很重要的学者和哲学家，他是扬雄的老师，在西汉黄老学的传承和思想发展上作出了较大贡献。在中国哲学史上，他本应占有一席之地，但是实际情况是，他长期受到忽视，近百年来中国哲学史教科书一般很少提及他。究其原因，这是因为传世本《老子指归》（下文或简称《指归》）的真伪问题一直困扰着学界。长期以来，学者不能确定此书的真实性及其作者与严遵的关系，于是大家都做了很明智的选择，跳过了严遵或《老子指归》这一环。近四十年来，随着正向考证成果的不断增加，特别是随着出土简帛古本《老子》的发现，传世本《老子指归》的真实性及其作者与严遵的关系重新得到肯定。而与此同时，我们看到，研究严遵思想或《指归》思想的论著也在不断增加。永飞的博士学位论文《〈老子指归〉的哲学研究》正是在此学术背景下展开选题、论证，并经过写作和修改而完成的。

一

严遵其人及《老子指归》其书，这是研究严遵思想或《指归》思想首先应当讨论的两个问题。

先看严遵其人。严遵，字君平，原名庄遵，因避汉明帝讳而改名严遵。他主要生活在西汉元帝、成帝时期，属于西汉后期，其生卒年不详。他与大儒刘向（前 79—前 8）同时代，而年龄略长。其弟子扬雄（前 53—18）和刘向的儿子刘歆（前 50—23）为汉廷同僚。

严遵的名声显扬于汉廷，最先得益于其弟子扬雄的宣传，史书云扬雄“数为朝廷在位贤者称君平德”（《汉书·王贡两龚鲍传》）。严遵的思想亦由扬雄率先传承和向外传播。《法言·问明篇》曰：“楚两龚之絜（洁），其清矣乎！蜀庄沈冥。蜀庄之才之珍也，不作苟见，不治苟得，久幽而不改其操，虽随和，何以加诸？举兹以旃，不亦珍乎！吾珍庄也，居难为也。不慕由，即夷矣，何毚欲之有？”这段话主要赞扬了严遵沈冥隐逸的人格，肯定了其才能，扬雄说严遵“才之珍”也。扬雄的学问来源之一是严遵，在《答刘歆书》中，扬雄说：“尝闻先代輶轩之使，奏籍之书，皆藏于周秦之室。及其破也，遗弃无见之者。独蜀人有严君平、临邛林间翁孺者，深好训诂，犹见輶轩之使所奏言。翁孺与雄外家牵连之亲，又君平过误有以私遇，少而与雄也。君平财（才）有千言耳，翁孺梗概之法略有。”上引两段话是目前可见最早评述严遵及其学术的文字，非常重要。以扬雄之博学和深思可知，他所称许的学者不当为等闲之辈。在扬雄之后，东汉班固《汉书·王贡两龚鲍传》、晋人李轨《法言·渊骞注》、晋人陈寿《三国志·秦宓传》、晋人皇甫谧《高士传·严遵》和晋人常璩《华阳国志·蜀郡仕女》对严遵其人其事及其思想都略有记载，其中《汉书》最值得注意。《汉书·王贡两龚鲍传》曰：

> 其后谷口有郑子真，蜀有严君平，皆修身自保，非其服弗服，非其食弗食。……君平卜筮于成都市，以为：“卜筮者贱业，而可以惠众人。有邪恶非正之问，则依蓍龟为言利害。与人子言依于孝，与人弟言依于顺，与人臣言依于忠，各因势导之以善，从吾言者，已过半矣。”裁日阅数人，得百钱足自养，财则闭肆下帘而授《老子》。博览亡不通，依老子、严周之指著书十余万言。扬雄少时从游学，以而仕京师显名，数为朝廷在位贤者称君平德……君平年九十余，遂以其业终，蜀人爱敬，至今称焉。及雄著书言当世士，称此二人。

《汉书》这段话指明了严遵高寿，活了 90 多岁，是一位在成都靠卖卜为生的“逸民”；其学问则宗老子、庄子，著书“十余万言”，同时他在一定程度上吸收了儒家思想。在武帝“罢黜百家，表章六经”之后，汉朝的中央集权体制进一步加强，孝文化进一步得到抬升，而作为黄老学者的严遵，一边研习《老子》《庄子》，一边吸纳和宣传“忠”“孝”观念，这在当时是很正常的反应。而严遵在其思想体系中确实吸收了这些思想观念。

严遵和扬雄的师徒关系值得重视。从学术上来看，严遵重视《老子》《周易》《庄子》等书，其思想以推衍《老子》为宗旨，同时吸纳了儒家的思想观念。扬雄虽然在一定程度上继承了严遵的学术和思想，但他与后者有重要的不同，扬雄更重视《周易》一经和《论语》一传。在当时，《周易》是五经之原，而《论语》是诸传之长。扬雄即仿照《周易》一经撰写了《太玄》，仿照《论语》一传撰作了《法言》。归纳起来，严遵属于逸民，是一位在野的黄老学者；而扬雄则长期高居于庙堂之上，是一位汉赋名家和一位颇具名声的儒家学者和经学家。这些差异，决定了他们两人在学术思想上是彼此独立的，尽管严遵是扬雄的老师，前者对后者产生了一定的影响。

再看《老子指归》及其作者。《汉书·王贡两龚鲍传》虽然说严遵“著书十余万言”，但是没有具体指明其书篇名。《老子指归》最早见于《三国志》。陈寿《三国志·秦宓传》载蜀人李权曰：“仲尼、严平，会聚众书，以成《春秋》《指归》之文。”又载蜀人古朴曰：“严君平见《黄》《老》作《指归》。”陈寿为三国蜀汉至西晋人。此两则引文中的《指归》，均指《老子指归》。据此两则引文，严遵亲著《老子指归》乃事实。而这部《指归》无疑应在《汉书》所谓“著书十余万言”的范围内。《三国志》所载此一说法，得到了晋人皇甫谧和常璩的继承。《高士传·严遵》曰：“君平卖卜，子云所师，聃文是阐，乃作《指归》。”常璩《华阳国志》卷十曰：“严遵……著《指归》，为道书之宗。”不但如此，严遵作《指归》之事，陆德明《经典释文叙录》和《隋书·经籍志》也有载述。

严遵曾作过《老子指归》一书，这是没有问题的。但是，自明代末年以来，学者对于传世本《老子指归》的真实性大起疑问。曹学佺（1574—1646）开始怀疑传世本《老子指归》的真实性，认为它是伪书，非故书之旧。

他说:“近刻《道德指归论》，乃吴中所伪作。”又说:“犹能闻之士所赝托。”(《四库全书总目》引曹学佺《元羽外编序》)清人全祖望(1705—1755)继承此说，云:“予并疑是书乃赝本，非君平之作也。”(《读道德指归》)《四库全书总目》提要的编撰者即同意曹、全二氏的看法。而此种意见继而得到了王重民的肯定(《老子考·两汉》)。蒙文通虽然肯定“《指归》实为永嘉前书”，但他认为此书为晋人郑思远之作(《严君平道德指归论佚文序》)。

与曹学佺、全祖望、《四库全书总目》提要相对，清末唐鸿学认为“《指归》确为君平所作”，并提供了三点证据(载《怡兰堂丛书》)。严灵峰、王利器、王德有、郑良树、李学勤等人均认为今本《指归》为严遵所作。王德有查阅了数十个历代《老子》注本，发现了200多处《指归》引文，证明明代流传下来的“《指归》存本不是伪托”①。樊波成作了多方面的论证，认为《指归》“成书确定在两汉”，并“可能是西汉中晚期的元、成时期”②。

以上正反两方面的意见，永飞在其学位论文之有关章节中都做了很好叙述，读者自可参看。现在看来，传世本《老子指归》应当是真书，而不是元明时期的伪作。除了王利器、王德有、郑良树等学者所作论证之外，出土简帛古本《老子》证明了传世本《老子指归》所载《老子》本具有很高的古本价值，这从一个侧面说明了今本《指归》很可能是汉代传下来的古本，而且很可能是严遵本人用过的本子，而非出自后人的赝托。永飞肯定严遵的创作能力，并肯定其创作《指归》之功，然后在此基础上写作了自己的博士学位论文，我认为他的选题和立意是很恰当的。

二

黄老学在先秦秦汉时期的发展可分为四个阶段。第一个阶段是战国中

① 王德有:《自序》，见氏点校《老子指归》，中华书局1994年版。

② 樊波成:《〈老子指归〉当为严遵〈老子章句〉》(代前言)，见氏著:《老子指归校笺》，上海古籍出版社2013年版。以上所引诸意见，亦可参见樊氏此文。

期偏晚至战国晚期，黄学和老学逐步融合，正式产生了所谓黄老学，《经法》《十六经》《称》《道原》四种帛书是其代表作。第二个阶段是汉初，黄老思潮借助于汉初的政治现实而达到了高峰，其政治哲学部分得到高度重视和广泛应用，汉文帝、窦太后、曹参、陈平、黄生和司马谈是其代表。第三个阶段是西汉中期至东汉中期，黄老学实现了从单一的政治哲学到宇宙论及养生论（特别是形神论）哲学的转变。第四个阶段是东汉后期，黄老学实现了从思想学术形态向宗教形态的转变，道教遂由此产生。严遵是第三阶段最为重要的代表，故研究其思想是当代学者的必要任务。严遵的思想，今所见主要存于传世本《老子指归》一书中。《华阳国志》极力推崇此书，云其为“道书之宗”。笔者认为，从内容看，严遵《指归》的哲学思想主要体现在宇宙论、人生论和政治哲学三个方面。

先看《指归》的宇宙论。严遵《指归》的宇宙论思想是在浑天说的基础上建构起来的。浑天说产生于西汉景帝至武帝前期，武帝太初元年（前104年）颁行的《太初历》即是根据浑天说制定的。而浑天说由此产生了广泛而深刻的影响，汉人的宇宙观也由此产生巨变。《指归》的宇宙论可分为形上和形下两大阶段。《指归·上德不德篇》曰：

> 天地所由，物类所以，道为之元，德为之始，神明为宗，太和为祖。道有深微，德有厚薄，神有清浊，和有高下。清者为天，浊者为地，阳者为男，阴者为女。人物禀假，受有多少，性有精粗，命有长短，情有美恶，意有大小。或为小人，或为君子，变化分离，剖判为数等。故有道人，有德人，有仁人，有义人，有礼人。

这段话通过追问和回答“天地所由，物类所以”的问题，将整个宇宙分为所以生的形上来源和已生的形下天地万物两个部分，前者属于本根世界，而后者属于器物世界。元、始、宗、祖四字异名同谓，都表示始源或本根之义。严遵在这段话中提出了“天地所由，物类所以”的四因素说，这四因素即道、德、神明和太和四者。严遵认为，天地万物都是由这四重因素或原因共同作用而生成的。通行本《老子》第四十二章曰：“道生一，一生二，二生三，三生万物。万物负阴而抱阳，冲气以为和。”严遵由此将老子的宇宙生成论从一因素说发展为四因素说。“道有深微”，是说“道”作为生成万物及其存在的本体而具有“深微”特性。“德有厚薄”，是就天地万物在气化流行过程中得“道”之厚薄来说的。“神有清浊”，是就“清气生天，浊气生地”和《周易》的“神化”观念来说的，这一陈述既包含了质料因又包含了动力因。另外，“神明”的概念又与“形质”相对。“和有高下”，是就阴阳二气相冲达到的和谐状态来说的，故此“和气”有高下之分。“太和”，指极神妙、极冲和之气，它是清浊之气和阴阳之气的本原。此气，《指归》或称“太和妙气”，或称“太和神气”。《指归·出生入死篇》又说道、德、神明和太和四因素在其形上阶段是“浑沦而为体”的，这即是说，它们在此阶段是浑沦不分的。四因素的分离是在形下生成阶段表现出来的，而通过气化的宇宙生成作用，此四因素即寓于天地万物之中了。

又据上述引文，《老子指归》所说的形下世界由天地、阴阳、男女、性命、情意、万物等组成。这些名词概念常见于先秦秦汉古籍，无须在此赘述。

同样的思想，又见于《指归·不出户篇》。是篇曰：

> 道德变化，陶冶元首，禀授性命乎太虚之域、玄冥之中，而万物混沌始焉。神明文〈交〉，清浊分，太和行乎荡荡之野、纤妙之中，而万物生焉。天圆地方，人纵兽横，草木种根，鱼沉鸟翔，物以族别，类以群分，尊卑定矣，而吉凶生焉。由此观之，天地人物，皆同元始，共一宗祖。六合之内，宇宙之表，连属一体。气化分离，纵横上下，剖而为二，判而为五。或为白黑，或为水火，或为酸咸，或为徵羽，人物同类，或为牝牡。凡此数者，亲为兄弟，殊形别乡，利害相背，万物不同，不可胜道。合于喜怒，反于死生，情性同生，心意同理。

这段话有三点值得注意。其一，它指出了终极始源是虚无本体。道、德、神明、太和是生成形下界的四因素，《指归》由此推至其极，认为形上本体是一虚无的存在。《不出户篇》即曰：“道德变化，陶冶元首，禀授性命乎太虚之域、玄冥之中，而万物混沌始焉。”“太虚之域、玄冥之中”，是就终极始源或宇宙的终极本体之存在状态来说的。需要指出，这里所用“虚无本体”概念，不是说宇宙之本体自身是虚无的或空无的，而是说其存在状态是虚无的。本体之“虚无”特性与万物之“实有”特性是相对的。由此可说，无能生有，有出于无。或者说，宇宙的终极本体能够生成天地万物，而天地万物禀受性命乎太虚之域、玄冥之中。其二，这段话表明《指归》包含两重宇宙学说，即浑天说和盖天说。二者的关系是前者可以容纳后者，而后者则是在前者之下的一个相对宇宙观。《指归》云道、德、神明和太和是生成天地万物的元始宗祖，这是以浑天说为背景的；而其叙述天地万物的具体生成，则是以盖天说为背景的。其三，这段话是相对于《上德不德篇》来说的，对于形下世界的生成，此篇提出了“气化分离，纵横上下，剖而为二，判而为五”的说法，将阴阳五行纳入其中，并认为阴阳五行两者有生成的先后关系。

上文已指出，严遵构造道、德、神明和太和四因素说其实是对于《老子》“道生一”章的转进。据《指归·道生一篇》，“道生一”之“一”为“太初之首”，“一”即是从数的哲学观念来指称“终极始源”。“一生二”的“二”，具体指“神明”。“二生三”的“三”，具体指“清”“浊”“和”三者。而相对于“一”来说，“道”为“虚之虚”，《道生一篇》即曰：“道虚之虚，故能生一。”重视终极本体、终极始源或终极实在的虚无特性，是严遵重视“道”并进而建构其宇宙论的一个重要表现，同时这也是受到浑天说之宇宙生成论影响的一个结果。

对于从形上界到形下界的生成法则，《指归》提出了四条。第一条是“有生于无，实生于虚”，第二条是“气化分离”，第三条是“相因相借”，第四条是“自生自化”的“自然”。这四条生成法则的含义，可以参看拙作《中国哲学通史·秦汉卷》的相关章节。

再看《指归》的人生哲学。《指归》的人生哲学集中在形神论和养生论上，且前者是后者的基础。“形”在《指归》中是一个重要概念，而根据此一概念，对于整个宇宙或世界可以作形上与形下、精神与形体、形与名的划分。作动词，

“形”有形成、显形之义；作名词，“形”有形体、形式之义。这几层意思，《指归》皆有，但形体、形式是《指归》“形”概念的基本含义。一方面人为道、德、神明、太和四因素所生化之天地万物中的一物或一员，另一方面人有其特殊性，有其不同于天地万物的类本质。在天命的宇宙生成论思想背景下，古人远在春秋末期即已形成了性命论的论域，认为在天生百物之中“生为贵”（郭店简《语丛三》），并进而提出了“人为贵”（郭店简《语丛一》）的观点。战国中晚期，性命论影响了道家哲学。《指归》的人生哲学即集中在生命哲学上，而其生命哲学又以形神论和性命论为内核。

《指归·道生篇》曰：

> 何谓性、命、情、意、志、欲？所禀于道，而成形体，万芳殊类，人物男女，圣智勇怯，小大修短，仁廉贪酷，强弱轻重，声色状貌，精粗高下，谓之性。所授于德，富贵贫贱，夭寿苦乐，有宜不宜，谓之天命。遭遇君父，天地之动，逆顺昌衰，存亡及我，谓之遭命。万物陈列，吾将有事，举错废置，取舍去就，吉凶来，祸福至，谓之随命。因性而动，接物感寤，爱恶好憎，惊恐喜怒，悲乐忧恚，进退取与，谓之情。因命而动，生思虑，定计谋，决安危，通万事，明是非，别同异，谓之意。因于情意，动而之外，与物相连，常有所悦，招麾福祸，功名所遂，谓之志。顺性命，适情意，牵于殊类，系于万事，结而难解，谓之欲。

这段话对于人的生命结构做了较为系统的诠释，具体解释了性、命、情、意、志、欲六个概念。而这六个概念大体上概括了人的现实生命的基本构成形式，它们合起来是对于道家形神思想的深化；同时，它们在很大程度上反映了严遵对于人的具体生命是如何理解的。而在这个概念中，性、命两者最为重要。性、命两者虽居于形下界，且有具体内涵，但是它们都与形上本原具有直接关系，在实体上是一致的。

与《道生篇》不同，《指归·名身孰亲篇》又以“我”为视角追问了人的“生命”本原。是篇曰：

我性之所禀而为我者，道德也；其所假而生者，神明也；其所因而成者，太和也；其所托而形者，天地也。凡此数者，然我而我不能然也。故法象莫崇乎道德，稽式莫高乎神明，表仪莫广乎太和，着明莫大乎天地。道德神明，常生不死；清浊太和，变化无穷。天地之道，存而难亡；阴阳之事，动而难终。由此观之，祸极于死，福极于生。

道、德、神明、太和四者不仅是生成形下界天地万物的四因素，而且是形成“我”或“我性”“我命”的本原。这段引文最值得注意的地方是即“我”而言“我”之本原。“道德”赋予我性命而我禀受之，“神明”给予我生命而我因此具有生命活性和活力，“太和”供给我生成之和气而我赖太和以存。此外，“天地”给我提供了此形体寄托的场所。这四者都是“然我而我不能然也”。不过，需要注意，《名身孰亲篇》之所以将“天地”作为一个形成因，是因为这段话是从“我”的个体角度进行追问的。在宇宙生成系列中，先有天地，后有人物，故曰“其所托而形者，天地也”。“天地”作为个体存在的必要场域条件由此被强调出来。

“我”在道家哲学中是一个形体化的个体，而此形体化的个体主要包括“形神”和“性命”两个方面。对于人的生命即应从此性命和形神两个方面来做理解，或者说，这两对关系综合为一体，即为所谓人之“生”。从来源看，“生”建立在“形体”的基础上，而“形”来源于道德、神明、清浊、太和四重因的综合作用。《指归·出生入死篇》曰：“道德，神明，清浊，太和，浑同沦而为体，万物以形。形之所托，英英荣荣，不睹其字，号之曰生……得之者存，失之者亡。”是篇又说：“夫生之于形也，神为之蒂，精为之根，营爽为宫室，九窍为户门，聪明为侯使，情意为乘舆，魂魄为左右，血气为卒徒。”在这段话中，人之“生”进一步落实下来，而变得具体可感，这些具体可感的人体构成部分是《指归》养生论的前提。其中，“形”“精”“神”三者又是养生学说的关键概念。大化流行之“气”可分精粗，“神明”通过气化流行而寄寓于“精气”之中，出入人体，而形成心、九窍、魂魄、血气等物。与此相对，粗恶之气则形成人的形骸部分。“神明”

是生命力之源，“心”是精气聚集最多的地方。如果精气聚集于心，那么神明即随之居处于其中。所以养生治身的关键在于治心，在于精气聚集于心。此一思想是继承前人的结果。

《指归》养生论的宗旨是“存身保身”和“长生久视”。这两点来自老子。从方法论来看，《指归》的养生论包括治身、治心和养神三个方面，而其中养神是其关键和落脚点。其实，治身和治心也是为了养神。与此相对，治身主要是治理欲望，治心则是治理巧智和贪欲，以防二者充塞和扰乱人心。在此基础上，严遵提出了一套具体的养生方法。

又看《指归》的政治哲学。道、德、神明和太和四者是严遵宇宙论哲学的基本概念和天地万物生成的四因素。此四因素同样贯穿于他的政治哲学之中。《指归》的政治哲学思想包括：其一，“自然”“无为”是其基本观念。何谓“自然”？“自然”的字面意思是自己如此，同时又包括自然而然之义。《指归》的“自然”思想涉及：（一）从生化流行来看，“自然”是天地万物的内在本性。（二）“自然”虽然不属于实体概念，但是理体或规范形上、形下两界的存在性原理，即使是“道”也以“自然”为其基本特性。《指归·道生一篇》曰：“夫天人之生也，形因于气，气因于和，和因于神明，神明因于道德，道德因于自然：万物以存。”（三）从政治或治理角度来看，“自然”与“无为”具有因果关系，“无为”是因，“自然”是果。马王堆帛书《经法》《十六经》《称》《道原》四种是汉初非常流行的黄老经典，它们很重视“无为”概念，并以之为其政治哲学的基本原则，但是这四种帛书没有出现“自然”一词。《老子指归》与此相对，非常重视“自然”概念，并对其做了特别的强调。这从一个方面预示着汉初的黄老学和西汉后期的黄老学是很不相同的，发生了很大转变。其二，在治理方法上，《指归》的政治哲学重视阴阳刑德理论和啬道。其三，《指归》的政治哲学以“圣人”与“皇帝王霸”

为两种理想的政治人格[①]。

以上论述，参考了拙作《中国哲学通史·秦汉卷》的有关部分[②]，读者可以参看。

最后看严遵的思想贡献。笔者认为，严遵的思想贡献主要表现在如下四个方面：

其一，严遵是第一位提出一套与浑天说这一新宇宙学说相适应的思想体系的学者，他大步促进了汉代哲学的转变。虽然《淮南子》一书包含着一些浑天说的理论因素，但它毕竟是在盖天说的旧宇宙学说背景之下写作出来的，它的天道观及其相关观念是以盖天说为基础的。严遵的《指归》则与此不同，它是在新宇宙学说，即在浑天说的背景下通过说解《老子》的方式构造其新思想的，其创新特别表现在宇宙生成论上。浑天说的宇宙生成论可分为形上和形下两个部分，太初、太始、太素和浑沦是其形上界的基本结构[③]。就形上界来说，"道""德"来自老子，"神明"来自浑天说，"太和"来自老子和《乾卦·彖传》。神明生清浊二气，而清浊二气是浑天说的理论要素。《指归》强调终极始源的虚无特性及形上界有此一生成过程，这都是浑天说之宇宙生成论的必要内容。此外，《指归》在许多篇中采用了浑天说的基本词汇。简言之，《指归》的形上宇宙生成论是浑天说和老子之宇宙生成论的结合。而张衡的《灵宪》即继承了此一做法。不仅如此，《指归》提出了极富思想创新性的四因素说，这是特别值得称赞的。

其二，《指归》是黄老学在西汉后期实现其自身思想转进的一个重要标志，而严遵因此成为此一阶段黄老学之杰出代表。严遵虽然身处逸民之

---

① 《老子指归》的政治哲学，可参看拙作：《严遵〈老子指归〉的"无为""自然"概念及其政治哲学》，《哲学研究》2018 年第 7 期。

② 丁四新、龚建平：《中国哲学通史·秦汉卷》，江苏人民出版社 2021 年版。

③ 浑天说的宇宙生成论及其理论来源，参看拙文：《浑天说的宇宙生成论和结构论溯源——兼论楚竹书〈太一生水〉〈恒先〉与浑天说的理论起源》，《人文杂志》2017 年第 10 期。

列，但是《指归》的思想创造性是巨大的，因此他在汉代思想史上应占有重要地位，这是毋庸置疑的。西汉前期的黄老学大体上属于政治哲学，在实践上从属于政治或者为政治服务的，而《指归》一改此风。一者，它更加注重宇宙论和人生哲学（特别是生命哲学）的建构，《指归》的宇宙生成论和生命哲学在分量上都明显胜过其政治哲学。二者，它高度重视“自然”观念，而汉初的黄老思潮及其所推崇的经典都更重视“无为”概念，帛书《经法》等四篇甚至没有出现“自然”一词。三者，它高度重视个体之“我”的生成和来源问题，在一定意义和程度上说，《指归》建立了个体性哲学。此外，《指归》的政治哲学也容纳了许多儒家思想观念，而这一点与帛书《经法》等四篇也是不同的。

其三，《指归》的宇宙论是扬雄《太玄》的重要思想来源之一，或者说扬雄《太玄》吸纳了严遵《指归》的部分思想。严遵的“神明”说，不仅影响了扬雄的宇宙生成论，而且影响了其人性论。《老子指归》对浑天说和盖天说两种宇宙学说作了初步融合，扬雄即继承了此点，并有所深化和具体化。“玄”的概念目前看来首先是由严遵提出来的，严遵即用它描述和界定难以名状的终极始源。同时，“玄”概念的提出是对老子思想的一个突破。《指归·大成若缺篇》曰：“光景不见，独玄有奇，天地人物，与之俱化。”《善建篇》曰：“空虚寂泊，若亡若存，中外俱默，变化于玄。”《为无为篇》曰：“是以君子，动未始之始，静无无之无，布道施德，变化于玄。”这三条文献都显示严遵确实提出了“玄”的概念。而据出土简帛四古本，《老子》没有单独使用“玄”字，“玄”在《老子》一书中不是一个独立的概念。扬雄继承了严遵的思想成果，将“玄”的概念进一步提升，而作为其哲学思想的最高概念——“玄”即是宇宙的本体。由此，扬雄并称其学其书为《太玄》。《太玄》是适应浑天说而创立的一种新经学或新易学，它在结构上虽然与《周易》类似，但其内容迥异。

其四，《指归》的宇宙论哲学不仅是对于西汉宇宙论思想的总结和提高，而且其所创新的内容给汉末的道教经典及张载等人的哲学提供了思想再造的资源。《指归》的思想是黄老学通往汉末道教的必要桥梁，其四因素说、自然说、性命说和对于世俗伦理的积极吸收都深刻影响了汉末道教经典，如《太平经》的形成。约在千年之后，张载的宇宙论或气论哲学，也明显地受到了严遵《指归》的四因素说（特别是神明、太和两概念）及宇宙虚无本体之存在状态学说的影响。当然，笔者没有否定，张载的气论同时受到了《庄子》《易传》气论思想的严重影响。在当代中国古代哲学研究中，学者基本上忽视了严遵哲学对于张载哲学的影响，这是应当纠正和补充的。

三

《老子指归》一书今存两个版本，一个是六卷本，题名《道德指归论》；另一个是七卷本，题名《道德真经指归》，收入正统《道藏》和《怡兰堂丛书》中。后者是通用版本。不论是称名“道德指归论”还是称名“道德真经指归”，它们都不是严遵此一著作的本名，严遵的这本著作应当叫作《老子指归》。《指归》共计十三卷，《道藏》本仅列第七卷至第十三卷，其内容对应《老子·德篇》。今传本篇序先《道篇》、后《德篇》，乃后人所改，原篇序当为《德篇》在上、《道篇》在下。《指归》每篇正文前所抄录的《老子》原文章段，今人一般称为“严遵本”或“严本”。关于这个本子，笔者有如下两点看法。

其一，严遵本《老子》的分章很可能基于章数设计的观念，而其章数设计又是以当时天道观的数理为根据的。《指归》所载《君平说二经目》（简称《说目》）与此相应，从一个侧面证明了此《说目》的真实性，它未必出于后人的依托。《说目》曰：

> 昔者《老子》之作也，变化所由，道德为母，效经列首，天地为象。上经配天，下经配地。阴道八，阳道九，以阴行阳，故七十有二首。以阳行阴，故分为上下。以五行八，故上经四十而更始。以四行八，故下经三十有二而终矣。阳道奇，阴道偶，故上经先而下经后。阳道大，阴道小，故上经众而下经寡。阳道左，阴道右，故上经覆来，下经反

往。反覆相过，沦为一形。冥冥混沌，道为中主。重符列验，以见端绪。下经为门，上经为户。智者见其经效，则通乎天地之数、阴阳之纪、夫妇之配、父子之亲、君臣之仪，万物敷矣。

“首”者，章也。《太玄》八十一画象亦用“首”字，故云八十一首。“经”者，特指《周易》一经。西汉宣帝时，《周易》立施、孟、梁丘三家，其为五经之原的迹象已较为明显。又《周易》分上下经、六十四卦，与《老子》的分篇分章情况相仿，故曰“效经列首”。“天地为象”，即以上经配天，下经配地，而分为上下篇。上下篇之分，其出遥远。郭店本《老子》甲组即有上下篇之分，马王堆帛书《老子》甲乙本和北大藏汉简本《老子》均有上下篇之分，帛书乙本两篇末并有“德”“道”的篇题，汉简本则在两简背分别题有“老子上经”“老子下经”的篇名。严遵本踵其后，以“天地为象”作为书分上下篇的根据，而此一根据其实是汉初传《老》者所用的一般理由。严遵更受到易学和阴阳观念的影响，以《系辞上》“一阴一阳之谓道”为原理，以阴阳数的两个极数八九之积为据，分《老子》全书为七十二首（章），并在此基础上分九数为五、四两数，并以之行八，故分上经为四十首（章），分下经为三十二首（章）。“九”分为五、四两数，这其实是以五行、四时为天道观的数理根据。

我曾受到《说目》的启发，探讨了通行本和汉简本《老子》的分章根据。通行本《老子》来源于刘向定著本，其总章数八十一即来源于《太初历》所设定的日数，《太初历》将一日八十一分，而依托于以律转历的说法，八十一分合于黄钟一龠之数。其上下篇的章数三十七和四十四，是根据中数五六之比(5 : 6)来制定和裁划的。与严遵本、刘向定著本相对，汉简本《老子》是景帝立经本的传抄本，其所依据的宇宙学说为盖天说。据我个人的研究，汉简本的总章数七十七，是以北斗七星之数为根据设定的；其上下经的章数四十四和三十三，是以盖天说的数理地四天三（“圆出于方”）为根据设定的。在当时思想背景下，文本自身的形式（如分章）并非小事，它们要尽可能地符合所谓天道观的数理①。我近年所撰多篇论文的基本观念，与严遵《说目》是一致的。

其二，严遵本《老子》包含许多古本因素，它并非伪本。这点可从如下多个方面来看。

首先，严遵本和汉简本、刘向定著本一样都以天道观的数理为根据来裁划《老子》文本的总章数及其上下篇的章数。这一点，上文已作论述，可以回看。

其次，比较诸本可知，严遵本和通行本（刘向定著本）的分章其实是建立在汉简本分章的基础上的。从全部文本的抄写顺序来看，严遵本与汉简本的文本顺序是完全相同的，没有任何反例。就篇序来看，汉简本先《德篇》而后《道篇》，严遵本也是一样的。相对于汉简本来说，严遵本既没有将《道篇》文本移入《德篇》，也没有将《德篇》文本移入《道篇》。而且，就各篇内部来看，严遵本也没有出现文本抄写顺序不同的情况。顺便指出，在上下两章的交接处，一句话或几句话，或属上章，或归下章，这属于所谓章界的确定问题，不能与所谓全书或全篇文本的抄写顺序这种概念混淆起来。

再次，严遵本重新裁划文本的手法比较简单，上下篇均采用合并法，即严遵将汉简本《德篇》的四十四章合并为四十章，将汉简本《道篇》的三十三章合并为三十二章。严遵本《德篇》四例的具体合并情况是：(一)《得一》章将汉简本第二、三两章合并为一章，即将同于通行本的第三十九、四十两章合并为一章。（二）《以正治国》章将汉简本第二十、二十一两

---

① 丁四新：《论刘向本（通行本）〈老子〉篇章数的裁划依据》，《哲学研究》2014年第12期；《汉简本〈老子〉总章数及上下经章数的组织原理和数理法则——一种可能性的研究》，《道家文化研究》第三十辑，中华书局2016年版；《老子的分章观念及其检讨》，《学术月刊》2016年第48卷第9期；《“数”的哲学观念与早期〈老子〉文本的经典化——兼论通行本〈老子〉分章的来源》，《中山大学学报（社会科学版）》2019年第59卷第3期。

章合并为一章，即将同于通行本的第五十七、五十八两章合并为一章。（三）《其安易持》章将汉简本第二十七、二十八两章合并为一章，即将同于通行本的第六十四章的上下两段合并为一章。（四）《天下谓我》章将汉简本第三十一、三十二两章合并为一章，即将同于通行本的第六十七、六十八两章合并为一章。简言之，严遵本即将汉简本《德篇》中某些前后相接的两章合并为一章，八章即合并为四章。由于严遵本《道篇》已全部散佚，故其具体哪一章由汉简本的两章合并而成的，这是目前无法回答的问题。

最后，在具体分章和词句使用上，严遵本与出土简帛古本也多有相合之处。其中，最为显著的一例是汉简本第二十二章。此章文本抄写在第60—62号简上，云："方而不割，廉而不刿，直而不肆，光而不耀。治人事天莫如啬。夫唯啬，是以蚤（早）服。蚤（早）服是谓重积德，重积德则无不克，无不克则莫智（知）其极，莫智（知）其极可以有国，有国之母可以长久，是谓深根固抵（柢），长生久视之道也。"第60号简首有一表示分章的墨丁符号，这是汉简本的通例；第62号简后有留白，这也是汉简本的通例。汉简本每一章的抄写，前后都不共简，是一个独立的文本单位。"治人事天莫如啬"以下一段文字在通行本中属于第五十九章，但"方而不割，廉而不刿，直而不肆，光而不耀"四句在通行本中不属于此章，而抄在通行本第五十八章的末尾。汉简本与通行本相对，将"方而不割"等四句与"治人事天莫如啬"以下一段文字合抄为一章（即第二十二章），而与严遵本《方而不割》章正好吻合。严遵本此章将此两段文字合为一章抄写。与严遵本不同，其他传世本均将"方而不割"等四句抄在上一章（即第五十八章）之末。此例表明今传严遵本来源甚早，它的文本价值应当得到充分肯定。

综合如上四点看法，严遵本《老子》应当不是伪本，渊源自西汉的可能性很大，它跟出土简帛古本有密切关系。不过，在后来传抄的过程中，它受到通行本、传经者和抄写者的影响，这是可以肯定的，也是难以避免的事情。事实上，文本趋同及其互相靠近，是传世诸本《老子》的一般现象，我们不能据此即否定今传严遵本的价值；相反，严遵本同于出土简帛古本且与其他传世本相异的情况，应当得到今人的高度重视。郑良树曾肯定严遵本和帛书本《老子》的关系很密切，并说其作伪的可能性很小[①]，这个意见是对的。不过，现在看来，严遵本和通行本，都与北大汉简本《老子》的关系更为密切，这是近来逐渐为人所知的关于早期《老子》文本问题的一个新知识。

四

永飞的博士学位论文是在我的指导下展开研究和写作的，其题目是《〈老子指归〉的哲学研究》。永飞一直颇有“哲学”的兴趣，无论在思考上还是在写作上他都是如此，而他在此方面也颇有造诣。他选择以哲学的做法来展开严遵《指归》思想的研究，这是有其内在根据的。笔者认为，他的学位论文做得很成功，也很有成绩。

第一，永飞学位论文是目前第一部专门研究严遵《指归》思想的博士学位论文。而此一论题的选定，现在说来，首先得益于近一二十年来学界对于《指归》及其作者与严遵关系的肯定。其中，出土简帛古本《老子》的发现对于《指归》真伪问题的解决起了积极作用。越来越多的学者肯定《指归》的真实性及其作者与严遵的关系，这给永飞研究《指归》思想以巨大勇气。而永飞写出此篇学位论文本身，无疑即是对于《指归》和严遵思想价值的直接肯定。

第二，永飞学位论文对于《指归》哲学思想做了全面梳理，既富有深度，又别开生面。这一点即可以从本书第二、三、四、五、六章的章节标题看出。第二章研究《指归》“形”的哲学方法论，第三章研究《指归》哲学方法的基本理路，第四章研究《指归》“自然本体”的观念，第五章研究《指归》形物世界的生成，第六章研究《指归》构造人文世界的意、言、器这三个

---

① 郑良树：《老子新论》，上海古籍出版社2011年版，第436页。

核心观念。读了永飞的学位论文后，作为他的指导教师，我感到他的论文很有新意。

第三，永飞学位论文提出了一些创新性观点，值得重视。他的论文有新的理论框架设计，有新的方法或理路做证明，有新的思想要点归纳，以及有新的线索拟定。由此可知，永飞写作此文时颇费心思，他动脑和动手都很勤奋。平时，我跟他交流对话以及看他的论文，给人印象最深的是他很有创新意识，他不落窠臼，总想有一点属于自己的想法和做法。这篇学位论文即是他此一学术特点的直接体现。

第四，从这篇学位论文来看，永飞不仅具有很强的问题意识，而且善于条理思想和诠释研究对象，同时他具有很强的归纳和分析能力。如对《指归》的“道”，他归纳和分析出自然、无形、无声、无名、无为、大、生、夷、正心、履和、成功、不可胜等义。又如对《指归》“神明”的“神”概念，他归纳出十种含义；对《指归》的“和”概念，他归纳出十六种含义。对于古代的“气”观念，他归纳出正气、神气、和气、血气、意气、阳气、阴气，气化、气容、气因、气和、气志、气顺、气感、气力，禀气、静气、专气、含气、有气等义。

总的看起来，永飞在读博期间很勤奋，写作博士论文是很认真的，这不仅表现在其用功程度上，也表现在其思考质量上。这篇学位论文的完成，固然一方面加深了永飞本人对于《指归》思想的理解，但是另一方面也将会深化读者对于《指归》思想的认识。而他的学位论文能够在这么短的时间内出版，是一件令人感到颇为高兴的事情。

永飞学位论文的初稿写出来的时候，我已经离开武汉大学，在清华大学哲学系任教。2018 年夏天，永飞顺利通过了论文答辩，获得了哲学博士学位。又过了大约半年，永飞从河南省社会科学院调到了贵州遵义医科大学工作。虽然空间距离拉远了，但是由于现代通信工具的发达，我和他之间仍然保持着很方便的联系。

庚子年是人类历史上很不寻常的一年。转眼鼠尽牛来，春晖在窗外的南墙上尽情倾倒，在庭院中无尽流淌。春天来了，我也很顺利地、很惬意地完成了一个多月以前永飞交给我的作序任务。

是为序。

辛丑年雨水序于北京学清苑

（原载袁永飞:《〈老子指归〉的哲学研究》，巴蜀书社 2021 年版）

序《西汉经学与灾异思潮》

一

《汉书·眭两夏侯京翼李传》曰:“汉兴推阴阳言灾异者,孝武时有董仲舒、夏侯始昌;昭、宣则眭孟、夏侯胜,元、成则京房、翼奉、刘向、谷永,哀、平则李寻、田终术。此其纳说时君著明者也。”同书《五行志上》曰:“汉兴,承秦灭学之后,景、武之世,董仲舒治《公羊春秋》,始推阴阳,为儒者宗。宣、元之后,刘向治《穀梁春秋》,数其祸福,传以《洪范》,与仲舒错。至向子歆治《左氏传》,其《春秋》意亦已乖矣;言《五行传》,又颇不同。是以揽仲舒,别向、歆,传载眭孟、夏侯胜、京房、谷永、李寻之徒所陈行事,讫于王莽,举十二世,以傅《春秋》,著于篇。”对于这两段话,凡是研究过西汉经学的人大概都很熟悉。这两段话互为表里,共同揭示了西汉经学特别是其经学灾异学的基本线索。同时,这两段话无疑揭示了“灾异”是西汉儒家所思考的一个焦点和重点。换言之,在较大程度上我们可以说西汉经学即是灾异学。西汉经学灾异学具有极其广泛、久远的影响,自《汉书》以下历代正史几乎都设置了《五行志》,以记载灾异现象及其相关思想和学说。

自清末以来,由于受到西方文明的冲击,中国人的一个回应是反思、批判和否定自身的文明传统,其中汉人的灾异思想和学说即受到了启蒙思想家及学者的激烈批判和否定,人们一般是从负的方面来看它的。在梁启超等人的鼓噪和带动下，一百多年来学者在很大程度上将灾异思想及存在于其背后的天人感应思想和阴阳五行思维作为赛先生（“科学”）的对立面，予以大力批判、否定和解构。而由此，灾异思想即在较大程度上连累了今人对于汉代思想、学术和文化的态度和评价。时至如今，汉代思想特别是其中的儒家思想仍被今人视作近现代中国之所以落后的重要原因之一，而承受着中国思想史上最负面、最否定的评价。

梁启超曾斥责汉儒阴阳五行学说为惑世诬民的“邪说”和充满禨祥灾祲的“迷信”[①]。顾颉刚认为《礼记·月令》“呆板可笑”，批评汉儒的阴阳灾异说是虚假、幻想的学问[②]。王国维则批评汉儒“唯以抱残守缺为事”，“其为诸子之学者，亦但守其师说，无创作之思想”[③]。类似负面评论从民国一直弥漫下来，充斥于当代中国思想界和学术界。关于汉代哲学，学者的评价也几乎是负面和否定的。牟宗三说：“两汉经学之中较少哲学问题，因此我们略过不提。”[④]劳思光说汉代儒学“思想混杂”，使得中国哲学思想退入“宇宙论中心之哲学”的“幼稚阶段”[⑤]。对此现象，李泽厚总结道：“处在先秦和魏晋两大哲学高峰之间、以董仲舒为重要代表的秦汉思想，在海内外均遭低贬或漠视，或被斥为唯心主义、形而上学，或被视为‘儒家一大没落’。”[⑥]李氏的概括是准确的。总之，近一百多年来，汉代思想，特别是其中的儒家思想，基本上是以最负面、最可憎的面目出现在学者的

① 梁启超：《阴阳五行说之来历》，载汤志钧，汤仁泽编：《梁启超全集》第十一集，中国人民大学出版社 2018 年版，第 239—252 页。

② 顾颉刚撰，王煦华导读：《秦汉的方士与儒生（附〈中国辨伪史略〉）》，上海古籍出版社 1998 年版，第 26 页。

③ 王国维：《论近年之学术界》，载谢维扬、房鑫亮主编：《王国维全集》第一卷，浙江教育出版社 2009 年版，第 121 页。

④ 牟宗三：《中国哲学十九讲》，载《牟宗三先生全集》第二十九册，联经出版事业有限公司 2003 年版，第 225 页。

⑤ 劳思光：《新编中国哲学史》（一卷），广西师范大学出版社 2005 年版，第 15 页。

⑥ 李泽厚：《中国古代思想史论》，人民出版社 1985 年版，第 135 页。

叙述中的。究其原因，天人感应和宇宙论是两大根据，而灾异说是汉代天人感应思想的重点。

不过，进入21世纪以来，学界风气有了较大转变。多数中国当代中青年学者已经能够平心静气地面对汉代思想和文化，并以积极的心态来评价其价值和意义了。我们看到，近十几年来，学者的相关研究兴趣倍增，热情不断高涨。中青年学者一改前辈的启蒙心态和鄙薄风气，而变得严肃、认真起来。相应地，汉代的学术、思想和文化已得到重视，如今研究汉代经学、思想和文化的著作不断，它们已在相当程度上改变了人们对于汉代思想的认识和看法。

冯鹏的《汉代经学与灾异思潮》一书正是在如上背景下选题和撰写出来的。冯君从一开始即以相对正面、积极的心态来看待和研究汉代思想的一个焦点——西汉的灾异思想、学说和思潮，并追问其发生、发展、构成和影响问题。我认为，这是一项很有意义的学术研究工作。

二

直观看来，灾异现象可分为两种，一种是纯粹自然、客观的灾异，另一种是充满神意或受鬼神主宰、影响的灾异。前一种灾异概念，今人习以为常，而以为当然；后一种灾异概念，中国古人习以为常，并以为当然，这对于先秦秦汉时期的古人来说尤其如此。冯君《汉代经学与灾异思潮》一书所说灾异，正是指后一种意义上的灾异。如何认识灾异，及何谓灾异意识、思维、思潮和哲学，这是几个值得讨论的概念或问题。围绕这几个概念或问题，笔者的意见如下：

第一，古文字学界已经阐明了“灾”“异”二字的本义及其相关引申义。据《说文》，“灾”字有四种写法。《说文·火部》曰：“烖，天火曰烖。从火，𢦏声。灾，或从宀、火。㶡，古文从才。災，籀文从巛。”《说文》以“烖”为正字，以“灾”“㶡”“災”为或体。其实从古文字来看，这四种写法在甲骨文中都已出现。“災”表示水灾，“灾”或“扻”表示火灾，“烖”表示兵灾[1]。而联系经传、诸子书籍的用法来看，此字当以“灾”字为正，其他诸字则为或体。现代规范汉字以“灾”为正字，这是恰当的。“灾”字从宀从火，是一个会意字，本义指自然的火灾。《公羊传·桓公十四年》“御禀灾”、《僖公二十年》“西宫灾”，皆用其本义。《左传·宣公十六年》曰：“夏，成周宣榭火，人火之也。凡火，人火曰火，天火曰灾。”《公羊传·桓公十四年》何休注曰：“火自出烧之曰灾。”这两段文字皆直接阐明了“灾”字的本义是天火，即自然的火灾。人为的火灾当时不叫作“灾”。不过，“灾”字后来除泛指自然灾害外，也泛指人为的灾害。作为“灾异”术语中的“灾”，从今人的眼光看，均指自然灾害。

“异”字的繁体为“異”。《说文·异部》：“异，分也。”这是不对的，“分”不是“异”字的本义。杨树达《积微居金文说》曰：“甲文異字作人头上戴物，两手奉之之形。異盖戴之初字。戴从𢦏者，加声旁耳。”[2]杨说得到了广泛承认，“異”即是“戴”字的初文，后来才分化为二字的。“灾异”的“异”，是用异常、怪异义，具体指怪异的事物。《释名·释天》：“异者，异于常也。”《玉篇·异部》：“异，尤也。”又说：“异，怪也。”“异”又特指灾异之异。《汉书·楚元王传》曰：“往者众臣见异。”《公羊传·隐公三年》曰：“己巳日有食之，何以书？记异也。”两例中的“异”都是特指“灾异”的“异”。在古书中，“灾”“异”两者一般有别，各有所指。

第二，从外延看，“灾”和“异”是有区别的，其所指对象都很广泛。《管子·度地》有“五害”的说法，云：“水一害也，旱一害也，风、雾、雹、霜一害也，厉一害也，虫一害也，此谓五害。五害之属，水最为大。五害已除，人乃可治。”此“五害”即指五种灾害。古代的“灾”，包括水、旱、风、火、厉、虫等形式。据荀悦《汉纪·序》等书篇，“异”包括日月蚀、地震、天开地裂、

---

① 参见汉语大字典编辑委员会：《汉语大字典》，四川辞书出版社、湖北辞书出版社1986年版，第2190页；李学勤主编：《字源》，天津古籍出版社2021年版，第895–896页。

② 转见汉语大字典编辑委员会：《汉语大字典》，第2540页。

五星集于东井、太白经天、星孛、山崩、陨石、星陨、星昼见、冬雷、夏雪、冬无冰、天雨血、雨草、雨鱼、死人复生、男子化女而为妇生子、枯木更生、大石自立、六鹢退飞、木自鸣等，在数目上远比“灾”多。从所列诸项看，属天之异象众多，且似乎更为重要，故它们更能表达上天之意。公羊学所说灾异之象，即见于上列诸项。《汉书·五行志》将灾异现象列为灾、妖、孽、祸、痾、眚、沴、祥八类，这显然是出自高度整饬的结果，应当出自夏侯始昌《洪范五行传》。

第三，符瑞之应与灾异相对，从符瑞反观灾异，这是理解灾异内涵的一个方面；二者都是天（神）人（人君）感应和贯通的基本中介。如果说灾异是从消极的方面来说，即从谴告、惩戒的方面来说，那么符瑞之应是从积极的方面来说，即从肯定、奖赏的方面来说。《白虎通·灾变》篇曰：“天所以有灾变何？所以谴告人君，觉悟其行，欲令悔过修德，深思虑也。”这是《白虎通》对于灾变的定义。对于符瑞，《白虎通·封禅》篇曰：“天下太平，符瑞所以来至者，以为王者承统理，调和阴阳；阴阳和，万物序，休气充塞，故符瑞并臻，皆应德而至。”符瑞之应可分为两种，一种是符应，另一种是瑞应。符应本是改朝换代之象，与瑞应的区别较大。但经过汉代经学的作用之后，符应和瑞应至东汉时期均作为太平之象来看待。汉人认为，其德不同，则其符瑞之应有别。如“德至天”则“斗极明，日月光，甘露降”，如“德至地”则“嘉禾生，蓂荚起，秬鬯出，太平感”。据《白虎通·封禅》篇，景星见、五纬顺轨、朱草生、木连理、凤皇翔、鸾鸟舞、麒麟臻、白虎到、狐九尾、白雉降、白鹿见、白鸟下、醴泉、嘉禾，都是符瑞之应。需要指出，西汉中后期经学更重视灾异，而东汉前期经学则更重视瑞应。

第四，灾异思想的高潮是西汉中后期，而汉儒推阐灾异说，其目的在于谴告人君，在肯定君权神授的基础上实现对于君权的控制，且其在历史上的实际作用也是如此。汉人的灾异说是上天的神性得到肯定和强化的结果，反过来看，它提高了上天的地位，强化并转化了上天的神性。汉人的灾异说已经预先肯定天意本身是纯善无恶的，故由天所降之灾异可以从纯恶的东西转变为包含着纯善神意的启示物，而所谓谴告之意正得之于此。而灾异思想在西汉中后期的流行，成为汉朝的意识形态及其主导性的社会意识，这主要是由当时的历史形势所决定的。武帝时期，随着汉帝国综合国力强大，论证汉朝统治的合法性已经不是时代所需的迫切任务，而预警、教戒和控制皇帝的权威变得日益迫切和重要，所以董仲舒、夏侯始昌等人审察时势，以《春秋·公羊传》《尚书·洪范》等为经典依据，推阐灾异理论，掀起了灾异思潮[①]。简言之，从德运观、革命论的历史哲学，转入灾异论的政治哲学或治理哲学，这是西汉儒家哲学思想的一大转变。从学统来看，春秋公羊家的阴阳灾异说为一系，此系更重视灾异的教化作用，故认为“异大乎灾”；洪范五行家的五行灾异说为另一系，此系更关注灾异所包含的天威力量，故认为“灾”重于“异”，并且在教戒次序上主张“先异后灾”（《洪范五行传》《论衡·谴告》）。

第五，灾异意识、灾异思维、灾异思潮和灾异哲学是环绕“灾异”展开的概念，而区别这几个概念有助于理解“灾异”的内涵。在上古时期，纯粹自然意义上的灾异现象在绝大多数人的心目中是不存在的，或者说灾异现象本身在上古即浸染在浓厚的宗教意识之中。灾异，是神灵意志或旨意的具体化和现象化。原始的灾异意识可以溯源至远古，是一种被给予的、习得的、自然形成的宗教意识。对于灾异意识的反关注和有意运用，并指向天人关系的思考，即为灾异思维。而一旦灾异思维在特定时间范围内形成强烈、浓厚而紧张的群体性意识运动，即为灾异思潮。而灾异哲学是从灾异思维和灾异思想中区别出来的高级形态，是作为根本的宇宙观（世界观）、人生观和价值观。

大约说来，在殷代以前，中国古人只有灾异意识而无灾异思维。殷周之际，中国古人的灾异思维开始形成，人们自觉地运用灾异意识来肯定天

---

① 齐诗学在西汉晚期仍然坚持革命论，翼奉的“四始”“五际”说是继承辕固生汤武革命旧说，并予以天道化或宇宙论化的结果。

人相与的意义，思考世界观、人生观和价值观的问题，思考人自身、家国和天下的命运问题。灾异思维已见之于《诗》《书》等经典，《尚书·洪范》是其中的一个经典文本。《春秋》记载着大量的灾异现象，据此推断，灾异思维已经在春秋时期诸侯列国弥漫开来。灾异在先秦已经形成一种弥漫性的社会意识，这是可以肯定的，但它是否在先秦的某个时期形成了一股或一次思潮，这是值得怀疑的。

灾异哲学是一个值得特别讨论的概念。笔者认为，作为哲学，它必须满足如下几个条件：一，它首先必须以灾异为前提，即首先必须以对于灾异的思考为出发点（意图）或归宿点（目的）。二，它是一种神意化的天道观和生成论，肯定了天人感应和天人相与，起着谴告人君，即要求人君恐惧自省、再行德政的作用①。三，它认为灾异是一种具有政治和宗教寓意的象征性符号，超越了一般事件的意义。《汉书·谷永杜邺传》记杜邺曰："案《春秋》灾异，以指象为言语，故在于得一类而达之也。""以指象为言语"是灾异上升为哲学的重要内涵。四，它以阴阳五行为关联思维的基本载体，实现了对于当时流行的宇宙生成论的新建构和新理解，建立了灾异学说的一个基本思维方式。五，它本身是当时政治哲学的重要表现形式，或者说，灾异哲学在性质上属于政治哲学。综合如上五点来看，可以推断，历史上的灾异哲学当形成于西汉中期②。

---

① 董仲舒《天人三策》曰："及至后世，淫佚衰微，不能统理群生，诸侯背畔，残贼良民以争壤土，废德教而任刑罚。刑罚不中，则生邪气；邪气积于下，怨恶畜于上。上下不和，则阴阳缪盭而妖孽生矣。此灾异所缘而起也。"《汉书·宣帝纪》载宣帝诏曰："盖灾异者，天地之戒也。"《汉书·成帝纪》载成帝诏曰："君道得，则草木、昆虫咸得其所；人君不德，谪见天地，灾异屡发，以告不治。"

② 对于"灾异哲学"概念，笔者曾有论述。参见丁四新、龚建平：《中国哲学通史·秦汉卷》，江苏人民出版社 2021 年版，"导言"部分。

三

灾异思想的起源、形成及其思维形式，这是几个值得讨论的问题。广义的灾异思想，包括灾异意识、灾异思维、灾异学说和灾异哲学等概念。狭义的灾异思想不包括灾异意识及其意识的社会化。本节所说灾异思想，主要指其狭义而言。

先看灾异思想的起源问题。从逻辑上来看，灾异思想和灾异思维的起源很早，因为只要古人集体沉浸在一种彼此认同且以为真实的神灵或宗教意识中，他们就会以其所构想的神灵眼光反观世间万事万物，并与之相感应。而处于神灵意识中的事物一旦令人感到恐惧或惊奇，就立马会转变为“神迹”。在古代中国，处于宗教意识下的“灾异”不但是神迹，而且是精神现象物，是神祇特别是上天意志的显现。而狭义的灾异思想，是对于原始灾异意识的反思，是在反思（反观）基础上形成的灾异观念、思维、学说和理论。

从考古来看，中国古人的“灾异”观念起源极早，这可以从大量出土古代天文学遗迹推断出来[①]。在古代，占星术与天文学高度混合，没有严格的区分，天文现象特别是其异象与人间祸福吉凶攸关。古人发展天文学的目的，一是为了构建当时的宇宙观和制定相应的历法，二是为了占测天意。占测天意的天文学即为占星术。使用占星术占测天意，这是以承认灾异的存在为前提的。而狭义的灾异思想或灾异思维的起源，应当不晚于殷周之际。此前，天人是混沌不分的，人们是否已实现了对于灾异本身及其意识的反思和反观，这是目前难以断定的事情。不过，很清楚，在战国以前中国思想经历了两次大突破。第一次是在殷周之际，周人（政治精英）发明了“德”

---

① 例如，在距今约 6500 年的濮阳西水坡 45 号墓中发现了龙虎星象图，在距今五六千年的红山文化遗址中发现了祭祀天地的圜丘和方丘，在距今约 4300—3900 年的陶寺文化遗址中发现了中国古代最早的测日影的天文观测系统，在曾侯乙墓出土的一件漆箱上人们发现了战国早期的二十八宿星象图。

的概念，并以之重构了以王为中心的政治主体性和天人关系。从一定意义上说，中国的人文思想即萌生于此次思想大突破，民本政治、礼乐文化和德行伦理等观念即由此逐步开展出来，并成为西周至春秋时期最积极、最活跃的思想因素。在春秋末期，中国的人文思想经历了第二次大突破。其标志之一是孔子通过“性”与“天命”的对接，将超越而外在的天命转化为超越而内在的性命，性命从此成为人的生命和德行的大本大原。其标志之二是老子提出了超越的“道”概念，并以之取替了神性之“天”或“上帝”的位置，将人间对于“天”或“上帝”的宗教性崇拜转变为对于“道”的理性思考和把握。

不过，需要指出，尽管人文主义思想在个别知识精英的思想中占据了主导地位，但这并不意味着尊崇鬼神的宗教观念从此退出了中国人的思想世界，实际上，从总体上看，鬼神思想仍然主宰着广大民间社会和笼罩着整个精英阶层。即使是《老子》一书，也没有否定彻底鬼神的存在[①]。

再看灾异思想或灾异思维的形成问题。从经典来看，五经本文都包含一定的灾异思想或灾异说法，但是各经的灾异思想、思维或意识程度是不同的。笔者认为，狭义的灾异思想或思维应当正式形成于周初，《尚书·洪范》篇是其证据。据笔者考证，《尚书·洪范》篇是周初著作[②]。此篇第八畴曰：

庶征：曰雨，曰旸，曰燠，曰寒，曰风。曰时五者来备，各以其叙，

---

① 通行本《老子》第四章：“吾不知谁之子，象帝之先。”第六十章曰：“以道莅天下，其鬼不神；非其鬼不神，其神不伤人；非其神不伤人，圣人亦不伤人。”这两段引文都批判了当时的鬼神观，但是没有否定上帝、鬼神的存在。在先秦大思想家中，荀子大概是唯一的例外。他明白无误地否定了“天”的神性，如说：“天行有常，不为尧存，不为桀亡。”又说：“明于天人之分。”对于祭祀等礼仪活动，他说：“以为文则吉，以为神则凶也。”（《荀子·天论篇》）这完全是实用主义的态度，将神圣的宗教性礼仪活动转化为教化的工具来看待。以今人的眼光来看，荀子的此种思想远远超越于他的时代，是不可能被古人广泛接受的。

② 丁四新：《近九十年〈尚书·洪范〉作者及著作时代考证与新证》，《中原文化研究》2013 年第 5 期，第 12–22 页；《洪范大义与忠恕之道》第一章，商务印书馆 2022 年版。

> 庶草蕃庑。一极备，凶；一极无，凶。曰休征：曰肃，时雨若；曰乂，时旸若；曰哲，时燠若；曰谋，时寒若；曰圣，时风若。曰咎征：曰狂，恒雨若；曰僭，恒旸若；曰豫，恒燠若；曰急，恒寒若；曰蒙，恒风若。曰王省惟岁，卿士惟月，师尹惟日。岁月日时无易，百谷用成，乂用明，俊民用章，家用平康。日月岁时既易，百谷用不成，乂用昏不明，俊民用微，家用不宁。庶民惟星，星有好风，星有好雨。日月之行，则有冬有夏。月之从星，则以风雨。

《洪范》第八畴即为庶征畴。在今人看来，雨、旸、燠、寒、风五者不过是纯粹客观、自然的天气现象，但是《洪范》称之为“庶征”。“庶”者，众也；“征”者，证也，验也，应也。所以“庶征”一词本身即包含着天人感应之义。庶征因其吉凶又可分为两类，一类是休征，另一类是咎征。而庶征之休咎，与君王的修身密切相关。据《洪范》第二畴（即五事畴），君王之貌、言、视、听、思皆当修治。“事”即修治之义。《洪范》曰：“貌曰恭，言曰从，视曰明，听曰聪，思曰睿。恭作肃，从作乂，明作哲，聪作谋，睿作圣。”由此推演，休征是：“曰肃，时雨若；曰乂，时旸若；曰哲，时燠若；曰谋，时寒若；曰圣，时风若。”咎征是：“曰狂，恒雨若；曰僭，恒旸若；曰豫，恒燠若；曰急，恒寒若；曰蒙，恒风若。”两类十种天气现象的好坏在此被看作是上天对于君王修身之善否的回应：休征是吉善之应，是祥瑞；咎征是过罪之应，是灾祸。进一步，庶征畴认为王、卿士、师尹有岁、月、日的省思，与时间、天文星象直接关联了起来。总之，《洪范》庶征畴具有典型的天人感应和灾异学说的思想特征，与汉人的洪范五行灾异说非常相近。只不过，《洪范》庶征畴只说到灾，而未言及异，汉人则灾异皆说。由汉人的灾异说上溯，《尚书·洪范》篇无疑是其正源；并且，衡量两者的关联程度，可以推断灾异思想或灾异思维正式形成于周初。

需要指出，《春秋》一书记载了大量灾异现象，可以说此经已具备很浓厚的灾异意识，但是我们无法据此认为它已提出了灾异学说或灾异理论。作为旁证，在先秦时期，人们只认为《春秋》是一部记事件或讲道理的书籍。

郭店简《语丛一》曰："《春秋》，所以会天下之事也。"（第40—41号简）这是以历史书来看待《春秋》。《孟子·滕文公下》曰："世衰道微，邪说暴行有作，臣弑其君者有之，子弑其父者有之。孔子惧，作《春秋》。《春秋》，天子之事也。是故孔子曰：'知我者其惟春秋乎！罪我者其惟春秋乎！'……昔者禹抑洪水而天下平，周公兼夷狄驱猛兽而百姓宁，孔子成《春秋》而乱臣贼子惧。"同书《离娄下》曰："王者之迹熄而诗亡，诗亡然后春秋作。晋之乘，楚之梼杌，鲁之春秋，一也。其事则齐桓、晋文，其文则史。孔子曰：'其义则丘窃取之矣。'"《庄子·天下》曰："《春秋》以道名分。"这些说法都是以哲学著作来看待《春秋》①。而所谓春秋学的阴阳灾异说，无疑是汉儒的发明。

又看灾异说的基本思维形式。灾异说的基本思维包括四种，一是天人感应，二是象征思维，三是阴阳五行思维，四是关联性思维。从技术或手段看，占验灾异是从占星术演变而来的。天人感应可分为两种，一种是神性的天人感应，是人感天应；另一种是主观性的天人感应，其实质是人对于天的感通。前者属于通常所说的天人感应，"灾异"被理解成饱含神意的自然—精神间现象物。后者即是天人感通，天人感通是人对于其自身之主观意志和能力的夸大，人们认为，通过修身，人即可以感通天地，而与万物一体。很显然，"天"在其中是消极、被动的，其神性已丧失殆尽。象征思维是灾异说的必要条件，正因为可以作为神意的象征，所以灾异才能被理解为神意的现象符号，并且人可由此占测神意。阴阳五行思维大约是在战国时期逐渐进入灾异说的，或者说灾异说的阴阳五行化是在战国时期。阴阳思维将宇宙间万事万物分为相互对立、联系和作用的二元，五行思维则将宇宙间万物分为相互区别、联系和作用的五元。阴阳思维和五行思维发生实际作用，还必须以关联思

---

① 《春秋繁露·楚庄王》："《春秋》，义之大者也。"同书《俞序》："仲尼之作《春秋》也，上探正天端，王公之位，万民之所欲，下明得失，起贤才，以待后圣。"同书《深察名号》："《春秋》辨物之理，以正其名……《春秋》大元，故谨于正名。"同书《顺命》："《春秋》列序位尊卑之陈，累累乎可得而观也。"

维为基础。通过关联思维，宇宙间所有事物都可以区别为阴阳相对的双方，或五行相对的五元。需要指出，不是一切历史形态的灾异说都包含了如上四种思维方式，但是汉人的经学灾异说包含了它们。

最后看战国阴阳家的灾异说和汉代经学的灾异说的关系。笔者认为，这两种灾异说其实不存在直接的继承或演变关系，阴阳家的灾异说其实应当叫作禁忌说。有一种意见认为，汉代经学的灾异说是从战国阴阳家的灾异说演变来的，或者说战国阴阳家的灾异说是汉代经学灾异说的直接来源。这种意见的推理逻辑是，先秦至汉代的灾异说是线性发展和演进的，不存在历史的跳跃。笔者认为，这种意见未必正确，不符合历史实际。虽然汉代经学的灾异说以历史上的各种灾异说为其资源，但毕竟它以五经本身之灾异说为统绪，在吸纳诸家灾异说的基础上，汉代经师对于灾异理论做了较大改造和提升，应该说汉代经学的灾异说是中国古代灾异说的最高成就。据司马谈《论六家要指》等文献，笔者曾将阴阳家分为三派，一派是正统派，一派是德运派，一派是小数派[①]。小数派过分强调其禁忌思想，德运派宣扬五德转运之说，正统派则以“四时之大顺”（春生、夏长、秋收、冬藏）为基本原理，以“务时寄政”为宗旨，以禁忌为辅助。或者说，阴阳家的本质是关于农时政治的哲学，它认为，时节产生于阴阳二气在一岁的消息运动，时节不同则其教令不同，故谓之时令或月令。同时，阴阳家在依托于神性的天道观下将禁忌作为必要内容加入自己的思想体系中。不过，尽管阴阳家的禁忌说从内容上涉及大量灾异现象，但是它们与汉儒的灾异说毕竟不同：一者，前者所说灾异属于禁忌范畴，是将然之事，不必然发生；而后者所说灾异则是已然之迹和已然之事。二者，前者以灾异为禁忌，为阴阳家说的附带内容；而后者则以灾异为出发点和论说的基础。三者，前者以四时宜忌为说，但其根本目的在于教人“务时”或反之于“四时之大顺”；

---

① 丁四新：《楚简〈太一生水〉研究——兼对当前〈太一生水〉的研究的总体批评》，载《楚地出土简帛文献思想研究（一）》，湖北教育出版社 2002 年版，第 242—243 页。

而后者则以警示人君、限制皇权和占验吉凶为目的。此外，在经学灾异说中，灾异、五经、人君、天人感应是其理论的最必要和最一般的构成因素，而阴阳五行思维则居于其次，后者是在西汉时期才正式纳入经学灾异学说中的。

总之，阴阳家所说的灾异和一般灾异学说所说的灾异，其性质、地位、作用都很不相同。从学理来看，一般灾异说以灾异本身为其自身理论构造的基本出发点和推阐中心。因此追本溯源，汉代经学灾异说的直接来源应当是《尚书·洪范》等的灾异说；汉儒反之五经而推明之，为汉代思想和哲学的发展作出了巨大贡献。

四

冯鹏是我在武汉大学工作时所指导的硕士生和博士生。他的硕士学位论文是研究杭辛斋的易学思想的，博士学位论文是研究西汉的灾异思想的。《西汉经学与灾异思潮》即是其博士学位论文的修改稿。大约三个月前，冯君将他的博士学位论文的修改稿面交给我，我最近才抽出时间来仔细阅读。重读之后，收获良多，我对于西汉经学灾异学说乃至整个古代灾异思想的理解又一次变得很明晰了。

除《绪论》和《结语》外，冯君的这部专著共分八章，它们分别是：第一章，《相关概念的界说》；第二章，《西汉经学灾异思想的观念来源与理论先导》；第三章，《西汉经学灾异思想的创始、形态与特色》；第四章，《西汉〈春秋〉学的灾异思想》；第五章，《西汉〈周易〉经学的阴阳灾异化转向》；第六章，《灾异思潮下的西汉齐诗学数术化转型——兼议清代的〈齐诗〉学“复兴”》；第七章，《从〈洪范五行传〉到〈汉书·五行志〉——西汉经学灾异说的体系化建构》；第八章，《经学灾异思潮与西汉政治的互动》。《绪论》和《结语》对于全书的观点和基本内容做了简明扼要的概括；《结语》同时提高了全书的站位，从更宏观的视角反思和评价了西汉经学灾异思想。总体而言，冯君在其大著中主要探讨和论述了三个方面的问题：一是西汉经学灾异思想的来源，二是西汉经学灾异思想的内容及其与政治的互动，三是对于西汉经学灾异思想的反思。其中，第二个方面的问题无疑是全书的中心。我很欣赏冯君将灾异思想的研究集中在西汉经学上，或者说，他以灾异思想为视角推进了学界对于西汉经学的研究。“灾异”是西汉经学思想的一个重要焦点和线索，从一定意义上说，不了解灾异思想也就不了解西汉经学。冯君此书对于西汉经学灾异思想的论述是全面的、系统的和深入的，成绩很突出。

冯君两年前以其博士学位论文申请了国家社科基金后期资助项目，项目获批后，他对书稿做了认真、全面的修改，《结语》部分花费了很大气力。修改后的书稿不但在内容和文字数量上有所增加，而且在质量上有了很大提高。冯君富有问题意识，新见频出。其文笔朴实、简练，通达、明白。修改后的书稿，我读后，很受启发。我认为，这是一部近年来研究西汉经学思想不可多得的佳作。

汉代哲学、思想和经学，是我的研究领域之一。我本人在这一领域曾发表过多篇论文，最近我和龚建平教授合著的《中国哲学通史·秦汉卷》一书也出版了。但是，从灾异思想的角度去研究西汉经学，我做得不多，也很不够。在读了他的修改稿之后，我有一些不成熟的意见和看法，草述于上，算是完成冯君交给我的作序任务。

是为序。

辛丑年冬至序于北京学清苑

（原载冯鹏：《西汉经学与灾异思潮》，中华书局 2022 年版）

序《湖湘学派体用思想研究》

“湖湘学派”有广狭之分。广义的湖湘学派属于文化学意义上的，论者宣称从北宋周敦颐一直到当代，存在一个所谓的湖湘学派。狭义的湖湘学派则特指南宋时期活跃于湖湘大地的一个著名理学学派或群体。邹啸宇《湖湘学派体用思想研究》使用的正是后一用法的“湖湘学派”概念。邹君大著主要梳理和研究了胡安国、胡寅、胡宏及张栻四人的体用思想。

一

对于湖湘学派的行事、文献及其思想，黄宗羲原著、全祖望补修的《宋元学案》卷三十四《武夷学案》、卷四十一《衡麓学案》、卷四十二《五峰学案》、卷五十《南轩学案》、卷七十一《岳麓诸儒学案》都作了记述。此五卷学案皆系“湖湘学派”的具体内容。前四卷分别以胡安国、胡寅、胡宏和张栻为叙述中心，后一卷以张栻所授湖湘弟子为叙述中心。此外，《宋元学案》卷七十二《二江诸儒学案》记述了张栻在蜀的弟子。胡安国是湖湘学派的开创者，胡宏是湖湘学派的正式创立者，张栻是胡宏的大弟子，他将湖湘学派推向了繁荣、鼎盛期。湖湘学派是南宋理学的一个重要派系，其兴起的直接原因是靖康之变后洛学南传于湖湘地区，而由胡安国、胡宏和张栻等人开创、创立和不断推动的。

胡安国（1074—1138），字康侯，谥号文定，宋建宁崇安（今福建省武夷山市）人，学者称武夷先生。他是“湖湘学派”的开创者，著作有《春秋传》等。胡寅（1098—1156）是胡安国的长子，字明仲，学者称致堂先生，著作有《论语详说》《斐然集》等。胡宏（1102—1161）是胡安国的少子，字仁仲，号五峰，是“湖湘学派”的创立者，著作有《知言》《皇王大纪》等。张栻说：“是书（《知言》——引者注）乃其平日之所自著，其言约，其义精，诚道学之枢要，制治之蓍龟也。”（《胡子知言序》）清人全祖望说：“绍兴诸儒所造，莫出五峰之上。其所作《知言》，东莱以为过于《正蒙》，卒开湖湘之学统。”（《宋元学案·五峰学案》）张栻（1133—1180）是胡宏弟子，本字敬夫，后改字钦夫，又字乐斋，号南轩，学者称南轩先生，南宋汉州绵竹（今四川省绵竹市）人。张栻曾主教岳麓书院，从学者多达数千人。他生前与朱熹、吕祖谦齐名，时称“东南三贤”，著作有《论语解》《孟子说》《南轩文集》等。

邹君《湖湘学派体用思想研究》将湖湘学派的发展划分为开创期、初步发展期、繁荣兴盛期和衰亡期四个阶段。建炎四年（1130）至绍兴八年（1138）为开创期，以胡安国先后在湘潭碧泉和南岳衡山创办书堂、授徒讲学为标志。绍兴八年（1138）至绍兴三十一年（1161）为初步发展期，以胡宏将碧泉书堂扩建为碧泉书院，潜心治学、论道施教为标志。胡宏充分吸收和融会了北宋诸儒的思想，将胡安国“日用即道”“物物致察”“善恶不足以言性”“充四端可以成性”的观念加以深化和系统化，构建了性本体论的理学体系，大大推动了湖湘学派的发展。乾道元年（1165）至淳熙七年（1180）为繁荣兴盛期，以张栻主教岳麓书院为标志。湖湘学派的重心由此从湘潭、衡山一带转移至长沙。湖湘学派在张栻的主导下盛极一时。淳熙七年至南宋末为衰亡期，以淳熙七年二月张栻的逝世为标志。之后，大部分湖湘弟子改换门庭，湖湘学派由此走向衰亡。

关于宋明理学的脉络和发展，学者通常按照理学（程朱系）、心学（陆王系）或者理学、心学、气学来划分。而在此种划分标准和体系模式下，湖湘学派的地位即不够突出，其学术史意义也暗而不彰。今世大儒牟宗三先生提出了宋明儒学三系说。在他看来，五峰（胡宏）、蕺山（刘宗周）

为一系，伊川（程颐）、朱子（朱熹）为一系，象山（陆九渊）、阳明（王守仁）为一系。此外，他认为，胡五峰、刘宗周一系继承了北宋儒学的正统（周敦颐、张载、程颢），而朱子则以别子（程颐）为宗。在牟氏“三系说”下，胡宏在宋明儒学谱系中的地位即陡然上升，意义重大，而湖湘学派因为胡宏在此谱系中的显赫地位而变得非常重要了。这一点，也得到了相关研究成果的佐证。21 世纪以来，学界出版了大量研究湖湘学派的专著，如向世陵的《善恶之上：胡宏·性学·理学》（2000）、王立新的《开创时期的湖湘学派》（2003）、朱汉民的《湖湘学派史论》（2004）、陈祺助的《胡五峰之心性论研究》（2009）、苏子敬的《胡五峰〈知言〉哲学课题之研究——以“内圣外王”概念展开之》（2009）、王俊彦的《胡五峰理学思想之研究》（2011）、康义勇的《胡寅思想研究》（2012）、尹业初的《胡寅历史政治哲学研究——以〈致堂读史管见〉为中心》（2013）、康凯淋的《胡安国〈春秋传〉研究》（2014）、蔡方鹿的《张栻与理学》（2015）、赵载光的《湖湘学统与宋明新儒学》（2015）、王雷松的《胡安国〈春秋传〉校释与研究》（2016）、邓洪波辑校的《张栻年谱》（2017）、张琴的《胡宏“知言”哲学研究》（2019）、王丽梅的《张栻的思想世界》（2019）、陈代湘与方红姣的《湖湘学派的起源与流衍》（2020）、曾亦的《湖湘学派研究》（2021）。如上成果表明，湖湘学派已受到了今人的高度重视，学者已广泛承认它是南宋理学及宋明儒学的一个重要派系。邹啸宇《湖湘学派体用思想研究》一书正是在此背景下拟题、构思和精心写作出来的。

就内涵和特征来看，湖湘学派注重形上与形下、内圣与外王的互动统一，既重视天道性命之理的发明，又关切现实生活世界，强调实行践履和经世致用，并且其中贯穿着“体用相须互成，贵体重用不偏”的主旨。在作者看来，“体用”不但是湖湘学派儒学的重要范畴和观念，而且是其统摄性的理念、方法及其特质所在，对于整个湖湘学派思想的形成和演进都具有重要意义。从湖湘学派之思想系统来看，“体用”表现在本体与作用、本体与现象、本体与工夫、根本法则与具体规范、根本与枝末等方面，内涵十分丰富。

而就整个研究来看，学界尚缺乏对湖湘学派体用思想之专门、系统而深入的研究。有鉴于此，邹啸宇即以湖湘学派的体用思想作为其博士学位论文的选题。应该说，《湖湘学派体用思想研究》一书抓住了湖湘学派的一个重要侧面和脉络，而湖湘学派的体用思想确实颇具学术研究意义。

二

体用思维和体用思想是中国哲学的固有传统，自魏晋南北朝以来即形成此一传统，影响甚巨。

体用思维及其观念植根于中国古人素朴的生活经验及其认识之中：从器物言，有其器即有其用；从道器言，形上之道为体，形下之器为用，道体器用相即不离而浑然同处；从宇宙生成论言，终极始源为体，其生成物及其过程为用。不过，从反思此观念的生成来看，“体用”观念本身直到魏晋时期才浮现出来，而严格意义上的“体用”观念（即本体论意义上的此一概念）大约是在南北朝时期随着佛学传播的日益深入而形成的。从南北朝到隋唐时期，佛道诸家都在谈论“体用”，不仅以“体用”观念来谈论本体论问题，而且对“体用”本身作了深入的理论思考。由此，“体用”观念上升为范畴，具有更强的概念统摄性和普遍性。进至北宋时期，二程受到佛道思想的影响，提出了所谓“理一分殊”和“体用一源，显微无间”的观念。而这两个观念的提出，标志着儒家体用论进入了成熟阶段。从此，体用观念融入了儒家哲学的思想创造和经学诠释之中。清初，王船山提出了所谓“体用相函”和“相与为体”的观点，将中国传统的体用论推向了理论高峰。

进入近代，文化意义上的体用说在中国开始出现并泛滥开来。清末，张之洞利用体用概念提出了所谓“中学为体，西学为用”（《劝学篇》）的主张。此主张是洋务派的指导思想。而所谓“中体西用”说，其实即“中学为主，西学为辅”说，“体用”即主辅之义，是对于传统体用概念的一种借用。此种意义上的“体用”观与中国传统哲学意义上的“体用”观不是一回事，二者不能混淆。同样，我们看到，谭嗣同主张“器体道用”，孙中山提出了所谓“物质为体，精神为用”，都是从实用主义的态度来使用“体用”这对概念的。不过，需要指出，“中体西用”等说在清末的流行，正显示出中国传统的“体用”观念早已深入人心，影响巨大。清末流行对于“体用”概念的形下使用，直至熊十力提出“体用不二”说并将其运用于本体论的思考，才将其从根本上扭转过来。牟宗三所谓“即存有即活动”“即活动即存有”的新诠，是对于熊十力“体用不二”说的继承和发展。

在如上认识的基础上，邹啸宇不仅意识到体用论是中国哲学的重要组成部分，而且意识到湖湘学派具有十分丰富、深刻的体用思想。胡安国、胡寅、胡宏和张栻四人的著述比较丰富，为邹啸宇的研究奠定了坚实的材料基础。在宋代，儒者所面对的共同问题一方面是儒学形上本体需要得到重新肯定和建构，另一方面是政治、道德、伦理、社会需要通过实践智慧得到安顿和有序化。不仅如此，形上与形下、超越与现实、本体与工夫、内圣与外王、天与人、安身立命与经世致用如何统一，也是宋代儒学面对的重大问题，湖湘学派的关键学者对于这些问题的体认尤深。在回应和解答上述问题的过程中，湖湘学派以体用论为思想武器，发展出了一套丰富而深刻的体用思想。湖湘学派体用思想的主旨是“体用相须互成，贵体重用不偏”，这一观念几乎贯穿于湖湘学派之儒学理论的每一重大方面，即贯穿于天道论（太极与阴阳、道与物、性与气）、心性论（性与情、心与迹、仁与义）、工夫论（察识与涵养、穷理与居敬、致知与力行）和外王论（成己与成物、仁心与王政、为学与为治）之中。

又，对于湖湘学派的“体”“用”概念及其关系，邹啸宇做了五个方面的精彩概括和分析：其一，就本体及其活动性论“体用”，“体”指形上本体，“用”指形上本体自身生生不已的活动。如“性体心用”，即是从这一意义上来说的。体用两者是即体即用、相即为一的关系。其二，就天道本体之阴阳两端或其动静之性论“体用”，“体”“用”分别指本体所涵的静性和动性。如“阳者，道之用；阴者，道之体”，即是从这一意义上来说的。体用两者是互涵互摄、相生相成和相依相待的关系。其三，就本体与现象或本体与实践论“体用”，“体”指形上本体，“用”指形上本体发用流行的具体表现。如太极之体与二气五行万物之用、性体与气用、道体与物用、心体与迹用、性体与情用、本体与工夫等，都是从这一意义上来说的。体用两者是相须互成、相倚不离、圆融不二的关系。其四，就根本道德法则与具体道德规范论“体用”，“体”指具有超越性、普遍性、统一性的根本道德原则，“用”指具有经验性、特殊性、差异性的具体道德规范。如理体与义用、仁体与义用、中体与时中等，都是从这一意义上来说的。体用两者是源与流、根据与表现间的相依互成关系。其五，就本（根本）末（枝末）论“体用”，“体”是本，“用”是末。如心为体而身为用、内圣为体而外王为用、道德为体而法制为用等，都是从本末的意义上说的。体用两者是相互依存、相互作用、相互影响和相互成就的关系。需要指出，此处所说的体本用末，是就两者的逻辑关系而言的。在实践和价值层面，这并不意味着湖湘学派有所谓重本轻末或贵体贱用的思想。相反，湖湘学派主张体用双彰、本末俱显，与佛道的方法论迥然不同。

三

邹君啸宇是我在武汉大学指导的硕士生和博士生。他是湖南衡阳人，他的硕士学位论文研究张南轩的思想。攻博以后，他仍然希望做湖湘学派的学位论文。他将研究对象扩大到整个湖湘学派，并具体落实在体用论上。南宋时期的湖湘学派是21世纪以来国内宋明理学研究的热点之一，湖南人对于此一课题尤为上心，成果良多。大概，邹啸宇也有一定的湖湘文化情结，故他长期研读相关著作，俯仰于其间，独自深造。

当初，啸宇注意到，学界对于湖湘学派体用思想的关注不足，研究不够充分，甚至很不充分。这一点，他在本书的《绪论》中已做了详细说明。他又意识到，湖湘学派的体用思想很丰富，而且对于湖湘学派思想的构造和推展具有较强的统摄性。所以他决定以湖湘学派的体用思想作为其博士学位论文的选题。应该说，他的这一选题是颇有价值的，研究空间较大。

在学术上，啸宇具有很强的问题意识。根据研究现状，他认为如下问题是值得追问和探究的：一，湖湘学派本身的体用观是什么，湖湘学派“体”“用”概念的内涵及其关系是什么；二，湖湘学派体用思想建构的原则和理路是什么；三，湖湘学派的体用思想如何贯穿和展现在天道论、心性论、工夫论、外王论，特别是后两者上；四，湖湘学派体用思想的问题意识、产生背景、基本意蕴、主要特点、发展脉络、理论局限、历史地位及其意义是什么。我们看到，《湖湘学派体用思想研究》一书对于如上问题都做了认真的探究和卓有成效的回答。

啸宇具有良好的观念梳理和概念辨析能力。在《湖湘学派体用思想研究》中，他对于“体用”观念的萌芽、产生及其在唐代以后的发展做了很好的梳理和裁断。从本书看，啸宇的概念辨析能力，特别体现在他对于湖湘学派“体用”概念本身及其关系的判断和分疏上。

啸宇具有良好的学术探索精神。在培养博硕士生的过程中，作为导师，我比较看重学生的问题意识、探索意识、求真意识和诠释意识。其中，探索意识及能力是我最看重的。探索意识及能力往往决定了一名研究生或学者的学术潜力与创新品质。能探索即能创新，不能探索即不能创新，探索本身即饱含着求新、创新的精神。我的研究领域长期集中于先秦秦汉时期，对于宋代儒学并不太熟悉。啸宇独自探索其研究道路，他成功地处理了这样一个颇具理论难度且其内容比较复杂的选题，我认为这是很不容易的。

啸宇具有良好的学术创新能力，《湖湘学派体用思想研究》一书取得了众多的学术成绩。这可以概括为如下五点：其一，将湖湘学派的问题意识归结为对儒家健全入世精神的回归，由此本书着重探讨了湖湘学派如何处理天道与心性、形上与形下、本体与工夫、内圣与外王的关系及其为何如此处理的问题。其二，率先对湖湘学派的体用思想做了系统研究，阐明了其生成境遇、根本旨趣、基本意蕴、主要特点、发展脉络及其地位、意义和限度等问题。其三，首次从“体用”视角全盘考察和揭示了湖湘学派儒学建构的基本理念、基本特质和基本方法，对湖湘学派未曾被重点关注的一些论题，如胡寅的道物说、心迹论和身心观及张栻的性情论、仁义论和理一分殊论等做了深入探究。其四，认为“体用相须互济，贵体重用不偏”是湖湘学派体用思想的主旨，认为湖湘学派特别强调体用统一、以体为本且兼重用。而这与以往所谓“体用并重”或“贵体贱用”的评论是不同的。其五，透过体用观，提出了湖湘学派的政治思想主张“在治道层面以天道——仁心为体，在治法层面以道德、法制、实务兼重并修为用”的独到见解。应当说，邹啸宇《湖湘学派体用思想研究》是一部学术力作，我对他的这部书稿是颇为满意的。

“梅花香自苦寒来”。七年前，啸宇从武汉大学中国哲学专业毕业，获得了哲学博士学位。毕业后，他信心满满地回到了湖南师范大学，从事中国哲学的教学和科研工作。“为天地立心”，“为往圣继绝学”，他抱着这样的志愿在湘江之滨、岳麓山下热情洋溢地传承着中国文化的慧命，从事中国哲学及其相关领域的研究。作为曾经的指导教师，我衷心祝愿他在未来不断努力，取得更大的学术成绩，为中华优秀传统文化在当代的传承和“两创”作出自己的贡献。

是为序。

壬寅年小暑于北京学清苑

（原载邹啸宇：《湖湘学派体用思想研究》，中国社会科学出版社 2022 年版）

序《20世纪初期儒墨比较思想研究：以梁启超、新文化阵营、学衡派为中心》

一

在中国历史上，墨学经历了两个重要时期，即战国和现代。在前一个时期（战国），墨学经历了发生、发展和成为显学的过程。但在秦汉之际，墨学遽尔衰落。此后至清代乾嘉之前，墨学一直少人问津。

墨学在思想上的创造，从《墨子》现存五十三篇来看，主要涉及宗教政治伦理、逻辑学和科学技术三个方面。宗教、政治、伦理在中国古代思想中虽然有所分隔，但通常是联成一体的，故它们可以看作一个方面。"十义"很可能是墨子本人基于"救世之急"而提出来的十大主张，是墨家学者认为最有价值和最有意义的学说。但是，随着现代中国知识大厦的彻底重构，墨家的逻辑学、知识论和科学技术思想已成为当今最受肯定的东西。

墨学经历的第二个重要时期是清代乾嘉至20世纪，其中民国为其发展的高峰期。在此一时期里，《墨子》先以子学、古学的名义受到重视，毕沅和孙诒让作出了重大贡献，在文本训释上取得了突出成绩。迄今，孙氏《墨子间诂》仍然是人们进入《墨子》文本的最佳阶梯。随后，在清末民初，中国文化进入自我否定及大肆吸收西方文化的阶段。《墨子》和墨学于是受到相关学者的空前重视，各种研究和注释著作蜂出。同时，围绕中西文化的差异和价值问题，《墨子》和墨学被卷入激烈的中国现代学术和文化的争论之中。

需要指出，墨学所经历的如上两个重要时期是有明显区别的。前一时期（战国）是墨家思想的创发期，而后一时期（清代乾嘉至20世纪）则是墨学的复兴和弘扬期。而所谓复兴和弘扬，主要体现在对《墨子》一书的重新注释、墨家思想的宣扬及其对中国文化的现代转型的促进作用上。其中，墨家的科学精神和思想最受重视，部分教义在现代中国思想的形成中发挥过一定积极作用。从现代观念来看，墨家的工具理性与逻辑学、知识论和科学技术学科相应，可以落实下来。而事实上，“科学”在当代中国已成为一种超越科学本身的强势“意识形态”概念。以“十义”为代表的墨家价值理性系统，在经过一番思想和文化斗争之后，实际上在当代中国已经再度衰落。与此相对，儒学受到当代一些学者和公众的再度推崇。笔者认为，这种墨降儒升的现象，实际上体现出当代中国一直在思考如何处理以及如何调适道德理性（价值理性）和工具理性之关系的问题。

在第一个时期，墨家墨学何以在秦汉之际遽尔衰落，这始终是一个问题。笔者认为，墨家墨学的衰落既有内因，又有外因。内因来自墨家和墨学内部。墨家有自己的信仰体系和严密的教团组织，钜子和墨徒是命令与服从的关系。在行动上，墨家强调忠诚和效率。钜子是天志在人间的代言人，是墨教组织的统帅。反映在理论上，“天志”是墨学的最高概念，是其信仰体系的终极根源：人的意志应当以天志为根源，人的信仰应当依靠天志，人的言行应当以天志为规矩。这样，墨家实际上是一支完全独立于传统宗统和君统的新宗教组织，并且带有极强的政治企图。墨家墨学衰落的外因主要来自于秦汉之际的政治和社会现实，其衰落是受到君权、宗权排斥和打击的必然结果。在中国古代，自“绝地天通”之后，神权即受制于君权，居于君权之下，它不过是人君实行统治的一种工具。自殷周至战国，宗统和君统两大势力曾长期处于动态的平衡状态；但随着礼崩乐坏、周天子权力的旁落，君权于是不断上升。至战国时期，君权明显高于神权，君统明显高于宗统，君权、君统于是成为维系国家和中国古代社会的主导力量。这种历史大势，最后在秦汉时期通过建立以皇帝为核心的中央集权型的统治制度而完全体现出来。所以墨家欲在君权、君统、宗统之外，另开出一高度独立、组织严密的宗教集团，这是违背历史形势的，秦汉帝王不但不会容许墨家形成集团，而且会予以残酷打击。墨家弟子在秦汉时期变为游侠之徒，盖有以也。

如何看待“儒墨显学”现象，这也是一个问题。儒墨为显学的说法虽然有一定的历史根据，但是从诸子的思想斗争来看它也是一种话术，其中难免有夸大的成分。从现有文献来看，此种话术大概起源于孟子。孟子为了彰显自己卫道的正当性及其作用，多次将“杨、墨”并列，树为敌对方，并予以猛烈抨击。《孟子·滕文公下》曰：“圣王不作，诸侯放恣，处士横议，杨朱、墨翟之言盈天下。天下之言，不归杨，则归墨。杨氏为我，是无君也；墨氏兼爱，是无父也。无父无君，是禽兽也。”又曰：“吾为此惧，闲先圣之道，距杨墨，放淫辞，邪说者不得作。”又曰：“岂好辩哉？予不得已也。能言距杨、墨者，圣人之徒也。”在战国中期，诸子众多，而孟子之所以挑出杨、墨两家予以抨击，这与孟子的学术立场及与杨、墨思想的对立性具有密切关系。孟子所谓“杨朱、墨翟之言盈天下”，笔者认为，这句话很可能属于夸大之辞，带有浓厚的话术色彩，目的不过是为了增强叙述的效果和批评的针对性。与孟子相对，庄子将“儒墨”并列，作为批判的靶子，这同样属于一种话术或者思想斗争的策略。《庄子·齐物论》曰：“故有儒墨之是非，以是其所非而非其所是。”此类批评，亦数见于《庄子》外、杂篇。其后，《韩非子·显学》曰：“世之显学，儒墨也。”《吕氏春秋·有度》曰：“孔墨之弟子徒属充满天下。”又，在先秦两汉传世古籍中，“孔墨”连言之例众多。庄子、韩非子、吕子将“儒墨”并列，作为重点批判对象，这是道家或黄老之立场使然。

综合起来看，“儒墨显学”现象包括两个方面的含义。一方面，从战国诸子的传衍及其思想斗争来看，儒墨在一定意义上确实为显学，它们除受到彼此的重视外，又受到庄子、韩非子、吕子等的重视和批评。另一方面，“儒墨”或“孔墨”连言，认为儒墨为显学，乃是庄子、韩非子、吕子等的一种话术，是为了批评的需要及发泄其不满情绪而有意构造出来的，《吕氏春秋·有度》云“孔墨之弟子徒属充满天下”，正如孟子云“天下之言，不归杨，则归墨”一样，同样带有较强的夸张色彩。实际情况可能是，孟子、庄子、韩非子和吕子等人的叙述都带有个人情绪，都只说出了部分真相，特别从战国思想或诸子百家思想之全体来看，更是如此。而且，需要指出，儒墨的对立程度胜过了儒道的对立程度。从目前出土的大批战国竹书（如郭店简、上博简、清华简、安大简）来看，儒家之言在当时确实盈满天下；而与此相对，出土墨家竹书极少，道家竹书也不多。这才是战国时期诸子书篇及其思想流传的真实情况。

二

按照胡适、梁启超、栾调甫等人的划分，《墨子》七十一篇由《杂论》《十论》《非儒》《墨辩》《墨语》《备守》六个部分组成。其中，《十论》最为重要，是墨家的核心教义。《十论》依次包括《尚贤》《尚同》《兼爱》《非攻》《节用》《节葬》《天志》《明鬼》《非乐》《非命》十论，每论又分上、中、下三篇，合计三十篇。这三十篇都属于阐述“十义”（十大主张）之作，它们被编排在一起，理由当然是很充分的。传世本《墨子·十论》的篇序，应当最后是由刘向编定的。但这十论三十篇为何如此编次，刘向或此前的编者并没有留下只言片语的说明。一般说来，刘向校雠故书是有历史根据的，充分尊重旧本，而不会随意乱编。

先看今本《墨子·十论》的篇序来源问题。传世本《墨子·十论》的篇序，与《墨子·鲁问》篇子墨子所说“十义”次序不尽一致。据《鲁问》篇，子墨子所说“十义”原本次序是：尚贤尚同、节用节葬、非乐非命、尊天事鬼和兼爱非攻。比较这两种次序，其所同者是：（一）十义或《十论》两两为一组，共五组，而这五组各自本身的次序都是相同的。（二）尚贤尚同、尊天事鬼（天志明鬼）两组在“十义”或《十论》中的次序相同，都居于第一、第四的位置。其所异者是：（一）从整体看，“十义”或《十论》的次序不同。（二）从局部看，“十义”或《十论》的具体次序有别：节用节葬在“十义”中位于第二，在《十论》中则位于第三；非乐非命在“十义”中位于第三，在《十论》中则位于第五；兼爱非攻在“十义”中位于第五，在《十论》中则位于第二。笔者揣测，这两种次序可能有前后的演变关系，《鲁问》篇子墨子所说“十义”次序比较可能是《十论》的最早篇次。或者说，《十论》篇次本应当按照《鲁问》子墨子所说“十义”次序编排。在汉代经过多次传抄和重编，最后经由刘向之手，《十论》遂以今本《墨子》所示《尚贤》《尚同》《兼爱》《非攻》《节用》《节葬》《天志》《明鬼》《非乐》《非命》的篇序出现。

再看墨子“十义”的思想性质问题。墨子的十大主张是一个哲学陈述，还是一个政治陈述？在西方大学制度引入中国之后，墨子或墨家思想一般放在哲学学科来作讲述，故学者习惯性地将墨子“十义”作为一个哲学叙述来对待。但是，考察《墨子》本书，“十义”其实属于政治主张，在本质上它们应当是一种政治陈述。《墨子·鲁问》曰：“子墨子游，魏越曰：‘既得见四方之君子，则将先语？’子墨子曰：‘凡入国，必择务而从事焉。国家昏乱，则语之尚贤、尚同；国家贫，则语之节用、节葬；国家憙音湛湎，则语之非乐、非命；国家淫僻无礼，则语之尊天、事鬼；国家务夺侵凌，即语之兼爱、非攻，故曰择务而从事焉。’”从这段话来看，“十义”很明显是一个政治陈述，是墨子的十大政治主张。而且，这十大政治主张各自是基于不同国情而有针对性地提出来的，原文曰“凡入国，必择务而从事焉”，即是此意。墨子救世之急，其主张和行动具体是：国家昏乱，就告之以尚贤尚同；国家贫，就告之以节用节葬；国家悦音沉湎，就告之以非乐非命；国家淫僻无礼，就告之以尊天事鬼；国家务夺侵凌，就告之以兼爱非攻。从总体上看，“十义”可以构成一个思想系统，但落实下来，每一主张又是具体的，有针对性的，与现实政治相应的。如果说国家昏乱而语之节用节葬，或者说国家淫僻无礼而语之兼爱非攻云云，那么这是张冠李戴，而有悖于国家治理之道。

又看墨子“十义”的系统性问题。墨子的十大政治主张是否能够作为一个思想系统来对待呢？答案是肯定的。墨家“十义”的系统性可以从两方面来作说明。其一，“十义”本身即构成一个思想整体，因为《墨子·鲁问》篇即将它们放在一个语境中和盘托出，这说明它们是有系统性的，它们可以会归、联系起来，构成一个思想整体。其二，“十义”是有层次、有重点和有联系的思想系统。大体上说来，古人对于墨子“十义”的认识有三种。第一种突出“兼”或“兼爱”之义。《孟子·滕文公下》曰：“墨氏兼爱，是无父也。”《吕氏春秋·不二》曰：“墨翟贵廉。”“廉”即“兼”的借字，《尸子》佚文即作“墨翟贵兼”。《荀子·天论篇》曰：“墨子有见于齐，无见于畸。”“齐”与“兼”义近。以上数条引文都说明了“兼”或“兼爱”是墨家的根本义。从逻辑上来看，这种概括属于抓住一点而不及其余。很显然，从《墨子》全书来看，“兼”或“兼爱”不是墨子思想的全部。第二种以“节用”为墨家思想的核心要义。《荀子·解蔽篇》曰：“墨子蔽于用而不知文。”《论六家要指》曰：“墨者俭而难遵……然其强本节用，不可废也……要曰强本节用，则人给家足之道也。此墨子之所长，虽百家弗能废也。”荀子和司马谈的概括都以“用”或“节用”为墨子教义的根本点。据荀子或司马谈的概括，墨家思想属于功利主义。第三种综合了“十义”，但同时以“节用”和“兼爱”为重点。《荀子·非十二子篇》曰：“上功用，大俭约，而僈差等。”《庄子·天下》曰：“作为《非乐》，命之曰《节用》。生不歌，死无服。墨子泛爱兼利而非斗，其道不怒。又好学而博，不异，不与先王同，毁古之礼乐……以此教人，恐不爱人；以此自行，固不爱己。”相比较而言，《庄子·天下》篇的叙述和概括更为全面。不过，《天下》篇仍然以“节用”和“兼爱”为墨家思想的重点。

今天，对于墨子“十义”，我们可以根据《墨子》一书的全部内容而重新作出系统概括。从哲学角度来看，墨子思想的本相确实属于功利主义或功用主义（utilitarianism），而且是一种偏重于利他的兼利主义。功利主义注重实际功效和利益，墨子主张兼爱交利、节用节葬和非乐非命，都以“功用”和“利益”为其逻辑前提。在先秦诸子中，墨家特别重视知识论、科学知识和工程技术的原因可以从其功利主义属性得到说明。在功利主义的基础上，兼爱、交利和节用是墨家面向社会现实的三个思想重点，是我们系统理解“十义”的基础。而我们看到，孟子、庄子、荀子、吕子和司马谈对墨家思想的概括和评论即有见于此。

从另一端看，墨子“十义”又置身于浓厚的宗教意识之中。从宗教角度来看，墨子思想的最高概念是“天”或“天志”。“天”或“天志”是整个墨子思想的统帅。从逻辑上来看，墨子所主张的兼爱、交利和节用诸义正如《庄子·天下》篇所批评的：“以此教人，恐不爱人；以此自行，固不爱己。未败墨子道，虽然，歌而非歌，哭而非哭，乐而非乐，是果类乎？其生也勤，其死也薄，其道大觳。使人忧，使人悲，其行难为也。恐其不可以为圣人之道，反天下之心，天下不堪。墨子虽独能任，奈天下何！”正因为墨子的思想主张很极端，违逆人性，常人难以堪受，故墨子为之设置了一个信仰系统，一方面以“天”或“天志”为人生命运的终极主宰，另一方面又以之为其心力的终极来源。《墨子·明鬼下》反复肯定鬼神实有及其赏贤罚暴的超越能力，而《天志上》则载子墨子之言曰“我有天志，譬若轮人之有规，匠人之有矩，轮匠执其规矩，以度天下之方圆”，可见墨教不仅属于所谓外在超越的宗教，而且暗中肯定了“信仰”的重要性，因为只有通过绝对的信仰，将自己投注到神性的超越存在者中，人才能获得终极力量和存在意义。墨子“十义”中的兼爱、交利和节用，都是从现实层面来说的，它们是“天志”得以落实的现实原则。另外，相对于“仁”来说，墨家更重视“义”的规范。在“尊天事鬼”说的基础上，墨家提出了“义政”与“力政”一对概念。《墨子·天志上》曰：“顺天意者，义政也。反天意者，力政也。”“义政”即顺从天意的行政，“力政”即违反天意的行政，两者以是否遵从“天意”为判断标准。墨家的“义政”概念与孟子的“仁政”概念相对。顺从天意天志而全无违背，即为墨家的“义政”；而孟子的“仁政”则是从不忍人之心生发，是恻隐之心现实化为政治。从墨家逻辑来看，“义政”高于“仁政”；从做人来看，义人高于仁人。

此外，《十论》各论皆包含上、中、下三篇，而为何它们都包含上、中、下三篇，且三篇内容大致相同，这是一个需要说明或研究的问题。而上、中、下三篇之分是否与“三墨”有关①，这同样是一个令人颇感兴趣的问题。通过比较可知，《十论》各论之上、中、下三篇在文字上有繁简的不同，在观念表达上参差不一，或有推衍。一般说来，文字越简，观念越素朴，则其成篇时代越早；反之，文字越繁，观念表达越复杂，则其成篇越晚。这个规律是通过比较出土简帛文献与具有相同内容的传世文献得出来的。今本《墨子·十论》的上、中、下三篇，有些是按照从简到繁、从朴素到复杂的规律来排列的，有些则不是如此。其中后一种情况就需要学者更细心的研究，将情况设想得更复杂一些。在海外学者中，比利时汉学家戴卡琳（Carine Defoort）教授对于《十论》各论之上、中、下三篇的文本问题颇有研究，用中文发表了多篇文章②，值得参考和重视。

---

① 《庄子·天下》曰：“相里勤之弟子五侯之徒，南方之墨者苦获、已齿、邓陵子之属，俱诵《墨经》，而倍谲不同，相谓别墨。以坚白、同异之辩相訾，以觭偶不仵之辞相应，以巨子为圣人，皆愿为之尸，冀得为其后世，至今不决。”《韩非子·显学》曰：“自墨子之死也，有相里氏之墨，有相夫氏之墨，有邓陵氏之墨。故孔、墨之后，儒分为八，墨离为三，取舍相反、不同，而皆自谓真孔、墨，孔、墨不可复生，将谁使定后世之学乎？”

② 戴卡琳：《〈墨子·兼爱〉上、中、下篇是关于兼爱吗？——“爱”范围的不断扩大》，《职大学报》2011 年第 4、5 期；《墨家“十论”是否代表墨翟的思想？——早期子书中的“十论”标语》，袁青，李庭绵译，《文史哲》2014 年第 5 期；《“十论”的递增成形：对《墨子》中基本命题的追溯》，吴晓欣，聂韬译，《四川大学学报（哲学社会科学版）》2017 年第 5 期。

三

20世纪是墨学的又一个重要时期，除了在本土复兴和受到尊重外，《墨子》和墨学也受到了国际汉学界的高度重视。20世纪的墨学运动及其与现代中国思想、文化的交涉关系，是一个值得研究和探讨的课题。受到戴卡琳教授的影响，吴晓欣的博士学位论文即以20世纪初期的儒墨比较思想为研究对象，并在此主题上进一步研究现代中国知识精英的中西文化观及其如何回答中国文化的创新问题。从视角看，儒墨思想比较，是晓欣此篇学位论文十分吸引人的地方。

吴晓欣是我在武汉大学工作时指导的硕士生和博士生。她的硕士学位论文是研究宋人程大昌《易原》思想的，这篇论文的主要部分后来发表在集刊《徽学》2018年第2期上。通过这篇毕业论文的写作，她成功地迈入了《周易》经学研究领域。从2013年秋天开始，她又在我的指导下攻读中国哲学专业的博士学位。在读博期间，她获得国家留学基金的资助，前往比利时鲁汶大学（KU Leuven）汉学系接受戴卡琳教授的指导。戴卡琳教授是国际汉学界研究《墨子》及墨学的专家、名家，耶墨会通、先秦子学和现当代中国思想都是她的研究领域。在戴卡琳教授的建议下，吴晓欣决定做20世纪初期的儒墨比较思想研究。她通过电邮向我做了请示，并大致交代了写作思路，我立即回信，表示完全同意。事后证明她的选题决定是对的。她不但独自完成了这篇出色的学位论文，而且为自己开拓了一个全新的研究领域。

读完吴晓欣学位论文的初稿，我有几点感想和评价。其一，这篇博士学位论文的选题是颇富新意的，这从其题目"20世纪初期儒墨比较思想之研究：以梁启超、新文化阵营、学衡派为中心"即可以看出来。这个题目很专精，据我的印象，国内尚未见同题学位论文或相关书籍出版。戴卡琳教授十分熟悉现代中国思想史和墨学史，而吴晓欣能够在她的指导和建议下选择此一题目来撰写其博士学位论文，我认为，她是很幸运的。其二，吴晓欣能够在一年多的时间里完成题目的选择、资料搜集、思路设计和初稿写作，这是很不容易的，多少有点令人吃惊。晓欣原本不研究中国近现代思想史，对中国近现代思想并不熟悉，然而她却能在此期间专心下去，深入和坚持下去，写出一篇质量上佳、分量适当的学位论文来，这不能不让人赞赏其学术品质，说明她完全具备相应的意志、毅力和干劲，也具备相应的思考、创新和叙述、写作能力。其三，从方法来看，吴晓欣的博士学位论文成功地处理和运用了"思想比较"和"思想史考述"等方法。"儒墨比较思想"，这是需要处理的主题，而完成此篇博士论文又需要作者同时运用"思想比较"的方法。从第一章看，吴晓欣很熟练地运用了"思想史考述"的方法。从第二章至第五章看，吴晓欣能够驾驭"思想比较"的方法。其四，吴晓欣的博士学位论文具有一定的开创性，包含着一些创新性观点和结论。（一）从对 20 世纪初期中国学者之儒墨比较思想的研究，深入对当时中西文化观的研究，这显示出本篇学位论文是有相当深度的;（二）通过重点比较梁启超、新文化阵营、学衡派相关思想，本篇学位论文从一个侧面揭示了现代中国思想进程的复杂性;（三）本篇学位论文将其对于 20 世纪初期儒墨比较思想的研究最终归结为如何认识和评价儒学，以及中国社会如何由传统走向现代，其目标是远大的，富有企图心。总之，通过阅读吴晓欣的学位论文，我也长了见识，从中获益不少。

我本人对于墨学和近现代中国思想少有研究。记得在珞珈山读书时曾写过严复、孙中山和徐复观的相关文章，但这相对于资料浩如烟海的中国现代思想来说，乃沧海一粟，不足以形成洞见、线索和轮廓。因此对于中国现代思想，我只有一些人云亦云的浮浅意见和印象。对于《墨子》一书，我倒是认真读过两次，一次是在读研究生时，一次则是在 2009 年春夏。后一次是专为参加鲁汶大学主办的墨子会议做准备的。相关研究文章我写过两篇，一篇是研究《墨子·墨语》的，另一篇是研究竹书《鬼神之明》的[1]。另外，我和自己的一名学生曾合写过一篇海外墨学研究的综述文章。除此之外，我对于现代墨学及儒墨思想比较课题所知不多，也可以说浅陋，因此作为指导教师，我对于吴晓欣的博士学位论文提不出很中肯的意见，但我感觉她的论文写得很出色，可以申请答辩。总之，吴晓欣这篇学位论文的完成，应当归功于她自身的努力、勤奋、上进和聪慧。

借此书即将出版之际，预祝她在学术上取得更大成绩！

是为序。

辛丑年白露序于北京学清苑

（原载吴晓欣：《20世纪初期儒墨比较思想研究：以梁启超、新文化阵营、学衡派为中心》，中国社会科学出版社2023年版）

---

① 丁四新:《论〈墨子·墨语〉墨家后学之鬼神观》,《安徽大学学报(哲学社会科学版)》2011年第2期;《〈墨语〉成篇时代考证及墨家鬼神观研究》，《人文论丛》2010年卷，中国社会科学出版社2011年版。丁四新:《论楚简〈鬼神〉篇的鬼神观及其学派归属》，载《儒家文化研究》第一辑，生活·读书·新知三联书店2007年版。

学术导言二则

一、大道之原，珞珈研易

《周易》号为五经之首。我国《周易》文化流传，已三千余年，对于中国哲学、思想和思维方式等产生了极其重要的影响。自 20 世纪 80 年代以来，武汉大学一直重视《周易》经学与哲学的研究。萧汉明教授是著名的《周易》研究专家，他的船山易学、《周易参同契》和医易会通的研究在业界首屈一指；另外，他在阴阳五行、道家哲学和中国自然哲学的研究方面也取得了上佳的成绩，成就斐然。为此，本刊特地发表一篇相关学术述评，对萧教授的学术成绩和治学经验做了比较全面的总结。

郑玄集两汉经学之大成，在近两千年的中国文化史上与朱熹并称。林忠军教授是《周易》象数学和郑玄易学研究的著名专家，专书《周易郑氏学阐微》是他的代表作之一。在《论郑玄以〈礼〉注〈易〉方法》一文中，林教授细致地探讨了郑玄以《礼》注《易》的方法问题，从一个侧面展示了郑氏易学的复杂性，进一步推进了我们对于郑玄经学的理解。

《周易参同契》是一部重要的道教与易学经典，在内外丹学和易学上具有极其重要的地位，影响所及，韩国理学家权克中即在《周易参同契注解》一书中构建了具有韩国特点的丹道易学。借助于问永宁副教授提供的大作，我们可以深入而系统地了解权氏丹道易学的内容和特点，及韩国丹道易学的不足之处。另外，问教授近十年来用心于少数民族及域外易学的研究，探赜索隐，钩深致远，多有斩获，借本期所刊之文可以窥见一斑。

近四十年来，由于多种古本的相继出土，《周易》经文的校勘、注释和研究成为此一时期的研究热点。目前，楚竹书《周易》的文字释读及校注已进入成熟时期。笔者一年前即着手楚竹书和汉帛书《周易》经文的校注，参稽异同，比勘诸说，而自以为略有所得。今不揣拙陋，抽绎数条，经整理而成《楚竹书〈周易〉疑难卦爻辞校札八则》一文，以期得到方家和读者诸君的指正。

二、道通有无，修心为要

先秦道家研究，当前主要涉及《老子》、《庄子》、杨朱、稷下道家和出土简帛文献。

帛书本、楚简本和汉简本的相继发现，为三十多年来的《老子》研究提供了巨大动力。简帛《老子》的发现，使得学者可以比较彻底地反思和批判古史辨派的一些观点。笔者还认为，人们应当超越所谓“原本”的观念，而关注《老子》在经典时期的文本演变及与思想之间的相互作用等问题。在《老子》思想研究上，除了所谓唯物、唯心之辨外，冯友兰先生曾将《老子》作为形而上学的一套概念系统来处理，港台一些新儒家则将其与《庄子》一起作为境界哲学来对待，而张舜徽先生则宣称《老子》所讲的只是“君人南面之术”。今天看来，我们应当将本体论与政治哲学两个解释维度紧密结合起来。

20世纪80年代，张恒寿、唐钺、刘笑敢三位以“性命”“道德”“精神”三词或其中一词来判断《庄子》内、外、杂篇的制作时间，曾给学界带来一阵新风。不过，这一证明方法近来受到了强烈的质疑。对于庄子其人与其书的关系，人们习惯于断定《逍遥游》《齐物论》等篇最具备“庄子性”。这个论调，在目前看来，仍然是一种必要的假定。崔大华的《庄学研究》是一部出类拔萃的相关研究著作，受到学界的广泛推崇。近二十年，对《庄子》思想的研究具有两个特点：一是力图回归其自身的思想脉络，二是研究的指导观念及方法日益多元化。在西方，葛瑞汉、史华慈、艾文贺、赖蕴慧、陈汉生、安乐哲等学者即从视角主义、多元主义、怀疑主义、神秘主义、存在主义的立场来研究这一经典。

老、庄之外，最受重视的道家为黄老学派和稷下道家。帛书《黄帝四经》或称《黄老帛书》，关于它的制作时代，目前还有较大的争议。《黄老帛书》在本质上属于政治哲学，具有融合多家教义的特征。至于“稷下道家”，实为一集合名词，性质并不单纯。学者或将稷下道家定性为黄老道家，或说为道法家，而对于黄学与老学的分合关系学者的争议激烈。叶山、白奚等人的论著值得关注。

简帛道家文献无疑是当前国际中国哲学界和汉学界的一个重要研究热点。除《老子》《黄老帛书》外，楚简《太一生水》《恒先》《凡物流形》《彭祖》《九主》等著作受到学者的广泛关注，相关论著接连不断。它们与其他出土子书一起，对于重新认识先秦思想的基本面貌有着巨大作用。

我们这一组四篇小文，各从不同的侧面或问题意识来讨论先秦道家思想。刘乐恒博士的文章专门比较了庄子与孟子的“养心工夫”。在这个问题上，孟、庄的差异是显然的，然而刘博士更为关注它们之间的可能性的融合问题。任慧峰博士的文章集中谈论了庄子的“心斋”及其与儒家的“斋戒”关系。他指出，《达生》“十日戒”的“十”乃“七”字之误，这无疑是正确的。郑泽绵博士的论文首先认为告子属于道家，然后又着重讨论了《孟子·公孙丑上》“知言养气”章的有关问题。这三位博士的学术修养都很好，当然他们为学的不同特点也在此充分表现出来。至于拙作，专就楚竹书《凡物流形》第二部分文本来立论，力图将思想论述与正确的文字释读有机地结合起来。总之，希望我们这四篇文章能为先秦道家的研究尽微薄之力。

（前一则导言原载《武汉大学学报（人文科学版）》2011 年第 1 期，后一则导言原载《武汉大学学报（人文学科版）》2013 年第 1 期）

丁编

《郑氏易义》后记

僻处于湖光山色之间，消磨于故纸之中，不觉转瞬已三年矣！其间世情纷扰，因缘聚散，不知凡几。然千里之外时有警醒泼来，使鄙人心继绵绵，不敢有丝毫怠惰，或作身曹心汉之浮想。

今执笔作记而毕业在即，回想萧、唐、李三位老先生的亲炙、教诲及其不已壮心，小子甚感敬佩。三位老先生之气象，有如珞珈夕照，涵浑凝静，肃穆壮阔，令人景仰不已。

业师萧汉明教授为人实诚宽厚，鄙人之心志淬砺、学业之造化多赖其力。三年恭对，浸润无声；既发鄙人学术之滥觞，又振扬其涛流，小子感佩无已，所谓“高山仰止，景行行止”。

鄙人还要特别感谢郭齐勇师、李维武师、田文军师、吕友祥师及徐水生师。诸位老师不吝指教，发小子之蒙蔽，固小子之根基，涤荡和扩充小子之性灵，关心和帮助小子之生活，作为后生小子，鄙人十分感激，永志不忘！

惜乎鄙人之资质鲁钝，性情孤特，又心绪时或茫然，故学业所造，不过尔尔。所幸，鄙人成此小文，赖以标识过往，既答谢师恩，又感谢天地父母养育之恩也！

丁四新

丙子仲春记于珞珈山北麓

（原载丁四新:《郑氏易义》，武汉大学1996年硕士学位论文，萧汉明教授指导）

《郭店楚墓竹简思想研究》后记

本书最终定稿之时，仍依稀可闻千禧年敲响的悠然钟声。拙稿初作于前年10月至次年2月，3月至4月做了第一次修改，并将前五章印出，寄呈诸位评委审查，然后提交学位论文答辩委员会质询和表决。去年8月上旬，又据新见资料对拙作略加修改，并重印一百册，提交十月在武汉召开的“郭店楚简国际学术研讨会”，以就教于四方博学鸿儒。11—12月，再据新见资料及出版方的要求，对拙稿做了较多订正和删改。裘锡圭、李零、周凤五、刘信芳、陈伟和刘钊等先生的相关释文，给本书的修改提供了诸多方便，特此致谢。

本书之作，适值郭店楚简出版后即刻引发的研究热潮。作为学位论文，该文曾有幸承蒙李学勤、庞朴、萧萐父、刘纲纪、牟钟鉴、熊铁基、周桂钿、陈伟八位先生及业师萧汉明、郭齐勇教授评审，鄙人对他们的不吝指教与辛勤劳动表示衷心感谢。特别是李学勤、庞朴和萧萐父三位先生，对拙稿作出较高评价，使我深感到前辈老先生敦厚博爱、仁宽诲人的胸襟及对中国文化薪火相传之殷切希望。此外，拙稿在写作和修改过程中，曾受到萧萐父、池田知久、周凤五、刘信芳、廖名春、罗运环、徐少华、陈伟、黄人二诸位先生及导师郭齐勇教授的资料支持，在此一并致谢。

借拙作出版之机，向辛勤培育我多年的武汉大学哲学系中国哲学专业的诸位导师致谢；对萧萐父、唐明邦、李德永三位先生及业师萧汉明、郭齐勇教授的师恩师德，表示由衷的感谢和敬意。郭师为人谦和，胸怀坦荡，在吸纳西学的同时对国学与儒教尤能尽心维护与弘扬。而本书的写作与修改，与他的精心指导和慷慨帮助是完全不能分开的。

最后，深深感谢接受此书出版的东方出版社及编辑刘丽华女士、戴联斌先生的诚挚善举。祝愿神州慧命，含弘光大，相继不绝。

2000 年 1 月 6 日

（原载丁四新:《郭店楚墓竹简思想研究》，东方出版社 2000 年版）

《楚地简帛思想研究（二）》后记

这本论文集原是课题计划中早就应该做定的事情，但迟至今日才得以编辑完毕，乃由于鄙人在海外游学一年有余的缘故。

在西游哈佛期间，虽说未必取得多少西天的真经，但对于所受的点滴教诲，则铭刻在心而万分感激。对于来自东土的我们来说，哈佛燕京学社多少有点像虚拟的桃花源；在短暂的逃避之余，我们心中自然充满感激之情，相信许多燕京学社的访问学者都有同感。除此之外，我要特别感谢杜维明先生组织的一个儒家经典著作讨论小组，这个讨论小组给鄙人的教益尤深。在2002年秋至2003年夏，我们先后研读了《白虎通》《北溪字义》《孟子字义疏证》和《郭店楚墓竹简》四部经典。而它们，分别是四个历史时期的四部重要思想作品。从某种意义上来说，我们的讨论主要从概念系统上完成了一次儒家思想与哲学体系的解读。在每周一次的研习中，我们摆脱了来自五湖四海的矜持和顾忌，讨论起来异常率直、激烈，以至于时常为了显露儒家经典内涵的“真理”，而“坐忘”了正襟危坐的君子风度。

我不由得想起在巴黎演讲的日子。那一次出访，是在2002年3、4月间。巴黎的春天，就在这一个月里被大西洋温暖的风雨催生和酝酿成熟。我要特别感谢巴黎七大葛兰言研究院（Institut Marcel Granet）的朱利安（Francois Jullien）教授的邀请，是他给我提供了顺便寻访巴黎胜迹的绝佳机会。对于这座城市、这个国家的思想根基——伏尔泰和卢梭，以及这座城市、这个国家的精神家园——先贤祠来说，我要崇高地表达一介书生的深深敬意。访问巴黎的时间虽短，但是思想上的感怀却十分深刻。是年，写成《先贤祠颂》这首小诗，它体现了鄙人当时的某种心境。

国庙的尖顶　以先贤的安息浇铸宇宙
坚实的台基和立柱夯筑出观念化的法兰西：
自由、民主、平等、博爱，伏尔泰、卢梭、雨果和基督
远处　退隐已久的埃菲尔铁塔猛然耸起
向浑阔的苍穹喷涌：
富贵不能淫　贫贱不能移　威武不能屈

古老的巴黎大学　像疲惫的乞丐蜷伏在四周：
谁知盘中餐　粒粒皆自由
——中国　未名湖和清华园
还在紫禁城的梦中刻写华表的记忆
康熙、雍正、乾隆和光绪
在 TV 的世界里　重构皇权的话语

法兰西　总统早已放下金銮宝殿的威严
为入祠的先贤们履行一个公仆应尽的职责：
一鞠躬　二鞠躬　三鞠躬
砌下鲜花无数　信仰的欣悦化成国殇的源泉
权力　在为民族之魂祈祷
金钱　在为人类文明垒造不朽的祭坛
可不是　塞纳河在吟唱：念兹在兹　念兹在兹

也许记得滑铁卢的拿破仑　狮子丘的惠灵顿？
逝者如斯：唐宗宋祖　汤武桀纣　浪淘尽凯旋门
燕出王谢堂前　燕入 Tom、Mary 的篱笆墙后
只有死去的先贤们

在尘世粗重的呼求中　如你、我

被上帝　被诸佛　打造成精神的家园

这首小诗带有附记，它是："三月二十三日下午，吾参访了法人之国庙——先贤祠，感慨万千，时至今日仍不能平静。彼国之文明昌盛，盖依赖于此祠之兴造乎？而西洋之文化精神，可谓一睹斯祠而能竟获其所自出之根柢矣。《诗》曰：'它山之石，可以攻玉。'景仰之余，吟成此颂。——四月二十二日黄陂丁某记。"

自哈佛归来，我对西洋精神的理解，与这首小诗比较起来，并无多少进步；但是经过较长时间的耳濡目染与文本阅读，在知识上有了更多、更深的了解。在全球化的浪潮中，我真诚希望"多元现代性"的观念能将"中华民族"从西化语境的拷问架上解脱下来，同时希望全球化的浪潮不会被以"龙的传人"自诩的各级先生所扭曲和利用。

这本论文集编完的时候，正赶上犬子吴久成出生。他的名字，是根据《中庸》"至诚无息"章"悠久所以成物也"一句取的，以此希望他日后能体会诚道，践行生生之理。另外，《易》曰"日月得天而能久照，四时变化而能久成，圣人久于其道而天下化成"三句，也表达了此意。希望他能与所有新生者一道，留心于做圣贤工夫。何谓圣人？何谓圣人之道？象山说："东海有圣人出焉，此心同也，此理同也。西海有圣人出焉，此心同也，此理同也。南海、北海有圣人出焉，此心同也，此理同也。千百世之上至千百世之下，有圣人出焉，此心此理，亦莫不同也。"全球化的浪潮已经来临了，圣心、圣理还会远吗？

十分感谢这本集子中诸篇论文的作者，感谢他们的辛勤劳动，使本辑得以成编。集子中的论文研究对象，与当今高度发达的文明已相隔十分悬远，未必会有什么"全球化"和"现代化"的丝毫意义。但是作者对它们的"研究"和"论述"却留下了许多现代化了的语言躯壳以及思想和文本解释上的现代特征。希望有心的读者能不吝批评、指正。

最后，本人对湖北教育出版社和编辑孙艳魁先生深表感谢！

2004年7月7日记于北伐独立团烈士陵园旁

（原载丁四新主编:《楚地简帛思想研究（二）》，湖北教育出版社2004年版）

《楚地简帛思想研究（三）》后记

2006年6月下旬，我们在武汉大学主办了“新出楚简国际学术研讨会”的会议。这次会议，由哈佛燕京学社和武汉大学的数家单位（中国传统文化研究中心、简帛研究中心、哲学学院、历史学院、孔子与儒学研究中心、中西比较哲学研究中心）联合主办。此次大会一共收到论文87篇。根据会后的来稿情况以及这些稿件的性质，我们将21篇论文编入郭齐勇教授主编的《儒家文化研究》第一辑，其余的则收录在本论文集中正式出版。需要说明的是，有少数会议论文由于多种原因没有收录在这两本论文集中，有几篇非会议论文则被收入了本论文集中。会议论文集的出版，得到全国优秀博士学位论文作者专项资金资助项目“楚地出土简帛文献思想研究”（200101）和哈佛燕京学社（Harvard Yenching Institute）的资助，特此鸣谢。

又是一个暖冬。住在高楼密集的小区，“人权”的概念大概永远只能以洋狗的吠声和轿车的尾气来决定了。或许只有古学探微的活动，才会在辐辏着世俗欲望的都市里凿开一眼流淌着清静的虚无来。在迎面扑来的“Merry Christmas”和“Happy New Year”的高调吆喝声中，这部论文集也得以最终编成。

感谢湖北教育出版社，感谢编辑孙艳魁先生，也感谢论文集中的诸位作者。

丙戌年仲冬记于雄楚珞桂

（原载丁四新主编：《楚地简帛思想研究（三）》，湖北教育出版社2007年版）

《楚地简帛思想研究（四）》后记

简帛研究，乃当今显学。四十年来，相关出土材料不但弥足珍贵，而且十分丰富。如今，凡从事战国与秦汉哲学、思想、文化、历史、古文字、古声韵研究的学者，鲜有不涉足于此一领域者。而借此名家及声名赖以鹊起者，亦可以十百数矣。戊寅初夏，予得乘郭店楚简出版之良机而研述之，一年而小成。去彼及今，屈指已逾十二年矣。虽然，今者犹处辰巳，而昔者盖值昧爽也。

凡厥简帛研究，学者或扬己之长而避其短，或以一凿之微明而欲烛彼之大暗，而忼慨者则欲尽瘁心力以为己志也。初生牛犊，稚弱虎子，庶几齐于网上、纸上大发议论，而诸网站主人或主编亦愿网罗众见，咸纳诸己彀以射彼人气者也。噫！为学之方，今日已远异畴昔矣。

非独简帛学界为然，自失且自为者则递相炒作，樊然与接，而得意于五毛之响应，庸众之聒噪也。盖今日之学术研究，“精品”“大作”已不足以入观有司之瞽目，“沉潜”“冷坐”已不足以感动肉食者之蓬心也。更有甚者，学者或与媒体为魅，于喁唱和，亹蔀实情，惑乱上下，颠倒是非，以为群丑之欲利也。至于借“公理”，假“正义”，党同伐异，棒打正直，欺凌孤弱，谤毁尊者，蹂躏耿介，此特今日私设公堂于网上，号为斗士义人，而实为暴徒打手之能事者也。嗟乎！媒体失范亦旬有余年矣，然孰曾致力于楅其锐角，而御之于其所当然者哉？时至如今，徒见无辜志士屡遭谰言之诟辱，而未得国法之有力保障也！

最后，本辑承蒙恩师及诸位贤能赐稿，夏君世华又劳心劳力，倾心协助本编，笔者在此一并表示感谢。

是为记。

庚寅中秋记于雄楚珞桂

（原载丁四新、夏世华主编：《楚地简帛思想研究（四）》，崇文书局2010年版）

《楚地简帛思想研究》第五辑后记

笔者研究简帛，已有十六个年头。时光飞逝，速如电卷。如今，这门学科已经发展得相当成熟了。而当代中国古典学的研究，已与出土简帛密不可分！就笔者所从事的先秦两汉哲学和思想研究来看，亦是如此。马王堆帛书、银雀山汉简、定州汉简、阜阳汉简、郭店楚简、上博楚竹书、清华楚简和北大汉简的出土或发现，已经让当代的中国古典哲学或思想研究深深地浸润于其中，大至对于此期思想之基本框架和脉络的再认识与建构，小至对于个别概念及诸子思想的重新梳理与检讨，莫不如此。简言之，简帛哲学或思想研究不仅是当代中国古典哲学或思想研究的重要构成部分，而且也深深地影响其进行。当然，出土简帛思想资料，或者说出土经子资料的丰富和深刻程度，无疑在很大程度上决定了它们在当代中国古典哲学和思想研究中的地位及其重要性如何。

我很庆幸，恰逢其时。而且，在目前看来，这一波出土资料研究热潮（即简帛研究热潮）还会长久地持续下去。按照多位仁兄在私底下的说法，笔者乃是郭店楚简国际学术研究热潮的最大受益者。这话，诚非无稽之谈。有时，笔者也不禁自言自语："俺的命真好啊！"老实说，笔者也未曾料到，原本只打算在都市讨碗米浆凑合着过日子的我，竟然也会如此不期而遇地闯入这片知识的海洋，并且还很颟顸地当了一回弄潮儿！如今回过头来看，笔者也似乎就此走上了一条"不归路"：在简帛研究领域，迄今已出版小书三部；如果愿意，那么还可以将那些已发表的零散论文集结起来，再出版二部厚度不菲的集子。

我很感谢郭店楚简，也很感谢上博楚简，毕竟它们在客观上给笔者直接提供了“课题项目”的方便，这既是一种物质性生活来源的方便，也是一种怡然自得，在珞珈山满目苍翠的环境中通过读书和写作即可以安顿当下生活的方便。今年春天以来，在山南的一幢民国小洋楼里，笔者居然也拥有了一间专用的办公室。我很感慨，参加工作十六年了，天道虽然於穆不已，未曾间断，但是毕竟似乎如今才流行到此处！

当然，蛰居在大学中的我们，终究还是为了知识的传承和创新！善者适性，怡然自得。这种由知识创新所带来的喜悦，无疑构成了大学的灵魂。三个月前，当笔者刚刚完成《论〈老子〉严遵本、刘向本（通行本）、汉简本之总章数及上下篇章数的组织原理和数理法则》这篇高难度论文之初稿（主要观点为：刘向将《老子》全书设定为八十一章，与以浑天说为基础的太初历在关系上最为密切；而上下篇分别设定为三十七和四十四章，这最为接近中数五、六之比，完全符合刘向尚中的观念。汉简本全经设定为七十七章，在关系上可能与汉人所崇尚的被宇宙论化的“七”数非常密切；而上下篇分别设定为四十四和三十三章，则可能与“地四天三”的盖天说关系很紧密。）的那一刻，我的内心即充满了此种喜悦之情，甚至浮荡起数朵“为之踌躇满志”的涟漪。长期以来，就刘向本（通行本）的章数设定问题，虽学者有一定程度的探讨，但是无人真正予以解决；而关于汉简本的章数设定问题，这是笔者去年在北京大学汉简《老子》研讨会上才首次提出来的。总之，学术创新是大学的使命和灵魂，而学者的天职亦在于此。那些来自物质条件的诸般优越，除了服务于此一目的外，在笔者看来，实在不值得我们为之夸耀，或者暗自欢喜！

编辑这本集子，笔者绸缪了一段时间。在此，首先要感谢业师郭齐勇教授及华平兄、欧阳兄和刘彬兄，感谢他们的鼎力支持，惠赐大作。其次要感谢夏世华、王巧生博士及各位在读的博士生，他们尽心尽力写作的论文，我觉得都达到了一定深度，其中数篇论文的水平很高，对笔者也颇有启发性。

此外，巧生博士还承担了本辑文字和注释格式的统一工作，历时半月之久，这是我在此特别需要感谢的。

是为记。

甲午年小满记于武昌珞珈山

（原载丁四新主编:《楚地简帛思想研究》第五辑，岳麓书社2014年版）

《玄圃畜艾——丁四新学术论文选集》后记

前八篇小文，乃笔者近年之作；余一篇《郑氏易义》，则写作稍早，特于此提出来，以志那段苛酷自闭、刚健奋进的求学岁月。

此次辑录，除了个别文句和段落稍事修改之外，其他文本一仍其旧。

吾少也贱。童蒙幼弱即在蛮荒的山阿里踽天蹐地，戴月荷锄。及稍壮，则在机发诅留的人间世乾乾渊跃。累迄于今，其惑也邪，其未惑也邪？

贵富显严名利，所谓勃志者也。声色滋味权势，心不待学而乐之，体不待象而安之。悲夫！世人直为物逆旅耳。

是为记。

丁亥年清明节识于雄楚珞桂

（原载丁四新：《玄圃畜艾——丁四新学术论文选集》，中华书局 2009 年版）

《郭店楚竹书〈老子〉校注》后记

天地不仁，以万物为刍狗。临川藏山，斯有仲尼、庄生之叹！

余读《老》《庄》，始发愤于十三年以前，彼时不过为修之身而已。不料这些插柳之功，却借博士论文这块沃土蔚然成荫——实则，以蘧伯玉之化，知其何足道哉！

余立意校注郭店《老子》，始于七年之前。近二三年，自觉畜艾尚可除恙，乃敢于阳历二〇〇八年元月上旬措手击键，越春秋而初稿始备。日至以来，笔者又藉暑蒸蚊噬之暇对拙稿略事加工和整饬，历五十余昼夜，方告大成。

老子曰："清静为天下正！"孔子曰："道之不行，乘桴浮于海！"观世间熙来攘往，如春登台，或见之，虽少必作——如斯之众，皆为利谋耳！此不特失却老聃之道，即便孔圣之义及孟子所谓上下交征利之危言，亦且颠覆、攘窃而用之矣！嗟乎！师道之不传也久矣。如此，身之不能正，则何以治天下国家乎？由是言之，为士者若不立天下之正位，居天下之广居，行天下之大道，至诚无息，则何以为士耶？

拙陋归自海滨，止于丘隅，得睹恩师萧汉明教授之高门。忆昔十六年来的言传身教，萧师之道德人格真可谓无得而逾，足以垂范我等门人小子矣！夏君世华勤勉于学，协助我搜集了数十G的《老子》相关文献，又蒙陈伟教授审稿，提出意见若干条，笔者在此一并表示由衷的感谢。

谨为记。

夏历六月二十八日记于萧师七秩寿庆之岁

（原载丁四新：《郭店楚竹书〈老子〉校注》，武汉大学出版社2010年版）

《楚竹书与汉帛书〈周易〉校注》后记

经学之衰，莫甚于20世纪，五经縢口而说，亦莫甚于20世纪，而《周易》尤剧焉。

百年弹指。忆昔清末民初，多少豪杰志士挥斥扼腕，蚁慕他山，夸煽新风，大力传布“革命”观念。彼等既谓政治、社会可以大革命，又谓文化亦可以大革命矣，于是作俑于前者，终有烈于后。此不特致“经学”形态之经学崩亡于20世纪，亦且致彼学问之传绪几近中绝矣。嗟乎！三千年官学之沦丧、绝灭，犹在昨昔，此可不令人顿感惊心动魄，亦且痛哉惜乎！

否极泰来。大陆续亡继绝之研《易》，大抵引籀于东湖盛会，当时名家及今日易林耆宿多曾与会焉。不过，考彼先辈问学意思，亦在当时风气之圂槛中，学者庶几未能立足于经学之本原，以抒经学之实意及真精神也。当然，延宕二十余岁，风气亦已丕变，不但周易学会、易经研究会获准树立宇内，而且《周易》已堂皇厕身于学府，登于大雅之堂，学者可以致力于培养博士、传授经意云云。而是事确乎可以慰藉贾马许郑、邵张程朱在天之灵矣！

余用心于大《易》，自珞珈学步以来，先后藕续，小有念述，迄今已届十七年矣。八年前，在庞朴先生、陈来教授等的大力推荐下，获准游学于西极哈佛燕京学社，当时所报计划即是简帛《周易》研究方面的。自那以来，笔者即揣惶恐之心，而耻躬之不逮也。先后，又获教育部全国优博项目“楚地出土简帛文献思想研究”及“新世纪优秀人才支持计划”的大力资助，于是益发忐忑，而愈加迫切于本书之写作也。乙酉初，庞先生赐书，命晚生校点马王堆帛书《周易》经传。应命半载开外，所幸小有成果，今刊于《儒藏》精华编二八一册者是也。现本书之帛本校注部分，即以彼为基础。己丑孟秋，笔者一俟《郭店楚竹书〈老子〉校注》之修改工作完毕，未及静心休养，旋即投入本书初稿的写作之中。至本岁春末，全部初稿得以杀青，而予心随之稍安焉。

自阳历五月至八月，笔者对拙稿又作了大量修改和补充。其间，受黄（俊杰）、陈（昭瑛）二教授之邀请在台湾大学做了一个月的访问研究，值此良机，笔者搜集了部分资料。归汉以后，承蒙侯兄乃峰博士赐示大作《〈周易〉文字汇校集释》；八月十八日，又捧获台湾师范大学赖贵三教授邮赐高弟郑玉姗博士之学位论文《出土与今本〈周易〉六十四卦经文考释》。此二著并濮茅左《楚竹书〈周易〉研究》下册，收集资料十分丰富，各有特点，实有功于本书之写作和修改，今特于此一一鸣谢。

最后，承蒙郭师于百忙中拨冗赐序，奖掖美言。又，董（红涛）、王（巧生）、闫（利春）、孙（雨楼）四生承担了本书初稿大量资料之搜集工作，笔者在此一并表示由衷的感谢。

是为记。

庚寅年七月廿二日记于雄楚珞桂寓所

（原载丁四新：《楚竹书与汉帛书〈周易〉校注》，上海古籍出版社2011年版）

《学鉴》第四辑后记

大约四年前，逢彬教授率性破茧，只身远赴沪上，就任新职。两年前，二行教授亦另觅邃野，奔赴南昌大学高就。“七子”疏落其二，所幸，尚存我等五人弘道于珞珈山。《学鉴》之发心鸿博深远，先后已出版三辑，委实不易！一年前，根友教授命笔者征编本辑文稿，我当即应诺，欣然慨然。

杨兄逢彬教授出身书香世家，自幼即受家学熏炙。我辈出身粗鄙，对杨兄唯有仰视、赞慕之情！遇夫先生的学问十分广大、精深，单就小学一门来看，他上缵段王之学，而又推陈出新，大有创获，实无愧于“国学大师”之称号。廿余年来，逢彬兄有志于绍兴祖业，张皇其学。近年，其论文常有方法论的总结和推衍，总是给人以极大的教诲。本辑所收其二篇大文，笔者读之，获益匪浅。

朝军教授是四库学研究专家，他的辨伪成就卓著，相关专著有多部。本辑得以编成，实有赖于司马仁兄的慷慨应允，将长篇巨制赐下。杨华教授长期从事古典时期的礼学研究，俨然自成一家。二十天前，当他将《中国传统文化中的生态智慧》一文掷下，乍看题目，我心头猛地咯噔一下：杨大人何时也有此雅兴，来迎合时下现代性阐释的热潮呢？然而等到拜读完其大作，笔者乃有夫子所谓“我欲托之空言，不如载之行事之深切著明”之叹：杨华教授的论述十分充实，每下一断语，皆能广征故书，言而有据，于“生态环保”之义可谓深切著明矣，与空言饶舌之辈相去远矣！师领教授与笔者同院，他一向敏于思考而惜墨如金。年终，当人们在竞相填表炫示发表了多少论著，其中又有多少篇发表在国家级、世界级刊物上时，他却踯踔独行，徜徉在自我创造的思想世界里。师教授的学识广博，其所思的焦点集中在“健康”上，他一直在深入地思考中西医学的基础理论。他的兴趣诚然在“思想”方面。

记得二行教授还在珞珈学苑漫步的时候，其气象即不同一般。如今，他在南昌开了山头，广辟道场，博施弟子，高就院长之职，堂庑更加广大了。二行教授所评荐的张舜徽先生，亦素为晚辈所尊崇。华中师范大学出版社近年出版了《张舜徽集》，在下不惜斥巨资，悉数购得，并置于身后书架上，以备随时翻检和学习之需。

净慧法师的大名如雷贯耳，晚辈还在读博的时候即曾听说过他的盛名。去年春节期间，我同根友教授等前往黄梅四祖寺去给老和尚拜年、请安，得瞻尊容，顿感大师气象十分亲切，禅修工夫了得：圆通真俗而常怀普度之心！在那次拜会上，净慧大和尚亲赐《入禅之门》《生活禅钥》二巨著，晚生返汉后数日即匆匆读过，觉得颇为受用。不想，根友教授读得如此之仔细，他的《读后》言辞恳切、真实，还进一步阐发了“生活”中的智慧，同样给人以很大启示。另外，根友教授是我们“珞珈七子”读书会及《学鉴》集刊的发起人和组织者，他的才艺是多方面的。我们能聚会在一起，他的贡献尤巨。

是为记。

2011 年 5 月 1 日谨识于雄楚珞桂寓所

（原载丁四新主编：《学鉴》第四辑，武汉大学出版社 2011 年版）

《先秦哲学探索》后记

我是在一种相对原始、粗糙的环境中长大的。父母给我的记忆，就是无尽的劳作和因为年龄等原因而不断延展开来的满脸皱纹。从黎明到深夜，他们艰辛地俯仰于天地之间，为浸透着汗水和血泪的温饱生活而年复一年地摇动着铁臂。他们的世界，生于斯、长于斯而老于斯——山阿与小河，田园与池塘，凡是传统南方乡村所应有的，连同那颗驿动千年、一成不变的朴野之心，他们也大体上一一具备了。他们的这种生活，现在看来，就是上天特意赐予我的无言身教，犹膏脂之积，为二三十年后照明我的学术和人生道路储备了充足的燃料。他们几乎从来没有干涉我的思想世界，也几乎从来没有限定我未来的发展道路，唯一的例外，就是他们早已静悄悄地替我在现实世界的遥远一角划出了冰冷而坚硬的地平线。

我是在那种十分简陋的普通乡村小学、初中里艰难地度过童年和少年的，近似于天放和天养。现在，它们当然早已在城市化的发展大潮中荒废不存，长满疏林和野草了。我依稀记得，童年时候的我，在班上学习老赶不上趟，先生们在台上高声开讲，而我却坐在自带的粗糙小木板凳上不时心旌摇曳，神驰窗外，所谓“一心以为鸿鹄将至，思援弓缴而射之”是也。而在放学回家后，我即要投身到那些琐碎而烦杂的乡村体力劳动之中，去体验“面朝黄土，背朝天”的祖辈命运，哪里还有工夫或心情去温习“大海航行靠舵手”和“人间正道是沧桑”之类的时代功课呢！初中，对于笔者而言，那更是一段迍邅而漫长的苦难岁月，我独自在幽暗的时光隧道中艰难而茫昧地爬行。但是终于有那么一天，年少的我从逼仄而肠回的“地窟”

中幸运地跃出，立于光影交叠的周行中，从此一路精进，而生命的主体也藉此得以在命运的滔滔洪流中昂然挺立。

回首过往，有得有失。在克服困境中保持了自我的挺立，保持了对于世界的距离和深沉的批判，对于今日作为学者身份的我来说，这是多么宝贵的人性品质啊！如果说读书、做研究还有什么值得高度重视的话，那么就是这种依自不依他的批判精神。“眼看他起朱楼，眼看他宴宾客，眼看他楼塌了。”洪钧大化，本来自然，何必念他威权、傍人门户？“问君何能尔？心远地自偏。”但是，另一方面，如何将学术研究必备的批判精神与同事、他人相处得当，逍遥而和谐地融于一身，这当然是一个“学者”应当面对的修身问题。

这本集子，是笔者在先秦哲学与简帛思想领域长期耕耘、钻研的结果，也是上述精神坎陷地落实在文本写作上的生动体现。二十年来，从研究生院的读书、学习到参加工作之后的不断自我鞭策和磨砺，研究再学习，学习再研究，相待而立，反复终始。除了一时罹患肺疾和足疾之外，笔者的生活就是这么简单而持续、连贯。丙戌、丁亥之际——现在看来——我在学问上有了一次较大的跃进，其时距离博士卒业约有七八年之久矣。收在这本集子中的许多文章即出自其后，足以代表笔者当前的学术水准。需要指出，这本集子也收录了笔者在学术生涯起步阶段所写的两三篇习作。这样做，固然有敝帚自珍的意思，但主要希望借此作为一面殷鉴，供自己日后惕厉和他人批判之用。

这本集子分为两大类，其一为“先秦哲学研究”，其二为“简帛思想研究”，后者实为前者之一部分。而笔者之所以将后者单独分编析出，乃是因为简帛文献成为当今学界的研究热点且前后相继已有四十年光景，它们对于中国古代哲学、历史、语言、文化和传统经子之学等的研究产生了巨大而深远的影响；同时，也是因为笔者长期耕耘于此一领域，积累了相当多的成果，若不单独立编，则不足以称名指事矣。另外，本稿与笔者已出版的《玄圃畜艾》（中华书局 2009 年版）一书可以合观，它们无论在主题上还是在内容上均相互补充。

最后，十分感谢武汉大学国学院各位领导及商务印书馆的编辑，因为他们的通力合作与策划，方使得本书能够乘此机缘结集，并准予付印。不然，依照鄙人平日疏淡的个性，兴许还要等个十年、二十年，才会有悠闲的心情来拾掇和整理旧文。

是为记。

壬辰年辛亥月识于雄楚珞桂寓所

（原载丁四新：《先秦哲学探索》，商务印书馆 2015 年版）

《周易溯源与早期易学考论》后记

《周易》是中华民族最为重要的经典之一。大约在西汉成帝时期，它开始居于五经之首，而为《乐》《诗》《礼》《书》《春秋》之原，班固作《汉书·艺文志》，即将其列于《六艺略》之首。后世沿袭此例不变，《四库全书》亦是如此。《周易》经学也因此连绵不绝，兴旺发达。《四库全书总目经部易类提要》有所谓“两派六宗”的说法，得其大体，很好地概括了易学在两千余年时间里的发展大势和学术分派。不过，这一概括非常宏观，难免有所缺漏。今天，补苴罅漏显然是非常必要的。由于大量出土易学（包括《周易》经传）材料的发现，不但给我们增长了许多新的易学知识，而且提供了许多新的易学问题。这些问题包括数字卦及其相关材料的问题，筮法及其与易卦的关系问题，三《易》的差别问题，卜筮联用及其如何应用的问题，《周易》卦爻画的性质及其来源问题，《周易》文本的抄写问题和楚简本的卦符问题，《周易》本经的异文问题，孔子与《周易》的关系问题，帛本卦序及清华简《别卦》的问题，清华简《筮法》的问题以及帛书《易传》所提供的新知识及其价值的问题等。另外，《左传》《国语》诸筮例和今本《易传》也由于出土文献的新视野而被带入新的问题意识之中。

笔者自 1993 年秋转入珞珈山攻读硕士学位以来即开始学《易》，后来，毕业论文做汉代经学大师——郑玄的易学研究。记得当年上课，比较简单，萧汉明老师和唐明邦先生一共讲了七八次。其余，就靠我们自己去寻找资料和阅读了。刘大钧的《周易概论》、张善文的《象数与义理》、朱伯崑主编的《易学基础教程》和黄寿祺、张善文的《周易译注》等，我都看过。

除此之外，研究性的论著也读了不少，例如黄寿祺、张善文主编的《周易研究论文集》、朱伯崑的《易学哲学史》、刘纲纪的《周易美学》和业师萧汉明的《船山易学研究》等。那时，武汉大学图书馆收藏的相关书籍不多，全国易学研究尚处于恢复和初步发展阶段。除了馆藏图书之外，我又私下向两位萧老师借阅了一些他们的藏书，其中包括多种易学会议论文集。另外，我那时还细读过上十部宋代易学著作并写有提要。总结起来，在读硕期间，尽管看了不少的易学书籍，但是现在回想起来，笔者在一段较长时间里对于《周易》和易学的认识还是懵懵懂懂的，难知其门径。

学位论文的写作是一大转折。主题是由导师萧汉明教授指定的。他说，毕业论文要做一个比较难的题目，于是指定我做郑玄易学研究。为了做好这一研究，除了反复细读王应麟等辑佚的《郑氏周易注》、《易纬》八种及郑玄《注》以外，我又看了不少研究郑玄和研究汉代经学、汉代思想的著作。张舜徽的《郑学丛著》、吕凯的《郑玄之谶纬学》、钟肇鹏的《谶纬论略》和牟宗三的《周易的自然哲学与道德函义》等，凡是在武大图书馆和哲学系资料室能够找得到的相关资料，我都尽心尽力地读过了。那时，唐力权先生正在海内各大哲学系所掀起哲学讲座的狂潮，一路得到许多少壮派学者的大力追捧。我被吆喝着去听了几场，当时大为感动。这样，笔者在写作毕业论文时就不免在个别词汇上受到了他的影响。论文的初稿是在1995年暑假期间写出来的，10月份，业师看了，觉得颇出乎他的预料。由此，鄙人得到了老师的首肯，从此正式登堂入室，进入易学之门庭。在此，笔者还要特别感谢南京大学的周继旨先生、福建师范大学的张善文先生、敝校的唐明邦先生和山东大学的刘大钧先生。周、张、唐三位是笔者学位论文的评阅人，多年后周继旨先生在途经武汉、顺便访问故友萧萐父和唐明邦先生时，还特地让萧老先生命我前去侍座，一起吃个饭，见见面。张善文先生事后特地修书一封，由于内容多涉笔者论文，业师遂将此函转交我保存。在信末，张善文先生非常关心地询问起我毕业分配的去向，并说："我觉得他是个可造之材，前途甚佳。"刘大钧先生则将拙作的大部分文字发表在《象数易学研究》第二辑上，给晚辈以很大的鼓励。另外，拙文还有一章发表在《中国哲学史》1996 年第 3 期上，这要感谢张智彦先生。

笔者很早即关注出土易学领域。当代中国大陆的易学研究，依鄙见，实始于出土易学，始于所谓数字卦问题。1978 年 12 月上旬，张政烺先生在首届中国古文字研究会学术讨论会上临时做了《古代筮法与文王演〈周易〉》的简短发言，回答有关提问，断定新发现的西周甲骨上的数字组为筮数和易卦。此说一出，石破天惊，立即引起巨大轰动，并迅速向有关学界扩散，影响极大。张先生后来收集和整理相关资料，发表了多篇论文，论证了他的这一重要观点和发现。而这类由数字组构成的易卦，学界通称为“数字卦”。数字卦问题于是成为相关学界的研究热点。笔者对于出土易学的关注，即始于老师们对数字卦问题的介绍。在读研期间，陈松长、廖名春做的帛书《易传》释文又相继发表，我当时颇感兴奋。据鄙人印象，帛书《系辞》和《要》篇在当时的影响最大。而为什么这两篇的影响会最大呢？其实这不难理解，因为《系辞》在中国哲学领域中是极其重要的文本，帛书本的发现必然会引起学者的高度关注。而帛书《要》篇之所以受到高度关注，是因为其中有一段话直接关涉到一桩争执很久的公案，即孔子是否老而好《易》、学《易》和传《易》的问题。《要》篇曰：“夫子老而好《易》，居则在席，行则在橐。”这三句话说得如此之明白，证据如此之直接，给赞成派以极大的鼓舞和支持，难怪许多学者在当时就表现得很兴奋了！此外，陈鼓应先生“《易传》为道家学派作品”和中国文化为“道家主干说”的主张也借机鼓煽起来，在学界发生了一场“姓儒”还是“姓道”的小规模争论。

笔者对于出土易学的研究，始于《〈说卦〉三篇后得问题和汲冢竹书〈易〉述论》（原题《从出土竹书综论〈周易〉诸问题》）一文，该文是为“首届海峡两岸青年易学论文发表会”（2000 年 5 月在台北召开）写的。现在看来，这篇论文在出土易学的研究上尚处于学步阶段，对相关研究文献的阅读也稍显不足。不过，自那时起，笔者即逐步确立了从事“出土易学研究”的计划。此后，奉庞朴先生之命，笔者为《儒藏》校点了马王堆帛书《周易》经传。这个项目，对于当时的我来说，算得上勉为其难。老实说，笔者本无心承担此一任务；不过，现在看来，它还是给我带来了一大好处——积累了一些做校注的积极经验，这为后来笔者写作两部专著《郭店楚竹书〈老子〉校注》和《楚竹书与汉帛书〈周易〉校注》打下了良好的基础。《楚竹书与汉帛书〈周易〉校注》晚于《郭店楚竹书〈老子〉校注》的写作，动笔时，我感到比较从容、顺畅。在此前后，笔者又断断续续地撰写了多篇研究出土易学的论文，乃至于前后加起来有七八篇（不计札记类文章）之多，达到了预定规模的一半。

本书所列九章，是由笔者已发表的九篇论文略加编辑、润色而成的。第一章从出土材料讨论《周易》卦爻画的性质和来源问题，发表在《哲学门》2015年第1辑上；第二章重新讨论"《说卦》三篇后得"问题，述论汲冢出土竹书易学文献，发表在《周易研究》2000年第4期上。中间五章，都是研究马王堆帛书《易传》的，分别发表在《江汉论坛》2015年第1期、《武汉大学学报（人文科学版）》2015年第1期、《中国哲学史》2001年第3期和《周易研究》2002年第3期、2013年第4期上。需要指出的是，《论马王堆帛书〈要〉篇"观其德义"的易学内涵》一章，主要是由李攀博士撰写的，我做了指导并亲自修改了部分文字。《马王堆帛书〈二三子〉疑难字句释读》一章，本是一篇会议论文，在正式发表时附上了一位第二作者，特此说明。余下两章，即第八章讨论了《老子》《周易》这两种经典文本的演变特征和区别以及"文本"与"思想"的相互作用问题，发表在《中国社会科学》2013年第2期上；第九章从出土材料论述了《周易》经学的哲学解释问题，发表在《社会科学战线》2012年第12期上。此外，笔者在《周易研究》等刊物上发表了10余篇校札类文章，但由于出版社对字数做了限定，除一篇以外，本书一概不予收入。

在全书九章中，《从出土材料论〈周易〉卦爻画的性质和来源》和《马王堆帛书〈易传〉的哲学思想》两章特别值得一提，它们是笔者在近两三年时间里写出来的，代表了笔者在出土易学研究上的最新水准。"《周易》卦爻画的性质和来源是什么"，这曾经是一个贯穿在张政烺、李学勤等先生的数字卦研究活动中，乃至贯穿在近一个世纪的《周易》考证活动中所要着力探讨和解决的重大疑难问题。现在，由于清华简《筮法》篇的发现，这一问题终于得到了圆满的解决，其中爻画“⚊”在《筮法》卦例中一律表示数字“七”，起了关键作用。据鄙人的研究，在先秦，《周易》卦爻画的来源经历了从五十五数揲蓍法到五十数揲蓍法，从爻体六、一（七）到一（七）、八，而其性质则经历了从天地到阴阳的巨大转变。无论是今本，还是出土诸本《周易》的爻画与爻题，实际上都直接来源于五十数揲蓍法所得的四象数：七、八为阴阳爻画，而九、六为爻题。拙文《从出土材料论〈周易〉卦爻画的性质和来源》的学术贡献正在于此。对于帛书《易传》的哲学研究，曾长期存在两大缺憾，一是落于局部和个别问题之中，二是释文长期处于不断改善之中。拙文《马王堆帛书〈易传〉的哲学思想》即以大幅提高的新释文为基础，对帛书《易传》的哲学思想作出了迄今为止最为一般的概括和总结，从解《易》原则、阴阳说、乾坤说（包括龙德说）和今、帛本的思想差异四个方面作了详细论述。当然，这两篇论文的写作，跟学界此前的研究成果是分不开的。

总之，笔者从事出土易学的研究颇有些年月，立志也比较早，但是论文写得不多，成绩仍有限。所幸，在此期间出版了小书数种，算是没有袖手虚度时光。日后，等本书再版时笔者再补入五六篇论文，以完善我对这一课题的研究。

最后，感谢王琬莹女士的一再联系和催促，使得本书能够较快编辑成稿并交由中国人民大学出版社出版。感谢吕鹏军编辑提出的审稿意见。另外，十分感谢王巧生博士，他通读和检查了书稿的全部文字并编辑了书末《参考文献》的初稿。

是为记。

丙申年大暑记于武昌珞珈山武汉大学

（原载丁四新：《周易溯源与早期易学考论》，中国人民大学出版社2017年版）

《英语世界的早期中国哲学研究》后记

这是一本综述性的书稿，目的是追踪英语世界的早期中国哲学研究。

此项工作，笔者初未起意，然而终究为之，乃由于武汉大学人文社会科学管理方启动了“海外人文社会科学研究动态追踪计划”，我被号召来主持海外中国哲学研究的追踪项目。考虑到个人的研究兴趣及团队成员的外语能力，笔者当时就将追踪的范围具体划定在“英语世界的早期中国哲学研究”上。从总体上看，英语无疑是当代海外中国哲学研究的主导语言。这个项目的目标很明确，就是具体展示近十年来英语世界特别是英美学界早期中国哲学研究的概况和成绩，并为国内中国哲学界提供一定的参考。《诗》曰：“他山之石，可以攻玉。”现在看来，这个目的是否真正达到了，值得怀疑。这个项目，从 2006 年起，迄今已届十年。十年间，我们在预定的范围内一共完成了 6 个相关子题，6 篇综述文章，共计 230 千余字（电脑统计）。现在，到了将它们集合起来出版的时候了。

最初，按照项目规划方的设想，海外人文社会科学的追踪项目应当集中在“动态”上，即对于最近若干年相关学科或研究主题的综述上。考虑到“中国哲学”的范围很广，成果众多，难以操控，作为主持人，笔者于是决定将我们的追踪一是集中在先秦至两汉哲学上，二是主题化，三是时间扩展到近十年的范围，并且在一定程度上还需要追溯相关学术背景（来龙去脉）。只有这样，我们的追踪才是有意义的和切实可行的。不然，按照“年度追踪”全方位、全历史时段地铺陈开来，这样做，一是在我们的语言和专业能力之外，二是难以操作和实施，三是导致综述的碎片化。现在看来，笔者当初定下的标准是符合实际的，综述的主题确实应当限定在先秦秦汉一段时间内。如今，这些文章集合起来，可以做成一本书，反映近一二十年来英语世界研究中国哲学的一些基本面相。不过，由于追踪计划长达十年，前后跨度较大，因此本书各篇章的撰写难免存在时间差的问题，特别是第六章与前五章的撰写间隔较大，不是在同一时间单位里写成的，这使得本书的追踪因而缺乏统一的时间坐标。这是一件憾事。

本书由六章构成，它们是由六篇文章直接编辑而成的。这六章依次为《英语世界的先秦儒学研究》《英语世界的先秦道家研究》《英语世界的〈墨子〉研究》《近十年英语世界的名家哲学研究》《英语世界的秦汉哲学研究》和《英语世界的易学研究》，前五章写于2006年至2010年，末一章则写于2016年。从整体上来看，虽然有一些遗漏，但是它们大致上构成了一个整体。本书六章，曾以文章的形式发表在武汉大学有关单位主编的系列《海外人文社会科学发展年度报告》上，部分文本亦曾发表在《哲学动态》2006年第11、12期，《人文论丛》2010年卷（中国社会科学出版社2011年版）和《比较哲学与比较文化论丛》第2辑（武汉大学2010年版）上。此外，征得作者的同意，本书收录了方克涛（Chris Fraser）教授的《英美学界对于中国经典诠释传统之研究：回顾与展望》一文。方教授的大作发表于2000年，它综述了此前一段时间英美学界的相关研究，作为本书的背景，值得一读。

本书的撰者，除笔者外，还有夏世华、闫利春、邹啸宇、王巧生、汤云、吴晓欣、汪奇超和董红涛八位。其中，夏世华在中南财经政法大学哲学院工作，闫利春在河南科技大学马克思主义学院工作，邹啸宇在湖南师范大学哲学系工作，王巧生在湖北省社会科学院哲学研究所工作，汤云在四川大学哲学系工作，吴晓欣在湖南大学马克思主义学院工作。各章节的具体撰者及所起之作用，都在每章首页的脚注中指出。本书是笔者与他们共同劳动的结果，从选题、资料的搜集、写作任务的分配到文稿的集合和润饰都离不开团队成员的通力合作。当然，武汉大学人文社会科学院下达的课题项目和经费起到了鼓舞作用，使得各子题的综述得以如期完成，乃至现在可以结集出版了。

笔者深知，由于我们存在学力不足，资料搜集不够全面以及此前对于西方早期中国哲学研究的历史缺乏必要的了解等问题，因此本书取得的学术成绩是很有限的，甚至未必能够真正反映近一二十年来英语世界早期中国哲学研究的重点。

在近四个月里，笔者和夏世华君集合旧文，对本书各章重新做了文字的订正、润饰和参考文献的重编等统稿工作，其中夏君付出的劳动尤多。另外，汤云也提供了一些帮助。这是笔者要特别表示感谢的。

最后，感谢武汉大学人文社会科学院，本书的出版得到了武汉大学“中央高校基本科研业务费专项资金”的资助；本书是武汉大学国家文化软实力协同创新中心的成果之一。

是为记。

丙申年秋分记于武汉市洪山区珞珈雅苑

（原载丁四新等:《英语世界的早期中国哲学研究》，浙江大学出版社 2017 年版）

《中国哲学通史·秦汉卷》后记

秦汉哲学是中国哲学的重要组成部分，它承上启下，以“经学”为主要形式，推进了中国思想的深入发展，给后人留下了宝贵的精神遗产。政治哲学是秦汉思想的重头戏，得到了长足的发展。道家的虚静无为，阴阳家的德运受命，儒家的天人感应、阴阳灾异和王道仁政，法家的杂用王霸，都是汉代政治哲学的重要表现。与此同时，浑天说的提出，人性善恶的讨论，医学理论的哲学化，古代知识系统的建构，也是汉代哲学的重要内容。此外，阴阳五行思维、感应思维、象思维和批判性思维，在汉代得到了大力发展，深刻地影响了汉民族思维方式和特质的形成。

本卷是《中国哲学通史》学术版的重要组成部分，是业师郭齐勇教授下达给我们的任务。原计划，建平兄负责东汉部分，我负责秦、西汉部分。记得2007年春天，各卷的主要作者雅集珞珈山，开了一个小会，算是正式启动了这一项目。没想到，十年一晃就过去了。最初几年，我和建平兄都踌躇满志，都想多快好省地完成老师布置的任务。但几年下来，才知道要读的书太多，要探讨的问题太多，要写的文章太多，还有要应酬的俗事太多——孩子，父母，亲朋，师友，同侪，领导，家庭，单位，一个都不能少，这才知道人生一世，精力和时间其实都很有限。事实上，建平兄和我都害怕辜负了老师的一再敦促，拖了大家的后腿，我于是只好打扰利春、永飞、功进、龙灿一干四人，请他们拨冗，研读故书，分担若干章的写作。

如今，本卷的稿子都已集齐！作为负责人，我终于可以长长地舒一口气，向年事已高的老师报告这迟到的好消息。

具体说来，我是从2011年，即在完成拙著《郭店楚竹书〈老子〉校注》和《楚竹书与汉帛书〈周易〉校注》的稿子之后才正式投入本卷的写作的。自那以来，我即将大部分业余时间，特别是大部分寒暑假的时间投入到相关资料的阅读和书稿的写作中。但完全没有料到，这件事做起来颇费工夫，从研读原著到具体写稿，每一章其实都需要花费不少时间，一个暑假大概只能写一篇长的，三五万字，一个寒假大概只能写一篇短的，两三万字。两年过后，按照这种速度，我确实感到无力一人独任十余章、40多万字的写作。而且在这期间，鄙人还要给本科生、研究生上课，审阅博硕士生的论文，还要发表符合校方要求的期刊文章，还要养老携幼，包括每年多次搭车返乡，探望孑然寡居三十多年的老母。于是，为了不再久拖大家的后腿，我只好请求利春等四人出手，分担数章的写作。

本卷一共十六章，各章的作者具体是这样的：《绪论》、第一章、第二章、第三章、第七章、第八章、第九章、第十五章，由丁四新（清华大学）撰稿；第四章，由吴龙灿（温州大学）撰稿；第五章，由袁永飞（河南省社会科学院）撰稿；第六章，由孙功进（曲阜师范大学）撰稿；第十章的桓谭部分由龚建平（西安交通大学）撰稿，张衡部分由闫利春（河南科技大学）撰稿；第十一章、第十二章、第十三章、第十四章，由龚建平撰稿；第十六章，由闫利春撰稿。

借此机会，交代一下拙稿的写作经过：第一、二、七、八章的初稿，写于2011至2013这三年间；第九章的初稿，写于2014至2015这两年间；第三、十五章和《绪论》的初稿，写于2017年初至8月31日之前。最近一个半月，我又连续作战，夜以继日，对拙稿做了一定的修改和润色。需要指出，部分章节经过修改和添加注释，此前已发表在相关期刊和论文集上了。

非常感谢建平仁兄，非常感谢利春、龙灿、功进和永飞，感谢你们在百忙中抽出宝贵时间来写稿，促成美事一桩——无论如何，长编《中国哲学通史》学术版的问世将是来年的一台重头戏，毕竟搞出这么大规模的《中国哲学通史》似乎还是中国哲学界的头一遭。感谢冯鹏博士（南通大学）

编辑了本卷《主要参考文献》的初稿。也感谢郭老师的厚觊，给我们提供了一次梳理和概括秦汉哲学的机会。

本卷其他各章，我来不及提出修改意见。我深信，几位作者都高度负责，深思熟虑，认真踏实，都已尽心尽力地写好和改好自己的稿子了。

是为记。

丁酉年霜降记于清华大学至善路新斋哲学系

（原载丁四新、龚建平:《中国哲学通史·秦汉卷》，江苏人民出版社 2021 年版）

戊编

评《象数易学发展史》第一卷

象数易学史以《周易》象数为研究对象，以象数易学范畴发展、学派形成、人物思想演变等为主要内容。通过对这些问题的研究，象数易学史揭示象数易学发展的特点和规律，阐明象数易学概念、思想的含义，评判易学家象数思想的得失。青年学者林忠军的《象数易学发展史》第一卷（齐鲁书社 1994 年 7 月出版；下文简称《象数史》），以历史发展为线索，以易学家与易学文献资料为主要研究对象，较全面地展现了春秋至两汉时期象数易学产生、发展与演变的过程，初步揭示象数易学在其发展过程中所表现出来的特点及对易学史，乃至整个文化史所产生的影响，概略地阐明了象数易学源流派别、师承关系和主要范畴、思想的内涵，并联系当时的历史背景，运用现代知识提供的研究方法，对每一时代的易学家及其象数思想做出了辩证的和较为客观的评价。难能可贵的是，林著不迷信古今名家，就一些疑难问题做了考辨，提出了自己的见解，其特色可概括为如下几点：

第一，《象数史》一书首先运用概念分析的方法，对象数易学发展的流派进行了本质的划分，对易学末流进行了严格筛选。作者将象数易学分为三大派：以《周易》为主体，运用象数理论建立占验体系者属占验派，如孟喜、京房、梁丘贺、焦延寿、元嵩、张行成等；以象数注《易》或整理、解说汉代象数易者属注经派，如郑玄、荀爽、虞翻、崔憬、朱震、王应麟、惠栋、张惠言、焦循、杭辛斋等；承认图书之说并以图书说《易》者属图书派，如宋代刘牧、邵雍及清人江永等。作者在划分这三派时，贯穿着一个主导思想，即凡以象数说易者，首先必须以《易》自身为主体，舍此皆非易学。

作者正是在这一认识上把扬雄的《太玄》、魏伯阳的《周易参同契》等排除在外的。

第二，按照易学发展的进程，《象数史》将象数易学史分为六个时期：先秦时期、西汉时期、东汉时期、魏晋隋唐时期、两宋时期和明清时期，这是史的方法。作者认为，先秦是象数思想的萌芽时期，《左传》《国语》记载的二十多个筮例，反映了春秋时期零星的象数思想，而《易传》在战国中后期成书，以高度抽象的思维，第一次全面地对《周易》象数的概念、性质、作用等加以概括，并以象数为重要工具，注释《周易》卦爻辞，揭示了象辞之间的内在联系。西汉时期，象数学凭借着天文、历法和数学等自然科学的成就而得到了长足发展，形成了形态各异的理论和具有师承关系的学派。以孟喜和京房为代表的易学家，运用象数观念作为手段，建立了推天道、明人事的庞大易学体系，改变了易学发展的方向，成为汉代易学的主要流派。而《易纬》则以通论的形式总结了西汉象数易学的成就，把天人合一的思想注入象数思维中，从而在某种程度上染上神学色彩。东汉是象数易学的鼎盛时期，无论是深度和广度，还是规模和流派，皆超过了以往时代，达到了登峰造极的地步。郑玄、荀爽、虞翻以注经的形式把象数思想发展得更加细致、精微，但由此也使易学体系变得机械、烦琐。魏晋至隋唐是象数易学开始走向衰微的时期，王弼以《老》注《易》，扫荡汉人的象数之学，从而使象数之学式微。两宋时期，象数学以图书之学的新形式出现，刘牧、邵雍是其主要代表。明清是汉代象数易学的复古时期，以黄宗羲、胡渭、毛奇龄等为代表的易学家，清算图书之学，恢复汉易之面目，以惠栋、张惠言、焦循为代表的易学家则直接返回到汉易本身的研究上，对汉代象数易进行了爬梳和解说，显扬了象数易学。

第三，在总述象数易学发展史的过程中，《象数史》抓住象数易学发展过程中的重要易学家，着重分析其象数思想体系、特点和创见，这是以点带面的重点分析法。如作者在分析西汉象数易学思想时，以孟喜、焦延寿、京房和《易纬》的象数易学为支撑点，对西汉象数易学总的特点进行具体的评述；在分析东汉象数易学思想时，作者紧紧抓住郑玄、荀爽和虞翻三人（尤其是虞翻）的易学思想进行分析比较，进而在此基础上指出郑玄的礼象说、荀爽的升降说和虞翻的旁通、正说、反象覆象说具有独创性，为整个象数易学发展作出了杰出贡献。

第四，《象数史》研述象数易学发展，比较注意象数易学思想的前后继承关系，注意研讨各种象数方法的源流并注重其内在的逻辑联系和发展。如作者认为，东汉象数易学虽以注经形式阐发象数思想，但其思想内容多出自西汉，或由西汉象数思想引发。郑玄爻辰说本于京房和《易纬》，荀爽升降说本于《京氏易传》，虞翻的互体说、纳甲说、消息卦说等皆出自西汉孟京之说。如纳甲说，由京房提出，魏伯阳在阐发炼丹理论时加以发展，虞翻做了总结，从而形成了内容丰富的月体纳甲说；如爻辰说，由京房发明，《易纬》进行阐发，到郑玄，这一学说得以解决。作者还注意在《易传》里寻找象数方法的理论根源，如升降说的理论根源是“小往大来”（《泰·象传》），卦变说的理论根源是“爻者，言乎变者也”（《系辞上》），而象数方法得以发明的总理论根源是“龟，象也；筮，数也”（《左传·僖公十五年》）和“观象系辞”（《系辞上》）等。总之，象数易学发展的源流、盛衰，是象数易学逻辑发展的不同侧面。

第五，《象数史》就象数易学中的一些疑难问题做了考辨，作者不迷信古人，不盲从今人，提出了个人的见解。如作者排除先儒对“贞《屯》悔《豫》皆八也”（《国语·晋语》）的解释，认为“贞”是指内卦，“悔”是指外卦，“八”不是指一爻不变，而是三爻不变，即在《屯》变《豫》卦中，《屯》之内卦与《豫》外卦皆为震，震不变。又如，作者认为《易林》中的“昭君”非指汉王嫱昭君，而是春秋时鲁昭公，并给出两点证据。在第二编第五章“爻辰说”一节中，作者对《易纬·乾凿度》与郑氏乾坤爻辰做了辨析，发现郑玄乾卦纳支同于《易纬》，坤卦六爻纳支则异，它不取逆势，而取顺势纳六支，即坤六爻自下而上依次纳未、酉、亥、丑、卯、巳，在此基础上作者对朱震与今人朱伯崑的看法提出了异议。

总之，林忠军的《象数易学发展史》是一部不慕虚名、不尚浮华的沉潜辛苦之作，在当代易学史研究中具有开拓意义。自然，此书还存在着不足之处，如作者在对两汉象数易学进行考察时，很少就象数方法所体现的哲学思维价值予以阐发，并且对象数易学发展的现实原因也似乎注意不足。值得商榷的是，作者把郑玄援礼注易的方法称为“礼象”的观点。按该书中提供的理论根据来看，似乎不足言礼为象。而作者把郑氏易学训诂编入象数史，亦略显蛇足。尽管如此，在偏重于义理一路的当今中国易学的研究中，林忠军《象数史》是一部调和补正之作，在当代易学史的研究中具有独特地位。

（原载《学术月刊》1996 年第 8 期）

道法自然的生命智慧

——评《道家与民族性格》

中国文化的主干，或者从一个侧面来说中国国民性的主要心理特征是什么，自本世纪初以来一直是人们争论颇为激烈的问题。主张儒家文化主干说者有之，主张道家文化主干说者有之，主张仕官文化主干说者有之，然而更多的是主张儒道释三家互补的文化主干说。青年学者吕锡琛女士继《道家方士与王朝政治》后又写出了《道家与民族性格》（湖南大学出版社 1996 年 6 月出版）一书，对老庄思想作了进一步的阐发，对道家所产生的影响，尤其是对国民性的影响做了比较全面的揭示与研究。虽然作者赞同儒道互补文化主干说，但实际上这部著作是对道家文化主干说的一种补充。

吕锡琛认为道家对国民性的积极影响是主要的，是民族精神不可或缺的一部分。道家的主要精神是道法自然的生命智慧，它积淀在民族文化心理中，表现出顺应自然、兼收并蓄、抱朴守真、崇俭抑奢、柔弱不争和不与物迁等民族性格，而这些性格对中国人的世界观、思维方式、审美心理以及行为方式等产生了不可估量的影响。

诚然，道家的主要精神是道法自然的生命智慧，这与儒家德性伦理的生命智慧是不同的。道家是求“道”，对不可言说的“道”要做出言说，“道”是本体、本根，是生命的源泉与全体；道的本性是自然，自然即自己如此，生命的大智慧与深刻意义就蕴藏在这个“自己如此”中。所以道家的道法自然张扬的是个体生命的永恒价值，这与儒家重伦常、重群体的特点不同。前者力求让自由直接契入个体的生命髓质中，后者则在群体的实践中透到自由的心理体验中。这是一个总的区别。但细致说来，正如作者所指出的："儒家学说具有阳刚的特征，表现出自强不息、积极有为、锐意进取和入世的人生态度，具有强烈的社会责任感，以天下为己任，向往着建功立业，强调以封建伦理道德教化人民，力图维护君臣父子的封建等级制度。道家学说具有阴柔的特征，表现出顺应自然、超然物外、守朴尚俭、重生贵生、以退为进、以柔克刚和出世的人生态度，向往山林田园，视显赫的'帝王之功'为'圣人之余事'，寻求自然无为的治民之道和因性而教的化民之方，强调统治者以身作则，行不言之教。"这不但是儒道的区别，而且是国民性区别上的反映。由此作者从思想、政治、科技、医药养生、文学艺术和世俗生活等几个方面论证了道家思想对国民性广泛而深刻的影响。这些影响归纳起来就是道法自然的生命智慧。在作者的论述中至少有三点是值得注意的，一是道家的自然主义伦理观，二是道家的超越价值，三是道家的现代意义。

通常，人们认为儒家是一套伦理的学说，而认为道家是非伦理的。但这是局限于儒家观点而指责道家思想，道家的自然主义生命伦理观在中国人的民族性格中其实占有很重要的地位。道家自然主义伦理观是如何影响国民性而给中国人以安身立命的根本，或者说为什么人们在道家的个体孤独感中，体验到的并不是痛苦、荒诞和自我毁灭，而是逍遥的自由和游世的愉悦呢？这确实是一个非常重要的问题。作者从天人合一的结构性分析中做了回答。一方面，从道法自然的观念中人们可以摆脱世俗，与天合一，与自然合一，在纵情山水、率性尚真中求得性命的安立；另一方面，人们从道法自然的观念中，未尝不可在世间，在与他人的伦常日用中保持一颗"朴心""童心"和"真心"，从而把自己安顿下来，像孟浩然在与"故人""田家'的交往中，仍能在其乐融融的生命活动中保持道家的纯真性格，而其中的关键是需要陶渊明"心远地自偏"的心境。实际上，我们把道法自然给人生造成的两面影响联系起来看，追求生命本性的个体自由也恰恰是一种伦理，不过这种追求自然主义的个体价值的伦理与儒家追求道德主义的群体价值的伦理是不同的。《道家与民族性格》这部书充分注意到此点。作者认为道家伦理概念中最重要的精神是“真诚”。人只有朴而不伪，纯而不杂，真而不假，诚而无欺，才能在根底上出于自然而入于自然，与自己的心性圆透无碍，合而为一；也只有真诚，才能把生命本质（“性”）中的真髓导引出来。人只有整个的生命都是真诚自然的，才可能是自由逍遥的，与永恒的生命意义合一。所以老子要人“抱朴守真”，庄子要人做个“真人”，到明末思想家则号召人人率性而为，以“童心”反对“假人”。这种真诚的伦理道德观深深地影响了我们的民族性格，作者认为，它是民族精神中不可缺少的一部分。

作者在论述道家的真诚品质的同时，还充分注意到道家的超越价值。这个超越价值当然是从“道法自然”的观念中衍化出来的。道家追求对于“常道”“大道”的认识和体悟，所谓“常道”或“大道”即世界本质或自然万物的根本规律或至善至美境界。因此，追求“体道”“悟道”实质上是力图超越现有表象世界，认识世界的本质或万事万物的根本规律，体现着作为主体的人对于真善美的不懈追求，对于自我的不断超越。作者认为，道家的超越精神包括四个方面：一是对现有的或常规知识的超越，二是对现有道德的尤其是儒家道德的超越，三是对悦生恶死等情感的超越，四是对外物的超越。道家是在与儒家的相对中寻求生命的终极意义，如果把儒家作为批判的起点，那么道家是对它的摆脱与超越。

由阐释道家对民族性格的正面影响，作者还深刻地论述了道家的现实意义，这包括顺应自然、抱朴守真、崇俭抑奢、柔弱不争和重生养生等几个方面。比如说崇俭抑奢的现代意义，作者认为必须继续在社会各阶层提倡这一传统美德，穷奢极欲不仅妨碍社会财富的积累和生产的再扩大，而且在一定程度上把人引入“消费人”的陷阱中，从而使人生的意义动物化、原始化，甚至使人堕入空虚、绝望中，找不到人生的归属。因此，在人民生活水平提高的同时，我们必须坚决反对生活上毫无节制的嗜欲，反对腐败行为，反对为物所役。人，作为有理智、有德性的人，必须以道德来调节人的各种欲望，而崇俭抑奢、恬淡寡欲正是对症的药方。又比如在重生养生上，作者认为："若能对老庄所提倡的少私寡欲、见素抱朴、安时处顺、不为物累等思想进行一番扬弃改造，将能帮助人们更好地控制自我、正确对待外界的影响，保持心理平衡，矫治不良性格，进而推进民族性格的优化。"这些现代意义综合起来，作者认为，就是必须以道家思想的精华改善民族性格，或者说，道家思想的精华具有改善民族性格的功能。这些功能包括调适心理、协调人我、抑奢戒骄、追求超越与和谐发展五个方面。

总之，《道家与民族性格》一书以道家对民族性格的形成与影响为主线，从传统与现实两方面对中华民族的性格特征进行了较为深刻而全面的论述，并从道家思想的角度对民族性格的进一步优化提出了一些宝贵意见。同时，作者也充分注意到，既然民族性格是一个不断积累与优化的过程，那么其中也必然存在一些不合时宜、必将被淘汰的消极因素，这就是被鲁迅称为"劣根性"的东西。而且，情况常常是积极的因素与消极的因素相伴而行，或者说道家的同一个命题、同一个思想，可能产生积极与消极两方面的影响。必须指出的是，道家思想发生积极与消极两方面的影响，实际上与实践主体密切相关。古人不能为今人负责，今人却必须为自己向古人和后人负责，这是今人无法摆脱的使命。就道家对民族性格可能产生的消极影响来说，作者指出，道统万物、人天相参的思维方式具有笼统模糊、重直觉轻理性、重综合轻分析的弱点；而随遇而安、知止知足、守弱不争的思想则可能具有使人安于现状、不求改革、不思进取和消极待世的缺点。

当然，作者的这部书尚有一些不足的地方，比如作者比较注重道家对民族性格的形成与影响，但对道家自身思想的诠释有所忽视，尤其是在老庄思想之间，对庄子思想及对二者的差别注意不够，导致在论述道家的传统与现代意义时，几乎其根本都系于老子一人。又比如，尽管作者对道家可能产生的负面影响时有指正，但其分量仍显不足。

（原载《船山学刊》1997 年第 1 期）

评《传统智慧再发现》

任何一本严肃的著作在写作时总是有它的起因和助缘的。我们在读王树人、喻柏林两先生合著的大作《传统智慧再发现》（作家出版社 1996 年版）时，尤其深刻地感受到了这一点。王树人先生本是精通西方哲学，尤其是黑格尔哲学的专家；喻柏林先生则是对心理学颇有造诣的学者。他们之所以能从一个研究、传播西方文化的学者，转而深刻且较全面地研究中国传统文化及其智慧，是因为一者得益于对“文化大革命”的反思，扩展开来包括对“五四”以来的整个新文化运动的反思和重新评估，二者得益于对文化本身内在的“传统”本性的思考。可以说，没有“传统”也就没有所谓的文化。黑格尔就曾一再强调传统是活泼的、有生命的，它决不停留在过去，一定要以创造的、更新的形式展现在人们面前，贯注到当下的生活当中去。而 20 世纪 80 年代中期以来的“文化热”，由于其芜杂浅显以及诉之于情绪的西化回潮，则直接激发了王、喻两先生的反思、批判及其创作热情。他们不但以德文向外国人介绍中国人的智慧，而且对本世纪初以来流行的错误观点进行了认真清理。

我们认为，研究传统智慧和文化的前提是“同情地了解”。所谓“同情”就是力图平心静气地与古人做心灵交流与对话，设身处地地理解古人的思想及其场景或语言系统。不要想当然地任意肢解，自以为是，凌驾其上，武断专横；而要透过文字，用心体悟古人深层的睿智和深度的价值，既体会到他们所体会到的东西，又体会到他们用以体会的东西。这就要切切实实地深入到“道”的层面，在揭示和诠释的过程中，切切实实与先贤经受同一的心理体验和知性思考。然而，这并不是拒绝创新，重复过去，实际上“同情地了解”，容纳了超越的内容、永恒的人生主题。今人与古人，此心与彼心，从经验之流来看，“同情”具有超越的智慧。老庄追求的智慧是这样，孔孟追求的智慧也是这样。荀子在《解蔽》篇中曾直接地要人把“心”投入“道”中，或者把“道”拉入“心”中；道心合一的前提是心灵的“虚壹而静”，即要人谦虚一点，精深一点，清明一点。隔靴搔痒，全盘否定传统精神文化，对于民族文化之新建设及其与世界文化的互动大抵是起不了什么作用的！

所幸的是，王、喻两先生的大作就是以同情的心态来理解中国传统智慧的，其理解的深度和广度，也是令人颇为敬佩的。在他们的理解中，一扫欧美中心论、苏俄中心论和民族虚无主义等论调，穿透了泛西方化观念笼罩人心的场景，从而使人在焕然一新的感觉中重又找回了民族文化的自信主体，心中回荡着一股民族的大义和浩然正气。他们对汉字，对《周易》，对禅宗，对儒道以及对传统艺术和界维方式，都力争入乎其内，而做出准确的理解；同时，又出乎其外，进行中西对比，彰显中国文化的精粹，指出其中的偏失，做出颇有见地的评价。

首先，作者认为人类文化的发展，一直是物质文化与精神文化相结合而进行的；任何人类文化都是人类创造性的表现。因此，过去那种把中国传统文化完全归结为固塞、鄙陋、保守和落后一面的论断，是不符合整个文化史的发展事实的。而且，文化价值的评判标准始终是与人自身的目的，与人性的修养境界的提升密切相关的。儒家充满了执着于现实的人文精神，道家充满了超越现实的人文精神，而中国佛教，尤其是禅宗则要人在空悟的心性中“向逆顺中觅人”（临济语），这都表明中国文化的价值是以人为中心，以关心人的生命为基调的，它们力求把人还原成一个纯粹的人、超越的人和自由的人。

其次，作者认为文化的本性在于传播，在传播过程中必然要发生冲突和融合，冲突是暂时的，融合迟早是要来临的。拿印度佛教在中国的传播来说，尽管它不时遭到某些拒斥，但总的方向是向中国佛教转变，在唐朝中后期与中国文化彻底融合，产生了禅宗；禅宗在中国文化内部发挥了巨大的作用，促进了儒学的革新，产生了宋明理学。融合的过程不可能是一方完全吃掉另一方，儒道的传统文化没有被印度佛教吃掉，当今中国的传统文化也是不会被西方文化吞没的。文化是基于双向的扬弃、有机的结合而发展的。可以说，作者的这部大作是在此自觉认识的基础上写成的。由此，作者对中国传统文化在近现代遭到的一系列不公正的待遇作出了深刻的反省和批判。比如对“打倒孔家店”“拿来主义”“全盘西化”以及“废除汉字”等主张和口号，作者在做了缜密的学术分析后进行了大胆的否定。特别就“废除汉字”这一口号，作者深刻地指出：“显然，如果这一口号得以实施，那将从根本上毁灭中国的文化。事实上，以汉字拼音化思想为指导所实行的简化汉字，已经给后代学习传统文化带来了极大的困难。由于实行简化，使得汉字本身凝结的信息蒙受损失，也是极其明显的。”作者的这一论断是建立在汉字与传统文化相联系的研究基础上的。今天，我们稍稍反思一下青年学生对繁体字的畏难情绪以及对中国典籍的隔膜和生疏，就可想而知了。

最后，作者认为，中国新文化的创建应以确立新的最高价值观念、自我解放、独立人格为核心内涵。为了更清醒、更内在地认识到这一点，作者在中西比较的基础上深刻地切入中国传统文化中，去寻找，去体认。一般地说，人们认为中国传统文化是非理性的，但作者认为这一论断失之笼统，而不够确切。例如，中国并不缺乏实践理性，像李约瑟所证明的，中国甚至也不缺乏科技理性。然而，作者并不因此而否定中西有某种差别存在。在他们看来，西方所谓“理性直观”说到底是逻辑中心主义，在语言观上表现为“言尽意”；中国的所谓“非理性直观”说到底是一种“象思维”，在本质上不是倾向于逻辑分析，表现在语言观上是“言不尽意”。这就突破了笼统的说法，使中西差别具体、真实起来。由“象思维”的整体直观特征，作者又分析了“天人合一”这一命题，指出这一命题虽然在精英文化层长期占据主导地位，但从古到今也不离把世界和人本身对象化，即主客二元对待的思想，否则，作为四大发明的火药、指南针、造纸术、印刷术就不可能问世。谈到人道主义与超越精神，作者更是愤愤不平地批评了时下对中国文化的各种误解，显扬和阐发了儒、道、禅的人道主义和超越精神。读到作者的这些文字，我们被孔孟的成圣成仁的执着追求，被老庄自然逍遥的无心超越，被佛禅明心见性的空灵自觉，深深感染着、点化着。这些精神，都属于我们今天创建新文化过程中应该吸取的文化资源，因为它们都是以人的独立、解放与自由作为出发点和归宿点的。

基于这种以“平等心”对待古代文化资源的健康态度，作者对中国传统智慧的“再发现”又体现在哪些方面呢?

其一，作者认为，中国传统智慧的思维根基在于“象思维”；在此基础上，作者通论了中国传统思维方式的演变。通过文字学的对比研究，作者认为，中国文字的造字与解释根基在于“象”，《周易》后来从认识论的高度对“象”进行了理论的概括与升华，并把它充分运用到卦爻符号的运作以及卦爻辞的解释中。由此，作者提出了“象思维”这一概念，用以概括中国思维的深层特质，并认为汉族人在思维中所表现出的“整体直观”“体悟”“动态平衡”“系统”“全息”等特征，都根源于它。而中国的艺术思维也莫不如此，长于“象思维”，就是长于艺术思维，也就是长于直观与整体性思维。中国的许多典籍，例如《周易》《老子》《庄子》《论语》《孟子》等，都是以诗或诗意的方式写作的，是思想、哲学、宗教、道德、文学、艺术的融合。作者考察禅宗的目的也是要讲由“象思维”所生发出来的高级“悟性”，即从道家思维发端的这种“悟性”，经过禅宗的作用而发展出的被现代心理学称之为“高峰体验”的东西。所谓“高峰体验”，是由直观与整体思维的通道，向心性的深处、绝处逼过去，所得到的一种清明、透彻的体验。

作者一方面批判了“理性万能”的误导，重估“象思维”在现代人生存中的意义，另一方面指出除“象思维”外，中国传统思维还有与西方对等意义上的抽象逻辑思维。这是形成中国人左右脑均势以及中庸文化的深刻原因之一。

其二，作者认为，中国传统智慧的目的在于以人为本，认为先秦儒家具有执着现实的人文精神，先秦道家具有超越现实的人文精神，二者是“儒道互补”的关系，在中国文化的发展中一奇一正，相倚相生。孔子对人的发现是提出了“仁”的最高理念和精神境界，并对“仁”进行了结构性的理解。孟子对人的发现与《中庸》《易传》的思想相通，从四端之心与性善论的角度深化了对人的理解，提出了“尽心，知性，知天”的超越命题。荀子则在接受道家的影响下，认为心只有“虚壹而静”才能达到“大清明”的状态，与“道”合一。在性论上，荀子批判了孟子的观点，提出了性恶论，从另一个方面加深了先秦儒学对人性的理解。特别值得指出的是，荀子还着力发挥了“礼”的思想，在飘飞的观念翅膀上系上了沉甸甸的现实。道家则与儒家不同，它要离形去智，堕肢体，去聪明，绝仁弃义，齐物逍遥，基本上是超越的。老子对人的发现，是“道”的建构与超越。道与万物相比具有超越的性格，这一性格是“道法自然”，与“拘墟”之境全然不同；而自然之性就是超越之性，因而人的整个生命就是体道守朴，涤除玄览，无为而自然。由此，老子批判了伦理异化和知性异化的现象。庄子对人的发现，则是力图破除捆绑在人身上的各种系缚，或者说使人失去自由的“待”“用”。庄子对人的理解是在自然人性中还原、提炼出无待之待、无用之用的“真人”，是解除人的“倒悬”状态，当下实现个体生命的内在超越。当然，需要指出的是，儒家的“执着”与道家的“超越”并不是截然分开的，它们像阴阳鱼太极图一样，既补充回护，又相杂相生。这即是说，儒家也含有“超越”的一面，道家也含有“执着”的一面。正因为如此，两者才可以在批判中既对立又融合。

总之，作者从传统文化之体用两方面比较详细地论述了中国的智慧，既有宏观的把握，也有点面的刻画，尤其是作者站在中西文化对比的基础上，反思了“五四”以来整个现代中国的文化态度，批判了其中的错误思想，提出了比较深刻而大胆的见解，当属力求真理、“直抒性灵”的佳作。

当然，作者有些看法，我们或者不尽同意，或者有所补充。例如对先秦“性”字的分析，作者似偏从现代语境中的“人性”一词来作理解，这是我们不能同意的。在对禅宗的理解上，我们想补充的是，禅宗最根本的义理是讲空悟的心性或心性的空悟，并且空、悟两者一体，是内在融通、贯彻，打成一片的。再比如在对“象思维”的理解上，我们想补充的是，“象”有物象、事象、形象、图象、数象、象征、意象、卦（爻）象等义，但“象”就其最纯粹、最本质的意义来看，是指抽象之后的纯“象”。这种“象”追溯到底，根源于心性，是一种纯观念、纯心态的象，具有虚无、空灵的特性。阳爻“⚊”，阴爻“⚋”，《周易》象数学的核心是符号化的“象”系统，借助卦爻象的自由变化和组合可以解释物质的和观念的世界。牟宗三先生就曾在他的易学著作中充分发挥了这一思想，而冯友兰先生也因此称《周易》哲学是宇宙代数学，是空套子。应该说，《周易》的“象”，虽然最初来源于形象，但经过抽象作用后，“象”思维乃是对民族思维方式的一场革命，是理性与非理性的高度统一。

（本文由郭齐勇、丁四新联合署名，原载《中国哲学史》1997年第2期）

简评《道家哲学智慧》

一般看来，儒与道是中华学术、智慧的精华所在。儒家的哲学智慧融入当下的世俗伦理中；道家的哲学智慧则直究个体生命的真原，剽剥儒墨，批判仁义，阐扬一种超越而昂扬的精神理想。对道家的基本性格和哲学智慧进行总括与阐扬，无疑是张松如、邵汉明合著《道家哲学智慧》（吉林人民出版社 1997 年版）所要完成的主要任务。

道家的哲学智慧，按照最一般、最简约的论述，实可还原为老子与庄子的智慧。老庄作为原始道家中最重要的两位哲学家，迄今为止也是整个道家源流中最具代表性的人物，他们的智慧最深刻地代表了整个道家的传统，居于道家理论的核心。正是在这层意义上，人们论析道家思想，总是拿《老子》《庄子》两书深入解剖，阐幽显微，由特殊归纳出一般来。该书也不例外，除最末一章论述杨朱的“为我”哲学以外，其他八章概以老庄为主线，并以其书为基本材料来源，深入评论和做出创造性诠释。

谈论道家的哲学智慧，必须首先对老庄其人与《老子》《庄子》其书作出考据上的相关说明。自宋以来，《老子》《庄子》的真实性逐渐受到人们的怀疑并在 20 世纪的疑古思潮中达到极端：老子其人被否定，《老子》其书产生的年代被大大置后，并与作者老子分家；庄子其人虽没有受到怀疑，但《庄子》一书被肢解分裂，无复信据。这股疑古思潮削弱，甚至否认了老庄对中华文化的重要影响。但是，随着考古材料的不断发现和研究的进展，这股风潮最终被遏止。诚如该书所指出的，由于马王堆帛书《老子》的出土，那种笼罩、闭锁在老子其人、其书上的重重怀疑，业已基本烟消云散，人们重又把老子其人与《老子》其书真切地联系在一起。对于《庄子》，虽然没有出土材料的对证，但是经过种种怀疑后，人们倾向于寻求一种平允扎实的结论，以反对长期以来偏走极端的考据流风。对此，该书作者基本认为《庄子》内篇为庄子所著，外杂篇则主要由庄子前驱所作；并在此基础上，他们把《庄子》一书归约为庄子哲学思想的表达。对于前一个意见，我们虽然难以遽加肯定，但对后一个观点却是基本赞同的。

在该书作者看来，以老庄为代表的道家哲学智慧大致包括七个方面：一为政治哲学，二为自然哲学，三为认识哲学，四为人生哲学，五为道德哲学，六为养生哲学，七为艺术哲学。就我们阅读后的感受来看，这七个方面组成一个完整而系统的有机体，把以老庄为代表的道家哲学智慧刻画、勾勒了出来。其论述的全面性自不待言，而论述的深刻性尤让人回味、赞赏。

其深刻性，第一是通过儒道思想的对比来构建的，这尤其表现在道家对儒家思想的批判性上。比如，针对儒家的有为政治，道家基于本原意义上的道德含义，提出了道治主义或德治主义的无为政治，而批判了儒家以仁义凿性害道，以礼法束缚人性的主张。又比如在认识论上，道家批评儒、墨、杨、秉、惠五家的学问皆是智欲之学。智欲之学逐物不返，忘性丧真，堵塞本源，致使神明荒散，精神沦丧。而道家则要人由德入道，由性返天，真正把自己内心的一点灵明解放出来，让精神作逍遥游，让神明显照宇宙，做一个“至人”“真人”“神人”，或者说“德人”“天人”“全人”。这是庄子的见解，同时也是对于老子要人置身于“域中四大”思想的发展。

第二是通过对原始材料的细致分析和对时论的深入批判来实现的。比如时人常常根据《老子》中有“绝圣弃知”的话，就遽然认定道家提倡愚民政策，并且是一种反智主义的复古、落后思想。针对这种理解的偏失，该书指出，老庄所谓“智”并非指一般所说的智慧、知识，而是指智巧、诈伪；老庄所谓“愚”亦非是一般意义上的“聪明”的反义，而是指淳朴、厚实，所以老庄思想的真旨乃在于克服伴随知识、智慧而来的虚饰诈伪现象。况且，老庄反对“好知”“尚智”，并不仅仅是针对普通老百姓，而且也针对统治者；

实际上，是针对人生而发：如何在纷纷扰扰的社会生活中立住真我，让本原的生命自由潇洒地安度？老庄的哲学是站在“道”“德”的高度，反照人生而开出的一剂药方。这样，作者当然不能赞同时人把老庄归结为反智主义之代表人物的意见。老子极其重视“自知”“知常”之“明”，这种“明”是一种真正透彻、了悟之明，是在消解世俗的浅智痴智的阴云之后，所得到的阳光灿烂之明，廓然大公之明。它不同于那种只逐物欲、不见自我，只尚私欲、不见天理，只随智欲、不见精神的偏睨之明。庄子同老子一样，主张“莫若以明”，要人解除“有待”的束缚，消解智欲的蔽障，在做一个真人的同时去赢得真知真智，“且有真人而后有真知”(《庄子·大宗师》)；如果人本身已是虚假不真，那么人得以认识的东西哪里还会是真而不假的呢？老庄的智慧早已超出了世俗之人肤浅的成见；而以此肤浅的成见规约老庄的大智大慧，无疑是以管窥天，用锥指地，削足而适履，强枘而就凿！

第三，该书的深刻性还通过其论述的全面性和具体性表现出来。例如，作者在分析道家的处世艺术时，细分出“为而不争，为而不有”“居上谦下，虚怀若谷”“曲全曲成”“以德报怨，无责于人”“安之若命，安时处顺”“以百姓心为心”和“顺人而不失己”七个方面。这七个方面在宽宏而具体的铺张叙述中归纳出道家的处世艺术，给人以深刻的印象。可以说，在全面性中来表现其深刻性，在具体性中来表现其抽象性，是该书的长处；并且表明，作者的论述确确实实是建立在细致入微的分析，而不是建立在粗略的阅读上的。

我们对该书略有些不尽同意或有所补充的地方。比如，对于《庄子》外杂篇的归属问题，我们倾向于把它们作为代表庄子思想的作品来处理，至于它们是庄子前驱或庄子后学，乃至旁门别派的作品，由于目前史据不足，我们对司马迁的有关记述仍应表示相当的尊重。再比如对庄子思想的研究，我们以为还必须从心性论上追究，观其一贯的思维脉络，特别是在由性入心的论述中，庄子对心体的构造和认识尤为深刻，这是前人往往忽略或所论不及的地方。在我们看来，“神明”（或“精神”）正是庄子所要追究的根本问题之一。实际上由“神明”而理解庄子的心，许许多多的文本就可以豁然开朗。比如对智欲的批判，对精神自由的渴望，由此可以找到庄子思想的出发点和归宿点。此外，我们还想附带指出的是，《庄子》一书不但沉浸在古典神话的氛围中，而且作者似有意采集和利用了神话，不过其立足点在于表达他那宏富深刻、瑰丽奇诡的思想罢了。由此，我们对郭象以玄学理性的精神来宰制《庄子》原文的做法，表示深深的怀疑和无尽的遗憾：其不能理解神话的思维特质，导致其最终不能欣赏《庄子》的文章和思想！

（本文由郭齐勇、丁四新联合署名，原载《中国社会科学》1998年第3期）

简评《郭店楚简〈老子〉校读》

《郭店楚墓竹简》自1998年出版以来，几乎十六篇种简书都受到了学者的高度重视，其中《老子》甲、乙、丙三组竹简尤其受到青睐，欧美汉学界已有多种译本，日本汉学界除有译本外还有研究专著，我国台湾地区则已有三本相关专著印行，而在大陆，据我们所知，彭浩先生所著《郭店楚简〈老子〉校读》（以下简称《校读》）（湖北人民出版社2000年版）一书已是第四本单独刊行的楚简《老子》研究专著了。楚简《老子》的校读、注释和研究，是郭店楚简研究中的重中之重，彭浩的释文和裘锡圭的按语，无疑对推动楚简《老子》的研究作出了重大贡献，海内外学者的诸多慧解和卓见都是建立在他们工作的基础上的。彭浩先生的新作《郭店楚简〈老子〉校读》一书，是在其所编所注《郭店楚墓竹简·老子》的基础上，经过进一步的比较研究而做出来的。同时，他增加了一些新的见解，对探讨《老子》本文、文字及诸本文字的差异、流变关系等问题形成了新的看法，有助于楚简《老子》研究的深入。

首先，由于作者整理郭店简，所以他很早即注意到楚简《老子》的分章、墨记符号等问题，并作出了比较细致的说明和解释。他指出，楚简《老子》使用了三种符号，即点、小黑方块和钩识，并对这三种墨记符号的功能做出了分析和说明：它们或起断句作用，或起分章作用，或起分篇作用。根据楚简《老子》甲组仅两处有钩识，每个钩识所包含的《老子》章数比较少等现象，作者认为，每个钩识原本包含的章数应当多于出土章数，也就是说楚简《老子》甲组的文字原当多于现出土的文字。我们认为，作者的这个推论很可能是合乎实际，是有积极意义的。就楚简《老子》的分章与章序问题，作者作了细致的比较，指出楚简《老子》与今本在次序上存在着非常大的差异，几乎没有完全相一致的情况。可贵的是，作者对此做了进一步的分析和解释，与我们的意见有相合的一面。我们认为，作者在《校读》一书中对简帛本《老子》书中墨记符号与分章关系的探讨是非常有意义的，对于老子文本的来源、衍变和形成是有积极作用的。如作者认为，楚简《老子》的每一章所包含的内容少，只是今本《老子》相对应章的一部分，而在与今本相对应一章的马王堆帛书《老子》中又常见有墨丁存在的现象，因此《老子》文本的形成是有一个整合、联缀的过程的，大体说来帛本是在楚简本的基础上缀合而成的。又如作者根据简帛本，对今本《老子》进行了剥离，进一步指出文字、章节缀合上的相属程度与离析关系，在我们看来，这些看法都是有益于《老子》文本演变问题的探讨的。甚至这一研究的意义不止于此，对于推论战国时期《老子》文本的状况、创作来源以及《老子》其书与其人的关系等问题，也有较大的意义。

其次，作者在楚简《老子》三组的校读上做出了新尝试，取得了新的成绩。目前，楚简《老子》的校读常出现两种偏向，要么只以楚简本与帛书本校读，要么以楚简本与所有通行本或帛书本校读因而论证的过程要么过于疏简，要么过于繁杂，使读者皆难以适从。《校读》一书则把这两者的优点结合起来，以楚简《老子》为底本，以帛书本《老子》甲、乙两本为主校本，以王弼本等为参校本，既不失校读过程中的脉络，亦不失其他诸本的优点。参照美国达慕思“郭店《老子》国际学术研讨会”所编排的《老子》对照文本，彭浩先生又在《校读》一书中编纂出楚简《老子》与主要传世本的对照文本，十分便于读者发现楚简《老子》与其后诸本的差异以及《老子》诸文本的演变过程与特点。在楚简《老子》字句的校读上，作者更是用功尤细，时有新解。如简甲“绝智弃攴”，作者认为应读作“谝”。谝，《说文解字》：“使巧言也。”《尚书·秦誓》：“惟截截善谝言。”孔颖达《疏》：“犹辩也。”辩即谝，指辩说、巧言。又如简甲“绝忕弃慮”一句，学界论说纷然，作者在《校读》一书中提出新解，认为：“忛，读作‘化’。《说文》：‘化，教行也。’……慮，从且声，读作‘袌’。《周礼·比长》：‘有罪奇袌则相及。’注：‘犹恶也。’”又如简乙“治人事天，莫若啬”之“事天”一词，作者同意奚侗之说，认为“事”即“治”，“天”即是指“身”的意思。又如对简乙“人之所畏不可以不畏”一句的校勘，作者甚有见地，分析合理。又如简乙“大器曼成”一句，“曼”字或读作“慢”，或读作“晚”等，作者在遍引诸说的基础上断以己意，他说：“曼，借作‘晚’……‘免’‘晚’‘慢’，音近，或许因此而导致了各本用字的不同。简本‘曼’或读作‘慢’，或读作‘晚’，均与‘免’字含义并不相同。可知帛乙本的‘免’当读作‘晚’。”又如简丙“成事述功，而百姓曰我自然也”的“自然”，作者引蒋锡昌说，以“自成”解之，认为与一般对“自然”一词的含义理解有别。所有这些，都表明作者是以一丝不苟的态度来完成楚简《老子》的校读的。

第三，作者在《校读》一书的《前言》中对《老子》的早期传本做了考察，这表明作者在理解《老子》一书的形成过程及其特点时是开放的，而不是封闭的。这样的一种心态，亦见之于其对于楚简《老子》的校读过程中，由此作者得出了许多既有新意又有历史深度的结论。如作者根据简甲、简丙同于今本《老子》第六十四章的一段文字，指出：“在同一墓中出土的两组《老子》简，于同一段中有如此大的差异，表明它似当各有所据，应是不同的传本。”又如作者在分析了帛书本《老子》的来源及其与诸本的差异后，指出：“帛书本奠定了《老子》通行本内容的基本构架，对《老子》的传播有非常重大的影响。”在老子其人与《老子》其书的问题上，作者的态度较为审慎，与以前部分学者动辄否定《史记·老庄申韩列传》的说法形成鲜明对比。所有这些都是该书的长处和贡献。

当然，作者有一些看法或校读，与我们的看法不尽相同，这里略加指出。简甲云：“罪莫厚乎甚欲，咎莫佥乎欲得，化莫大乎不知足。”其中“罪莫厚乎甚欲”句，帛书本及河上公本等有此句，而王弼本则无，作者由此认为“王弼本脱此句”。我们则认为，此句非脱，乃王弼本编者有意删奇成偶的缘故。王弼本特别讲求语句、文字的对偶特征，或增句或减句，或增字或减字，大多与此相关。关于此问题，可参阅丁四新博士的学位论文《郭店楚墓竹简思想研究》第一章《简本〈老子〉考及其与帛书本通行本的比较》。丁著对王弼本形成的编辑法则有所探讨，并举出许多例证予以说明。而帛书本有“知快出，案有大为”及王弼本有“周行而不殆”等，也都是根据对偶法则添入的。又如简甲云“攫鸟猛兽弗扣”一句，王弼本等作“猛兽不据，攫鸟不搏”两句，这是根据对偶法则裂变而成的。因此，我们不能同意彭浩先生的如下论断：“王弼本、河上公本等‘猛兽’句在‘攫鸟’句前，与简本、帛书本次序不同，且分作两句，系在汉初之后辗转传抄致误。”顺便指出，我们认为《老子》文本从先秦到两汉，甚至直到隋唐，皆处于或大或小的变化中。在此变化过程中，应允许《老子》文本有某种程度的更改、变动，且唯其如此，才是活生生的《老子》文本，这既体现着中国语言的内在逻辑，也体现着《老子》思想不断发展、完善的要求。因此《老子》文本有增句或减句等现象，这是正常的。郭店《老子》很可能还有祖本，以今天发现的最早文本作为绝对标准来衡量尔后发展中的文本，这不符合中国古代典籍的传衍和诠释传统。因而所谓“衍文”“损佚”等评语，可能只具有相对意义。此外，作者把简文“湍而群之，不可长保也”理解为“急流聚集在一起便不再成为急流，故曰‘不可长保也’”，及对简文“吉事上左，丧事上右”的注释，恐怕都是未必妥当的。

从总体上说，彭浩先生对楚简《老子》的校读是卓越的，瑕不掩瑜。该书的出版必将进一步加深人们对于《老子》的理解。

（本文由郭齐勇、丁四新联合署名，原载《江汉论坛》2001 年第 4 期）

吴于廑先生硕博学位论文读后

吴于廑先生的《士与古代封建制度之解体·封建中国的王权和法律》(武汉大学出版社2012年版；下文分别简称《士》《封》）一书被列入“武汉大学百年名典”丛书出版，所收两种乃先生的硕博学位论文。当初，笔者从有关方面捧获吴老先生的这本大作，既深感意外，又备感荣幸。意外的是，一，史学大师的书，笔者哪里有资格赞一辞呢，何况是做西洋史的？二，等到真正捧获了吴先生的巨著，拜读了书名和目录，笔者确实感到不胜惊讶。书中的内容，乍看之下，似乎就是鄙人从初中到研究生时官方教育几乎天天讲、月月讲和年年讲的东西——中国历史发展之社会类型的一部分！不过，等到全部拜读完毕，笔者又深感吴老先生的大作与鄙人记忆中的红色“常识”相隔竟是如此遥远！而使晚生备感荣幸的是，笔者不仅从书中看到了前辈学者对于真理的坚持，也从中汲取了一些新知，受益匪浅。

为了准确地评论吴老先生这两种大作的学术价值，而不至于言语失措，笔者又从书架上找出了冯天瑜先生亲赐的巨著《“封建”考论》[①]，一口气读下来，费了两天工夫。于是，笔者确信，我可以负责任地浅谈一下吴老先生《士》《封》两文的学术价值及其意义了。这里，笔者首先要感谢冯先生的大书，冯书把相关资料和问题梳理得如此细致和条畅，以致鄙人很容易抓住其中的复杂脉络。而冯书让笔者最感兴趣的地方是，它搞清楚了战国至清代这一段漫长的历史时期，在20世纪被一些人生硬地贴上“封建

① 冯天瑜:《“封建”考论》，武汉大学出版社2006年版。

社会”之标签的历史来源及其形成过程[①]。

① 标签的贴上及其固化，主要是受日、苏俄及共产国际等外来思想干涉和影响的结果；在国内，这主要是通过陈独秀、瞿秋白、郭沫若和毛泽东等时代巨擘来实现的。在事件上，1928 年 7 月中共六大（在莫斯科召开，瞿秋白起草文件）作出的《政治决议案》将当时中国社会定性为半殖民地半封建社会，起了关键作用，影响极为巨大、深远；其次是 1939 年毛泽东在《中国革命和中国共产党》一文中采纳了郭沫若（他是中国社会史论战的主将之一）等人的“泛化封建观”；再次是陈独秀在五四时期提出的“反封建”命题，它是一个打上全体青年知识分子印记的政治和文化革命的口号。陈的“封建”观念源自日本，但产生了巨大的误解和扭曲，对于他而言，封建 = 前近代 = 落后。瞿、郭、毛的概念则源自于列宁在 1912 年 7 月 15 日发表的《中国的民主主义和民粹主义》一文，随后受到苏联和共产国际的相继影响，而几乎与西周或西欧中世纪的“封建”概念没有任何关系。列宁在《中国的民主主义和民粹主义》中说：“中国这个落后的、农业的半封建国家的客观条件，在将近 5 亿人民的生活日程上，只提出了这种压迫和这种剥削的一定的历史独特形式——封建制度。农业生活方式和自然经济占统治地位是封建制度的基础；以这种或那种方式把中国农民束缚在土地上，这是他们受封建剥削的根源；这种剥削的政治代表就是封建主，以皇帝为整个制度首脑的封建主整体和单个的封建主。”参见《列宁选集》第二卷，人民出版社 1995 年版，第 293 页；转见冯天瑜:《“封建”考论》，第 234–235 页。王亚南对于当时“封建”概念的异化和乱贴标签的行为，洞若观火。他曾说：“要论证今日中国尚为封建社会，论证者一定有所根据，申言之，他一定是把过去中国、欧洲或日本实行封建制度时代的社会实况，来与今日中国社会的实况比较，比较的结果，他发现了：今日中国社会的实况，简直与那时一般无二……我很盼望他的结论是这样推论出来的，因为这样，我们才有话可说。”又说：“（论者却）拟想一种与中国今日现状相类的体制，而称之曰封建制度，然后再用以确定今日中国为一实行封建制度的封建社会。”又说：“所谓‘封建军阀’‘封建思想’一类术语，早就颇流行于一般文人学士口耳之间。不过，进一步根本的论证今日中国尚为封建社会，那却是近年来由苏俄干部派发端的。干部派这种意见，颇为反对派即杜洛斯基派所反对，迄今两派论争尤烈。中国思想界受此影响，故对于中国今日社会性质的问题，亦有两种正相反对的意见。”又说：“赞成今日中国尚为封建社会者，所提出的论据，大抵得自外人，忘却了中国封建制度的特质。”参见《读书杂志》第 4、5 期合刊:《中国社会史论战专号》第 34–35、39–40 页；转见冯天瑜:《“封建”考论》，第 327–328 页。不过，王氏为了那主义，三年后即抛却了自家的主张了。

一、关于《士与古代封建制度之解体》

《士》完成于1941年6月。在笔者看来，当时吴于廑先生的“封建”概念无疑接受了学院派正统教授们的观点。从引文来看，张荫麟的《周代的封建社会》、雷海宗的《断代问题与中国历史的分歧》、瞿同祖的《中国封建社会》、钱穆的《国史大纲》和李剑农的《中国经济史讲义》，对吴于廑先生的硕士学位论文产生了正面影响。与此相对，在一个脚注中，他明确地表示不同意郭沫若在《中国古代社会研究》一书中“对周代社会的解释”[①]。张、雷等人大抵将西周至春秋时期判断为“封建社会”，他们是从彼时政治体制、经济结构及社会阶级关系来展开分析的。所谓“封建”，吴于廑先生说：“就经济方面说，所谓‘封建’即必包涵‘裂土’”；“就社会方面说，当时的封建制度又必包涵宗法制度”；“再就政治方面说，所谓封建制度即是高度的地方自治制度”（第14—15页）。并说：“封建社会之不一定即递变而为资本主义社会，或商业资本主义社会。”（第130–131页）这些观点，乃当时学院派的通识（对于今天从事中国古代研究的青年学者而言，也是一个常识），应当说没有什么新奇的。

不过，《士》特别的地方在于探讨“春秋战国间经济、社会、政治组织的演变，进而说明秦汉统一后社会的特点”（第117页），及探讨封建制度解体的原因。封建制度解体的原因当然是多方面的，而吴于廑先生将视角集中在对“士”的研究上。这是一个特殊的视角，往往为当时学者及政论家所忽视。而他之所以将“士”拈出，作为研究重点，这与吴老先生的历史观大有关系。他说：“谓思想不能‘决定’存在者，只是一种蔽于机构因果律来讲历史的不达之辞。历史的现象，并非单纯地谁决定谁，而是此与彼汇合渗透，共同地发展、生长下去。春秋战国时代的士之社会理想，

---

① 吴于廑：《士与古代封建制度之解体·封建中国的王权和法律》，武汉大学出版社2012年版，第118页。下凡引用此书，本文仅以夹注的方式标明其页码。

也是与现实历史汇合渗透的。”（第 83 页）其中所包含的研究观念，与 20 世纪盛行于中国的主流观念是相反的。笔者认为，吴于廑先生将“士”作为历史演进的一种力量来研究，这是值得尊重的。而吴老先生开辟的这一方向，后来在茫昧之中余英时先生作了大力的开拓和论述[①]。

《士》将春秋战国时期（特别是后一时期）的“士”看作辅佐国君、裁抑贵族的积极力量，即看作瓦解传统的封建制而促使统一的君主集权制度的形成力量；并且通过“士”之身份地位的提升和流动，打破了封建制度的阶级壁垒，确立了自身在未来政治体制中的必要地位[②]。这些见解，笔者认为值得重视。

① 参见余英时：《士与中国文化》，上海人民出版社 1987 年版。

② 《士》文说：(1) 士是反对旧制度、提倡新制度的理论家，同时也是辅佐国君、裁抑贵族的实行家。（第 32 页）……这种人叫作“士”，是促使国君从事集权统一的理论家与实行家。（第 32—33 页）(2) 社会上自有这班人物出现之后，官民之间，便多了一个中间阶层。他们的身份是平民，是士，但他们想作（做）官，一旦作（做）了官，便是大夫。这是由士而大夫，于是士大夫这名词便代替了往日的大夫士了。（第 44 页）(3) 我们于上文说士有三等，上等的是鼓吹新社会建设理论的诸子百家，次等的是鼓吹富国强兵的游说之士，再次等的则是舍人僚属。这三者的教养大概偏于文的一面，已不像封建时代贵族的士之入则礼乐，出则战阵。……别于此种文士的为侠士。……这类侠士，大都是习武艺的。他们不知诗礼，但守信重义，往往快意一时。（第 45 页）(4) 士的第一个共同理想为统一与尊君。春秋战国之世，一切祸乱的根源，大概不外两种：一为国内的贵族专权……另一为国与国间之战争……。为免除第一种弊害，国内非统一不可，君权非伸张不可。为免除第二种弊害，天下非统一不可，王权非尊重不可。（第 48 页）(5) 我们可以看出人人依凭其才智以取禄位的理论，至荀子已成熟。这种成熟的理论，我们可以名之曰士的自由主义。人人有机会学，有机会竞争，有机会封爵任官、受禄，只要他有才智。（第 72 页）(6) 国君与士的结合，其目的只有一个，即封建制度之加速摧毁是也。封建制度摧毁了，然后国君始能集中政权，士始能奉国君为其理想社会中依照聪明才智自由竞争的神定之人。（第 97 页）(7) 中国的士于促进统一局面以后，虽未创出国会，用投票权来显示其指导社会的力量，但却争得一种可发清议的身份，以此清议来指导社会。清议的力量不来自法律，法律上可以不承认清议。这与投票权之可以凭借法律者不同。但清议却具有道德上的威权。……这种清议是社会经济发展中的消毒素。（第 157–158 页）按，“清议”的概念，吴于廑是直接从张东荪那里借来的。参见张东荪：《不同的逻辑与文化并论中国理学》，《燕京学报》1939 年第 26 期。

当然，《士》中有一些论述还不够成熟，如对儒墨诸子述古的评议（第48、58页）；有些资料的运用未必恰当，如以《礼记·王制》所述来代表孔子理想的社会。[①] 此外，全篇叙述也略嫌冗长（正文凡152页），可以裁去一些文字。

二、关于《封建中国的王权和法律》

从一定意义上来说，《士》是写作《封》的准备。《封》完成于1946年4月。此文无论从作者的学问素养，还是从其理论深度和创新见解来看，都实现了一次大飞跃。迄今为止，可以说它仍然是中国及海外学者在探讨中国封建问题上所取得的最为重要的研究成果之一。

首先，《封》在指导观念或方法论上实现了一次大突破。在哈佛大学的五年，吴于廑先生阅读了大量英文及拉丁文等相关文献，受到更为严格的学术训练。由此，作者培养出可以胜任中西比较研究的宽广视野及其方法。毫无疑问，他的这种比较视野和方法的获得，是以坚实的中西学问为基础的，而不是为了挟洋以自重，搞出花架子来唬人的。在欧洲中世纪封建问题的探讨上，他大概是第一位入虎穴而得虎子的中国学人，《封》第二章"中世纪欧洲的王权和法律"即可为明证。而《封》论述的深入，完全超越了民国时期中国社会史论战各方，达到了他们都难以企及的学术高度。同时，相对于《士》而言，《封》体现了作者对于中国哲学精神更为深入的把握。

其次，关于中国"封建（社会）"概念，吴于廑先生一方面批评当时中国的论者，另一方面深化了对其内涵的理解。对发生在20世纪20年代

---

① 《史记·封禅书》："使博士诸生刺《六经》中作《王制》。"《汉书·郊祀志》说同，可知《礼记·王制》篇乃汉文帝时期博士诸生所作。另，孔颖达《礼记·王制正义》云："《王制》之作，盖在秦汉之际。知者，案下文云'有正听之'，郑云'汉有正平，承秦所置'；又有'古者以周尺'之言，'今以周尺'之语，则知是周亡之后也。"孔氏亦以为《礼记·王制》非先秦之作。

末到30年代的中国社会史论战的众多参与者，他表示了相当程度的轻视，称他们为惑乱天下的“政论家”，根本不具备学者的素质和权威。他说：“‘封建’一词被时下中国政论家所滥用已经到了几乎无法定义的地步。”在他看来，这些政论家们实际上以“非现代”一词替代了“封建”。在《封》中，吴于廑先生表示要“以严格的定义使用‘封建’一词，以此来概括地描述中国漫长历史中的一个时期，它产生于一个采邑层层封赐的过程，其中，金字塔般的政治等级制和社会阶层紧密地与共同体成员中的一套多种土地持有权关系相连。”（第175页）这个漫长的历史时期具体指西周至春秋时期（迟至公元前四世纪）。他还指出：“在中文中，最接近英文‘feudal’一词的是‘封建’。”（第182页）可以看出，《封》《士》二文的“封建”概念保持了高度的一致性。不但如此，更为重要的是，吴于廑先生在比较的视野中提出和解决了中国“封建社会”之内涵的两个非常重要的问题。《封》云：“没有人对构成封建政体的王权和法律的思想进行过系统的解释。……传统学者们很少充分认识封建政体与兴盛于封建时代之后的中央集权帝国的基本区别。甚至当触及这种不同时，他们也不会在对其封建背景充分理解的情况下，来观察这些区别。”（第176—177页）他的问题意识显然大大超越了当时中国的一般“封建”论者，而进入一个人迹罕至的学术层面。

再次，吴于廑先生虽然运用比较的方法来探讨中国封建时代的特征问题，但是绝不是一位简单而粗鲁的拿来主义者，而是以严谨的态度来发现和阐述其内涵的。他说：“我们绝不试图把欧洲封建的公式照搬到中国的封建历史中去。相反，我们的目的，正是在两个地理上分开的地域中，寻找两个非常同质的时期内的政治和法律思想中的共同因素。”（第185页）在“导言”中，他即列出了若干重要的不同之点，例如中国的封建主义“主要是一个政府系统”（第179页），“是某种自上而下预设的政体”（第180页），“中国封建领主根据父系原则传位……随着世代的延续，统治者在分封土地上的司法权先于他的产业权的观念，变得越来越不明确”等（第181页）；西欧封建主义则反之。这表明他具有高度的自我批判意识，而不以欧洲封建主义的“日耳曼—基督教”二元特性等作为绝对标准，从而轻而易举地断定和模拟出中国的封建主义所应包含的因素。

最后，吴于廑先生对于中国封建社会内涵的理解具有非同一般的哲学领悟能力，他在中国哲学上的素养远非用推崇考证的历史学科可以限囿的。在中国封建王权的合法性来源问题上，他认为中国版的神学体系明确了“王权受之于天”“有德行的人才能被授予王位”和“天授王位可以授给整个王朝”的观念；又认为“天就是至高无上的道德理性”，也是人间法律秩序的根本来源（第 168 页）。不仅如此，他还认为“天授”与“民许（或民归）”，即是王朝主权的来源和所有者，而“王的权利主要是司法权和行政权”（第 169 页）。这些看法看起来太过于孟子主义了，但是就笔者的探索来说，这大体合乎周初的政治哲学观念，也与大陆学者近一二十年来对于此一时期政治哲学精神的重新把握非常近似。

关于中国古代“法”的性质，吴于廑先生有四个重要的发现：一是从封建文献的“礼”中清理出它包含有“法律（law）”“正义”的含义，“礼”与“法”最初是纠缠在一起的。二是封建主义的“法”具有善古的特性，“善古之法是永久性的法”，“法是凌驾于国家和人民之上的主权之物”，“它是不可废除的理性”（第 168 页）。三是随着君主集权制的兴起和封建制的衰落，产生了法家的“法”观念，“法不是永恒不变的”，而是“由国王因势而造，为国家的目的服务”的。四是由于中国“没有一个如同教会那样的宗教组织”，且“封建中国缺乏充满活力的习惯法”，因此“皇权绝对主义的种子就此播撒在远比封建欧洲更为肥沃的封建中国的土壤之中”（第 170 页）。这些看法，在笔者看来都属于难得的真知灼见。由此，笔者顺便想到，改革开放后成长起来的一两代学者确实应当向真正精通中西学术的吴于廑大师学习。

当然，《封》似有两点微瑕值得指出。一是在第三章中，作者对于“天”作为道德理性之存在的一面强调太过，而对其作为至上神的存在却颇有忽视。这两种存在特性之“天”在古人的思想世界中未必是矛盾的。二是在

第四章中，作者过于强调上古之“礼”即“法”的观点（第258—268页）。从功能的角度来看，笔者并不一般地反对将“礼”理解为“法”，或者说那时的“礼”担当了“法”的功能，也可以说那时属于礼、法混用的时代。但是，从发生的角度来看，“法”与“礼”毕竟是相对而行，前者是直接从“刑”的概念发展而来的。《说文解字·刀部》：“荆，罚辠也。”《水部》：“灋，刑也。”“法”为“灋”之省文。“法”与“刑”实直接相通。此外，本书第276页说：“郑国的著名律师邓析。”在此，“律师”的译法恐怕不妥，我们一般习惯称邓析为法家。又如，第277页说：“代替叔向的，是孔圣人和蔡国太史墨子的抗议声。在批判晋国的新法时，孔子和墨子都说新法与古法不一致，创立新法会造成国家的衰亡。”将“史墨”称为“墨子”，也不合专业习惯。这两处误文，可以断定，都是由译者吴遇先生误译所导致的，与吴于廑老先生本人无关。

总之，吴于廑先生的硕士学位论文对于“封建”概念的认定，符合中国历史的实际；他在文中以“士”的角色来考察中国古代封建制度的解体，具有一定的意义。其博士学位论文运用中西比较的方法，再次深入讨论了中国“封建”及“封建时代”两概念，并落实在“王权”和“法律”上，在思考的问题和研究视野上均超越了当时一般封建论者，是一项重要的学术成果。笔者认为，吴于廑先生的这两篇专题研究论文都取得了较大的成绩，特别是《封》一文，它可以说是20世纪中国及海外学者在探讨中国封建问题上所取得的最为重要的学术成果之一。然而很不幸，由于政治等原因，它们竟然被作者长期掩藏起来，直到六十余年之后、风平浪静的今天才得以正式出版，从而广为人知的！

（原载《武汉大学学报（人文科学版）》2013年第4期，发表时有删节）

《学术性格与思想谱系——朱子的哲学视野及其历史影响的发生学考察》评介

在中国文化史上，朱子与孔子并称。朱子哲学不但是两宋理学的集大成，而且对于后世思想产生了深远影响。在 20 世纪西学大开的时代，学术界对于中国传统哲学的研究也形成了一股强劲潮流，其中朱子学的研究更是蔚为壮观，例如冯友兰的《新理学》、钱穆的《朱子新学案》、牟宗三的《心体与性体》及陈荣捷、刘述先、陈来、束景南、田浩等人的著作。[①] 新近出版的《学术性格与思想谱系——朱子的哲学视野及其历史影响的发生学考察》（人民出版社 2012 年版）一书，在笔者看来，它既是作者丁为祥从事宋明理学研究近 30 年最为重要的学术结晶，也是当今学界研究朱子学及宋明理学的一部力作，值得充分重视。

丁著分为上下篇，共八章。上篇论述“朱子学术性格与思想谱系的形成”（前四章）；下篇论述“朱子哲学的历史影响及其发生学考察”（后四章）。该书总体上分析了朱子为何及如何最终选择了本体宇宙论这样的思想体系

---

① 冯友兰：《新理学》，载《冯友兰文集》第 5 卷，长春出版社 2008 年版；钱穆：《朱子新学案》，巴蜀书社 1987 年版；牟宗三：《心体与性体》，台北正中书局 1990 年版；陈荣捷：《朱学论集》，台湾学生书局 1982 年版；陈荣捷：《朱子新探索》，台湾学生书局 1988 年版；刘述先：《朱子哲学思想的发展和完成》，台湾学生书局 1995 年版；陈来：《朱子哲学研究》，华东师范大学出版社 2000 年版；束景南：《朱熹年谱长编》，华东师范大学出版社 2001 年版；田浩：《朱熹的思维世界》，陕西师范大学出版社 2002 年版。

（见第 4—5 页），这是贯通全书的核心问题。这是一个新的研究视角，它的提出，首先意味着作者对于朱子理学及今人的相关研究是非常熟悉的，而他的主要任务则在于从发生学的角度来重新审视、理解和评论这一理论体系。

所谓“发生学考察”，作者是从主体之心理发生的角度去追寻朱子思想与视野究竟是如何具体生成的，而不是从朱子生前之思想史事件的先后发生来寻绎其思想系统之形成原因。由此，所谓“发生学考察”就被作者进一步概括为两大方面，即“学术性格”和“思想谱系”。这两大方面正是该书与当代其他朱学研究著作根本不同的地方。当然，从来源来说，它们主要是从孟子“知人论世”（《孟子·万章下》）之说发展而来的。

所谓“学术性格”，作者认为是指某人之天赋气质在学术研究与学术选择中自然而然地表现出来的性格，而不是指其某种现成的学术观点。在他看来，学术性格是决定某位思想家之思想所以如此生成的第一性因素，“是其‘思想世界’的真正主体或生发之源”（第 9、79—81 页）。由此出发，某位思想家对于某种“思想谱系”的选择也就具有一定的主体必然性。具体说来，作者认为朱子属于“生存实在论”的学术性格。而朱子之所以从“中和旧说”走向“中和新说”，从李延平的内向体验进路走向程伊川的外向辨析进路，在丁为祥看来，正是由此种学术性格决定的（第 83 页）。进一步看，朱子所谓“实在”，“首先是指人的生存实在，而这种生存实在虽然也具有一定的客观性，但却并不是或者说首先不是作为认知对象的客观实在，毋宁说主要是指从个体到群体再到宇宙万物之一体相关性的生存实在或生存共在。”（第 82 页）正因为如此，作者一方面同意刘述先的看法，认为朱子哲学的这种宇宙论进路是“非科学实证性质”的，另一方面又认为朱子哲学确实具有强烈的宇宙论关怀，而儒家所谓万物一体之仁的观念正是建立在这种关怀的基础上。由此，作者将朱子的学术性格进一步概括为“人伦生存性的实在论”（第 83 页）。

所谓“思想谱系”，作者认为，是指某思想家在其学术性格的决定下而所必然会选择的一种研究进路，它“往往代表着一种哲学在其将成未成之际所必须面对并且也必须对其作出选择之思想传统或学术典范”（第90页）。而朱子思想谱系的形成，在他看来，显然受制于其生存实在论的学术性格及由此所导致的外向关注的宇宙论视野。具体说来，当朱子以生存实在论的学术性格来识别北宋五子的时候，他选择了以程颐为代表的思想谱系（见第二章）。随后，朱子还与同时代的张栻、陆九渊、吕祖谦和陈亮展开了论战（见第三章），而这些论战实际上只是朱子依据其思想谱系去发挥思想裁正与批评的作用，从而努力去统一理学内部之纷争的。同时，朱子以《大学》为中心，以“格物致知”为“八条目”的基础，将孔子的仁学、孟子的心性学和子思的诚意尽性说都收摄于其宇宙论的理论框架之中，完成了其学术性格与思想谱系在儒家经典（《四书》）中的构设（见第四章）。

在该书下篇，作者仍从发生学的角度分析了朱子哲学如何转变为国家意识形态的原因，然后再对宋、元、明、清四朝朱子学的分化与演变做了梳理（见第五章）。在全书最后三章，作者以冯友兰、钱穆和牟宗三的朱子研究为典型，指出三家的解释分别为逻辑理性、历史理性和超越理性的进路。作者特别指出，冯友兰的朱子研究一方面以民族文化现代化为根本指向，另一方面由于过于相信“逻辑”的作用，以致表现出较浓的西学色彩，而在与传统精神的接榫方面未免有所隔膜（见第六章）。钱穆的《朱子新学案》试图以“学案”与“学术史”方式来重塑朱子的传统文化理想，但是由于受到“历史学家”之学术性格的局限，导致他在理解与阐发朱子哲学的超越性含义方面显得颇为不足（见第七章）。牟宗三的诠释和疏解，在作者看来，主要依赖于儒学超越的宗教精神，而他对朱子哲学的批评即依赖于此种精神。这种精神具体说来就是“即存有即活动”的儒教精神。由此出发，牟宗三以“别子为宗”来判定和讥评朱子（见第八章）。当然，作者之所以要选择冯友兰、钱穆和牟宗三这三家的朱子研究来作对比分析，乃希望借此三大典型以展现出民族文化传统之传承与创新的不同途径，并评论其得失，指明未来道路。

总之，丁为祥创造性地从“学术性格”和“思想谱系”两个方面分析了朱子理学的形成问题，深化了我们对于朱子作为一个思想的主体及与其理学生成关系的认识，将朱子学研究再次引向深入。

不过，尽管该书写得非常出色，但是在笔者看来，仍有一些方面需要检讨和批评。这里指出两点。其一，在对待民族文化传统的保守和创新问题上，作者似乎持一种绝对主义的立场。无疑，作者比较认同牟宗三的基本观点，甚至认为如果不按照牟先生所阐明的儒学宗旨去加以维护和发展的话，那么整个中国传统文化即面临衰亡的命运。他认为：“虽然从这一角度出发，难免会对程朱理学的正宗地位有所损伤，但与整个传统文化的命运相比，程朱之受到损伤与整个传统文化之衰亡究竟孰轻孰重呢？”（第713页）在笔者看来，这几句话多少有些危言耸听，文化的创新未必以文化传统的全部保留为目标，也有可能出现重大转折。牟宗三所阐明的“即存有即活动”的判教原则固然比较合于孔子、子思所谓“天命”本体的内涵，然而是否只有保持了这一本体的全部内涵，才是文化传承和创新活动的唯一途径呢？文化传承与创新的问题十分复杂，在孔子与朱子之间未必一定要做非此即彼的选择。在当前，我们不但应当保持宽容的心态，而且应当将朱子理学看作民族文化之返本创新的一个可能的接续点。其二，作者在书中对冯友兰的做法缺乏同情的理解，而对牟宗三的超越理性肯定太多而批评不足。无疑，冯友兰的朱子研究是存在巨大缺陷的，然而必须看到，当其写作《中国哲学史》的时候，他其实在很大程度上是在干着开天辟地的工作，不仅要面对国人的期盼，而且还要面对西方世界的审查——他正是在这种背景下来定义“中国哲学”的概念并开创“中国哲学”这一学科的。因此，冯氏的《新理学》尽管存在巨大不足，但不必厚责，因为他已申明自己是“接着讲”而不是“照着讲”，他其实是以“哲学”观念为指导来疏解朱子理学的。时至如今，关于“中国哲学的合法性”问题，人们还在喋喋不休地讨论，足证冯氏所着力关心的问题直到今天还没有完全解决。相对而言，丁为祥对于牟宗三的观点除了维护和推崇之外，几乎没有多少实质性的批评。

这或许是因为他的学术性格所选择的学术谱系十分契合于牟宗三先生的缘故吧。

[原载 Book Review: A Study of the Academic Character and Intellectual Genealogy of Zhu Xi's Philosophy and Its Historical Influence (《学术性格与思想谱系：朱子的哲学视野及其历史影响的发生学考察》, By Ding Weixiang 丁为祥, Beijing: Renmin Press, 2012, 743pp. Paperback, ISBN: 978-7-01-010401-0.), Journal of Chinese Philosophy, 2013, 40(3-4): 604 - 608. 郑泽绵英译]

主体性的彰显：中国哲学史的新书写

彰显中国哲学的主体性并回归对中国哲学的主体性叙述，是郭齐勇先生一生最有价值和最有意义的学术工作之一。他认为，建构中国哲学之主体性应当包括三个方法论要点，即理解的历史性与诠释的相应性，学科的主体性与中西哲学的对话性，以及内在性的批评与思想的训练。同时，他特别强调“内在理路”的原则及“同情的了解”的态度。郭齐勇主编的《中国哲学通史》彰显了他的学术追求，《中国哲学通史·先秦卷》（江苏人民出版社 2021 年版）的新书写主要体现在天人性命之学是诸子百家思想所环绕的中心论域，及“仁”和“道”是中国哲学最核心的范畴等方面。

一、百余年中国哲学史的书写

中国哲学学科的建设与中国哲学史的书写是紧密联系在一起的。中国哲学史的书写迄今已逾百年，大约可分为五个阶段。第一个阶段是前民国时期，第二个阶段是民国时期，第三个阶段是 1949—1977 年，第四个阶段是 1978—1989 年，第五个阶段是 1990 年以来一段时间。

前民国时期的中国哲学史书写，其实主要是日本学者书写的支那哲学史。日本长期受中华文明及汉文化的影响，哲学传入日本或者日人学习哲学，这必然会导致部分学者反思中国思想，以“哲学”视角书写中国哲学史。在本质上，这是日本学者基于东亚文明的内在精神对中国传统思想的重新审视和叙述。日本学者的中国哲学史包括内田周平的《支那哲学史》、松本文三郎的《支那哲学史》和远藤隆吉的《支那哲学史》等[1]。应当说，这三部中国哲学史著作都不太成熟，处于草创阶段；同时，它们对于当时中国学者也几乎没有产生影响。1910年日本出版了高濑武次郎的《支那哲学史》，一般认为，这部著作标志着日本学者书写中国哲学史的成熟，且对当时中国学者也产生了一定影响。

民国时期的中国哲学史，主要由谢无量、胡适、冯友兰和张岱年等人书写，其中胡、冯二氏著作的意义尤大。胡适《中国哲学史大纲》是第一部用实用主义观念写作出来的中国哲学史，但这部著作只有先秦部分。冯友兰先生的两卷本《中国哲学史》是第一部完整而具有现代意义的中国哲学史。一般说来，冯书的出版，标志着中国哲学学科的正式建立。张岱年先生的《中国哲学大纲》讲义是以问题为纲撰写出来的第一部中国哲学史，意义长远。不过，胡、冯、张三氏的中国哲学史都以西方哲学为直接参照系，难免带有强势构造和生搬硬套的痕迹，以及存在中国思想自身之主题、范畴、内涵及发展线索叙述不清的问题。除此之外，20世纪30年代至20世纪40年代还兴起了马克思主义的中国哲学史书写范式。郭沫若—侯外庐一系的书写模式成为1949年后约三十年中国哲学史或中国思想史书写的主导架构。

20世纪后半期的中国哲学史书写，以1978年为界可分为前后两节。前一节是人们在“思想改造”的过程中完成其中国哲学史的书写的，其中以侯外庐主编的五卷本《中国思想通史》、任继愈主编的四卷本《中国哲学史》教材和冯友兰《中国哲学史新编》为代表；后一节是人们在“思想解放”的过程中完成其中国哲学史的书写的，其代表性著作有任继愈主编的《中国哲学发展史》（只完成了前四卷）、杨宪邦主编的《中国哲学通史》（只完成了前三卷）、冯契的《中国古代哲学的逻辑发展》和萧萐父、李锦全主编的《中国哲学史》教材。对于中国哲学史的书写者而言，所谓“思想改造”，是指建立阶级分析法及两个对子（唯物主义与唯心主义、辩证法与形而上学）

---

① 参看曹峰：《井上哲次郎与内田周平》，《中国社会科学报》2015年6月15日。

的叙述观念和书写观念；所谓“思想解放”，是指打破日丹诺夫的哲学史定义及两个对子的叙述模式，而回到黑格尔—马克思或者列宁的哲学史观，运用所谓逻辑发展和“哲学史是认识史”的新观念。任继愈先生说：“本书着眼于中国哲学逻辑的发展过程，所以称之为《中国哲学发展史》。”而其所谓逻辑发展，具体指人类认识史，“哲学史的研究对象就是整个人类认识的历史”，而中国哲学史就是中华民族的认识史[①]。

本世纪以来出版的中国哲学史包括数套教材及郭齐勇编著的《中国哲学史》（高等教育出版社2006年版）。这些新编教材的撰写，都与20世纪80年代末至20世纪90年代中国哲学学界内部的传统思想认同及中国哲学之主体性重建的思潮有关。其时，包括郭齐勇先生在内的一批青壮年学者在勠力反思近百年的中国思想文化运动，力图摆脱启蒙心态、意识形态及其思想意识的控制，而重新回归传统的正面价值，在中国哲学和文化的叙述中重新肯定和认同其特质和主体性。同时，在此一时期，熊牟一系的文化立场及其学术思想对于大陆学术界的影响日增。本世纪以来的中国哲学史的重新书写，正是在此一思想背景下发生的。不过，笔者认为，本世纪初出版的多种新编中国哲学史教材仅具有实验性质。由郭齐勇先生主编的《中国哲学通史》则意味着在新时代对于中国哲学史应当如何书写问题的正式回答，因此该书的出版具有巨大的学术意义和社会价值。概括起来说，《中国哲学通史》的主要历史功绩是，同1990年以来出版的大量中国哲学史研究专著一起，共同彰显和建构了中国哲学的主体性。

二、主体性的彰显：《中国哲学通史》的书写观念和方法

为何要撰写长编《中国哲学通史》？其原因包括内因和外缘两个方面。

---

① 以上引文，参见任继愈主编：《中国哲学发展史（先秦）》，人民出版社1983年版，“导言”第4—11页。

外缘很简单，即江苏人民出版社一直在计划出版长编“通史”类著作，出版社方面找到郭齐勇教授，希望武汉大学中国哲学学科承担此一重任。内因则大体上包括三点：一是主体性思维弥漫于近三四十年来的中国哲学史学术活动，因此所谓“中国哲学”即在观念上发生了巨变，而这个巨变即要求中国哲学必须以其自身的身份出场并据此来叙述其历史。二是近三四十年来学术成果的积累及其观点已足够丰富，这同样要求今人必须写作出一套新的《中国哲学通史》来。三是以往人们对于中国哲学史的偏见和负面论述亟待消除，而不足之处则亟待弥补。

郭齐勇先生的观点在很大程度上代表了长编《中国哲学通史》各位作者的相关观点和看法。郭先生关于哲学和中国哲学、哲学史和中国哲学史的基本观点和看法集中在《中国哲学通史·先秦卷》的《导论》中。依笔者经验，郭先生关于“中国哲学史”及其相关概念的看法有三个来源：一是对上一代，特别是对于其师萧萐父先生相关思想的继承和突破；二是对于现代新儒学，特别是对于熊牟一系哲学观念及其相关学术成果的吸纳和消化；三是他个人本身的人生经验及在思想上的自我否定和综合创新。

如在“中国哲学”的定义及其中心问题的认识上，郭齐勇先生强调了中国哲学的特殊性，且认为此特殊性尽管有别于西方哲学，但并不意味着它们不具备普遍性。或者说，中国哲学的主体性及其普遍性应当以这些所谓特殊性为基础。他引用牟宗三的话说，中国哲学“是以‘生命’为中心，由此展开他们的教训、智慧、学问与修行”；“它的着重点是生命与德性。它的出发点或进路是敬天爱民的道德实践，是践仁成圣的道德实践，是由这种实践注意到‘性命天道相贯通’而开出的。”据此，郭先生说：“在这样的哲学问题与问题意识下，中国哲学中的天人关系论、宇宙生成论、群己关系论、治身治国论、天道性命与心性情才论、德性修养的工夫论与境界论、知行关系与古今关系论、由道德直觉到智性直观等论说，比较发达。”[1]很显然，他首先同意港台新儒家所谓中国文化为心性文化的判断。当然，他对中国传统哲学之思想结构的认识比单纯宣称为心性文化要复杂得多。在先秦卷的《导论》中，他将中国哲学的主题概括为六个方面：一是天人、神人关系问题，二是人与宇宙天地的关系问题，三是自我与他人、人与社会的关系问题，四是性与天道、身与心的关系问题，五是言象意的关系问题，六是古今关系即社会历史观的问题。这六个方面的主题同样体现了中国哲学的主体性。

如在中国哲学的分期问题上，郭齐勇先生提出了四阶段说，即创立期——先秦哲学，扩大期——汉至唐代的哲学，融会期——宋至清代的哲学，潜藏期——清末民初以来的哲学（即现代哲学）。在其背后，这个分期法很显然隐藏了一个“主体性”的逻辑，特别是从“潜藏期”的用词及其补充说明来看更是如此。这个补充说明是：“第四时期是西方文化作为强势文化冲击中国文化的时期，也是这两种文化及哲学开始碰撞、交融的时期，中国文化及哲学在总体上处于劣势并蛰伏的时期，是消化西方文化及哲学，再建中国文化及哲学之主体性的准备或过渡的时期。”彰显中国哲学的主体性，并回归对中国哲学的主体性叙述，可以说是郭齐勇先生及其同好从事中国哲学研究一生所做过的最有意义和最有价值的学术工作之一。

相对于萧萐父先生而言，郭齐勇先生在方法论上作了很大改变。在20世纪70年代末至20世纪90年代，萧先生那一代突破了“左”的教条主义束缚，重视逻辑与历史的统一，强调普遍、特殊和个别的辩证联结，探究了中国哲学范畴史的逻辑发展和哲学观念史发展的历史圆圈，他和李锦全先生共同主编的《中国哲学史》在叙述上使用了螺旋结构来代替对子结构。但对于郭先生来说，这些观念进步还是很不够的。郭齐勇先生在20世纪90

① 郭齐勇：《中国哲学通史·先秦卷》，江苏人民出版社2021年版，“导论”部分。本文第二、三部分凡引郭著及转引牟宗三等人的说法，均参见此书“导论”部分，下不再作注。

年代将其中国哲学史观念逐渐演进到中国哲学之主体性的建构和叙述上来。具体说来，他认为应当包括如下几个方法论要点：(1) 理解的历史性与诠释的相应性。(2)学科的主体性与中西哲学的对话性。他引用牟宗三的话说，中国哲学的解释应当“依义不依语，依法不依人”。(3) 内在性的批评与思想的训练。他认为中国哲学史的研究一定要坚持“内在理路”原则，应持“同情的了解”的态度。缺乏同情的了解，是过去梳述中国哲学史之所以失败的一大主观原因。

郭齐勇先生又将中国哲学的特质或中国哲学的精神、特点概括为七点，即自然生机、普遍和谐、创造精神、秩序建构、德性修养、具体理性和知行合一。这七点是其长期从事中国哲学文化的教学和研究的产物，是真知灼见。它们同时是郭先生所谓中国哲学之主体性的基本内涵和价值。

三、先秦哲学史的新书写

《中国哲学通史·先秦卷》是由郭齐勇先生独撰的。除《导论》外，该卷共分十八章，它们是：第一章，《殷商时期的宗教与政治》；第二章，《西周的王道政治哲学》；第三章，《春秋时期的哲学》；第四章，《孔子的哲学》；第五章，《老子的哲学》；第六章，《墨子的哲学》，第七章，《孙子的军事哲学》；第八章，《孟子的哲学》；第九章，《庄子的哲学》；第十章，《名辩思潮与惠施、公孙龙》；第十一章，《后期墨家的哲学》；第十二章，《〈易经〉与〈易传〉》；第十三章，《〈管子〉与稷下学宫的学术》；第十四章，《〈礼记〉中的哲学思想》；第十五章，《郭店、上博楚简的思想》；第十六章，《荀子的哲学》；第十七章，《法家商鞅、韩非的哲学》；第十八章，《战国阴阳家的思想》。概括起来说，该卷的新书写主要体现在如下五个方面：

其一，充分注意先秦哲学自身的主体性及叙述的相应性。所谓主体性，即我们对于先秦哲学的叙述不再自外观之，不再被高度西方化或被高度意识形态化，而成为单纯的中国哲学史。中国哲学应当是自内观之，先秦哲学的叙述应当充分体现其自身所内含的问题、概念、线索、思想系统、独特价值及其历史背景。从该卷来看，郭先生不但主张应当如此，而且实际上也做到如此。郭著同时注意先秦哲学史叙述的相应性，而这个相应性之义即体现在对先秦诸家思想之主次关系及其多元性、多样性的充分尊重上。

其二，认为儒家哲学在先秦思想中占据主导地位。这一点可以从四个方面来得出判断，一是该卷认为孔子与儒家继承了三代的大传统——天命论，并在次序上将孔子哲学一章放在老子哲学一章之前；二是该卷认为儒家哲学以“天人性命”问题为枢纽，实现了天命、天道的下贯；三是该卷认为儒家哲学建立了彰显人性尊严、人道自觉和人格独立的仁学系统，解决了人的类本质是什么的问题；四是该卷认为孔子思想及其所创立的儒学是理解战国诸子思想的前提。

其三，重视对道家、墨家、名辩和阴阳家等的思想叙述，不持学派偏见和随意贬斥的态度，尽量客观而平允地加以梳理和表彰。这一点对于郭齐勇先生来说是难能的，因为他本人是儒家文化的信奉者和推崇者，是一名活着的当代新儒家。他认为，道家继承了上古与春秋有关“天”的叩问、“气”的传统及其相关的“阴阳”观念，形成了连续而整体的宇宙观和宇宙生成论。老子和道家创立了凸显天道与超越境界的“道”学系统，侧重解决了在天人之际问题中“天是什么”及万物所以为万物的问题，提出了“自然”的存在理念和“无为”的政治原则。又认为，墨家与儒家同源，墨子与老子、孔子一样反思文明源头，思考天人性命问题以及文化制度对于人的限制问题。不过，墨子继承的是民间小宗教的传统，其学因自身的限制而未能成为大统。这不是说墨家没有价值，而是中国社会历史的选择使然，它需要儒道思想作为补充和救弊。

其四，重视对简帛思想和《礼记》思想的叙述，专门撰写了《〈礼记〉中的哲学思想》和《郭店、上博楚简的思想》两章。出土简帛思想是近三四十年来先秦秦汉学界及国际汉学界的研究热点，出土简帛材料对于解决先秦哲学问题及其思想的构成问题都有巨大作用。在大部头中国哲学史著作中，本书是首先列专章来专门叙述出土简帛思想的，值得充分肯定。而由于郭店简、上博简等的发现，《礼记》大部分篇目作为研究先秦思想的可靠材料已得到证实，故本书因时而动，单列《〈礼记〉中的哲学思想》一章，这也是值得肯定的。

其五，认为诸子百家的思想都是环绕天人性命之学这一中心论域展开的，又认为儒家的“仁”和道家的“道”是中国哲学最核心的范畴，且儒道两家不是截然对立的，而是相互影响和渗透的。这些观点都值得肯定，都体现了该卷的新意。

总之，郭著《中国哲学通史·先秦卷》取得了多方面的重要进步和成绩，特别是它尽力彰显了中国哲学的主体性。笔者认为，它是学者今后探讨先秦哲学的一部重要参考书。

（原为《主体性的彰显：中国哲学史的新书写》一文前三节，载《孔子研究》2022年第2期）

主体性的重光：论郭齐勇中国哲学史的书写观念

郭齐勇先生主编《中国哲学通史》的出版，是当代中国哲学界的一件大事。《中国哲学通史》分批出版，2021年出版了《先秦卷》《秦汉卷》《宋元卷》《清代卷》《古代科学哲学卷》五卷[①]，其他五卷即将出版。此前，任继愈主编的《中国哲学发展史》只出版了前四卷，杨宪邦主编的《中国哲学通史》只出版了前三卷，都没有完成既定任务，留下了重大遗憾。郭编《中国哲学通史》是近四十年来第一部全部完成并即将完整出版的中国哲学史巨著，体制完备，规模宏大，不但弥补了前辈学者留下的遗憾，而且将中国哲学史的书写推进到一个新的阶段。

郭齐勇先生是当代著名的中国哲学史家和新儒家。此前，他曾主编和撰写过多部中国哲学史著作[②]，发表了多篇论述中国哲学史方法论的文章。他是大型学术版《中国哲学通史》的主编，其方法论在较大程度上代表了全体作者的书写观念。他的书写观念和方法论，在其所著《中国哲学通史·先

---

① 郭齐勇:《中国哲学通史·先秦卷》，江苏人民出版社2021年版；丁四新、龚建平:《中国哲学通史·秦汉卷》，江苏人民出版社2021年版；田文军、文碧芳等:《中国哲学通史·宋元卷》，江苏人民出版社2021年版；吴根友:《中国哲学通史·清代卷》，江苏人民出版社2021年版；吾淳:《中国哲学通史·古代科学哲学卷》，江苏人民出版社2021年版。

② 冯达文、郭齐勇主编:《新编中国哲学史》，人民出版社2004年版；郭齐勇编著:《中国哲学史》，高等教育出版社2006年版；郭齐勇主编:《中国古典哲学名著选读》，人民出版社2005年版。

秦卷》中有集中的体现和概括。我们将根据此卷的《导论》部分及相关章节，并结合相关文献来梳理郭齐勇先生的中国哲学史书写观念。郭齐勇先生的中国哲学史或先秦哲学史的书写观念主要体现在三个方面，即理解的历史性与诠释的相应性、主体性与对话性、内在批判与自我超越。下面，我们将依次展开论述。

一、理解的历史性与诠释的相应性

理解的历史性与诠释的相应性，是郭齐勇先生进行中国哲学史研究和书写的首要原则。理解的历史性是指将中国哲学思想置身于相应的历史背景中来做具体的理解、分析、发掘和阐发，以确定和评估其思想价值和意义。只有立足于中国哲学本身，立足于具体历史背景中的中国哲学，在历史背景中注重中国哲学的主体性，如此我们才能够在吸收和借鉴西方哲学的基础上对中国传统哲学做出恰当而内在的理解和阐发。诠释的相应性与理解的历史性相一致，是指人们对于中国传统哲学的诠释应当与其所处的历史条件相一致，而不能对中国哲学思想内容进行抽象的、超历史的外在诠释和评判。如果这样，那么从文化的层面来看，对于中国哲学的叙述就丧失其思想灵魂和内在的活动，丧失中国哲学自身的主体性。郭齐勇先生指出，“五四”以来出现了片面的、平面的西化思潮和教育，对中国古代哲学思想进行粗暴的、非客观的批判[①]。基于此，长期以来，郭齐勇先生一直主张，当代中国哲学的工作者应当彰显中国哲学的主体性，返回对中国哲学的主体性叙述上。

在新中国成立以来的中国哲学史书写中，学者往往以日丹诺夫的哲学史观念来叙述和诠释中国哲学，任继愈先生主编的《中国哲学史》（1963年初版）即是其中的一部代表作。这部著作以唯心主义与唯物主义二元对立的方

① 郭齐勇：《中国哲学通史·先秦卷》，江苏人民出版社2021年版，第23页。

式对中国传统哲学的思想内容进行分梳和判定，如将孟子思想判定为唯心主义，将荀子哲学判定为唯物主义。这种“以马解中”的诠释方法还在其所著《中国哲学史简编》（1973年出版）中得到延续。20世纪80年代，任继愈先生主编的《中国哲学发展史》前四卷相继出版，在先秦卷（1983年出版）中，任先生指出：“哲学史是唯物主义和唯心主义的斗争史。”[①]此卷将孔孟等儒家思想划分至唯心主义阵营。此卷说：“孟子的尽心、知性、知天的修养方法，从认识论上来说，即是主观唯心主义的‘思诚’的方法。”[②]“孟子也看到了主观观念与客观对象的关系，而他用唯心主义颠倒了这一主客关系，而否定了认识的源泉在客观世界，这是他性善论的唯心主义哲学基础。”[③]在阐述孔孟思想的关联时，此卷说：“他（孟子）吸收了孔子的客观唯心主义来充实他的主观唯心主义的哲学体系。”[④]在分析孟子人性论时，此卷说：“孟子和告子在人性论上的激烈争论反映了唯物主义和唯心主义两条路线的尖锐对立。”[⑤]由于以阶级斗争和唯物唯心对立的方式来叙述和诠释中国传统哲学，所以导致此卷的书写在较大程度上脱离了中国古代思想家所处的思想背景和思想脉络。例如，在对孔子之“仁”的叙述中，此卷认为：“所谓不仁的‘小人’自是那些僭越周礼的人，包括新兴封建地主和反对奴隶压迫的劳动人民，这充分暴露出孔子仁的阶级本质。……暴露出他对劳动人民的基本态度。他强调对人民灌输仁的观念，是于刑罚之外加强道德教化，以使人民更好地服从统治者的治理。”[⑥]而郭齐勇先生的哲学史观不同，他坚持理解的历史性和诠释的相应性的原则，认为：“他（孔子——引者注）关心的人，包括饲养马的普通劳动者。这种爱人、同情人、关切人，包括爱、

---

① 任继愈主编：《中国哲学发展史（先秦）》，人民出版社1983年版，第9页。
② 任继愈主编：《中国哲学发展史（先秦）》，人民出版社1983年版，第320页。
③ 任继愈主编：《中国哲学发展史（先秦）》，人民出版社1983年版，第330页。
④ 任继愈主编：《中国哲学发展史（先秦）》，人民出版社1983年版，第323页。
⑤ 任继愈主编：《中国哲学发展史（先秦）》，人民出版社1983年版，第327页。
⑥ 任继愈主编：《中国哲学发展史（先秦）》，人民出版社1983年版，第186页。

同情、关怀下层百姓，是‘仁’的主旨。”[①]又如在对孟子“制民之产”的理解与叙述中，任继愈主编《中国哲学发展史（先秦）》依据阶级斗争的思维方式认为：“统治者先考虑到人民的生活，人民就容易服从统治者的教导。”[②]这是说，孟子的立场是站在统治阶级的立场上替统治阶级说话的，仁政思想是为统治阶级谋取利益的。郭齐勇先生的解释则不同，他说：“仁政学说的目的是为民，其最基本的要求则是‘保民’，即解决百姓的民生问题。”[③]

简言之，我们认为，以立场先行或预设的理论来强势诠释和叙述中国传统哲学，这是外在的，也是很危险的。阶级分析的方法和两个对子的叙述方式，如果运用不当，或者不加限制，那么结果很可能适得其反，方凿圆枘，难以还原中国古代思想的真实性和丰富性。20世纪80年代，中国哲学史学界为何在中国哲学史的书写上要大力解放思想，竭力破除日丹诺夫的哲学史叙述模式，这是大有原因的。通过比较任继愈主编《中国哲学发展史（先秦）》和郭齐勇著《中国哲学通史·先秦卷》，我们可以得出，郭齐勇先生的哲学史观念确实是进一步破除外来哲学观念及其标准的压迫，而努力确立和建构中国哲学本身的主体性。

郭齐勇是萧萐父先生的学生。萧先生生前很重视训诂、考据等方法，很重视哲学史料，这些观点和方法都得到了郭齐勇先生的肯定和继承，也影响了《中国哲学通史·先秦卷》的写作。同时，萧萐父先生的中国哲学史观念相较于任继愈先生也有所推进。但是，它们并不意味着萧先生及他那一代人已经意识到了中国哲学自身之主体性建设的问题。萧萐父、李锦全主编的两卷本《中国哲学史》是20世纪80年代出版的一部著名教材[④]，这部教材虽然破除了日丹诺夫的哲学史观念，但是它仍然将唯物辩证法作

① 郭齐勇：《中国哲学通史·先秦卷》，江苏人民出版社2021年版，第154页。
② 任继愈主编：《中国哲学史（一）》，人民出版社2010年版，第153页。
③ 郭齐勇：《中国哲学通史·先秦卷》，江苏人民出版社2021年版，第326页。
④ 肖萐父、李锦全主编：《中国哲学史》上、下册，人民出版社1982年版、1983年版。

为基本哲学观念并以其为线索来构筑、叙述和解释中国哲学资料，在书写观念上并无倒转或重大跳跃。《中国哲学史纲要》（2000年版）是萧、李主编《中国哲学史》的缩写本。萧先生在该书《前言》中说："从五十年代以来，国内人们习惯于用唯物主义与唯心主义、辩证法与形而上学这'两个对子'来解释中国哲学历史，而忽视了历史上不同的哲学思想。"[①] 作为主编，萧先生本人已经意识到了中国哲学史的书写不应当局限在"两个对子"的叙述模式中。不过我们看到，该书对荀子哲学思想的叙述仍然局限在"唯物主义自然观"和"唯物主义认识论"的旧框架中。关于孔子仁与礼的哲学，该书说："'克己复礼为仁'这个命题，也就表现出孔丘的客观唯心论的倾向。"[②] 关于孟子思想的性质，该书将其判定为"唯心主义体系"[③]。可见，萧、李主编的《中国哲学史》及《中国哲学史纲要》大体上仍然遵从了旧的一套中国哲学史观念，跟今天流行的中国哲学史观念相差甚远。郭齐勇先生则在接受港台新儒学的基础上突出强调了中国哲学的主体性、自主性和特殊性，实现了中国哲学史书写观念的重大变革。他强调立足于中国哲学史史料而去发现中国哲学自身的问题、概念、线索、思潮和特殊性，在参考西方哲学的基础上力图做到"以中解中"。可以肯定，郭齐勇先生的中国哲学史观念已经完全摆脱了"两个对子"模式的控制。

郭齐勇先生对于中国哲学之主体性的彰显和阐扬，并不是一种"矫枉必须过正"的哲学史观念。在2006年版的《中国哲学史》的《导言》中，郭齐勇先生批评了只能用古代的话语讨论中国哲学的观点，认为完全否定中西哲学间的通约性是一种因噎废食的想法；而且，纯粹用本民族的话语来叙述中国哲学，从解释学来看是不可能实现的。郭先生说，对中国哲学不能做静态的处理，而应当以动态发展的观念来看待中国哲学。而所谓动态发展，是在与马克思主义哲学、西方哲学交融互渗的过程中实现的。而

---

① 肖萐父、李锦全主编：《中国哲学史纲要》，外文出版社2000年版，第2页。
② 肖萐父、李锦全主编：《中国哲学史纲要》，外文出版社2000年版，第49页。
③ 肖萐父、李锦全主编：《中国哲学史纲要》，外文出版社2000年版，第102页。

另一方面，郭先生同时认为，不能因中西方哲学在观点上具有某些共同之处，即因此忽视了中国哲学自身的独特性。他说：“我们要超越西方一般知识论或认识论的框架、结构、范畴的束缚。”[①]彰显和阐扬中国哲学的主体性，注重其特殊性和一贯性，这是郭齐勇先生在近三十年的中国哲学史教学和研究中总结出来并加以认定的基本观点。

二、主体性与对话性

在对中国哲学思想进行梳理的过程中，既要强调中国哲学自身的特色，彰显中国哲学的主体性，又要以开放的心态来对待和借鉴西方哲学，而不能“自说自话”。我们既不能以抹杀中国哲学自身的特性为代价进行所谓中国哲学的现代化，又不能将中国哲学完全置于西方哲学的框架下进行生硬的解释。郭齐勇先生认为，我们应当以一种宽容、平和的心态，富有弹性的、动态统一式的中庸平衡的方法论进行中国哲学史的叙述，并以此回归中国哲学叙述的主体性。这是郭齐勇先生的一般看法。

郭齐勇先生强调中国哲学主体性，是对所谓“以西解中”方法的修正。如胡适在《中国哲学史大纲》（1996 年版）中始终以西方哲学的范式来诠释中国哲学思想。他说：“我们简直可以说孔子的正名主义，实是中国名学的始祖。正如希腊苏格拉底的‘概念说’，是希腊名学的始祖。”又说：“孔子的‘学’与康德所说的‘感觉’略有不同。”[②]胡适在书写中国哲学史的过程中始终以西方哲学为模板和判准，来梳理和诠释中国哲学，应当说此种观念即在很大程度上忽视了中国哲学的主体性。他以近代西方哲学来诠释中国古代哲学，这必然导致他会将中国古人的思想西方化和近代化。郭齐勇先生则以“理解的历史性”原则来克制胡适的观念，他认为，诠释

① 郭齐勇编著：《中国哲学史》，高等教育出版社 2006 年版，第 7 页。
② 以上两则引文，见胡适：《中国哲学史大纲》，东方出版社 1996 年版，第 90、95 页。

和梳理中国古代哲学思想不能脱离其所处的具体历史背景，以及不能以现代观念对其进行过度诠释。

郭齐勇先生虽然重视中西方哲学对话的必要性，但是他更重视中国哲学的主体性。他说："孔子思想并不是如黑格尔在《哲学史讲演录》中所说，只是一些俗世伦理或常识道德。……孔子的人性、天命、天道的思想有深刻的哲学形上学与宗教的终极关怀的内容。"[①]在他看来，如果完全以西方哲学范式来诠释中国哲学思想，那么这很可能无法展现其真正含义。在兼顾中西方哲学对话的基础上，郭齐勇先生突出了中国哲学的特殊性和主体性。

对于孟子思想，胡适说："因为他以为人性都是善的，所以他有一种平等主义。"又说："孟子的政治哲学很带有尊重民权的意味。"[②]"平等"与"民权"是近代西方哲学的概念，胡适很强势地将它们套用在中国古代思想的解释上。民权、平等与民主等近代西方政治思想共生，应当认识到这些西方观念产生的时代性和地域性，在中国古代哲学思想的解释中，我们不能不加分别地随便套用。孟子的王道政治思想包括民本思想和重民意识，从一定意义上说，它们是中国民权、平等观念的渊源和萌芽，但我们不能因此即将它们与西方观念直接或完全等同起来。郭齐勇先生主张"理解的历史性"，即是对胡适解释观念及其方法的修正。他主张将中国古代哲学思想置于其自身产生的历史背景之中，而还原其本义。在梳理和解释孔子思想时，郭先生既强调了古代思想的历史性，又阐明古代哲学思想与现代思想之间的关联。他说："'敬''忠''信'当然都有具体的历史的内涵，但'敬'（严肃认真）、'忠'（忠于职守）、'信'（真诚信实）并非只是君子之私德，而恰好是公共事务中的工作伦理与品性，结合现代性的内涵，仍可转化为今天公共政治的工作伦理。"[③]又说："当时的'公'虽不能等同于今日所谓的'公共性'，但在当时大夫家、诸侯国的事务中仍有超越于家国涉及

① 郭齐勇：《中国哲学通史·先秦卷》，江苏人民出版社2021年版，第146页。
② 以上两则引文，见胡适：《中国哲学史大纲》，东方出版社1996年版，第262、265页。
③ 郭齐勇：《中国哲学通史·先秦卷》，江苏人民出版社2021年版，第174页。

老百姓的事务。”[①] 在此，我们看到，郭先生对于中国古代和现代思想的关联性和差别性的认识是很清楚的，他没有忽视中国古代思想产生的历史性，也没有否定中国思想自身的发展性。

劳思光的《新编中国哲学史》（1980年出版）以西方近代哲学思想诠释中国古代哲学思想，或者说，它将中国古代哲学思想置于西方近代哲学体系的诠释之中。如劳思光说：“孔子论‘直’，其本旨是说价值即具体理分之完成，故每一事之是否合理，须就具体理分决定。……德国黑格尔之文化价值理论，所以归于‘权分哲学’，亦是此意思。”[②] 又说：“尊古故重先王。孔孟均如此。……此中分际亦可用‘发生历程’与‘本质历程’（即本质之发展历程）二观念以说明之。”[③] 劳先生之所以用此种方式进行诠释，其书写的根本指导观念在于：“中国哲学史上的一切问题，都和其他哲学史上的问题一样，可以接受一切哲学方法的处理。倘若有人坚持‘中外之分’，只表示他缺乏理论常识而已。”[④] 在劳先生看来，中国哲学与西方哲学两者具有完全的可通约性，但是这一点是值得商榷的，郭齐勇的看法即与此不同。郭先生说：“我们要超越西方一般知识论或认识论的框架、结构、范畴的束缚，发掘反归约主义。”[⑤] 在当前，郭齐勇先生的看法似乎更可取，因为超越于中国、西方的最一般的哲学是一个有待探讨的问题。从中国哲学史的书写实践来看，以西释中是常例，是主宰性的做法，它凌驾于所谓最一般的哲学观念之上，其实质就是以西方哲学等于最一般哲学。所以从实践来看，我们应当反思抽象地提倡和主张“最一般哲学”的看法，特别是反对部分学者借助所谓“最一般哲学”概念而暗中大力宣扬西方哲学至上性的做法。奴婢化或木偶化的中国哲学史书写在今日应当得到逆转。如果中国哲学史

---

① 郭齐勇：《中国哲学通史·先秦卷》，江苏人民出版社2021年版，第175页。
② 劳思光：《新编中国哲学史》，广西师范大学出版社2005年版，第95—96页。
③ 劳思光：《新编中国哲学史》，广西师范大学出版社2005年版，第119页。
④ 劳思光：《新编中国哲学史》，广西师范大学出版社2005年版，第14页。
⑤ 郭齐勇：《中国哲学通史·先秦卷》，江苏人民出版社2021年版，第18页。

的书写仍然过分依赖于西方哲学的框架、结构、范畴、基本观念和问题，那么结果很可能是中国哲学思想本身的主体性仍然难以建立，其内容会被分拆开来，按照西方哲学思想的框架、模式、观念、概念和问题而被重新组装起来。这样的拆解和重组，使得中国哲学思想丧失了体系性、整体性、特殊性和主体性。与西方哲学相较，中国哲学存在其自身的特殊性，存在许多与西方哲学思想不同的东西和问题意识，比如作为中国哲学中心论域的天人性命之学，这即是西方哲学思想所无的。强调中国哲学的特殊性是建立中国哲学之主体性的一个前提性观念。从方法论来看，我们应当遵循“反归约主义”原则来书写中国哲学史[①]。需要指出，强调中国哲学的特殊性、主体性以及强调“反归约主义”原则，这不是说我们要拒斥西方哲学，并与之隔绝。

郭齐勇先生的《中国哲学通史·先秦卷》（以下简称《先秦卷》）的书写始终遵循了主体性与对话性相结合的原则。郭先生没有将中国哲学视为僵化的内容，也没有以封闭的心态对待西方哲学，而是将中国哲学与西方哲学进行比较和对话。同时，郭先生以现代语言诠释了中国古代哲学，将中国古代哲学与现代思想做比较和对话。通过比较中西哲学思想的差异，《先秦卷》认为，用西方哲学的思维方式是无法真正展现中国哲学的思想内涵，无法彰显中国哲学的特殊性和主体性的[②]。又通过古今思想差异的比较，《先秦卷》阐明了梳理、叙述和解释中国古代哲学必须遵循历史性，不能将中国古代思想等同于现代或当代思想[③]。古今间的思想差异应当通过诠释和对话的方式实现沟通。进一步，通过兼用主体性与对话性的方法，人们对于中国哲学史的书写，即能贯通对哲学思想理解的历史性与诠释的相应性原则。

简言之，尽管一个现代中国哲学史工作者不可能完全避免西方思维及其思想文化的影响，但是保持中国哲学自身的主体性，或者说，建构中国

---

① 郭齐勇：《中国哲学通史·先秦卷》，江苏人民出版社 2021 年版，第 18 页。
② 郭齐勇：《中国哲学通史·先秦卷》，江苏人民出版社 2021 年版，第 25 页。
③ 郭齐勇：《中国哲学通史·先秦卷》，江苏人民出版社 2021 年版，第 22 页。

哲学的主体性，这是百年来中国哲学史书写的一个基本经验和教训。充分尊重中国哲学思想发展的自身逻辑、线索、问题、概念、特性和主体性，力戒将中国哲学变成西方哲学思想体系下的陶泥或单纯材料，这是郭齐勇先生治中国哲学史的一个基本思想。这个基本思想的提出，得益于对20世纪中国哲学史书写经验的反思。顺便指出，郭齐勇先生强调中国哲学自身的主体性，不是要我们“闭关锁国”“自说自话”，而是针砭时弊，重建文化自信，以主体性作为中国哲学史书写的基本原则。

三、内在批判与自我超越

郭齐勇先生的中国哲学史还具有内在批判和自我超越的特点，而这些特点又都是围绕中国哲学之主体性的探索和彰显展开的。郭齐勇先生编著《中国哲学史》（2006年版）及所著《中国哲学通史·先秦卷》两书，都体现了书写中国哲学的内在批判和自我超越的特性。而其书写的内在批判和自我超越特性，又体现在如下三点上。

首先，郭齐勇先生很注意吸纳和采用出土新资料、新文献来论述中国哲学思想。从文献学的角度看，这也是一种自我超越。郭先生所著2006年版《中国哲学史》即利用了1973年出土的马王堆汉墓帛书《易传》等资料，2021年出版的《中国哲学通史·先秦卷》一书则设立专章论述了郭店简和上博简的哲学思想。例如此书第十二章“《易经》与《易传》”即涉及上博简《周易》，这较之于2006年版《中国哲学史》仅使用马王堆帛书《周易》是一种自我超越。又如，在“郭店、上博楚简的思想”一章中，郭先生根据郭店简诠释了孟子的心性哲学。他说：“人们现在很看重《性自命出》以情气释性的内容，这无疑是重要的。……申言此性是天命的，是内在的，实际预涵了此能好人的、能恶人的‘好恶’之‘情’即是‘仁’与‘义’的可能，‘仁’‘义’是内在禀赋的内容。如此诠释，会不会犯‘诠释过度’的毛病呢？我们认为不会。……这里所脱的三字，裘锡圭先生补了‘不善’

二字，剩下一字，疑是‘性’。”[①]利用出土文献来重新解释孟子的心性论，使得郭先生的相关论述及其观点显得别开生面并有扎实的根据，而不是“过度诠释”。

其次，《中国哲学通史·先秦卷》的撰写，实现了对前人思想的传承与超越。郭先生是研究现代新儒家新儒学的重要专家，做了大量研究和整理工作，他熟谙现代新儒家的资料文献。在论述孔子哲学的一章中，他引用了钱穆《中国学术通史》《国学概论》《民族与文化》《中国思想史》《中华文化十二讲》等著作。在论述孟子哲学的一章中，他引用了牟宗三的《圆善论·序》《心体与性体（一）》，徐复观的《释〈论语〉“民无信不立”——儒家政治思想之一考察》《孟子知言养气章试释》，马一浮的《尔雅台答问》和冯友兰《中国哲学史》等论著。郭先生对现代新儒家思想内容的吸纳，展现了学术思想的继承性。而在此基础上，我们看到，郭先生又对现代新儒家的一些思想观念做了推进或转变，在一定意义、一定层面上超越了前人的说法。如冯友兰在《新编中国哲学史》中否定西周存在关注人民的王道思想，他认为“敬德保民”是为统治阶级服务的，他说：“‘德’的具体内容，就是敬天保民……所谓‘保民’并不是真正地要保护老百姓，而是为了保护统治阶级的统治不被推翻而讲究统治和剥削老百姓的方法。”[②]郭齐勇先生则在《中国哲学通史·先秦卷》中明确以“西周的王道政治哲学”为题，肯定其有民本、保民、爱民的思想，他说：“《尚书》所谓的‘德’主要是以君王为核心的统治者之德，其直接的施为对象是‘民’。所以，‘德’与‘民’有密切关联。……天、民、王三者之间相互关联，构成了一个最基本的政治关系结构。因此，王道政治能否保民、康民，就成为天决断其统治兴王继绝的一个关键。”[③]这是郭先生对于前辈学者思想观念的超越。不仅如此，郭齐勇先生还实现了对自我的超越。在2006年版《中国哲学史》一书中，

① 郭齐勇：《中国哲学通史·先秦卷》，江苏人民出版社2021年版，第596页。
② 冯友兰：《中国哲学史新编（上卷）》，人民出版社2001年版，第79页。
③ 郭齐勇：《中国哲学通史·先秦卷》，江苏人民出版社2021年版，第69页。

他在解释“敬德保民”时并没有明确断定其为“王道”思想，没有意识到当时已经形成了“天”“王”“民”关联互动的政治关系结构，而只是说，周初的统治者已经认识到了人的生命与人民意志的重要性。我们认为，郭先生以“王道”概念来诠释西周时期的政治思想并肯定王道政治的正当性，这是郭先生自身之中国哲学史思想的进步和发展。

最后，《中国哲学通史·先秦卷》是对于2006年版《中国哲学史》的批判和超越。相较于后者，前者对于先秦哲学的论述更具整体性、体系性和深刻性，内容更为丰富、翔实和生动。如《中国哲学通史·先秦卷》设“《礼记》中的哲学思想”“郭店、上博楚简的思想”“战国阴阳家的思想”等章，这相较于2006年版的《中国哲学史》，都是新增加的内容。郭先生指出：“郭店楚简大大丰富了先秦心性论的资料”，认为郭店楚简心性论是孟子心性论的前史。他又说：“《五行》德、善、圣、智之说，完全是道德形上学的内容，自然成为孟子的思想来源。”[①]需要指出，将郭店简、上博简纳入中国哲学史的叙述并设置专章，这不但是首创和壮举，而且意义重大。出土文献和简帛思想是近三四十年来先秦秦汉哲学思想研究的重要动力和基础，在一定程度上已改变了先秦秦汉思想的结构和面貌。重视对出土简帛思想文献的利用和论述，这是郭齐勇先生在学术上追求不断自我超越的一个具体表现。

四、结语

郭齐勇著《中国哲学通史·先秦卷》是一部质量上乘的杰出著作。对于此部先秦哲学史的特点、贡献与成绩，笔者（丁四新）曾略有归纳，现引述如下：其一，先秦哲学自身的主体性得到充分尊重和重光。这一点，

---

① 上述两则引文，见郭齐勇：《中国哲学通史·先秦卷》，江苏人民出版社2021年版，第595、599页。

应当是该卷最重要的成绩。其二，儒家哲学在先秦哲学中居于主导地位。郭齐勇先生本人是当代新儒家之一，但他将儒家哲学看作先秦哲学的中心，这是符合先秦思想发展的实际的。其三，道家、墨家、名辩、阴阳家等的思想在此卷中得到了客观而平实的叙述和梳理。其四，简帛思想和《礼记》思想在本卷中都有专章论述。与之相较，此前的先秦哲学史一般都缺乏这两个方面内容的叙述。其五，天人性命之学是贯通先秦哲学的中心论域，儒家的“仁”和道家的“道”是中国哲学的两个最核心的范畴。[①]将天人性命之学看作先秦哲学的中心论域，这应当是作者受到港台新儒家观点影响的结果，但从中国大陆的先秦哲学史书写实践来看，此点仍然具有救弊归正的引领作用。当然，这部著作还取得了许多其他成绩，我们在这里就不再一一列举和叙述了。总之，郭齐勇著《中国哲学通史・先秦卷》是先秦哲学史书写的一个新范本，意义重大。

而从《中国哲学通史・先秦卷》等来看，郭齐勇先生的中国哲学史书写不仅是对旧有书写范式的超越，也是对“以中解中”这种书写范式的批判与超越。在方法上，郭齐勇先生的中国哲学史书写观念已经完全摆脱了旧的研究范式及话语体系的限制。在吸收和借鉴西方哲学、马克思主义哲学的基础上，他重新彰显了中国哲学的主体性，并使之在相关哲学史如《中国哲学通史・先秦卷》的书写中大放光芒。郭齐勇先生认为，天人性命之学是诸子百家思想环绕的中心，也是贯通中国思想文化的基本线索。这个观点，我们认为是很有见地的，也是赞成的。面对中国哲学自身的现象、人物、命题，他做了历史性的理解和相应的诠释。一方面，他立足于中国哲学自身，将其作为接受主体与创造主体，保持其自身的开放性；另一方面，他回归于中国哲学的主体性，以彰显中国哲学的主体性，并作为其哲学史叙述的关键点。既在历史性中还原其本义，又以现代视野对其进行诠释，进而肯定中国哲学的特质和主体性。简言之，肯定中国哲学的特殊性，进而肯定中国哲学

---

① 丁四新、冯鹏：《主体性的彰显：中国哲学史的新书写》，《孔子研究》2022年第2期。

自身的主体性，是郭齐勇先生书写中国哲学史的基本观念和叙述逻辑。

总之，郭齐勇先生的中国哲学史书写观念以彰显中国哲学的主体性为核心。它以主体性逻辑对先秦哲学所做的叙述和诠释，是对“以马解中”“以西解中”的中国哲学史书写范式的回应与批评，也是对“以中解中”书写范式的深化与发展。郭齐勇著《中国哲学通史·先秦卷》遵循了理解的历史性与诠释的相应性、主体性与对话性相结合的原则，同时此书的写作体现了内在批判和自我超越的特点。其中国哲学史叙述和诠释彰显了中国哲学思想的特质及其现代价值。《中国哲学通史·先秦卷》取得了众多成绩，具有示范意义，是中国哲学史书写的一个新范本。

（本文由丁四新、高一品联合署名，原载《中国哲学史》2022年第2期）

己编

“禅宗与中国文化学术研讨会”综述

为了推进禅宗与中国文化的研究，加强世界与中国禅学的交流，探讨禅学的现代意义，由武汉大学、湖北省哲学史学会、中国佛教文化研究所、中国文化书院、湖北大学、湖北省社会科学院、湖北省佛教协会、《禅学研究》编辑部和黄梅县政府等九家单位联合发起并筹办的“禅宗与中国文化学术研讨会”，于 1994 年 11 月 12 日至 15 日，在禅宗发源地、五祖弘忍大师的故乡湖北省黄梅县召开。

参加这次会议的专家学者来自全国各地，包括任继愈、石峻、萧萐父、吴立民、方立天、赖永海先生等 73 人。与会学者就以下几个方面的问题进行了深入的讨论。

一、关于禅宗的形成和东山法门的定位问题。大多数与会学者认为禅宗初创于道信，完成于弘忍，否定了把慧能作为禅宗创始人的传统观点。任继愈先生认为禅宗的形成既是与中国佛学的自身运动分不开的，同时又是与中国的宗法制社会分不开的，其中尤其是自给自足的小农经济特点对“求解脱要靠自己”的禅宗形成，有较大的影响。他认为弘忍禅学的主张，大体包括了后来禅宗各个支派的宗旨和方法。萧萐父、杜继文等先生赞同把道信、弘忍作为禅宗的开创者。萧先生认为，东山法门具有勇于破旧立新的改革精神、善于取精用宏的创造精神和敢于广开法门的宽容精神，这些精神都是我们传统文化中的积极因素。吕有祥同志通过对道信及其禅法的深入研究，认为道信为东山法门的形成奠定了基础。道信开创了定居传法与劳动生产、“心净即佛”与“佛即是心”，以及“解行相扶”与“守一不移”相统一的新禅法。湖北黄梅的同志在比较了《最上乘论》与《坛经》的基础上，认为弘忍开创的东山法门奠定了禅宗的理论基础，建立了比较完备的组织体系和稳固的传法基地，决定了禅宗的未来发展方向，因此弘忍是禅宗的创始人。此外，一些学者认为，黄梅所处的“吴头楚尾、南北会冲”的历史地理环境，对黄梅禅和中国禅宗的形成有着较大的影响。

二、禅的本质和禅学研究方法。禅的本质是什么，禅又必须以何种方式体证或解悟，这始终是研究中的棘手问题。从会议讨论的情况来看，后一个问题似乎更深刻，更难以回答一些。方立天教授从宏观上对禅宗思想的核心、本质和特点做了归纳，认为中国禅宗的禅是一种文化理想，一种追求人生理想境界的独特修持方法，或者说是一种生命哲学、生活艺术、心灵超越法；它的精神本质就是超越精神。王树人教授认为，纯粹用理性评析的办法谈禅，乃是“禅外谈禅”，不是使人更切近禅，而是更远离禅。在禅悟的方式上，黄钊、罗炽等先生认为顿渐的关系是量变与质变的辩证关系。赖永海同志则认为顿与渐的关系在根本上是非辩证法的，它们是禅悟的两个不同入路，见本真心即悟，顿渐不过是因人说法。顿悟是一种非理性、非逻辑的直觉方法。吴立民先生认为顿与渐是悟见佛性的二法门，依人根器而定。但他进一步站在圆教的立场上，认为顿悟不可悬空而立，顿悟之后仍须渐修。这样顿与渐的关系具有辩证的色彩。在此基础上，他认为神会和尚应对中国禅教的衰亡负主要责任；而宗密以圆教的观点调和了禅宗南北顿渐之争，在理论上终结了这一禅史老公案。

在禅学的研究方法这一问题上，学者们认为大体有宗教修行式的、纯粹哲理式的、考据学的、白描式的几种研究方法，认为它们在禅学研究中是可以并行不悖的。这里就涉及胡适与铃木大拙关于禅学研究方法的一桩公案问题。吴立民先生认为，禅是在人类历史中发展的，当然可以运用历史和考据的方法去研究。但是就禅的本身，就禅的内在实质而言，单用历史和考据的方法，则无论如何也难以体会其内在生命世界的，而这正关系到禅的真髓。麻天祥同志通过对胡适、印顺和铃木大拙禅学之比较研究，认为铃木大拙禅体证超二元对立的人生态度是神秘主义的，胡适实证的历史方法则是现实主义的，印顺主流分化、双线推进的比较分析却是理性和逻辑的。而正是这种神秘主义、现实主义和理性主义的不同形式和内容，反映了近代禅宗研究的多样性和不同程度上深化的特征。此外，一些学者对禅学研究方法和学风建设提出了一些意见。例如认为禅学研究应先抓住禅学的精旨，而后梳理其流变和整理其历史影响，同时为了深化这两方面的研究，必须树立踏实的学风，充分掌握第一手的资料。

三、禅宗的发展和中国文化的相互影响。在禅宗的发展这一问题上，龚隽等同志就《起信论》与禅、《坛经》与《金刚经》的关系做了进一步的探讨。来自江西的同志认为江西在中国禅史上有着重要的地位。唐明邦先生通过对《周易禅解》的分析，认为智旭实将《易经》卦爻辞及《易传》词句视为空套子，充实佛学思想。有的学者通过朱熹与禅的分析，认为朱熹以“主敬”的方式改造了禅道与既往儒学。广东学者通过慧能禅宗与岭南文化的比较研究，认为慧能禅宗与白沙心学在突出个人价值、主张个性自由、思想解放上具有异曲同工之妙，并且影响了其后的整个岭南文化。此外，一些学者对禅与道教、禅与诗、禅与美、禅与民歌、禅与教育等问题进行了认真而热烈的探讨。

四、禅的现代化和禅学生命的弘扬。石峻先生认为要促进禅学研究，除在史的考辨上有重大进展外，最根本的是使禅现代化，即显扬禅学生命的问题。何建明等同志认为，近代中国禅佛教的改革，实际上是一个近代化的过程。在这一过程中，并非如铃木大拙所说的，中国只有“念佛禅”而没有独立形态的禅佛教。实际上，中国禅佛教在保持了独立自主的宗门形象的同时，革除了许多宗门积习和时弊，树立了许多新的、积极的宗门风范。有的学者从学理的角度提出，禅的现代化最根本的是必须把生命的真相与般若空观圆融起来，而其关键是变“我执”的第七识末那识为平等性智。中国禅宗乃至整个佛教要复兴，也必须走圆融之路。禅的现代化与复兴除了禅理的改造与重释外，还有一个与现实的真切对待问题。有的学者认为禅宗的超越精神可以调整人们的价值坐标，提升人的精神境界，但又认为它是与现实世界、人的物质欲求相对立的。郭齐勇同志则站在积极的思路上，把禅的超越精神与儒家的入世情怀统一起来，认为禅就是解脱，解脱是净化社会与人心的必由之路，但要使禅现代化，就必须使禅悟与社会参与二者统一起来，即“以出世的精神干入世的事业”。此外，与会学者还就平常心、生活禅和禅在日本、欧美的影响等问题进行了交流与讨论。

总之，这次研讨会，取得了较多的成果，促进了禅学的研究。同时与会学者也希望今后的研究，必须在理论的探讨上进一步深入，在资料的运用上进一步更新，在禅的诠释上做出新的努力，以使其现代化，弘扬其内在的生命力。

（原载《世界宗教研究》1995 年第 1 期）

"海峡两岸孙逸仙思想与伦理社会之重构学术研讨会"综述

由中国社会科学院哲学研究所、武汉大学哲学系、台湾孙文学术思想研究交流基金会以及台湾师范大学三民主义研究所联合主办的"海峡两岸孙逸仙思想与伦理社会之重构学术研讨会"，于1995年2月25日至27日在武汉举行。海峡两岸共63位学者与会，收到论文40余篇。中国社会科学院常务副院长汝信研究员，武汉大学校长陶德麟教授，台湾孙文学术思想研究交流基金会董事长、台湾师范大学三民主义研究所所长赵玲玲教授分别在开幕式上致辞。与会的著名学者还有陈筠泉、方克立、冯天瑜、肖万源、陈瑛、郭齐勇、萧致治、吴剑杰、罗福惠等教授。这次研讨会对孙逸仙思想，尤其是他的伦理思想进行了深入的讨论。在此基础上，学者们就其思想与伦理社会之重构各抒已见，提出了许多新颖独到的见解。

一、孙逸仙思想的哲学基础与哲学架构

来自海峡两岸的学者一致认为孙逸仙思想有它自己的哲学基础和哲学架构，但在如何概括这一哲学基础与架构上，与会学者意见不尽一致。来自台湾的学者认为，中山先生的整个思想是以人之生存现状为关怀的起点，以如何提升人的生存理想为其终极关怀之目的的思想。它的哲学基础是在

以人为本位的基础上，思考如何使人生存得像个“人样”，即“符合人性”“发挥人义”“恢复人文”的尊严的“人样”的生存。这三方面所包含的精神发挥出来，贯注于他的哲学体系之中。这一哲学体系包括认知系统、存在系统和行动系统三个方面。来自大陆的学者则从观照和分析中山思想的内在根据着手，认为是非心与坚决心所织成的张力结构，是中山先生人心观的基础，同时也是其思想的最一般的深层结构。所谓人心诸观念的离析又综合，所谓道德之理想，革命精神之透入透出，以及三民主义之真精髓的充盈、流动，率皆在此基架上生衍创造、反复深化。中山先生以此建设人心，把“人”作为他的整个心理建设乃至精神建设的中心点，但是中山先生并没有由此深入对“此在”的觉悟，还没有把“人样”的生存提升到哲学沉思与建构的高度，因而有必要凭据建设，择善而从，对中山思想的哲学基础与架构予以充实与重建。有的学者还认为，中山先生政治哲学的基础是传统儒家精神与西方民主精神的精髓，而他的伦理思想的哲学基础与传统心性文明一脉相通。

二、孙逸仙的政治思想与文化思想

三民主义是孙先生政治思想的最重要内容。两岸学者就三民主义的思想内涵与实践进行了深入的研究和热烈的讨论。台湾学者认为三民主义是承继历史而来的新道统，它在民权中求民主，在民生中求正义，是立国的精神。有的学者认为，从社会正义中的分配正义与交换正义的角度着眼，孙先生与当代思想家罗尔斯（John Rawls）的社会正义观念有契合之处。民生主义中“平均地权”与“节制资本”的主张是平均社会财富的具体办法，而建立公平交换制度与钱币革命是交换正义的要项，就实质而论，民生主义的分配原则，颇有平等主义“结果平等”的性质。大陆学者则认为孙中山的三民主义思想有一个从旧到新的过程，就内容来看既包含社会主义理想的因素，也包含传统大同理想社会的成分。但它是不是承继历史而来的新道统，是不是立国精神的根本所在，对此大陆学者有不同看法。有的学者认为中山先生的政治思想也具有伦理意蕴，从三民主义到五权分立制，简单地说，就是追求“至善”“至美”。

就中山先生的文化思想来看，大陆学者认为孙先生的文化思想以纵贯中西为主要特点，无论是恢复国粹，还是学习欧美之长，都依据现实中国的情形加以选择和改造，决不照搬照抄。其历程大体上是由青年时代的西化倾向很快转入中西合璧的立场，直至晚年，回归传统的趋势较为明显，由此他创造性地建构了他的思想体系和建国方略。中山先生的文化观概括起来就是开放、创造，对人自身和中华民族抱着终极关怀的精神。从物质文明与心性文明，从科学精神与人文精神，从民主政治与伦理社会整合的层面，给我们许多启示。

三、孙逸仙的伦理思想与伦理社会之重构

中山先生的伦理思想与伦理社会之重构，是这次研讨会的重点和热点。学者们在探讨和研究中山先生的伦理思想的基础上，努力寻找孙先生伦理思想中的“合理内核”，重建未来伦理社会，而其关键就是发掘和建构立国立人的根本精神。

在物质文明与心性文明的关系上，来自北京的学者认为中山先生异常重视心性文明，对知行关系做了更深入的理解，其一把“本属于道德范围”的正心、诚意、齐家这些道理“放在知识范围内来讲”，是一个创造。其二阐发心性文明的丰富内涵，指出心性文明的价值所在就是使人向人性的回归，对神性的渴望。在伦理道德的继承与创造上，大陆学者认为孙先生对于传统的伦理道德范畴、规范等，注意剔除其中原有的封建性因素，注入近代的民生主义的精神和内容，把忠孝仁义等加以改造，使之适应具有中国特色的社会实践的需要。这即是孙先生对中外的传统伦理及时地作出了现代化的诠释。有的学者认为，在孙先生丰富的伦理思想中，“互助”是根本原则，“平等”是最高目的，“替众人服务”是核心内容，道德理

论和道德实践相统一，每一思想中都贯彻着爱国、爱民、爱人类的精神。有的学者则认为，孙先生的伦理思想，主要是一种政治伦理思想，他以求得天下大同为根本目标，把改良人格，提高道德水平与贯彻三民主义联系起来。这一观点得到一些学者的回应。有的学者进一步认为孙中山的理想社会与理想人格是一致的，立国在于立人，人是目的，救国济世乃至于人自身的拯救，在于培养千千万万具有健全人格的人。来自台湾的学者则较少注重对孙先生伦理思想本身的探究，而是着重研究了如何把他的伦理思想的原则推行到社会实践上。

在两岸关系与伦理社会之重构的问题上，大多数学者认为文化中国的认同是走向统一的基础，而中国文化是重建未来伦理社会的重要依据，中山先生的思想则是其中最重要的中介之一。有的台湾学者认为孙逸仙思想中所涵括的地方自治、平等、节制资本、平均地权等主张，对于解决后工业社会所可能出现的伦理问题，具有相当高的价值。来自大陆的学者则认为，要建构一个新的伦理社会，必须发扬孙先生厘正礼俗、去旧更新和勇于实践的精神，把平等的相互性真正确立为新时期道德体系的主导原则，并以重建人格理想为通往未来伦理社会的桥梁。

此外，学者们对孙先生思想的其他方面也做了深入的研究和探讨，如在科学与道德的关系上，有的学者认为孙先生虽然主张以科学带动经济的发展，但他不以科学为人类发展的唯一价值，在三民主义的设计中，实以道德为主，以科学为辅，这样凸显了人的主体性和人性向善的进化思想。

（本文由丁四新、孔庆连联合署名，原载《哲学动态》1995年第5期）

“郭店楚简国际学术研讨会”综述

1999年10月15日—18日，由武汉大学中国文化研究院、哈佛燕京学社、国际儒学联合会、中国哲学史学会和湖北省哲学史学会联合主办的“郭店楚简国际学术研讨会”，在武汉大学顺利召开。杜维明、庞朴、郭齐勇先生是本次会议的发起者、组织者和主持者。出席会议的学者来自西欧、北美、东亚和中国海峡两岸及香港，有百余人，提交论文80余篇。著名学者饶宗颐、任继愈、李学勤、裘锡圭、庞朴、杜维明、石泉、萧萐父、艾兰（Sarah Allan）、瓦格纳（Rudolf G.Wagner）、池田知久等参与了此次盛会。此次会议，充分体现了文、史、哲三大学科交流互动、相互渗透的特点，对郭店楚简从文字学、考古学、简牍学、文献学、哲学思想史、文学史、楚文化史等角度展开了深入的研究和热烈的讨论，并促进了中外新老学者的相互交流与联系。总之，本次会议从文字考释、文本复原到思想诠释、文化考察等方面对郭店楚简进行了几乎全方位的深入研究，具有重要意义。

一、研究郭店楚简的意义与价值

李学勤在《透过竹简》的报告中指出，20世纪楚地简帛的大量出土与整理，使我们已获得了若干可以贯串起来的坐标点，从而对战国至秦汉之间的学术思想内容及其变迁过程，有了信实的材料；《诗》《书》《礼》《乐》等六经是先秦最基本的教材或普遍知识；“经”不是一家之言，而是共有资源；儒学和孔子的地位在当时就非常高，通过七十子的传布，儒家思想分布范围极广，是列国教育、政治的核心内容；阴阳数术思想可能是传统宇宙论的源泉，在战国中晚期流行，并与各家思想相融合；先秦学术虽经焚坑打击，到汉代又峰回路转，汉代学术绝非无源之水；疑古思潮误将战国思想文化移至汉代，现在可以还其本来面目。饶宗颐对乐教与诗教做了深论，肯定《左传》《国语》与三坟五典的可信，认为不仅要“走出疑古”，而且还要回归三代信史之本然；强调郭店楚简的价值，主张回到文本，把文字学与思想义理的研究联系起来。任继愈重申荆楚文化在中国文化史上的地位，指出未来应该突出对楚文化的研究；认为楚文化既有自己的个性，也有华夏文化的共性；楚墓竹简以老子学派为主导，同时也吸取了黄河流域的文化，特别是邹鲁文化。萧萐父列举历史上多次古文献出土引发学术思想震荡的例子，肯定“二重证据法”或“三重证据法”；指出楚简涉及《尚书》的引证，有助于辨清古文真伪问题；根据郭店简和上海博物馆藏楚简，展望21世纪，认为楚简的出土对于未来的中国思想、文化的建设以及学术的取向，具有重大意义。杜维明论证了郭店简所蕴含的中国文化的内在精神和核心价值观念，认为郭店楚简推动了古文字学、先秦哲学与文化研究的再次勃兴，有助于“文化中国”之“文明对话”的进行，确信先秦哲学较之希腊哲学毫不逊色。

二、关于郭店一号墓与简书的断代、释读等问题

简书的断代与推考，是与郭店一号楚墓的断代及其理解分不开的。绝大部分学者已接受了考古学家、史学家对该墓的断代论证，认同郭店一号墓约下葬于公元前四世纪末期的看法，因此全部简书的制作当早于这一墓葬时间。李学勤甚至认定这一时间的误差不会超过正负25年。关于墓主的身份问题，学者们主要围绕“东宫之币”的文字释读与理解来发表看法。湖北省社科院张正明认为墓主生前曾任太子师的看法，证据颇显单薄。北京大学李零认为楚文字“不”与“币”相像，郭店楚墓耳杯铭文第四字释

“不（杯）”的可能性更大；并认为不管是训读为“太子的老师”或是“东宫的工师”，对判断墓主本人的身份或墓中出土书籍与墓主的关系都没有太大帮助。台湾大学周凤五认为，墓主人应是邹齐一带的思孟学派的儒者，后来楚求仕，教授并辅佐太子。

对于竹简的连缀、释读及其方法问题，外国学者常常从解释学的原理出发，对中国学者的释读方法提出批评。李零在通过对“阅读习惯”的反省后认为，我们的“阅读习惯”是历史积淀的结果，具有“楚书秦读”的现象，而其实有些字是“形近混用”，被当时楚国的书写或阅读习惯所认可的。海德堡大学的瓦格纳（Rudolf G.Wagner）认为在先秦古典文本的流传过程中，“思想单位”（Unit of Thought）比个别文字更为重要，更具有稳定性；在《老子》文本的变化过程中，应结合修辞手法深入“思想单位”中来考察、理解和评判文本的变化及构成特点。在竹简的整理上，周凤五认为郭店简有经典与传注之分，简策长者为经，短者为传；梯形者为经，平齐者为传。李零根据整理楚简的经验，认为先秦是否具有汉代的简策制度，以及从出土的先秦简牍中是否能归纳出比较规律性的区别条例，目前还是不清楚的。此外简文的隶写、训释与笺注，是此次武汉研讨会的一个交流重心。裘锡圭、陈伟、刘钊、黄锡全、刘信芳、李天虹、林素清等，提交相关论文近 20 篇。其中有些字词的考释和文句的理解，学者间存在较大分歧。例如在对《性自命出》“君子身以为主心”一句的理解上，吉林大学刘钊和武汉大学丁四新等认为此句是一特殊句法，应作“心主身”理解；而庞朴和台湾大学陈昭瑛认为应作“身主心”理解。武汉大学郭齐勇、北京大学刘昕岚认为此句是指君子着意于自己的仪容行止以端正内心的意思，与前二说又有不同。

三、郭店道简的成书年代、学派性质与思想

郭店两种道家竹简，在本次会议中都得到了重点讨论。就竹简《老子》的传抄性质问题，日本女子大学谷中信一认为，《老子》与黄老思想是互

相影响的，《老子》的最终成书受到黄老思想的作用。周凤五、黄人二认为郭店《老子》为邹齐儒者版本，或者说是受到邹齐儒家影响、改编的结果。就竹简《老子》的思想问题，新加坡国立大学刘笑敢考察了《老子》文本的流变过程，认为《老子》存在版本趋异、语言形式的趋同和思想观念上的聚焦现象。谷中信一还特别指出简本《老子》未有的思想，如没有"一"的概念，没有以"水"为范例的议论等。台湾辅仁大学丁原植从解《老》传承的角度分析了《老子》与《文子》、《文子》与《淮南子》的关系，认为《文子》存在《老子》解经残文，并对其有所更动和阐发；又认为《文子》极可能承继了《老子》哲学正统。

关于《太一生水》，学者的议论角度颇为分歧。达特茅斯学院艾兰（Sarah Allan）认为"太一"乃道之别名，道的哲学概念植根于一种从自然之源中源源不断地流出的水的本喻之中；《太一生水》不但在语义学上与《老子道德经》内在相关，而且即是《老子》的一部分。武汉大学陈伟认为《太一生水》与《老子》有密切关系，《老子》为经，《太一生水》为传；竹简《老子》的章目并非当时传本的全部。四川大学魏启鹏认为简文的"水"乃太虚之水，天地之包幕，太一之津液；以浑天说观之，太一所生之水，当为天表之水，即包裹在天球之外的水。北京大学邢文考察了《太一生水》与《乾凿度》的关系，认为二者的关联说明《乾凿度》内容的可信与材料的久远。华中师范大学熊铁基通过对"神明"一词的考察，认为《太一生水》基本上属于道家作品。荆州博物馆彭浩认为《太一生水》与先秦时期流行的以北辰为中宫、太一为天帝的看法有十分密切的关系，具有浓厚的数术和阴阳家色彩。南京大学颜世安认为，"太一生水"派应是代表战国道家过去未曾被注意的一个新派别。

四、郭店儒简的成书年代、学派性质与思想

郭店儒简的成书年代，一般认为是战国早中期的作品；而其具体学派

性质，不少学者认为它们出于子思学派。饶宗颐先生认为郭店儒简不少应是出于子思的著作。新竹清华大学杨儒宾认为郭店儒简可分成甲、乙两组，甲组如《缁衣》等从思想分析的角度来看，应属于思孟学派的作品，但《性自命出》不太可能是《子思子》之一篇。中国社会科学院王葆玹认为郭店儒简除《唐虞之道》《六德》两篇晚出外，其他尚有八篇是《子思子》一书的资料来源，由长期延续的子思学派陆续完成。吉林大学李景林认为，子思著作的特点是通过绍述孔子而阐发己意；除《语丛》之外，郭店简儒家类著作应为子思一系作品，其中《性自命出》《成之闻之》《尊德义》《六德》四篇是其中坚部分，表现了子思一系的“性与天道”论。然而，另有些学者对以上看法深表怀疑，他们认为应充分注意到战国早中期儒家学派的复杂性，尤其是应该看到郭店简与当时南方儒者的关系。北京大学王博认为，竹简也许是不同来源文献的一种汇编。他主张重视儒家在南方的发展，如子张、子游等，子思与南方的关系也不疏远。儒家不仅在齐鲁，也在宋、楚发展。现有文献及考古文献也许只是冰山一角，不可据此匆匆做出结论。他还具体认为《成之闻之》可能与子张氏之儒有关。湖北省博物馆刘信芳认为，《缁衣》简有可能是当时南方学者的作品；加州大学王安国（Jeffrey K.Riegel）对《缁衣》简是否属于子思学派的新证据犹豫不决。武汉大学徐少华指出，《六德》与《五行》的思想理路不太一样，可能出自儒家不同流派。《中国社会科学》杂志社李存山认为，《六德》篇所构建的伦理体系，明显不同于《五行》篇，与《忠信之道》也不类，但它讲的“圣、智、仁、义、忠、信”，在内容上与《五行》和《忠信之道》等篇又有相当的联系，因此郭店儒简可能是“仲良氏之儒”的作品。

就郭店楚简的思想来看，《性自命出》《五行》《唐虞之道》《六德》和《语丛》等篇，以及天人关系、心性论和礼乐思想，在本次会议上得到突出讨论。哈佛大学程一凡以“智性资源”的观念贯穿分析了郭店儒简的思想，认为《性自命出》和《唐虞之道》最为大宗。复旦大学东方朔认为《性自命出》篇是孟子以前儒家心性论的雏形，也是一部早期儒家有关人的实存的道德心理学。台湾大学陈昭瑛根据《性自命出》等篇，从楚文化的脉络，探索郭店楚简重情、重身的思想倾向与楚人特殊的精神特质等的可能联系。辅仁大学郭梨华对《五行》的思想，尤其是“德之行”与“行”的区别做了深入的剖析，并指出《五行》开启了孟子“心善论”。郭齐勇认为，《性自命出》的主题是“心术”，即“心之行”，《五行》的主题是“德之行”，而“德”的本义即“心之行”。《性自命出》以儒家身心统一观为内容，肯定礼乐之教的目的是端正身形、陶冶心灵，使诚于中的仁、诚、忠、信与颜色、容貌、辞气、仪表统一起来。他认为竹书《五行》在“心”与“心之役”，“中心”与“外心”，大体与小体的关系上为《孟子》埋下伏笔，而《孟子》则介乎简帛《五行》之间。对于《唐虞之道》，四川大学彭邦本认为禅让说与远古史实存在距离在所难免，如其中儒家的解说，就不免过分片面地强调“仁”“义”“贤”等后世道德范畴，而带有理想和时代的色彩。楚简《唐虞之道》堪称这方面的代表作，成书应在公元前四世纪中叶左右。中国社会科学院刘乐贤通过对《六德》篇思想的引证，指出在先秦研究中大家应充分注意到《二戴礼记》《说苑》《孔子家语》和《韩诗外传》等书的史料价值。耶鲁大学金安平认为《成之闻之》与《尚书》有很深的关系，孟荀的忧患意识可能源自周公。台北“中研院”林素清认为《语丛》前三篇均以讨论性情与德行为主，属于一类，《语丛四》则专论言语游说之道，另为一类。芝加哥大学夏德安（Donald Harper）认为《语丛二》是一篇讽籀书，主要不是一篇哲学著作。他认为研究先秦学术应多重视社会民俗、占卜祭祷，讨论出土文献时不可忽略数术类著作，不仅要看诸子百家，也要研究科学与宗教。哈佛大学罗凤鸣（Susan Weld）通过对出土楚简的法理学的考察，认为系统的法律思想和法律制度在古代中国早已存在。

庞朴对天道观、心性论做出了深入的阐释。他认为《五行》篇中的“圣”“德”等天地境界，是绝对的终极层面；而人道之善，指向相对的社会道德；三伦六位指示血缘亲情关系的人伦道德。他又通过对简书天人关系的分析，提出了“天人三式说”，并认为郭店儒简特重“心”的文化。

丁四新也对简书的天人观进行了论述，认为《老子》以“道法自然”把天人二者融通、连贯起来；而儒简的天人观主要包括三个方面，一是天人相通、相入的思想，二是以心性或德性为本位加深了对天人关系的理解，三是天人相分的思想在简书中被凸显出来。北京清华大学彭林认为郭店儒简有关礼容的描述有助于研究某些礼仪的时代属性以及《礼记》的年代问题。邢文通过对楚简及今本《缁衣》的比较，认为孔子传《礼》，七十子后学传《记》，这是先秦礼学的基本线索。北京清华大学廖名春对郭店楚简引《书》进行了考证，认为先秦《尚书》有许多篇今本《尚书》未收，所谓“晚书”实属后出。他还对上海博物馆购藏的部分楚简进行了研究，提交了论文。此外，早稻田大学工藤元男从楚简卜筮祭祷论“日书”的形成，日本学者近藤浩之对郭店楚简中的《易》、岩本笃志与森和对楚系文字研究中的电脑运用进行了探索，发表了相关论文。

最后与会学者还实地考察了郭店一号楚墓墓址，参观了郭店楚简部分原简以及湖北省、荆门、荆州三家博物馆，对楚文化有了更深入、具体的认识。本次会议的论文集，将由武汉大学中国文化研究院主编，于2000年5月由湖北人民出版社出版。

（原载《孔子研究》2000年第2期）

附录

序《郭店楚墓竹简思想研究》

郭齐勇

丁四新同志的博士学位论文《郭店楚墓竹简思想研究》，于1999年在武汉大学以全优成绩顺利获得通过，并得到海内外专家的好评，修订之后由东方出版社于2000年10月出版，实在是一件值得庆贺的事情。据我所知，这是海内外第一部关于郭店楚简的博士论文。诚如李学勤先生、庞朴先生在评审报告中所说，就对郭店楚简之学术内涵做全面系统的研究而言，就研究所涉及的深度与广度而言，当时尚未有出其右者。

1993年10月，湖北荆门郭店楚墓竹简出土。1998年5月，这批战国中晚期以前的儒家与道家佚籍及其释文由文物出版社正式出版，是世纪之交我国人文学界和国际汉学界最为振奋人心的重大事件！学术乃天下之公器。这批佚籍的公布，立即引起国际汉学界的高度重视，并且迅速成为海内外人文学界的研究热点、焦点和前沿课题。这是因为老子、孔子及其后学之佚籍的问世，在一定意义上为学术界重新思考先秦学术思想史和楚国文化史提供了契机和新的资料，可以帮助我们解决诸多的学术疑难问题，改变我们的视域，修订某些成见。值得庆幸的是，由于主要是北京学者们的努力，我国大陆学界在郭简研究中始终占据主导和主流地位，而没有如20世纪70年代长沙马王堆汉墓帛书出土后那样，国内学者的研究曾经落在后面。

四新同志的这部学位论文，可以说是在境内外学术界对郭简研究的热潮中应运而生。这部论文的选题很好，既是湖北省的地方特色，又是国际学术前沿课题；既具有根源性、民族性和地域性，又具有前瞻性、世界性和现代性；可以推进传统哲学的创造转化。这部论文的成功，获益于我国海峡两岸及香港的许多学者和北美、欧洲等地不少汉学家的诸多研究成果及海内外学界的交流互动。当然，毫无疑问，首先和主要应归功于作者本人冷静、独立地苦学苦研的精神与工夫。作者好学深思、沉潜读书、甘坐冷板凳、心无旁骛的精神、心态和毅力，以及一定的学养、学识、做学问的基本训练及创造能力，在本书中得到充分的展现。我以为，这是一部具有颇多创新见解并恪守学术规范的博士论文，表明作者已具备了一定的学术功力和哲学修养。

作者曾经下苦工夫一部一部地精读先秦主要的经、子之书，打下了坚实宽厚的基础，因而能够对郭店简本《老子》《太一生水》《五行》《性自命出》《语丛》及其他各篇之思想源流、学派归属、撰著作者、写作年代、哲学意蕴、学术史上的地位等做出相当深入的考订、探究、定位与阐释。他的研究确有发时贤所未发之处。例如，对于《老子》，作者不仅比较了简、帛、通行本，重视简帛本上的墨点、墨钉的作用，而且遍查《文子》竹简本、《庄子》、《韩非子》、《吕氏春秋》等诸子百家引老之说，重新定位老子其人、其书及其学说这一学术界聚讼不已的问题，推断战国早期就流传有远较郭店简本三组文字之总和还多的《老子》原本，又推断甲、乙、丙三组简本是三个不同时期产生的不同抄本。作者据郭店《老子》，对原始老子的思想和早期儒道关系做出了细致的讨论。又如，关于从未问世的妙不可言的《太一生水》，李学勤先生与海外汉学家如达特茅斯学院的艾兰（Sarah Allan）、海德堡大学的瓦格纳（Rudolf G.Wagner）、芝加哥大学的夏德安（Donald Harper）等都有不少卓见，而四新的看法则与他们不同。他认为此篇之贡献主要在完整的宇宙生成论系统的创造上，推测它可能出于战国中期南方楚道家之手。作者的慧识在于，肯定《太一生水》鲜明地表示出中国人具有太一的形上宇宙观与天地万物的形下宇宙观，且二者是上下贯通、和谐并存的，此篇亦表明中国古代自然科学与自然哲学的深邃、发达。

作者对郭店儒家简的研究，下了特别大的工夫。关于《五行》，自长沙马王堆汉墓帛书出土以降，我国学者庞朴、魏启鹏和东京大学教授池田知久等专家都有不少宏论，且见仁见智。此次《五行》之经在楚故地再次出土，又轰动了学界。荀子所批评的“思孟五行学说”究竟是什么，两千多年以来隐而不彰，然而20世纪后30年的考古发现终于将其显豁于世。作者与时贤不同，选择了讨论简书、帛书《五行》经说到帛书《德圣》思想之变化的维度，认为竹简《五行》之“经”比较突出“圣智”全体的作用，帛书《五行》之“经”与之相近，但“说”的部分却有重大发展，系围绕“心”而展开，并涉及“性”与“气”，开了心性论之先河，为孟子之先导。作者认为，继《五行》之“说”，直传《五行》思想统绪的乃是帛书《德圣》篇。此篇之变化，在于比较“圣”“智”，重圣轻智，强调了天道与德圣之内容。作者考订郭简《五行》颇有可能是世硕之作，解说部分则出于其门人之手。

《性自命出》是迄今我们所见到的最早、最完整的先秦心性论的篇章，它的出土实在是我国与世界哲学史上的幸事。我国少壮派学人陈来、杨儒宾、廖名春等等对此都有深论，关于此篇作者的推测也是众说纷纭。本书作者通过缜密地考证，认为《性自命出》的作者不太可能是子游，也没有充分证据坐实为曾子，接近子思的思想但仍有不少差别，又很难说是公孙尼子，极有可能的是思孟学派中的学者或世硕诸儒。作者认为，《性自命出》是颇为重要的先秦儒家佚籍，是《中庸》的先导，该篇的出土对于先秦心性论的重新肯定和时间上的前推具有重要的意义。

关于《语丛》，作者认为前三篇是当时流行的儒家文献的摘抄，第一篇各有自己的主题，但又可以联成为一体，其重心仍是心性论。《语丛》中关于“天生百物，人为贵”的思想，关于人之喜、怒、悲、乐、虑、欲、智皆源于“性”的思想，颇为深刻。《语丛》前三篇有许多思想能与思孟学派的作品相沟通，而第四篇是有关格言（或重言）的记录或摘抄。作者认为，郭简诸篇论性，从情、欲、理、力、能五条脉络做出了比较系统、全面的阐述，由此可以推测春秋末至战国早中期诸子所持的人性论，极为丰富多样。

作者认为，郭简的心性论中，心性上通天命、天道，外接人伦、人道。作者以末三章的较大篇幅，通论早期儒道思想，尤其是天命与天道、人性与人心、治道与伦理的问题，亦对《穷达以时》《成之闻之》《尊德义》《六德》和《唐虞之道》等加以讨论。作者指出，中国哲学与文化关于人性论本原的思考，大约经过了由帝命观到天命观，由天命论到天道论的转移，但同时这三种观念又保存下来，构成某种程度的张力。天命、天道与人伦、人道的关系，实质就是天人关系。郭简承老子、孔子而来，既有天人相通、相入的思想，又以心性或德性为本位加深了对天人关系的理解，还有天人相分析的思想，后者与前者构成内在的辩证互补关系。作者指出，自殷周以来，中国哲学与文化始终以人和宇宙的生命为其基本的关切点，人性论就是对生命本身的根源性与本质性的思考。作者细致分疏了郭简诸篇心、性、情、身的关系及其与先秦诸子百家的联系与区别。作者讨论了道家道治与儒家德治的关系、尊德与明伦的关系、爱亲与尊贤的关系等等。所有这些，都能做到持之有故，言之成理。作者的卓见还有很多，兹不一一罗列。

作者对郭简诸篇做了较为全面系统的哲学诠释，其前提一是对世传文献的把握；二是对竹简文字考释、文本复原等成果的吸收。郭店简的研究是一个综合的研究，包括简书的断代、文字的考释、简文的联缀、文本的复原、与世传文献的对勘比较等，是一个复杂的系统工程。这需要文字学、考古学、简牍学、文献学、经学史、子学史、哲学思想史、楚国文化史等诸多学者通力合作才能完成。我与作者十分珍视、尊重各学科学者的工作，尤其是原整理者裘锡圭先生、彭浩先生等的贡献以及李家浩、李零、陈伟、刘信芳、台湾大学周凤五、辅仁大学丁原植、香港中文大学张光裕等先生的工作。作者并不囿于一隅，吸收了各方面学者的优长，又能断以己意。这部论文在一定意义上是多学科交叉的产物。

20 世纪我国人文学研究的进步深获考古发现之赐。陈寅恪先生论王静安先生的治学方法和贡献，认为即是“取地下实物与纸上之遗文互相释证”，特别是以殷墟甲骨卜辞资料来证古史。世纪初的学人，获益于殷墟甲骨、敦煌卷子、汉晋木简等等，王静安先生认为这些瑰宝的出土，其意义超过了孔壁中书和汲冢竹书。他提出了著名的“二重证据法”，纸上学问有赖于地下之新材料。近年来饶宗颐先生提出“三重证据法”，即把考古发现的材料又分为两部分，一种是有文字的，一种是没有文字的，以之与世传文献相互参证。有文字的简帛携带了更大的信息量。20世纪出土的简帛真是令人叹为观止！仅就与思想文化史相关的简帛而论，至少就有50年代信阳长台关楚简、武威汉简，60年代望山楚简，70年代临沂银雀山的汉简、定县汉简、长沙马王堆汉墓帛书与竹简、云梦睡虎地秦简、阜阳双古堆汉简，80年代江陵张家山的汉简和荆门包山的楚简，90年代荆门郭店楚简及上海博物馆购藏的流失到香港文物市场上的一大批据云是江陵一带的楚简。以上简帛中的文字资料涉及科学史（医学史、天文史）、哲学史、法律史、民俗史、宗教史等等，就哲学史而论，涉及经部和子部的方方面面。这些宝藏，极大地丰富了世传文献，补充、修正了我们对古代学术的一些看法。

宋代以来，特别是清世和近世以来，疑古辨伪的工作对于古代学术史的研究甚有补益，但“疑古过勇”与“信古过笃”一样不符合历史的真实。今天，我们到了可以超越于“疑古”和“信古”的时代，即冯友兰先生所说的可以平心静气地“释古”的时代。过去我们做哲学史研究，受疑古思潮的影响，把先秦的许多思想史料都压到汉代之后使用，现在看来这确实有不少弊病。产生于轴心时代的礼乐文明和六经诸子的传统，源远流长，而且确乎是中华文明对世界的最大贡献，至今仍有其现代意义和价值。可以预期，21世纪前半期，我国学术界借助于考古发现可以对礼乐文明、六经诸子的系统研究做出前所未有的突破。我们民族宝贵的思想资源，可以转化为陶冶现代心灵的源头活水。

四新同志刚满三十岁。比起生长在学问与思想饥荒年代的我们这一代人，他们实在是太幸福了。他出身于农家，生活简朴，刻苦攻读，是一颗很好的读书种子。在我们这个和谐的学术群体和良好的学术氛围中，他与我一样，不断得到我的老师萧萐父先生、李德永先生、唐明邦先生等前辈师长们的教诲和我的学长萧汉明教授等师友的扶掖。我个人在学术界尚属小字辈，学问根底很浅，学力不逮，自1993年忝为所谓“博士生导师”以来，甚为惶恐，如履薄冰。好在我的背后有我们这个学科群体的师友们作为后盾，且不断得到本系本校的师友们，全国哲学史界的师友们，全国人文学界的师友们的批评与指点，甚至得到境外学者的启迪与帮助，因而可以勉力为之。我常常对四新等同志们说，我们这一代人只是过渡环节，希望他们踩在我们的肩膀上，摘取学术研究的桂冠。

四新于1996年初秋进入博士生阶段的研习时，我在培养方案上就请他进一步加强先秦文献特别是经学的钻研和西方解释学的训练，后来确定让他研究《尚书》。我很早就关注郭店楚简的整理，1995年秋天还陪杜维明教授实地考察了荆门博物馆。1998年上半年我在哈佛大学做高访与研究，曾与杜维明教授协商，计划在我校与哈佛燕京学社等单位合办一次大型的全面的郭店楚简国际学术研讨会。七月回国后，我就把郭简的有关资料送给四新看，建议他考虑是否变更论文选题，改做郭简研究。他经过认真思考，欣然同意。此后，他经过了异常艰苦的独立研读和写作过程。他搜集了很多资料，我也随时给他提供境内外最新研究成果，又请萧萐父老师和历史系徐少华、陈伟、罗运环等专家予以帮助和指点，他们也慷慨提供了建议与资料。四新终于于1999年3至4月间拿出了论文初稿，经过我的审阅，提出诸多修改意见和建议，并经过他的修改后提交给答辩会。5月中下旬之交，他通过了答辩。通讯评审专家和答辩委员会专家李学勤、庞朴、萧萐父、刘纲纪、牟钟鉴、熊铁基、周桂钿、萧汉明、陈伟等教授都对他的论文给予了很高的评价，又提出了中肯的批评意见。他的论文在答辩前还寄送陈来教授等指正。7月，我在台北“中研院”和政治大学出席会议并做研究，曾在中研院文哲所等单位两次就郭店楚简的研究做座谈和演讲，回来后又给他带回一些资料。之后，四新同志集中精力对论文做了两次大的修改。第一次是10月中旬在我校举行的规模空前的“郭店楚简国际研讨会”之前。我们资助他把修订好的论文重新印制了100册提交给大会。他给大会还提交了另两篇论文和我委托他做的、相当详备的海内外关于郭简研究的论著目录。由于任继愈、饶宗颐、李学勤、裘锡圭等海内外著名专家学者躬逢盛会，由于讨论的问题特别专门、具体、细致，与会学者都感到收获颇大。这次成功的大会也给四新提供了与海内外不同学科的老中青学者切磋郭简的机会和展示自己科研成果的舞台。在会上，杜维明、庞朴、李学勤等专家再次肯定了他的研究，并提出了宝贵的意见和建议。会后，他借鉴会议成果和我们在会后获得的新资料第二次修订论文，并把此前已写成初稿的本书后三章的内容纳入进来。作者经过严肃地删修和统稿，反复斟酌、推敲自己的学术考订和若干结论，核对引文资料，润色文字，终于形成了今天与读者见面的这部著作。

我有幸作为本书的第一位读者，郑重地向学界推荐这位年轻人相当扎实厚重、充满独到见解的学术成果。当然，郭店简的研究仍在发展中，从文本复原到文字考释到哲学诠解，将会不断涌出新的研究成果，尚需作者丰富和提升自己。在今天浮躁的世风面前，有这么一位珞珈山下的年轻人，矢志向学，孜孜不倦献身国学，且有掘井及泉的工夫，令我非常感动。作为朋友，衷心希望我们以前辈程千帆先生提出的八字箴言“勤奋、谦虚、敬业、乐群”共勉，放开胸量，尽心公益，关爱他人，虚己容物，积极参与国际国内的学术活动，到世界哲坛上与国际学者对话，勇攀中国哲学研究的高峰。我们这个学科点的传统是:“中西对比，古今贯通；学思并进，史论结合；德业双修，言行相掩；做人与做学问一致，文风与人风淳朴；统合考据、辞章、义理，统合思想与历史的双重进路。”相信他能把这一传统发扬光大，是所望焉。

是为序。

郭齐勇

己卯年冬月，阳历2000年1月于武昌珞珈山

（原载丁四新:《郭店楚墓竹简思想研究》，东方出版社2000年版，又以书评方式发表于《孔子研究》2001年第2期）

扎实厚重　新见迭出

——简评《郭店楚竹书〈老子〉校注》

郭齐勇　夏世华

在中国哲学、思想与文化史上，《老子》是最为重要的典籍之一。1993年末，在荆门郭店出土了楚简本《老子》，给中国哲学、思想等相关学术界及国际汉学界带来了巨大震动。迄今为止，以郭店竹书《老子》为对象做专门的校注，或以其作为重要的校注对象的，据我们所知，已有20余本（种）之多。由丁四新教授撰写、新近出版的《郭店楚竹书〈老子〉校注》（武汉大学出版社2010年版）一书（该书是教育部哲学社会科学研究重大课题攻关项目“楚简综合整理与研究”成果、“十一五”国家重点图书、武汉大学学术丛书之一，新近又列为国家古委会重点资助出版图书），在汲取此前的相关注释、研究成果之外，更在一些重要术语的考证、语义的分析和思想的清理等方面用功尤深，得出了许多超越前辈或同侪的见解或结论。中国社会科学院哲学所资深研究员、著名学者蒙培元先生认为此书是作者取得的“又一个突破性成果，大有益于学界”，复旦大学出土文献与古文字研究中心主任、著名学者刘钊教授等认为此书“厚重扎实”“胜义如云，新见迭出”。我们认为，作者确实是以一种追求传世之作的精神来撰写这部专精之作的。在学风日益浮躁的今天，此书质量堪称难得一见，因此特向学界同仁及广大《老子》爱好者鼎力推荐。

一、厚重扎实：《校注》的方法与作者的学养

丁四新教授成名甚早。他本以中国哲学研究为志业，不料，20世纪末郭店楚竹书的刊布将他带入简帛研究（特别是出土哲学文献）这块青涩而艰深的学问领域之中，从此一干就是十余年。为了将自身培养成为一个素质全面的学者，大约九年前，丁四新就开始刻意培养和提高自身在注释方面的能力。今天，从其大作来看，他确实大获成功，已经很成熟地掌握了相关知识，并将其转变为相应的技艺。

《郭店楚竹书〈老子〉校注》（下简称《校注》或丁著）以郭店楚竹书《老子》为对象，以帛书二本、王弼本等为主要校本。通常，作者先指出诸版本之间的差异，然后比较细致地引述学者们的相关意见，最后在案语中有针对性地展开分析、批评，并提出创新性的见解。作者的每一条较为重要的校勘意见，都是以广泛而细致的学术史疏理为前提，在吸纳和批判前人或同侪意见的基础上形成的。作者一方面判断诸多《老子》文本的疑难字、词、句的变化和解释问题，另一方面又对今人校注中的讹误及传统注疏中的误解做了必要的辨析和纠正。例如，简本“绝𢡺弃𧇊”与今本相差较大，应当如何训读？这确实是一个难题。学者或以“𢡺”为本字，或读作“为”，或假作“伪”——而在假作“伪”字说中，既有以“虚伪”为训，亦有以“人为”为训者。“𧇊”字，学者或读作“诈”，或假为“作”，或以为“虑”之讹混字。此二字，学者训解纷纭，莫衷一是。丁四新教授征引了大量的相关古典文献，并做了细致、精审的文本和思想分析，确认“绝𢡺弃𧇊”还是应当读作“绝伪弃诈”。（参看《校注》第6—13页）又如简本“咎莫僉乎欲得”，“僉”帛本作“憯”，通行本作“大”。学者或读“僉”为“佥”，训“大”、“甚”；或读作“险”，训“危”；或读作“憯”，训“痛”。《校注》征引故训，指出其字当读作“惨”或“憯”，“惨”为本字，毒也，害也，“憯”为通用字。（参看《校注》第37页）再如，“衍恒亡为也”“以衍佐人主”

之“衍”字，学者从语言文字上考察，或认为是“行”字，或以为即是“道”字，二见聚讼莫能决。《校注》将文字、文献、思想和逻辑分析的方法结合起来，认为郭店简之“衍”必当为“道”字。（参看《校注》第41—42页）从论证过程看，其说令人信服。

“实事求是”是乾嘉之学的核心指导观念，朴学大师通过训诂等具体方法的运用，在重新理解古典文本的真实含义等方面作出了巨大的贡献。《校注》充分尊重清人所推崇的“实事求是”的理念，通读全书，可以看出作者在朴学方法的运用上已臻于相当熟练的境地。而在文本（语义、思想等）分析和术语含义的考证上，更展现出作者具有穷本溯源的考证与分析工夫。作者主张以“发展”的观念来看待《老子》文本的变化，并将其运用到简本《老子》的校注实践之中。自帛本、简本《老子》相继刊布以来，众多校注者常常将简、帛本作为绝对的文本评判标准，并加以片面的强调，以此裁断《老子》诸本之优劣。其实，文本的古朴与文本的优劣本为两个问题，不应将二者完全等同起来。作者对此有十分清醒的认识，认为：“自先秦至于明代刻本，《老子》文本一直处于变化之中，其中先秦至于汉初的变化最为巨甚。对于《老子》文本的演化，应当遵循‘发展’的观念来加以评判”；对于《老子》，我们“既要尊重简本，也要尊重韩非所据本、帛本及通行本，不应当厚此薄彼，或非此即彼，轻易做出判断”；人们应当着力探寻“《老子》文本变化的原因”，亦即“《老子》文本变化之道”。（参看《校注》第92、102、27、115页）我们认为，作者的这些见解都是真知灼见，具有方法论上的指导意义，值得从事同样性质之工作的学者的高度重视。

理解本身既关涉文本的字句之义到旨意的循环，又与理解文本（包括句法、字义、文义、旨意）被决定的客观历史环境或依存条件密切相关。据此，作者进一步认为，对于《老子》文本的思想，从义理与从语言学的两种进路加以把握都是必要的，然而在结果上二者彼此应当是一致的。（参看《校注》第303、306页）例如，郭店竹书《老子》乙编第7—8号简云：“〔故贵为身于〕为天下，若可以厇天下矣。炁以身为天下，若可以迲天下矣。”

帛书甲本作:“故贵为身于为天下,若可以迈天下矣。爱以身为天下,女(如)何(可)以寄天下。”“迈”,帛书乙本作“橐”。王弼本第十三章作:“故贵以身为天下,若可寄天下。爱以身为天下,若可托天下。”此一节经文难解,古今注释纷纭,莫衷一是。“迈”“橐”通“托”,“迲”通“寄”。此类训诂,粗浅易知。然而,在长期的注疏实践中,其实问题并没有如此之简单:“托”“寄”二字是否同义?其主语、宾语又是什么?“以身”之“以”,“为身”“为天下”之“为”,又当如何训解?“贵以身”与“为天下”之间到底是何种关系?本节经文主旨,古今注疏或以“无身”,或以“有身”,或以“重身”,或以“轻身”为主旨,然则孰得《老子》之真?而自先秦至两汉,诸子皆在思考“身”之轻重,及其与“国家”“天下”之轻重的问题,然则故籍所追问的问题及其表达的思想,与本节《老子》经文的理解确实有关,抑或毫无关系?凡此诸问题,都是校注者必须加以关注和讨论的。我们看到,丁著在此一方面的论述十分细致,论证踏实严谨,由此不得不信服作者的相关见解和结论。(参看《校注》第293—307页)

总之,《校注》的论证扎实、细致和深入,资料丰富,充满了真实的创见。我们认为,这与作者在学术方法上的长期训练和素质上的刻意培养是密不可分的。

二、胜义如云,新见迭出:《校注》的学术成绩举例

优良的学术训练、多种方法的恰当运用以及长期的学术积累,这些都是《校注》一书能够做到十分出色的原因。除了琐碎的校勘诸本的异同之外,《校注》一书对于学者分歧较大、悬而未决的问题做了特别的分析和评断,对于《老子》的一些长期遭到学者误解的重要术语和命题的内涵,作者做了精审的考证。如此之类,以下略举数端以见之。

在竹书《老子》的校注中,有许多地方是学者们争议较大或悬而未决的疑难问题,丁著皆加以评析,从而显发己见。上面已举出甲编“绝憍弃慮”

为例，今再举数例以见之。简本“天下之物生于有，生于无”，“有”字下，帛乙有重文符号（帛甲残），通行本重此字。学者一说简本“有”字下脱去重文号，然陈鼓应等众多学者认为本文当如此，并说“有、无”并列——即天下万物“生于有，生于无”的并列，乃是对道的本体性的描述，与传世本以“无”先于“有”的宇宙生成论相较，具有重大的不同。丁四新教授先据校勘学的原则认为简本此处当脱一重文符号。此其一。其二，丁著又引郭店《语丛一》第1—104号简为证，此一段文本以“凡物由亡（无）生”为始终，中间嵌入了天命生物及形名学的大量命题，此诸命题即可以“有”概括之，如此，人们既可言“凡物由无生”，亦可说“天下万物生于有，有生于无”，二者其实并不矛盾。此为旁证。其三，丁著对于《老子》的有无之辨做了通说，认为在老子那里，生成论与本体论其实并不矛盾，而王弼《注》亦是如此处理的。丁著赞同简本“有”下脱去重文符号的意见，而论证充分、坚实。（参看《校注》第245—249页）又如，简本“国中有四大焉”，“国”，帛书二本作“国”，王弼本作“域”。学者或读“国”为“国”，或读作“域”，且赞成前一读的学者较众。丁著的论证既有古文字的考虑，又有语言学的分析。作者对于“或”“国”“域”三字做了字形与字义的历时性考察和分析，据此，认为“国”当读作“域”，若读为“国”字则非。另外，“域”乃“兆域”“兆界”之义，后人释义多误，至今人陈柱以“宇宙”说之，则误甚矣。（参看《校注》第174—201页）。再如，简本乙编“躁胜沧”三句，乃连下“善建者不拔”为章，帛书二本分别抄在二处，通行本则分别属于第四十五、五十四章。学者的意见于此分歧，多数学者从通行本为说。丁著从墨记符号、传统注疏及思想分析等方面，对于“躁胜沧”三句与第五十四章的关联性问题做了深入的考察，认为此二段文本原为一章，而通行本第五十四章其实就是以“清静”为根本原理的。如此，《史记·老庄申韩列传》所谓“李耳无为自化，清静自正”的说法也在此获得了更为深入、具体的文本依托。（参看《校注》第346—362页）

对于《老子》校注传统中存在的一些疑难问题，丁著若涉及，则必定穷源考索，辨析后人之是非。上面已举简文乙编第7—8号简为例，今再举数例以见之。简本“天道员员”，帛甲作“天物云云”，帛乙作“天物䢵䢵”，通行本作“夫物芸芸”。对于“员员”“云云”“䢵䢵”“芸芸”诸词，作者详加考证和训诂，费墨尤多，认为学者或将“员”看作本字，乃是不正确的；“员员”应读作“䢵䢵”或“云云”，乃众盛、不绝之貌。（参看《校注》第218—223页）又如，“法物”一语之本义，近现代学者争论众多，然多失其考据，或依河上《注》为说，或随口臆说之。《校注》作者征引帛书《二三子》《后汉书·光武纪》等为说，云“法物”乃指人君“行礼用乐之器具及仪制”。（参看《校注》第162—166页）此说确有实据，我们认为作者的见解是可信的。再如，通行本第五章“橐籥”一语，帛本同，竹书本作“囩籊”。“囩籊”二字，学者有多种解读。“籊”字，或读作“管”，或以为“籥”之形讹。二读相讼莫能决。在刘信芳、廖名春等人意见的基础上，丁四新教授从归纳郭店竹简相关字形的角度进一步论证了此字当读作“管”。此其一。其二，简本“橐管”一语，学者凡有说解者，咸以“风箱”之物诠释之。丁著则遍引历代重要注疏，得出唐以前故训皆以“橐”为排橐，“籥”为乐籥的结论；而后人以“风箱”“送风管”等为训，其实此为杜光庭、苏辙所造之说，乃窾言耳！（参考《校注》第203—207页）此一考据，纠千年之误会，令人大为感叹！

此外，《校注》在学者不甚留意之处，也常能发现一些有意义的问题。比如，简本“复众之所过”一句，“众”，帛书二本、王弼本等皆作“众人”。丁四新教授注意到这一细微的用语差异，通过文献举证，指出“众人”一词大概在战国中期开始出现，《老子》“众”衍为“众人”很可能发生在战国晚期至汉初一段时间。而且，通行本中凡有“众人”一词的几段文本均不见于简本，据此，作者提出了一个很有意义的问题：这些文本是《老子》本有，还是后来被吸纳进来的？（参看《校注》第81页）又如，简本“居以须复”，“居”，帛本、通行本均作“吾”。丁著指出，简本甲编13号简“将贞之以亡名之朴”，“将”字上帛乙增“吾”字（帛甲残）；甲编21号简“未智亓名”，“未”字上帛书二本增“吾”字。可以看出，帛书本编者正试图通过强化“吾”在文本中的运用，进而突出作者的身份。据此，丁四新教授认为帛本、通行本“居”作“吾”，很可能系抄编者有意改作的结果。（参看《校注》第89、185页）再如，《校注》指出，《老子》文本在演变的过程中具有逐步向“道”等重要观念凝聚，进而凸显这些观念的文本特征。作者举证，曰：帛书二本《德》经在前、《道》经在后，而通行本则将二者位次相互变更。此一例也。简本甲编云“域中四大”的顺序作“天大，地大，道大，王亦大”，帛书二本更作“道大，天大，地大，王亦大”。“道大”置于“四大”之首，更加突出了《老子》思想的本质内涵。此二例也。简甲“古之善为士者”，帛乙“士”作“道”（帛甲残）。此三例也。据此，帛本“有欲者不处”，“欲”通行本作“道”，丁四新著认为这很可能是传老者有意强化此一观念，而将“欲”改为“道”字的结果。（参看《校注》第395页）这些发微之见，读来令人感叹作者用心之细，用功之勤。

总之，在博采和评判诸家见解的基础上，丁四新教授凭借其深厚、扎实的学术功底及对古典文本敏锐、深刻的洞察力和分析能力，将竹书《老子》校注推向一个新的高度，确实成就斐然。我们希望他在今后的学术研究中百尺竿头更进一步，凌绝览众，取得更大的学术成绩。

（原载《武汉大学学报（人文科学版）》2010年第6期）

《老子》整理的又一力作
——简评丁四新著《郭店楚竹书〈老子〉校注》

曹 峰

本文简略地评论了丁四新先生著的《郭店楚竹书〈老子〉校注》一书，认为：作者是以“发展”及平等探求“《老子》文本变化之道”的观念来指导其楚竹书《老子》之校注的；在具体的校注中，作者重视语言的系统性和历史性，对于随文释义的方法保持了足够的清醒；作者在人们时常不甚留意之处发现了一些有意义的问题，这很可能与作者作为一名思想史研究者的身份有关；对于楚竹书本中存在的一些疑难问题，作者并不轻信陈见和权威专家的训解，而是从文本的思想史脉络出发，广征文献，审慎考据，在不轻易破除古义的同时而又努力得出新见的。总之，本书将郭店简本的校注推向一个新的学术高度，是《老子》整理的又一力作。

丁四新先生早年因博士论文《郭店楚墓竹简思想研究》（后由东方出版社出版，2000年）而蜚声学界，这些年他的学术重点依然放在通过简帛资料研究中国古代思想史上，其中的一个重心就是道家资料的整理和诠释。最近，丁四新先生又推出了一部力作《郭店楚竹书〈老子〉校注》（平装版2010年3月、精装版同年10月，以下简称《校注》），此书是教育部哲学社会科学研究重大课题攻关项目“楚简综合整理与研究”成果、“十一五”国家重点图书、国家古籍整理出版专项经费资助出版著作、武汉大学学术丛书中的一种，亦是笔者案头必备之书。

通过他以前的著作，比如《郭店楚墓竹简思想研究》一书，丁四新先生给我们的印象是长于思辨，善于理论把握，然而通过这部《校注》，他又树立了一个新的形象，即在文献整理方面也颇见工夫。简帛研究是一项艰难复杂的工作，要求一个学者具备文字、音韵、文本整理、思想分析等多层面的知识、多方面的素质；校注正是将所有知识、质素综合起来的一种方式。目前的学界，大多数学者只是有选择性地利用一些他人的释文，再结合自己的兴趣，对某一方面的某些问题做出研究，这样做的好处是既能形成研究成果，又可以回避自己不懂和不熟悉的问题，然而为一部文献做校注，却是一件吃力不讨好的事，笔者有过体验，深知其中艰苦，因为这常常意味着一切都要从头做起：必须首先掌握学界的所有相关成果，必须花费大量的时间和精力对自己难以回答的问题也要给出答案，然而也因此容易招致他人的抨击和责难。但是，作为一种极为重要的学术训练，这项工作对一个学者整体能力的提高却有着极为重要的意义。我们发现，过去的学术大家，几乎都有亲自整理文献的经历，只有在熟知古典的基础之上，才能以扎实的文献工夫和把握全局的视野去运用个别的材料。可惜近年来，学界急功近利，取巧的论文越来越多，扎实的训练越来越少，所以看到《校注》这部九年前就开始准备的厚重之作，笔者甚感钦佩。相信丁四新先生在文献整理方面的成就，必将进一步促进他对文献思想分析之深度和广度。同时，要指出的是，丁四新先生以思想史研究者的身份从事这项工作，也突出了他自己的特性，更能体现出这一注本和从事文字、历史、文学、文献等学者之注本的不同。

作为一部极为重要的典籍，《老子》无论在文本还是在思想内容上都问题重重。如果包括即将公布的北大汉简，出土文本已经三次问世，而传世本也有不少异同，这正是学界纷争，解义殊别的起因，郭店楚简作为现存最早的文本，必然成为文本变动性比较的第一对象。而校注这种形式，不仅对于搞清《老子》文本变化的大势及细微的变化具有不可替代的作用，而且对于弄清文本变化的优劣、价值及原因也具有重要价值。

就《校注》的体例与指导观念而言，我们发现有这样一些特点。其一，此书以郭店楚简《老子》、两个帛书本、王弼本等为主要校本，先比较各版本间的异同，再详述学者意见，最后在案语中有针对性地展开分析、批评并提出创新性的见解。作者每一条较为重要的校勘意见，都是以广泛的学术史疏理为基础，在吸纳和批评同侪或前人意见的基础上形成的。在文本分析和术语含义的考证上，显示出作者具有娴熟的朴学工夫。其二，作者主张以“发展”的观念来看待《老子》文本的变化，并在校注中做了实际的运用。他认为文本的古朴与文本的优劣本为两个问题，不应等同起来。对于《老子》，我们“既要尊重简本，也要尊重韩非所据本、帛本及通行本，不应当厚此薄彼，或非此即彼，轻易做出判断”；应当尽力探寻“《老子》文本变化的原因”，也就是“《老子》文本变化之道”。（参看《校注》第 102、27、115 页）其三，面对古典文献，学者们时常采用随文释义的训诂办法，而《校注》的作者则比较重视语言的系统性和历史性。随文释义的方法，孤立地看，似乎可以解释通具体的一句话，然而从语言的系统性和历史性上来看，很容易出现失误。例如，今本第三十七章“侯王若能守之，万物将自化”，下句，郭店楚竹书本作“而万物将自化”，多一“而”字。于是，陈锡勇读“而”为“如”。《校注》的作者并不同意陈氏的训释。（参看《校注》第 89 页）又如，就楚竹书《老子》甲编第四章“其事好长”，丁教授认为：“有学者将竹简‘好长’之‘好’训为‘适宜’‘容易’‘很’等义。其实，此诸义皆晚起，而不足为训。”（参看《校注》第 49 页）这个意见在笔者看来是正确的。再如，《老子》甲编第十四章“以正之邦”的“之”字，或释“之，犹为也”，或训“往也，适也”，或云“之，用也”等，注者都用到了。作者也不赞成这类比较随意的训解。（参看《校注》第 152 页）因为语言具有系统性，每个词语的义项必须在其相应的组合关系中存在。训诂必须考虑这一点，否则，容易导致不必要的失误。

《校注》常在过去学者不甚留意之处，发现一些有意义的问题。笔者以为这和作者作为一名思想史研究者的身份大有关系，也正是此书精彩之所在。比如，郭店楚简本“复众之所过”一句，“众”，马王堆帛书甲乙本、今本等皆作“众人”。作者注意到这一细微的用语差异，通过文献举证，指出“众人”一词大概在战国中期开始出现，“众”衍为“众人”很可能发生在战国晚期至汉初一段时间。而且，通行本中凡有“众人”一词的几段文本均不见于简本，据此，作者提出了一个很有意义的问题：这些写有“众人”的文本是不是后来被吸纳进来的？（参看《校注》第 81、82 页）又如，郭店楚简本有“居以须复”，“居”，帛本、今本均作“吾”。作者指出，郭店楚简本甲本 13 号简“将贞之以亡名之朴”，“将”字上帛书乙本增“吾”字（帛书甲本残）；郭店楚简甲本 21 号简“未智亓名”，“未”字上帛书二本均增“吾”字。可以看出，帛书本编者正试图通过强化“吾”在文本中的运用，进而突出作者的身份。据此，丁四新认为帛书本、今本“居”作“吾”，很可能系抄编者有意改作的结果。（参看《校注》第 89、185 页）再如，《校注》指出，《老子》文本在演变的过程中具有逐步突出和提升“道”等重要观念的文本特征。他举出了四条例证，比较可信。（参看《校注》第 395 页）这些虽为发微之见，却显露出作者思想史之眼光。

对于简本中一些不可能回避的问题，《校注》作者不轻易相信陈见，而是通过艰苦的文本比对和思想分析，给出更为可信的结论。例如“绝憍棄虘”的解读是引发学界纷争的一大难题，作者持“绝伪弃诈”说，这虽非其首创，但作者通过大量的文献排查，为“绝伪弃诈”说提供了更为有力的证据。又如“法物”之本义，近现代学者争论众多，然多不可信。《校注》征引帛书《二三子》《后汉书·光武纪》等为说，断定“法物”是指人君“行礼用乐之器具及仪制”。与今本第二十五章相比，简帛本均无“周行而不待”一句，有些学者据此认为《老子》之“道”并无“周行”之义。《校注》在征引《韩非子·解老》“圣人观其玄虚，用其周行，强字之曰道，然而可论”、郭店楚简《太一生水》“是故太一藏于水，行于时；周而或〔始，以己为〕万物母；一缺一浧，以己为万物经”之后，论证“道”确有“周行”之义。（参见《校注》第 181—182 页）再如“橐籥”一语，“风箱”之释几乎已成定说，但《校注》不人云亦云，作者在遍引前代重要注疏后，得出唐以前故训皆以“橐”为排橐，“籥”为乐籥的结论。而后人以“风箱”“送风管”等为训，其实此为杜光庭、苏辙所造之说，后人却陈陈相因，不识其伪，积非成是，误读千年。（参看《校注》第 203—207 页）楚竹书甲本第 1 号简的“季子”，学者多如字作训，认为“季子犹稚子”，也就是老子所说的“赤子”。《校注》不同意此解，作者认为楚简“季子”仍应从今本，读作“孝慈”。而“季子”，据传世先秦文献，乃排行之幼、少，不可作“幼稚”义解。因此，“季”应当判断为“孝”字之形讹。（参看《校注》第 15—16 页）杨树达先生在《释慈》篇中曾说“慈从兹声”“兹与子古音相同”，并举证了古书中数处“子”“兹”通假之例；“慈”即“爱子”之义。（《积微居小学金石论丛》，上海古籍出版社 2007 年，第 1—2 页）可见，简本“子”字完全可以读作“慈”。

《校注》一书不仅重视征引文献，重视考据，坚持维护思想史脉络，而且也不轻易依据出土文本破除《老子》古义。《校注》作者甚至批评时下一些学者随意抛弃古义，不顾上下文的脉络，只求从出土异文中别出新意的做法，这显示出作者具有非常谨慎的学问态度。限于篇幅，这里就不再一一说明了。

郭店楚简《老子》问世后，以之为校注对象者已有 20 余本（种）之多。《校注》一书的目的，在于全面总结十年来郭店《老子》的注释及长期存在的《老子》文本疑难问题，并将郭店《老子》的校注推向一个新的学术高度，是《老子》整理的又一力作。看得出，作者本着学术高于一切的信念，不和稀泥，不怕得罪人，在郭店《老子》研究文献的征引上，约 10 本相关专著被认为不值得引用而被坚决地淘汰掉了；对于其他著作，作者也是就事论事，展开了客观而严肃的学术评判。《校注》的写作，综合运用了古文字、音韵、文献、考据、语义分析、思想分析等方法，相比较而言，在文献斠证、考证，及语义、思想的分析上更为见长。在资料收集之完整有序，分析论证之平实可信，及文本特征、思想脉络的兼顾并重等方面，《校注》十分突出。

因此这绝非一部泛泛之作，值得学者置于案头，时时检用。

尽管作者付诸了巨大努力，但这么一部要求高、牵涉广的作品，要尽善尽美还非常困难。有些地方作者思考太过，如《校注》以“为无为”之前一“为”字为意动用法，释为“即以‘无为’为原理而为者”，（参看《校注》第 97 页）反而不易理解，还是按一般动宾句解释为好。近年来，日本学者在郭店楚简《老子》研究上创获甚多，因受语言限制，《校注》作者未能引用。这是一件憾事。另外，校注一类书既要详备，又忌繁杂。《校注》虽在每章末尾设立“章旨”之目以概括大意，但缺少译文，也使人略感遗憾。如果能够在每章校注之前对竹书文本做出明确的译释，告知读者《校注》所采取的基本论点，这就会使行文更加清晰。

（原载《人文杂志》2011 年第 5 期）

《郭店楚竹书〈老子〉校注》评介

陈慧（Shirley Chan）

和其他先秦儒家文献一道，楚国竹简版本的《老子》在1993年10月湖北省荆门市郭店村一号墓出土。学者们根据其形式、结构和内容以及竹简的形状和长度，将其重建或划分为《老子》甲、《老子》乙和《老子》丙本。

《老子》有几个版本：马王堆帛书本（1973年在长沙发现）、传世的王弼（公元226—249年）注本以及新发现的楚国竹简版本。战国（公元前475—221年）中期偏晚的郭店本《老子》在组织和内容上与传世本不同。各章的排列不同，而且有许多异体字和/或古字。就内容而言，值得注意的是，许多论战性和反儒家的段落在郭店本中都不存在。不同的版本，一方面为阅读楚简《老子》提供了一定的指导，另一方面也带来了更多关于其在用字、章序和组成部分上的多样化的困惑。通过批判性地检查和比较各种版本、引用并批判性分析各种论述，丁四新的《郭店楚竹书〈老子〉校注》是一次澄清郭店《老子》中的关键术语和哲学概念的及时尝试。

自从《老子》简帛本发现以来，大多数注释性的作品都认为这两个版本是权威的。然而，《老子》的创作日期和内容质量是两个不同的问题。丁氏认为，古典文本的真正含义应该以语言学和词源学的方法为基础，依据上下文研究（充分的含义和思想）和分析（具体的术语和含义）。作者试图将他的分析建立在《老子》各种版本的“（历史）发展”上，并将这种方法应用于《老子》的注释工作。作者认为，应根据《老子》的历史发展来评估其内容。他进一步提出，对待《老子》的每一个版本，不管是简本、帛本，还是通行本，都不应该有偏爱和偏见；人们应该努力了解其历史发展的复杂性，也就是其内容的复杂性。据此，在谈到对某一具体版本中某一具体段落的理解时，作者认为，重要的是要记住一个段落的本意总是与其字面意义相关，而其字面意义又与上下文义和句子结构密切相关，反之亦然。文本的理解不仅取决于特定版本中特定字词或句子的字面意义和欲表达意义的交织，而且在很大程度上取决于该版本的客观历史决定因素或条件（包括其句子结构、字面意义、背景意义和欲表达意义）。作者进一步提出，必须从文学和语言学的角度来评估不同的《老子》，这将产生相同的结果。这些方法为这项工作带来了活力和启迪，非常值得我们关注。

详细讨论丁氏对有争议字词和短语可能解读的分析在这样的书评中是不合适的；只需说他根据《庄子》《荀子》《左传》和《吕氏春秋》等早期文本中的用例，合理地论证了他的观点。

丁氏反驳了认为老子所漠视或放弃的那些东西应被视为积极智慧的“误解”。他认为，老子和庄子都只批评“妄作”的概念，而不是人类良知范围内的“行为”；也就是说，既然老子的概念框架中没有“弃作”这样的东西，他就不可能提倡“绝为”的概念。我非常赞赏这个想法。在我看来，老子的无为并不是什么都不做。通行本第 81 章中的“天之道，利而不害；圣人之道，为而不争”这句话在竹简本中不存在，但在帛书甲、乙本中都出现了[①]（帛书本“不”作“弗”，句首“天之道”前有“故”字）。此外，《老子》甲本第 17 号简上有“为而弗志”（不期待自己行为的奖赏）的简文，其在帛书本和通行本中则被“为而不恃”（不带期待地行为）所取代[②]。所有这些说法都表明，老子在其“无为”的理论框架中并不提倡“放弃任何行为”

① 译者按：帛书甲本缺此句。

② 译者按：括号内为原作者的英文翻译。此句郭店甲本作“为而弗志也”，帛甲作“为而弗志也”，帛乙作“为而弗侍也”，通行本作“为而不恃”。

的概念。

此外，《校注》还抓住了一些需要进一步关注和研究的话题与问题。其中之一是“众”的问题。“众”字（“复众之所过”）在帛书本和王弼注本中，一般被写为“众人”。丁氏通过对文献的回顾，抓住了这两种用法之间的微妙关系，指出“众人”一词起源于战国中期，而从战国末年到汉初流行用“众人”来代替《老子》中的“众”。这就是为什么在通行本中所有包含“众人”一词的段落都无法在简本中找到的原因。丁氏还提出了一个有趣的问题：这些段落是《老子》原始内容的一部分，还是随着时间的推移逐渐获得的？（第 81 页）

另一个问题是竹书中的“居”（“居以须复”），在帛书和通行本中大多被写为“吾”。丁氏提出的证据表明，“吾”的后来出现可以被视为帛书本编纂者的有意改动，编纂者试图通过加强“吾”的使用来显示其身份（第 89—185 页）。

此外，他还感觉到在《老子》的历史发展中，特别是在其概念框架中，对“道”的逐渐强调。两种帛书本都将《德经》列在《道经》之前，但这种顺序在通行本中被颠倒了。郭店《老子》甲本中的“宇宙四大”的顺序是天、地、道、王。在两种帛书本中，这一顺序被改为道、天、地、王，道被置于“四大”之首，这改变了其起始（即强调道的概念框架）。另外，在帛书乙本中，竹书甲本的“士”字被替换为“道”字（乙本无此句）。因此，通行本将“欲”替换为“道”（帛书本作“有欲者不处”[1]），这可能是这些《老子》编纂者的意图（第 395 页）。

在出土文本的内容中，一句话或一个主题的完成，在很大程度上取决于编纂时的恰当历史框架。这是在试图对文本主体进行准确解读时的一个关键问题。经常发生的情况是，一旦一个字（词）被定义，其他人就会重新定义和重新诠释它以寻求更好的解释。然而，重新定义或重新诠释往往

① 译者按：帛书本作“有欲者弗居”。

导致该字在作品的主体中失去了原有的意义。这种“错位”经常发生。这可以归因于其对所研究的语言及其相关的书面历史资料的不熟悉。因此，对于研究出土文本的学者来说，为了避免做出错误的假设或混乱的评价，将他们的研究结果合理地建立在相关历史资料的基础上是至关重要的。这是丁氏工作的一个杰出层面。在争论激烈的问题中，他的观点得到了大量历史证据的支持。

丁氏的另一个主要成就是研究了《老子》的演变，从竹书的甲、乙、丙本到马王堆帛书中甲、乙本，再到通行本。不同版本的书写、组成、用字、用词和表达方式都有很大差异。大多数学者倾向于采用通行本作为主要资料，从一个角度集中分析《老子》现有版本的优点和缺点。虽然这种方法取得了一定的成功，但它对不同时期《老子》一致性的贡献有限。丁氏从历史的角度出发，把《老子》的版本变化看成是一种时间顺序排列的叙述，并按顺序分析了竹书本（甲、乙、丙本）、帛书本（甲、乙本）和王弼本，这是一个独特的成就。丁氏提出，楚竹书的甲、乙、丙本各有其不同的历史背景，根据其不同的文字和内容，可以分为甲、乙、丙三种——三个不同时代的版本。相应地，帛书甲本的年代应早于乙本。丁氏进一步指出，基于王弼的注疏并按照一定的时间顺序叙述的通行本要全面得多。也就是说，各种版本的全面性在其对《老子》的概念框架（在其历史背景下）的理解上有着坚实的基础。总而言之，丁四新凭借他对《老子》注释作品无与伦比的知识能力和批判性见解，通过详细的语言学分析和对中国古典文献的比较研究，将竹书《老子》的研究提升到一个更高的水平。

［王政杰汉译，英文稿原载《澳大利亚东方学会杂志》（*Journal of the Oriental Society of Australia*）第 43 卷（2011 年）］

评《郭店楚竹书〈老子〉校注》

刘固盛　王闯

学术的进步，离不开新材料与新问题。陈寅恪曾言："一时代之学术，必有其新材料与新问题。取用此材料，以研求问题，则为此时代学术之新潮流。"①在陈寅恪的时代，所谓新材料，即如王国维所言，乃"殷虚甲骨文字、敦煌塞上及西域各处之汉晋木简、敦煌千佛洞之六朝及唐人写本书卷、内阁大库之元明以来书籍档册"②。在20世纪前半期，众多学者投身于此类新材料的研究，取得了巨大的成绩。

地不爱宝，在20世纪的后半期，仍有大量的新材料得以发现，如1993年在湖北荆门市郭店一号楚墓出土大量战国竹简，其中包含众多先秦儒道两家典籍和古代佚书，从而引起学术界的高度关注。在这批竹简中，发现了三种《老子》抄本，这是继马王堆帛书《老子》之后，《老子》早期抄本的又一重大发现，其对于《老子》的研究具有重大意义，因此，一经发现，便吸引了众多学者的关注。从1993年竹简出土到现在，近20年的时间里，围绕竹简《老子》的研究成果已十分丰富，学术界急需一部总结性的著作，

---

① 陈寅恪：《陈垣敦煌劫余录序》，载《金明馆丛稿二编》，生活·读书·新知三联书店2001年版。

② 王国维：《最近二三十年中中国新发见之学问》，见《静庵文集续编》，载《静庵文集》，辽宁教育出版社1997年版。

对已有的学术成果做一个系统的清理。武汉大学丁四新教授的新著《郭店楚竹书〈老子〉校注》（武汉：武汉大学出版社，2010年），便在这样的背景下应时而出。《郭店楚竹书〈老子〉校注》是教育部哲学社会科学研究重大课题攻关项目“楚简综合整理与研究”的成果之一，收入陈伟主编的《楚地出土战国简册研究》丛书。作者对郭店楚简研究有年，卓有成就。此部新著，选择对郭店三种《老子》进行校注，难度不小，创见亦多。笔者通读其书，认为该书有以下四个特点：

一、兼综众说，参以己见

自郭店竹简公布以来，立刻引起了学术界的高度注意，众多学者纷纷投入其中，做了大量的研究工作，然而很多问题并没有取得一致性意见。作者在对竹书《老子》进行校注的时候，便十分注意其他学者的研究成果，于一些关键性的字词章句，作者首先罗列学界现有的众多不同看法，最后再参以己见，或赞同其说，或阐明己说。因此作者并不回避学术界的热点争论，相反，作者的每一个训释，其实都是在和学术界的同行进行对话。不仅如此，作者还十分注意历代解《老子》、注《老子》文献的训释意见。本书虽然是一部校注作品，但是作者于校注中积极参与学术界的讨论，可以说，作者的众多结论都是在对学术前史进行认真清理、反思的基础上得出的。

如竹书《老子》甲编第二十章“天下之勿（物）生于又（有），［又］生于亡（无）”句，作者首先介绍了学术界对此句的各种意见，总结起来，大约有两种：第一种看法认为第一句“又”下抄脱了重文符号，此句完整的应当作：“天下之物生于有，有生于无。”这种看法以《郭店楚墓竹简》一书为代表。第二种看法认为应当如简文原样释读，不存在抄脱重文符号的问题，即此句当作：“天下之物生于有，生于无。”这种看法以陈鼓应先生为代表，他认为：“虽一字之差，但在哲学解释上具有重大的差别意义。作‘天下之物生于有，有生于无’解是属于万物生成论问题，而作‘天下之物生于有，生于无’解则属于本体论范畴。”作者在介绍学界的两种不同看法之后，开始阐明自己的观点。他认为“又”字是否脱去重文符号，涉及中国哲学的核心命题，十分富有研讨的意义。他总结了《老子》一书关于有无问题看法的三个方面：第一是从实际之物谈有无，如通行本第二章、第十一章所言。第二是从生成论的角度谈有无，如通行本第四十二章所言。第三是从本体论的角度谈有无，如通行本第一、四、十四、二十一、二十五、四十章所言。作者认为“在中国古典哲学中，常见在本体论的陈述中即包容了生成论的叙说，《老子》亦然”。因此，“天下之物生于有，有生于无”的读法并不能仅作生成论的理解，而是“包含了所谓万物‘生于有’‘生于无’的并列论说”。

此句的释读问题自竹简公布以后，立刻成为学界讨论的重点，因为它的读法关系到中国哲学的核心命题。作者在书中响应了学术界的两种基本看法，再通过自己详细的分析，认同第一种读法，并且为这个问题的讨论增添了新的论据。此类对以往学术成果进行认真反思总结的案例在书中俯仰皆是，此处仅列一例以示说明。

二、重视文字的准确释读

文字的释读问题是简帛学研究的一个重点。竹简《老子》成书于战国时期，所用文字与今日迥异，如何正确地释读这些古文字就显得十分重要，因为对字词的理解直接关系到对文本含义的解读。正确的释字，是准确把握文本思想内涵的基础。此书的一大特色就是作者运用丰富的文字学知识，对竹简《老子》进行逐字训释校注。作者在“校注说明”中也认为本书“重视简文字词及文义的讨论”，只有弄清简文字词的含义，才有可能更进一步去深入探讨其思想内涵。

大部分的文字考证，作者从文字学本身出发，如依据《说文解字》《尔雅》《玉篇》等字书进行考订。然而有些字词一时还无法根据字形得出合理结论，作者于此种情况，除了字形的讨论外，还注意借助其他方法来帮助释读，比如注意文本前后思想的一致性。这里仅举数例予以说明。

竹简《老子》甲编第一章有一句“绝伪弃诈”，对于“伪”和“诈”二字的隶定，历来意见纷纭。作者首先罗列众家意见，其焦点在裘锡圭先生的意见上。裘先生认为此句当作“绝伪弃诈”，后来他又改变己说，认为“诈”当作“虑”，而“伪”则应解释为“人为”。李零又根据上博楚简二字的写法来批评裘说。在介绍完这些意见之后，作者开始了自己的释读。他认为判定这个字，除了文字学本身的考订外，还应该“从文本自身的语境及《老子》思想来确定”。针对“弃虑”说，作者认为“通行本《老子》五千言‘虑’字未曾一见，同时也看不出全篇具有反对‘虑’的思想”。即便是庄子后学，也没有“绝对地否定‘思虑’对于人们认知活动的重要性”。针对“弃作”说，作者认为“老庄都只是批评‘妄作’，而没有排弃作为人之良能而本具的‘作’”，因此老子没有“弃作”的观念。针对“伪”字的理解，到底是虚伪还是人为，作者认为“作‘人为’义理解的‘伪’，是荀子特别发明的概念”，“将荀子之‘伪’（为）与道家系统中的‘人为’观念混同起来，这其实是触犯了偷换概念之禁律”。而且老子“以‘无为’作为‘为’的根据和原理”，“《老子》具有‘无为’的思想，然而不存在‘绝为’的主张”。在否定了上述意见之后，作者再根据“《庄子》批评‘虚伪’的言论甚多”，认为“对道家而言，‘绝伪弃诈’正是当然之义”。在这一句话的训释过程中，作者并没有从文字学的角度去切入，而是另辟蹊径，从《老子》文本的语境和前后思想的一致性来入手，从而得出了自己的结论，在文字学的训释得不到合理结果的时候，它确不失为判断字义的好方法。

三、版本互校，以明《老子》文本变迁之道

此书十分注意将简本《老子》与马王堆帛书甲、乙本以及王弼本进行互相比较。在每一章，作者都收入了帛书甲、乙本《老子》和王弼本《老子》

中与竹简此章相对应的章节文字，四种版本按先后顺序一一排列，其文字的变化差异一目了然。郭店竹简《老子》是战国作品，帛书《老子》是汉初的作品，王弼本《老子》则留下了魏晋人加工的痕迹，作者在校注的过程中，时时关注这四种版本之间的差异，通过这样的比较分析，读者可以清晰地看出《老子》文本在流传过程中的变迁。不仅如此，作者还对这种文本变迁的原因做了自己的思考分析，那就是不同时代的《老子》文本会打上那个时代的烙印，会和那个时代的思想变动以及语言习惯有关。

如甲编第五章“古之善为士者”一句，王弼本文字与此相同，而帛书甲、乙二本此句都作“古之善为道者”。作者在分析了学术界众说之后，认为“帛本将‘士’改作‘道’，乃系有意而为，以强化‘道’的概念”，更进一步，作者认为这“可能说明秦至汉初‘道’概念被学者们有意加以强化或抬升”，因此，这种文本的改变，就是“当时老学思潮运动的一种反映”。再如甲编第十五章“天大、地大、道大，王亦大”句，帛书乙本和王弼本此句都作“道大、天大、地大，王亦大”，将“道大”置于句首。对于这一文本差异，作者认为“‘四大’次序的变动，乃由于整个战国时期道家思想系统的内在运动及《老子》思想系统自身的逻辑顺序调整造成的”，它“迫使‘道’在文本的重新组织中得到优先性的表述”。在这里，作者将文本的变迁与学术思潮的变化联系在一起，每个时代思想的变动极有可能引发文本的变化，这种解释确有其合理之处。

除了思想变动引发文本变化之外，作者还注意到不同时代语言习惯对《老子》文本变迁的影响。如甲编第九章“天下皆知美之为美也，恶已。皆知善，此其不善已”句，帛书甲本作“天下皆知美为美，恶已；皆知善，斯不善矣”，乙本作“天下皆知美之为美，恶已。皆知善，斯不善矣”，句式与简本无差。而王弼本此句则作“天下皆知美之为美，斯恶已。皆知善之为善，斯不善已”。其差异主要在后一句上。对于这一改动，作者赞同高明先生的说法，认为这是“由于抄编者特别讲求文本字句对偶、充足完备所致”。再如此章“万物作而弗始也，为而弗恃也，成而弗居”句，帛书甲乙两本此句大致相同，而王弼本则为“万物作焉而不辞，生而不有，为而不恃，功成而弗居”，多了“生而不有”一句。作者认为“汉以后，《老子》文本在演变的过程中具有逐步实现‘诗体韵文’的特点，而偶句为文乃其重要特征之一”，“从竹简本到帛书二本，再到通行本，似乎可以看出‘偶句’法则的演进和实现的过程”，在这里，作者将《老子》文本的变化之道清晰地展示在读者面前。对于以往有校者称此句为“妄增”，作者认为其是“惑于《老子》文本变化之道”，而老学研究者应该客观地看待《老子》文本变化的历史事实。

四、充分利用先秦故书进行参证

前已论及，由于竹简年代久远，字词的训释往往学界意见分歧，作者在校注的过程中，便十分重视征引竹简同时代、同学派的先秦故书，以互相参证，解决问题。每一个时代都有其特定的语言使用习惯，竹简《老子》的一些用词必然会有那个时代的痕迹，这一点可以帮助我们去准确释读竹简。另外作者十分重视《韩非子》以及《老子指归》等早期解老著作的论述，以此来分析《老子》早期版本的某些特点。文本的互相参证是清代考据学经常使用的方法，作者在本书中也大量使用，并且常有创见。

如竹简《老子》甲编第六章“复众之所过”句，此章重见于丙编，都作“复众之所过”，而在帛书二本及王弼本中“众”作“众人”。作者检索《左传》《国语》《论语》等经典，发现皆无“众人”一词，而大约在战国中期后，该词才开始出现，见于《墨子》《孟子》《庄子》之中。因此，作者认为竹简《老子》“当为战国中期以前的旧本，而‘众’衍为‘众人’很可能发生在战国晚期至汉初一段时间”。

再如乙编第一章“（亡）不克，则莫知其极”句，关于“克”字的解释，有人释作“能”，有人认为是“克己”之“克”，释作“约身”“修身”。作者征引《韩非子·解老》、严遵《老子指归》对于此句的解释，认为“《解老》

《指归》虽然没有明训‘克’字，然而其解义近于‘胜’，这是较容易读出来的，因此‘克’当训‘胜’”。

然而作者并没有一切以《韩非子》为是，他甚至认为《韩非子》所据《老子》的版本与竹简本很可能是两个不同的系统，而自相流传。如甲编第八章“大少（小）之多易必多难”句，简本和帛本、弼本的差异十分大，帛本与王弼本在此处要比竹简本多出近60字。有人认为今本“大小多少”一句难解，应该是下有脱字，或有注文掺入。也有人认为竹简本此处有脱简，应据帛本和王弼本补入。作者列举了《韩非子》“喻老”“难三”篇对《老子》的引述，其中有“天下之难事必作于易，天下之大事必作于细”以及“图难于其易也，为大于其细也”等句，这几句均见于帛本和王弼本，而不见于竹简本。既然韩非子所见的《老子》与帛本、王弼本一样都有这几句，是否意味着竹简本在此处真的有脱简呢？作者并不这样看，他认为竹简“大少（小）之多易必多难”句完全可以解释得通，从上下文看并不存在脱简的问题。由此，作者推测“韩非所据本、帛本很可能是同一个或相近的文本系统，简本则是另外一个文本系统”，“在问题还无法变得比较明晰之前，我们既要尊重简本，也要尊重韩非所据本、帛本及通行本”。从以上数例可以看出，对于征引先秦故书互相参证的问题，作者的态度也是十分严谨的，可以下结论处则大胆下结论，该存疑处则存疑之，并没有武断之嫌。

总的来说，丁四新教授的新著《郭店楚竹书〈老子〉校注》，重视对以往学术成果的总结清理并且深得校勘之法，是一部严谨扎实、富有创见的优秀学术著作，是近年来道家文化研究的重要收获。

（原载《弘道》2011年第3期，总第48期）

《郭店楚竹书〈老子〉校注》读后

杨逢彬

一

顾颉刚先生曾说：

近世治古典者咸推王念孙父子为最精。杨树达《尚书正读序》曰："其所为《广雅疏证》，通训诂之事也；《经传释词》，审词气之事也。合二者而为《读书杂志》《经义述闻》。宋元以来，儒者说经校史之作数盈千万，未有能与二书相颉颃者。"其称许之者至矣。是后天才、实学两擅胜场者，有俞樾、孙诒让、章炳麟等。然俞氏分力于酬酢，章氏献身于革命，专心致志于研究者，惟孙氏一人耳，而年寿不永，创造不多。继起者为王国维，所涉既广，致思尤精，每作一文，未尝不解决问题也。微闻先生自言："予考据不为工，特工于作考据文耳。"此固撝谦，而其作文逻辑性强，有说服力则可知。惜年方五十，遽尔自沉，较之孙氏尚少十年。是后则为杨树达。余嘉锡序其《小学金石论丛》曰："君之读书，先致力乎根柢，循序渐进，不陵节而施。其于《说文》讽籀极熟，于群经讲贯极精，然后上溯钟鼎、甲骨之文以识其字，旁通诸子百家以证其义，穷源竟委，枝叶扶疏。"诚哉其言也！寿登七十，虽不及王（念孙）、俞而侈于孙、王（国维）。其成就之笃实辉光，为斯学广辟涂术，大足为后学准绳矣。①

然则，顾先生所谓“近世治古典之巨子”，以高邮王氏父子、海宁王氏及长沙杨遇夫先生为最精。傅斯年先生说：“凡一种学问，能扩充他作研究时应用工具的，则进步；不能的，则退步。”② 学术史上的一条铁律是，要想超越古人，远出侪辈，必须有方法上的突破。傅先生所谓“应用工具”，即方法。有清一代，小学超迈汉唐，乃因古音大明，学者得以突破字形的束缚，因声求义。此学者固知之，不待赘言。而高邮父子之所以居于峰巅者，杨遇夫先生有言：

凡读书者有二事焉，一曰明训诂，二曰通文法。训诂治其实，文法求其虚。清儒善说经者，首推高邮王氏。其所著书，如《广雅疏证》，征实之事也；《经传释词》，捣虚之事也。其《读书杂志》《经义述闻》，则交会虚实而成者也。呜乎！虚实交会，此王氏之所以卓绝一时，而独开百年来治学之风气也。③

关于此点，先生在《高等国文法·序例》《训诂学小史》《中国文法学小史》《尚书正读序》等文中亦再三致意④。如此，王氏父子之所以“独开百年来治学之风气”者，乃正如裘锡圭先生于北大课堂所说，其时禹域虽无成系统的文法学，但王氏父子已有很强的文法观念了。按照顾颉刚先生的说法，高邮之后，“治古典”而独开风气，独辟蹊径的就是海宁王静安先生、长沙杨遇夫先生了。静安先生有“二重证据法”，其代表作为《殷卜辞中所见

① 顾颉刚：《顾颉刚学术文化随笔》，中国青年出版社 1998 年版，第 311–312 页。

② 傅斯年：《历史语言研究所工作之旨趣》，载《傅斯年全集》第三卷，湖南教育出版社 2003 年版，第 7 页。

③ 杨树达：《词诠·序例》，中华书局 1965 年版，第 5 页。

④ 杨树达：《高等国文法》，商务印书馆 1930 年版，第 5 页；《训诂学小史》《中国文法学小史》二文，载《积微居小学述林全编》，上海古籍出版社 2007 年版，第 607 页，622 页；《尚书正读序》，载《积微居小学金石论丛》，上海古籍出版社 2007 年版，第 378 页。

先公先王考》[①]。至于后者，如果说高邮父子是无意识地运用文法治学的话，那么杨遇夫先生乃是自觉地以文法为利器，用之解决古籍词句的疑难问题；其古籍整理的代表作有《汉书窥管》。《汉书窥管》被公认为是20世纪整理《汉书》的两部最好的著作之一。有意思的是，《汉书》整理的另一部最好著作陈直《汉书新证》，恰恰是运用二重证据法的成功之作。

打个不太确切的比方，典籍疑难词句的释读要从清代小学的营垒中突围而出，有两个突破点，一个是走“二重证据法”的道路，另一个则是走传统小学与现代语言学相结合的道路。目前的状况是，第一个突破点——甲骨、金文，特别是简帛——人才济济，第二个突破点则甚为寂寥——说它是第二个突破点，实为唐突，甚至毋宁说，它只是理论上存在的一个突破点。

文法学（语法学）是现代语言学的一个重要分支，将文法学与传统的训诂学（广义的训诂学包含文字学、音韵学）相结合实际上就是走现代语言学与传统训诂学相结合的道路。文法（语法）是词句的组织规律，不明白词句的组织规律是不能精读古书的。诚如杨树达先生所言：

> 治国学者必明训诂，通文法。近则益觉此二事相须之重要焉。盖明训诂而不通文法，其训诂之学必不精；通文法而不明训诂，则其文法之学亦必不至也。[②]

语法学是理论语言学的一个重要分支。如果不仅运用语法学，而且利用词汇学、语音学以及语言学理论于典籍整理，势必将有重大突破，自不待言。可惜，笔者近年始从事于斯，且甚感落落寡俦。

中国哲学领域异军突起的丁四新教授——十余年前因博士论文《郭店楚墓竹简思想研究》（郭齐勇教授指导）而一时声名鹊起——任教于我国哲学研究的重镇武汉大学哲学学院。近日他以新著《郭店楚竹书〈老子〉

① 王国维：《观堂集林》，河北教育出版社2003年版，第209-224页。

② 杨树达：《高等国文法》，商务印书馆1930年版，第5页。

校注》（下凡引用，仅注页码）相赠[①]。拜读之下，感触良深，郁结块垒于胸中，遂涌波澜于笔底，不得不为文申述之。

如前所述，在上述两个突破点中，丁四新教授无疑属于第一个。但是，在拜读了他的新著之后，我惊喜地发现，他在成功运用二重证据法于简帛文字释读的同时，也运用了语言学的利器。笔者既深感吾道之不孤，敢不为之揄扬，以振斯学哉？

二

依照普通语言学的基本原理，研究古汉语这种历史语言，必须遵循三个原则：语言的社会性原则、语言的历史性原则、语言的系统性原则。

什么是语言的社会性？它有多方面的含义。但对于研究历史语言来说，最重要的是要注意语言表达要遵循或符合此时说这一语言的社群的表达习惯或表达规律。是否符合这一习惯或规律，这在当下是容易判断的——听起来如果不对味，不是那么回事儿，就知道了。而对于古汉语来说，某句话、某个词语的解释是否正确，就需要到这一句子、这一词语出现的时代的典籍中通过大量同类型的例证去抽绎，去归纳，去总结。高邮王氏父子的名篇正是这样做的。王引之在《经义述闻》中，通过对“终温且惠”“终窭且贫”“终和且平”“终善且有”的总结，弄清了“终风且暴”就是“既风且暴”的意思；王念孙则通过对“夫唯……故……”句式的掌握，证明了“夫佳兵者……故有道者不处”应该是“夫唯兵者……故有道者不处”。

语言的社会性原则，是古书疑难词语解读是否成功的第一道检验关口。如果要看某一词语的解释是否正确，就要看看作者在解释时是否也提供了王氏父子那样的证据。我们欣喜地看到，丁四新教授的新著中处处体现了

① 丁四新：《郭店楚竹书〈老子〉校注》，武汉大学出版社 2010 年 3 月平装版，同年 10 月精装版。

这一原则。例如：

郭店楚竹书《老子》甲篇第一章："绝悬(伪)弃虘"，"虘"字或读为"虑"，抑或作"诈"，众说纷纭，莫衷一是。丁教授赞同李零的意见，以上博《三德》篇第2号简"毋为伪虘"与竹书《老子》"绝伪弃虘"之二"虘"字全同为线索，运用语言的社会性原理，指出"伪诈"这一词组在《管子》中出现3次，《吕氏春秋》中出现2次，《韩非子》中出现2次；而"诈伪"，在《荀子》中出现3次，《庄子》杂篇中出现2次，《左传》等书亦多次出现。据此，丁教授指出，释"虘"为"诈"是正确的；而释为"虑"，则于古书无征，（第9–13页）即过不了"语言的社会性"这一关口。

同篇之"民复季子"，王弼本作"民复孝慈"。有人释"季子"训为"稚子"，进而解释为"赤子""婴儿"，丁教授明确指出"先秦故书并无其例"，而同意释"季子"为"孝慈"；因为"孝慈"这一词语为周秦典籍中所常见（第15–16页）。《老子》十八章即为："六亲不和，有孝慈。国家昏乱，有忠臣。"按，杨树达先生《积微居小学金石论丛》首篇即为《释慈》。文中证明"慈"训"爱子"，"慈""子"为同源词，且古书中不乏"子""兹"通假之例。故"孝慈"之"慈"在楚简中写作"子"是完全可能的。

第四章"善者果而已"，王弼本作"善有果而已"。到底孰是孰非？丁教授同意前者。因为"善者"周秦古籍中常见，而"有果"则未之见（第44页）。

王弼本第十三章："何谓宠辱若惊？宠为下，得之若惊，失之若惊，是谓宠辱若惊。"郭店楚竹书《老子》乙篇第四章"何谓宠辱"下无"若惊"二字。"若惊"二字是脱去？抑或未脱而本无？诸家争持不下。丁教授主张脱去。他说："'何谓宠辱'句下当脱'若惊'二字。下'是谓宠辱－惊'句'辱'字下，有一短墨横，当为重文符号。此重文'辱'字，读作'若'。说见下。此节文字，自'人宠辱若惊'开始，至于'是谓宠辱若惊'而终。从答句'是谓宠辱若惊'来看，其问句当为'何谓宠辱若惊'。此其一。其二，本章首先陈述'人宠辱若惊，贵大患若身'两命题，随后的文本则正是针对此二者来做论述的；因此‘何谓宠辱若惊’必须作为一个问题存在于其中。其三，从文本的平行对称结构来看，既然下文提出了‘[何谓贵大患]若身’的问题，则上文相应的提问当是‘何谓宠辱若惊’。据此三条理由，完全可以断定简本‘何谓宠辱’句下当脱‘若惊’二字。”（第289–291页）杨树达先生在《训诂学小史》一文中总结高邮王氏的成功经验有四，其三为“审句例”，谓：“前人于训诂之学有一大病焉，则不审句例是也。大言之，一国之文字，必有一国之句例；小言之，一书之文字，必有一书之句例。然古人于此绝不留意，但随本文加以训诂，其于通例相合与否不之顾也。故往往郢书燕说，违失其真，至可惜也。王氏说经乃始注意及此。故往往据全书通例以说明一句之义，故能泰山不移。”[1]所谓“一国之文字，必有一国之句例”，即是语言社会性的体现；而“一书之文字，必有一书之句例”，则是体现的个人风格或文风。丁教授上述三点论述，是“审句例”的成功运用，其结论当然是有相当说服力的。

三

普通语言学认为，语言是一个系统。语言的系统性原则，比较复杂，这里只谈与古书词句释读密切相关的问题。

第一点，语言中的要素，如词，其意义的引申；如词组和句子，其组合都是有脉络可循的，不是一团乱麻。第二点，语言既然是一个系统，而凡是系统的东西一定有它的内部规律。我们解决某一系统内的疑难问题的时候，一定要从掌握该系统的内部规律入手。第三点，许多词都是多义词，但我们平时说话有歧义的时候并不多，这是因为在一定的上下文中，也就是在一定的组合关系中，一个词只有独一无二的一个意义。一个词的多义呈现于词典中，在上下文中，它只有一个意义。换言之，什么样的组合关

① 杨树达：《训诂学小史》，《积微居小学述林全编》，第618页。

系决定了某个词在词典的诸多意义中呈现出哪一个。因此，要弄清楚该词的诸多意义到底呈现了哪一个意义，就必须对该词所出现的上下文也即组合关系进行考察。

丁四新教授的这部大作，是注重语言的系统性的。如：王弼本第三十七章“侯王若能守之，万物将自化”。此章对应郭店楚竹书《老子》甲编第七章，但下句前多一“而”字，作“而万物将自化”。丁教授说：“陈锡勇读‘而’为‘如’，云‘此而字当有，而犹如也。……本句谓侯王如能守一，如万物之顺自然。万物之顺自然，故天清、地宁、谷盈也。是侯王如能守一，如万物之顺自然，则民自化矣’。陈氏于其大著中三致其意，以为重大发明，并多次呵斥他人意见，故特引述于此。”（第 89 页）可见，丁教授对这种说法，是不赞同的。陈氏所引述者，就是所谓随文释义的训诂。所谓随文释义的训释，它往往可以解释通某一句话，却缺乏普适性；它不符合语言的社会性、历史性、系统性原则。把这种随文释义的训释放在被释词的诸多意义中，难以找寻意义引申的脉络，因为它根本就是凭空产生的。随文释义的训释，即使是清朝一代大师以最博最精著称的王氏父子，也难以完全避免。例如《老子》乙编：“及吾亡身，有何患？”对应王弼本十三章之“及吾无身，吾有何患”。有学者说“‘及’‘若’义同”，就引用了王引之所说为据。按王引之《经传释词》卷五：“家大人曰：‘及，犹若也……《老子》曰：“吾所以有大患者，为吾有身；及吾无身，吾有何患？”言若吾无身也……及与若同义，故及可训为若，若亦可训为及。’”[①] 这当然是绝不可信的。

必须看到，这类错误的训释，并不始自王引之《经传释词》，而且由于王氏父子的博学与精湛，这类错误在他们的著作中得到了相当程度的纠正。（在王氏前后的刘淇《助字辨略》、吴昌莹《经词衍释》中，这类错误表现得非常普遍。）但由于人们对王氏父子的敬畏，使得这类错误长期得不到纠正。到了裴学海《古书虚字集释》，则变本加厉，虚字几乎到无

① 王引之：《经传释词》，岳麓书社 1984 年版，第 107–108 页。

所不通的地步。王叔岷先生《古籍虚字广义》（中华书局 2007 年版）一书，虚字的说解更是漫无纲纪。我们可以大胆负责地说，凡是该书标明“此新义”（即王先生自己的创见）者，几乎无一例外地绝不可靠。类似的例子如郭店楚竹书《老子》乙编第四章：“故贵为身于为天下，若可以托天下矣。爱以身为天下，若可以寄天下矣。”此章所对应王弼本第十三章之文本为：“故贵身于天下，若可托天下；爱以身为天下者，若可寄天下。”《经传释词》云：“‘于’，犹‘为’也。《老子》曰：‘故贵身于天下，若可托天下；爱以身为天下者，若可寄天下。’‘于天下’，即‘为天下’也。……此家大人说。”很明显，这一结论的得出，基于所谓“互文见义”。郭锡良先生说：“训诂学上的‘互文见义’用在词义训释上也有它的局限性，不能任意比附、阐发，用在语法分析上就更危险。因为古文中的对句、排比句并不见得都是语法结构一一相对的。”[①] 另外，说“于”“犹‘为’也”，带有很大的随意性，忽略了语言的系统性。“于”“为”都是介词，而介词是成员较少的封闭的子系统，其系统性较之名词、动词、形容词这类开放的子系统就更强，往往是“一个萝卜一个坑”，不会杂乱无章地功能交叉重叠。

我们注意到，对于《经传释词》的说解，丁四新教授并未眩于王氏父子的“最博最精”而囫囵吞枣地全盘接受。例如对上述“及吾亡身，有何患”中“及”的说解，丁教授即不从王氏所谓“及，犹若也”，而采取《词诠》所说“时间介词，至也，比也”的说解（第 292 页）。对于后一例，丁教授明确指出：“其实，仅据简、帛本，王氏父子之说已被证明是完全错误的。”（第 294 页）我们可以比较下面的例子：杨伯峻先生《孟子译注》中，对王氏的这类训释，也不随便采纳。例如，《孟子·离娄下》的“君之视臣如手足，则臣视君如腹心；君之视臣如犬马，则臣视君如国人；君之视臣如土芥，则臣视君如寇雠”，《经传释词》云：“之，犹‘若’也。”[②] 王引之虽未

① 郭锡良：《汉语史论集》，商务印书馆 2005 年版，第 122 页。

② 王引之：《经传释词》，岳麓书社 1984 年版，第 107-108 页。

引《孟子》此段，但引用了类似的《左传》僖公三十三年：“寡君之以为戮，死且不朽。若从君惠而免之，三年将拜君赐。”杨伯峻先生对此注以“恐非”，而根据先秦语法解释为“表示该句为主从复合句之从句”，也就是今日我们常说的“取消句子的独立性”。我们所用的《经传释词》是岳麓书社的黄季刚、杨遇夫先生批注本。黄注此条：“此‘之’为‘只’之借”，杨注则为“此条未确”。无疑，黄注是不确的。

一个词有若干个义位（词典谓之“义项”），但在上下文也就是语境中它只可能是其中的一个义位。古书中的疑难词应该如何解读？通常的做法是，择取词典中的一个义项，似乎能够解释圆通，所谓“文从义顺”，即为大安。其实这是读古书的大忌。首先，语言具有历史性，每个词的各个义位，都是在历史长河中逐渐引申发展出来的。因此，应该首先排除那些产生时代靠后的义位。其次，语言具有系统性，在词汇这个子系统中，每个词都处于一定的聚合关系和组合关系中，每个义位也处于一定的聚合、组合关系中。考查该词该义位的聚合、组合关系，就可归纳出该词在此句（就是此一组合）中究竟用的哪一义位。高邮王氏父子的若干代表作之所以精湛绝伦，实乃与此原理冥合。例如，在“终风且暴”这一组合中，“终”究为哪一义位？王氏的做法是，通过对“终温且惠”“终窭且贫”“终和且平”“终善且有”等组合中“终”的词义归纳，找出了“终”在这一聚合关系中的义位——类似于“既”的意义，因而令人信服。现在的许多学者却不由此途。他们不只是随便择取词典中的某一义位（词典中的义位是经过词典编纂者的初步抽绎归纳总结的），甚至于择取诸如郑玄注、高诱注中的“某，某也”这种随文释义的训诂以为己用，而对该词语的组合、聚合关系如何则不甚注意。如甲编第十四章：“以正之邦”的“之”，有人释“往也，适也”，有的释“之，犹为也”，有的释“之，用也”，不一而足。我们注意到，对于此类训释，丁教授基本上是不赞同的（第 152 页）。

四

所谓历史性原则，指研究、解读历史语言（包括古汉语）要有发展变化的观点。比如，多义词的义位是在历史长河中逐渐引申发展而来的，某个词现在所有的几个意义，在先秦时期却不一定都有。如果拿后来产生的意义去解读前代的古籍，其对错不言自明。一个典型的例子是，有人解释《庄子·秋水》的“于是焉河伯始旋其面目，望洋向若而叹”的“望洋”是“望着海洋”。可是，“洋”是迟至北宋才有“海洋”意义的，所以，“望着海洋”说当然是不可信的[①]。

丁四新教授是非常注重语言的历史性的。例如，楚竹书《老子》甲编第四章“其事好长”。丁教授即指出：“有学者将竹简‘好长’之‘好’训为‘适宜’‘容易’‘很’等义。其实，此诸义皆晚起，而不足为训。”（第49页）

甲编第六章“为之者败之，执之者失之。是以圣人无为，故无败；无执，故无失。”“是以”，简丙、河上本等无，而帛、弼本等有，严遵本作“故”。于是有人因为“是以”为“关联词”，而此处无须关联，遂认为不当有“是以”二字。我曾经在《〈老子〉群诂献疑》一文中指出：

> 《二十九章》云:“故物或行或随，或歔或吹……”陈鼓应先生曰:“下面的文句并不是承上文的结语，用‘故’字显然不妥。根据景龙本改为‘夫’。”按，以王弼本与景龙本相较，则前者显然为善本。至若“故”，固不必以之承接上文；此等用法经籍中并不鲜见，改“故”为“夫”，似可不必。《庄子·齐物论》：“有成与亏，故昭氏之鼓琴也；无成与亏，故昭氏之不鼓琴也。”《战国策·东周策》：“君必施于今之穷士不必且为大人者，故能得欲矣。”《孙子兵法·虚实》：“故兵无常势，

---

① 孙德宣:《释“望洋”》，载《杨树达诞辰百周年纪念集》，湖南教育出版社1985年版，第58-64页。

水无常形，能因敌变化而取胜者，谓之神。故五行无常胜，四时无常位，日有短长，月有死生。”《新语·修政语上》：“大禹之治天下也，诸侯万人，而禹一皆知其体。故禹岂能一见而知之也？”杨树达先生曰：“按此诸‘故’字皆上无所承，故为提起连词。”①

“是以”这类连词也是这样，由于使用频率较高，其关联性逐渐磨损，有时便用为一并不表因果关系的连词。正因为如此，丁教授认为简本无误。他说：“可以看出，这种文本用语上的高度一致性，在简本中已经成了一个重要的现象。……本章严遵本作‘故’，盖亦有所因承。”（第73页）如同严遵本用“故”作一般的承接一样，简本、王弼本等用“是以”作一般的承接，并不表示因果关系。

甲编十四章“以正治邦，以奇用兵，以无事取天下”。在训释这章的“取”字时，丁教授说：“《老子》之‘取’字，不过‘选取’‘获取’二义而已矣，无作‘夺取’义者。”（第153–154页）

我们在此强调历史语言研究的历史性原则，是因为直至今天，不重视这一原则因而导致种种错误的现象还是相当普遍的。我们希望所有的历史语言的研究者都像丁教授那样充分重视这一原则，如此，历史语言的研究则“思过半矣”。

五

任何系统，其内部各部分之间的联系，较之系统内部与外部（系统论称之为“环境”）之间的联系要紧密得多。因此，解决某一系统内的问题，必须从掌握系统内部规律着手。这不是简单的所谓内证、外证的问题。丁四新教授指出：“某段文本的旨意，与该段文本的字面意思是密切关联在一

---

① 杨逢彬：《沧海一粟——汉语史窥管集》，复旦大学出版社2007年版，第172–177页。所引杨树达文，见《词诠》，中华书局1978年版，第100页。

起的。且其字面意思，与此段文本之字词本身及语法结构又是紧密联系在一起的。”（第 303 页）语言是思想的载体，所以，要弄清楚某一文本的思想，必须要确切弄懂这一段语言的意义，即“字面意思”。而所谓“字面意思”，属于语言的范畴，当然要求通过语言学的方法来求得解决，即“与此段文字之字词本身及语法结构又是紧密联系在一起的”。傅斯年先生说：“要把历史学语言学建设得和生物学地质学等同样，乃是我们的同志！”[①] 如同解决计算问题要用数学方法，分子的化合要用化学方法一样，解决词句释读等语言问题首要的当然要用语言学的方法，即弄懂“字面意思”。只有完成了这一步，才能进一步探求字面之后蕴藏的思想和哲理；而不能相反。王力先生说：“语言是代表思想的。我们读古人的书，必须很好地体会古人的思想。但是，当我们阅读一本古书的时候，是应该先体会古人的思想呢？还是应该先弄懂古人的语言呢？这个先后的分别非常重要，这是有关方法论的问题。古人已经死了，我们只能通过他的书面语言去了解他的思想；我们不能反过来，先主观地认为他必然有这种思想，从而引出结论说，他既然有这种思想，他这一句话也只能作这种解释了。后一种做法有陷于主观臆测的危险。……总之，当我们读古书的时候，所应该注意的不是古人应该说什么，而是古人实际上说了什么。如果先主观地肯定古人应该说什么，就会想尽各种方法把语言理解为表达了那种思想，这有牵强附会的危险；如果先细心地看清了古人实际上说了什么，再来体会他的思想，这个程序就是比较科学的，所得的结论也是比较可靠的。”[②] 我们以为，丁教授解读古文献的实践，正是贯彻了王力先生的以上论述。虽然在程序上有先后、主次的分别，但诚如丁教授所说：“对于一个文本的思想，从义理与从语言学的两种进路加以把握都是必要的，而且在理解的结果上也应当

---

① 傅斯年：《历史语言研究所工作之旨趣》，《傅斯年全集》第三卷，湖南教育出版社 2003 年版，第 12 页。

② 王力：《训诂学上的一些问题》，《王力语言学论文集》，商务印书馆 2000 年版，第 518-519 页。

是大体一致的。”（第 306 页）

在面对出土文献的释读时，丁教授的上述观点已经将语言学与义理的探讨放在同样重要的位置之上，这在进行中国思想史、中国哲学研究的学者中是非常难能可贵的。丁教授富于青春，而已硕果累累；如能在语言学的素养上再上层楼，其成就将不可限量。所以，下面我们将要提出两点与丁教授进行探讨。

甲编第四章：“善者果而已，不以取强。”帛书二本作“毋”，王弼本作“不敢以取强。”传统训诂学和现代词汇学在训释虚词时，训诂学往往是重在趋同，词汇学则往往重在别异。前者如《经传释词》：“不，毋也。”现代词汇学告诉我们，去除方言和时间的因素，同义词中，等义词几乎是不存在的，因为等义词的存在，违反语言的经济原则，增加人们的记忆负担，必然分化（即产生区别）或淘汰。同义词中大量存在的是近义词，现代词汇学的一个重要任务就是辨别近义词的微小差异。具体到“不”和“毋”，虽然偶尔通用，但其区分是明显的：先秦以迄西汉，“不”表一般性的否定；“毋”表禁止性的否定，即“不要”。我们认为，简本作“不以取强”，到王弼时代，“不”“毋”的区别已经模糊，遂加一“敢”字以体现一以贯之的“一般性否定”。帛本作“毋”，则体现了传抄者的意志。我们正可循此以探讨版本源流和思想变迁。

丙编第一章：“信不足安有不信。”王弼本十七章作“信不足焉，有不信焉”。王弼本此句的第一个“焉”，到底属上读，还是下读。出土文献未出之前，这不成问题——属于上读。自从出土文献——竹书丙本、帛书乙本此处作“安”，帛书甲本此处作“案”——问世之后，似乎属下读更为合理。《经传释词》《词诠》《古汉语虚词》都说“焉”有“乃”“于是”的连词用法，而且训“乃”“于是”于此也文从字顺。但考虑到语言的系统性，释为连词却没有什么道理。因为“焉”从代词到兼词到副词再到助词，有着大致清晰的意义引申的脉络。如果释为连词，它究竟从何而来？实为突兀。其组合关系和作代词表疑问的“焉”几乎全同，表达中又如何避免误解？我们注意到,《经传释词》《词诠》《古汉语虚词》中释为“乃”“于是”的“焉”,如果释为句中语气助词,全无问题,而且与“焉”的其他用法是一脉相承的。而“安”古音与“焉”同属影纽元部,我们宁愿相信竹书丙本、帛书乙本、帛书甲本的“安”“案”同“焉”一样,也是句中语气助词。

文献——传世文献和出土文献——疑难词句的释读,说到底是个语言问题。因此,即使从“二重证据法”的进路去加以释读,没有一定的现代语言学根砥,也难以做出无愧于时代的精湛成就。我们在此揄扬丁教授的新成果,无非是希望这一领域的研究者们,提高理论语言学素养,进而大大提升整个简帛文献研究的水平。

(原载丁四新主编:《学鉴》第四辑,武汉大学出版社 2011 年版)

郭店楚竹书《老子》在研究方向上的新突破

——读丁四新《郭店楚竹书〈老子〉校注》

萧汉明

楚竹书《老子》在1993年底出土于湖北荆门郭店一号楚墓，1998年5月由文物出版社出版。由于该墓数次被盗，竹简受损，简本《老子》也可能未能幸免，现仅存约1700字，不足通行本的五分之二的字数。根据幸存竹简之形制、书体与文意，整理者将简本《老子》分为甲、乙、丙三组。郭店竹简的出版引起了学界的高度重视，在十余年的时间之内，以《老子》竹简为校注专书或作为重要校注对象的就有20余部（种），发表的相关论文数百篇，相较其他篇目的出土文献来说，其研究要兴盛得多。究其原因，与20世纪70年代已出土的马王堆帛书《老子》甲、乙本的研究以及国内道家思想研究正处在方兴未艾之时有关。笔者对《老子》也有浓厚兴趣，然因文字学功底不足，一直未敢涉足其间，但对由此而展开的整理与研究的进展状况却一直十分关注。最近有幸读到丁四新的新作《郭店楚竹书〈老子〉校注》（武汉大学出版社2010年版，以下简称丁著），顿时有耳目一新之感，发觉此书在版本变迁特征、文句释读以及研究方法等诸多方面都有重大突破，体现了郭店楚竹书《老子》校注与研究的最新水准。

在近四十年出土的文献中，其中一部分有传世文献可以相证，《老子》即是一例。《老子》不仅有楚简本，还有帛书本等。其间，文本的差异自不待言，即使在汉代以后的各传世本也有不少差异。这在文字对勘上虽为楚竹书《老子》释读提供了一定的便利，但由于文字差异以及在分篇、编连上的不同理解，必然会产生许多歧见。丁著在众多歧见中，一一分辨，臧否得失，申述己见，举证详尽，论述严谨。尤其可贵的是，丁著力求从中找出《老子》文本变迁的特征，从而在出土文献的释读、整理与研究上开创了新的局面。

对于已有传世文献的楚竹书《老子》而言，先秦以降历代都有传注或征引，其中特别是先秦与汉晋。还有简本抄写时代的流行语言，也是影响文本变迁的重要因素。因此要准确地解读楚竹书《老子》的文意，必须充分注重从这些文献以及时代流行语境中取得验证。如甲编第一号简有“㡭（绝）憍（伪）弃虘（诈）”句，在学界曾有不小的争议，通行本作“绝仁弃义”。裘锡圭开始释为“绝伪弃诈”，后又改释为“绝为弃虑”；庞朴、季旭升、陈锡勇俱读作“绝为弃作”；刘信芳读为“绝化弃怚”，“化”训“教化”，“怚”训“骄”。李零认为裘先生原来的读法是正确的，后来的改读反不可取。丁著认同李零与裘锡圭开始的释读，并为之做出了详尽的举证:《庄子·庚桑楚》“性之动谓之为，为之伪谓之失”，明确区分了“为”与“伪”两个概念，又多次将“伪诈”连用，如《庄子·盗跖》“诈巧虚伪事也”，同书《渔父》“称誉诈伪以败恶人”。即使《荀子》曾将“伪”解释为“人为”，但他也将违反自然的行为称之“伪”，如该书《不苟》“诈伪生塞，诚信生神”，又同书《礼论》“不可欺以诈伪”，又《性恶》“今与不善人处，则所闻者欺诬诈伪也”。丁著还征引了《左传·襄公四年》“恃其谗慝诈伪而不德于民”，《礼记·月令》“莫不质良，毋敢诈伪”，同书《乐记》“于是有悖逆诈伪之心”，《吕览·季夏纪》“勿敢伪诈”，同书《知度》“贪得伪诈之曹远矣”，同书《离谓》“故辩而不当理则伪，知而不当理则诈，诈伪之民，先王之所诛也”等。丁著认为特别是《离谓》的文句，“与简本《老子》‘绝智弃辩，绝伪弃诈’的意思相契若符节，则更加可以作为有力的证明”。丁著还说：“有一种意见以为老子所绝弃的东西必定是一种所谓正面或积极

的价值观念，方才符合老子的思维方式或《老子》文的意思，这恐怕是一种自我作茧的成见。”（第12、13页）

丁著对“弃虑”说与“弃作”说也进行了评析。对“弃虑”说，丁著认为“虑”字在通行本《老子》中未曾一见，《庄子》讲“行无虑”，“不思虑”是针对“知道”“体道”而言的，并非绝对否定“思虑”的重要性：“与彭蒙、田骈、慎到‘不师知虑’而‘至于若无知之物’的观点，是根本不同的。慎到等人的这种彻底否定‘思虑’的观点，大概是战国后期流行起来的。因此，将‘弃虑’直接看作老子的观点，笔者则深感未安。”（第10页）至于“弃作”说，丁著认为：“老庄都只是批评‘妄作’，而没有排弃作为人之良能而本具的‘作’。因此老子确实没有所谓‘弃作’的观念。”（第10页）既然老子没有“弃作”的观念，自然不可能主张“绝为”。笔者深以丁著此说为然。老子的“无为”说，不是主张不作为，通行本第八十一章：“天之道，利而不害；圣人之道，为而不争。”此句简本缺，帛书甲、乙本同，惟“不”均作“弗”，又“天”字前多一“故”字。又简本甲编第17号简有“为而弗志（恃）”之说，帛书本与通行本作“为而不恃”。可见老子虽然主张无为，但却并没有“绝为”之说。

将一个文句或命题放到一定历史时期的语境范围内进行探讨，这对准确释读出土文献是十分必要的。字被隶定了，而释读往往会出现众多歧义，甚至文句无法读通，这在文字学界是经常出现的现象，其原因乃由于研读者对出土文献的历史语境不太熟悉。要做到这一点，需要大量征引相关文献作为依据，否则只能流为缺乏证据的猜想或空谈。这样做无疑有相当大的难度，同时需要研究者付出加倍的辛勤劳动，而丁著在这一方面做得很好。丁四新在众多有争议的命题的论证上，都充分征引了大量相关历史时期的文献，除前所举“㡭（绝）㥒（伪）弃虘（诈）”句，甲编第19号简“以逾甘露”、第31号简“灋（法）勿（物）慈（滋）章（彰）”、乙编第11号简“大白女（如）辱（辱）”、乙编第14号简“大成（盛）若詘”、丙编第7号简“（不）旻（得）已而甬（用）之，鏞（恬）纏（淡）为上”

句等，丁著在一般性训诂工作的基础上，广泛征引了相关历史文献，辨证各家解说之得失，并申述己见，由此所得出的文意释读，实堪称不易之论。可见，充分征引相关文献，实在是解读先秦与两汉出土简帛文献所必需而不可或缺的。清代以来的朴学家们亦曾以此辨证汉魏《老子》诸本之得失，但征引范围十分有限，故失误之处亦常可见，丁著也一一为之指误。今天，文字学界在字形的隶定与单字释读的水准方面已远远超出从前，但在历史文献的熟悉程度上却显得严重不足。丁著在此方面的成功，反衬出时下对出土文献单纯做文字学方面的释读是远远不够的。这是一种突破。

丁著的另一突破表现在对《老子》文本演变的研究方法方面。从简书甲编到乙编、丙编，再到马王堆帛书甲本、乙本，最后到通行本，《老子》文本在篇次、章次、文字、文句与思想上都存在着不少差异。学者们大多以逆时性为研究向度，并从静态视角裁定诸本的是非得失，虽在释读方面取得不少成果，但在《老子》文本的演变方面却只能做出静态评断。丁著从历时性的视角出发，将《老子》文本的变迁看作是一个连续性的过程，通过对简本（甲、乙、丙三编）、帛书甲、乙本和王弼本的比较与分析，在这方面作出了卓有成效的贡献。丁著通过文本比较，认为楚竹书《老子》甲编、乙编、丙编，有历时性差异，可从假字异文的不同，把甲、乙、丙区别为三个时期的三种不同抄本，而帛书甲又比帛书乙为早。以王弼本为代表的通行本则是在此基础上形成的较为完善的文本。文本的完善化过程，是在围绕《老子》基本思想的基础上展开的，不仅对于突显文本的基本思想有着重要作用，而且在审美的意义上增强了阅读的美感享受。

丁著认为："汉以后，《老子》文本在演变的过程中具有逐步实现'诗体韵文'的特点，而偶句为文乃其重要特征之一，这在通行本中得到了充分的体现。"（第 115 页）如简本甲编第 17 号简"为而弗志（恃）"句上无"生而不有"句，而王弼本、河上本、傅本有此句。此四字，诚然为衍生之文。通行本第 10 章、第 51 章皆有"生而不有，为而不恃"句，对应于第 10 章，帛书本有"生而弗有"，然无"为而不恃"一句；对应于第 51 章，帛书本二句皆有。由此，可以看出偶句法则在《老子》文本演进中的具体实现过程。据此，丁著批评道：“校者多习于应用‘妄增’‘妄删’之辞以评断之，而惑于《老子》文本变化之道，久矣！”（第115页）高明在校注帛书《老子》时曾注意到这一现象，他说：“骈体偶文，乃六朝盛行文体。验之帛书足以说明，类似这种偶体对文，非《老子》原有，皆六朝人增入。”（《帛书老子校注》第349页）许抗生在《初读郭店竹简〈老子〉》一文中辨析通行本“周行而不殆”句时说：“从‘道’本身来说是不可能作‘周行’的……简本与帛书本皆无‘周行而不殆’句，今本则理解有误，妄加了‘周行而不殆’五字。”（《中国哲学》第20辑，第97页）丁著引《韩非子·解老》“圣人观其玄虚，用其周行，强字之曰道，然而可论”，以证老子之道当有“周行”之义，认为通行本增入的与“独立而不改”句对偶的“周行而不殆”句其实并不伤害《老子》原义。进一步，丁著认为《老子》文本的骈偶性现象在简本中亦非少见，当然，从帛书本至通行本而呈现为一个逐渐增多的过程。虽然六朝盛行骈体文风，但是《老子》此类骈偶文句并非一定要等到六朝的时候才被后人所加入。据此，丁著认为，人们不应当僵化、墨守地看待《老子》文本（第181–182页）。以动态的视阈研究《老子》文本，由此所得出的结论，此与逆向的或静态的“妄增”“妄删”之类的评断相较，区分明显，这是丁著在研究方法上的重要突破。

在文字释读上，丁著也有不少创新之见。如甲编第23号简有“亓（其）猷（犹）囩（橐）籊（管）与”句，“囩籊”，帛书二本与通行本均作“橐籥”。刘信芳《荆门郭店竹简老子解诂》：“籊字从竹，籊省声，籊从吅声。……简文‘籊’应读如‘管’（古文同在文部见纽）。古冶炼鼓风之橐（风箱），以牛皮为之，内置竹管以送风，‘籊’即送风之竹管。其字帛书、王本均作‘籥’……是鼓风之竹管，或称‘籊’，或称‘籥’，所指则一。”将“橐籥”二字解为风箱，最早见于彭耜《道德真经集注》卷二：“杜广成《疏》以‘橐’为皮囊，‘籥’为囊口竹管。”杜广成，前蜀人。后经宋苏子由大力倡扬，遂成流行至今之通说。丁著详尽考察了历代对此辞之训解，认为杜、苏之说未能达诂，不如王弼《注》准确。王《注》：“橐，排橐也；籥，乐籥也。橐籥之中空洞，无情无为，故虚而不得穷屈，动而不可竭尽也。”王《注》训“橐籥”为两种器物，橐为排橐，籥为乐籥。排，后又作韛，作鞴，字虽变革而音义实无分别，此三字单训或与橐字合训，皆指鼓风之器。《墨子·备穴》：“凿亓窦，通亓烟。烟通，疾鼓橐以熏之。”该文又曰：“具鑪橐，橐以牛皮；鑪有两缻，以桥鼓之。”显然，在春秋与战国初期，橐之义为以牛皮制作而成的鼓风之器。《淮南子·齐俗》：“鑪橐埵坊设，非巧冶不能以冶金。”高诱《注》：“鑪、橐、埵，皆冶具；坊，土刑也。”同书《本经》：“鼓橐吹埵，以销铜铁。”高《注》：“鼓，击也；橐，冶鑪排橐也；埵，铜橐口铁筒。埵入火中吹火也，故曰‘吹埵’。”可见，橐与埵是两件冶具，橐为鼓风之器，埵为可用以吹火的铁筒，不是橐中之管，二者可以单独使用。当然二者亦可配合使用，即将埵安置在以铜制成的橐口，然后插入火中用以鼓风吹火。既知埵为铁筒而非籥管，则橐籥不能等同于橐埵。杜、苏将“橐籥”视为一器，或由误读“橐埵”所致。王弼训籥为乐籥，为古管乐器之名，即箫、籁、笛之类。管籥连言，已见于《孟子·梁惠王下》，故简书篧（管）当为管籥类乐器，而非橐中之管。

杜广成既训“籥”为橐中之竹管，就不能不改变“橐”为鼓风之器的本义，而将其释为鼓风器外部之皮囊，“橐”与“籥”分别是鼓风器的不同组成部分，二者合而为一器。而刘信芳之释“橐”为冶炼鼓风器，而“篧（管）”或“籥”是鼓风器中用以鼓风之竹管，那么“囙（橐）篧（管）”或“橐籥”就成了整体与部分的关系。如果词义是以整体限定部分的话，那么橐籥之义当为橐中之籥；如果并列取义的话，既已言橐，何必又申言橐中之管？是有意为蛇足，《老子》其于是乎？由此思之，丁著之辨析实为不易之论，能不信乎！丁著说：“今之竹书《老子》校订凡有说解者，庶几剿袭杜、苏之说而不自觉，盖亦买椟还珠之类欤！”（第 207 页）

因造字对笔者难度太大，故对丁著所涉及的论证往往仅举一例，未免有挂一漏万之嫌。但丁著对笔者实有不小的震撼，如笔者此前未考“橐籥”

二字之字义由来，仅取杜广成之说，行文时常以橐籥为风箱，即视“橐籥”为一种器物之名称。虽未涉足《老子》竹书之校订，实则亦在“剿袭杜、苏之说而不自觉”者之列。作者丁四新出生于20世纪60年代末岁，曾从余攻读硕士学位，十余年匆匆而过，昔日之树苗今已浓荫广被，始信“青胜于蓝”之言不虚，余实为之欣喜不已，感慨不已。夫子有言：“后生可畏，焉知来者之不如今也！”此言足以为倚老卖老者戒。

序《楚竹书与汉帛书〈周易〉校注》

郭齐勇

《周易》号为五经之首。我国已经具有三千年的《周易》经学与文化史。二十余年来，学界的一个重要动向，就是把出土与传世的《周易》文献结合起来研究，而简帛本的整理和注释工作就显得尤为基础、重要。

长沙马王堆汉墓帛书《周易》和阜阳汉简《周易》出土于20世纪70年代，战国楚竹书《周易》1994年初流落于香港古玩市场，后来由上海博物馆收藏。阜阳汉简《周易》出土时受损，保留下来大量残片，亦弥足珍贵。楚竹书《周易》总有58支简，共1806字。帛书《周易》除了有一些残破之处外，基本保存完整。

帛书《周易》的校注、注译，目前已有张政烺《马王堆帛书〈周易〉经传校读》（中华书局2008年）等多种，然几乎未以楚简本、阜阳汉简本等做严格的校勘。对于楚竹书《周易》，学者们的研究主要集中在文字的释读和特殊符号的讨论上，文章众多；而相关校注，学界尚处于初步的工作阶段。丁四新教授倾注心力、精心结撰的本书，在校勘上多有推进。丁著凡校楚竹书《周易》，即用帛本、阜本、汉石经、王弼本、陆德明《释文》《易传》类帛书对勘，辅以《说文》引经、阮元《校勘记》、黄焯《经典释文汇校》、李鼎祚《周易集解》等。校勘帛本《周易》，资料亦复如此，可以类推。

目前，楚简本的文字除了极个别字尚有待进一步的讨论之外，余皆已准确识出，帛本亦复如是。丁著一般直接引述正确的意见，特别是权威专家及首创者的说法。不过，训诂及注释，学者们的见解纷纭，值得讨论的问题甚为夥众。丁著在训诂方面，以汉唐注疏为主导，同时积极吸纳清人的研究成果。清人宋翔凤《考异》、李富孙《异文释》对于汉魏诸儒《周易》用字及训诂之差异，已有很好的疏通和判断，而王念孙父子、段玉裁等学者的训诂及辨义尤为精审。例如，《豫》九四王弼本：“由豫，大有得。勿疑，朋盍簪。”高亨读“盍”为“嗑”，训“多言”，读“簪”为“谮”，训“谗”，又将“勿疑”与“朋盍簪”连读，于是解释道：“勿疑朋嗑谮者，谓勿疑朋友之多言而谮己也。”（《周易古经今注》，中华书局 1984 年，第 209 页）其实，此爻自汉以来学者们句读无别，辞义大体一致，惟末字形构或有别，训解有异。不过，清人已对“簪”字（及异文）着重做了论述，意见趋于一致，可参看《说文》“兂”“疌”“戠”三字段玉裁《注》，王引之《经义述闻》卷一“朋盍簪”条，朱骏声《说文通训定声·临部》、《六十四卦经解》卷三，及宋翔凤《考异》、李富孙《异文释》等。据段、王诸氏说，“簪（兂）”即“撍”或“疌”之假。王弼《注》：“夫不信于物，物亦疑焉。故勿疑，则朋合疾也。盍，合也。簪，疾也。”这个解释是正确的。丁著在观念上即遵从汉魏以来的经注传统，不别出心裁，轻出新意。如此一来，经文“簪”字其实不难训解，清人众多大家的成果也得到了应有的尊重。“簪”字，帛本作“谗”，于是学者或以高读为是。然而，新出楚简本此字又作“[illegible]”，根据古文字专家的研究，其实与“簪”“谗”二字同样属于音近之假字，均当读作“撍”或“疌”。又如，《大壮》六五“丧羊于易”、《旅》上九“丧牛于易”，“易”字，传统注疏说有多种，王弼训“难易”，郑玄训“傚易”，惟陆绩字作“埸”，训“壃埸”。朱子《周易本义》、王念孙《经义述闻》、宋翔凤、李富孙均从陆绩说，特别是王念孙父子的考据、训诂尤为详致，此字的读法可以定案。然而，顾颉刚、李镜池却另标新说，以为此二爻皆说殷先人王亥故事，所谓“易”乃“有易”（顾颉刚：《周易卦爻辞中的故事》，《古史辨》第三册，上海古籍出版社 1982 年影印，第 7–8 页；李镜池：

《周易探源》，中华书局 1978 年，第 35 页）。覆核二氏论证，今天看来，其实断言胜于考据。有鉴于此，丁著解义一般亦不轻从近世流行一时的说法。

丁四新教授在方法上训练有素。在具体的校注中，他不但依据清人的校勘、训诂的方法，同时也积极吸纳现代古文字学及古语言学方法。例如，《乾》卦名，闻一多曾说："乾为乾湿本字，其繁文即漧。卦名之乾，本当为斡（并从倝声）。斡者转之类名，故星中北斗亦可曰斡。……《说文》乾之籀文作乹，从昍，盖与晶同，晶古星字。疑乾即北斗星名之专字。"（闻一多：《周易义证类纂》，《闻一多学术文钞·周易与庄子研究》，巴蜀书社 2003 年，第 48 页）闻氏说"乾"当为"斡"字，其实无据，乃猜测之辞。王国维在《史籀篇疏证》中对"乾"字的形体变化及其字义早已有疏证。丁著即征王说为据。又如，《复》初九"无祇悔"，《集解》作"祗"，《释文》："音支，辞也。马同，音之是反。韩伯祁支反，云：大也。郑云：病也。王肃作禔，时支反。陆云：禔，安也。九家本作敍字，音支。"此字，数号难训。其实，"祇"乃误字，清人已辨明，经文本当作"祗"字。"祗"为支部字，作"祇"，乃后人刻误。今帛本作"提"，阜本作"智（智）"，二字亦为支部，益证今本当作"祗"字。而高亨则读"祇"为"衹"，训"大"（《周易古经今注（重订本）》，第 230 页）。段玉裁在《说文》"祇"字《注》中及王引之在《经义述闻》卷一"无祇悔"条中，都已从音理上说明支、脂二部之字不得轻言相通。此字，帛本、阜本均为支部字，可知高说有误。

丁著亦常引用《周易》经传文本以互证，及引《易传》类帛书来疏通字义和经意。王弼本《大有》六五"厥孚交如，威如，吉"，"交"，帛本同，楚简本作"洨"，帛书《二三子》作"绞"。楚简本整理者根据《二三子》"绞，白也"的训释，认为"交""洨""绞"均当读作"皎"。但是，我们怎么知道此字训"白"不仅是作者自己的读解，而即是经文本来的字意呢？丁著即引《象传》"厥孚交如，信以发志也"，《丰》六二《象传》"有孚发若，信以发志也"为证，从二《象》辞来看，"交"训"发"，"发""白"义近，可知经文此字确实当训"白"。不过，"白"亦非"白色"

之义，而当训为“显白”“显发”。“威”，帛本、帛书《二三子》作“委”，楚简本作“慐”。《二三子》曰“委，老也”，即读“委”为“萎”；然而，传统注疏训“威如”为令人敬畏之貌。二训之间，有较大差别。丁著即征引《家人》上九“有孚威如，终吉”，说明帛本与今本各异训，而帛书《二三子》依字作解，从其训诂方法来看，训为“老”值得怀疑，故丁四新教授认为楚简本“慐”，宜从今本读作“威”。帛本异其读，则未必是也。

此外，本书除了比较广泛地征引了简帛学界的意见之外，还吸取了刘大钧教授等易学界学者的新近意见。书后所附新订《易传》类帛书释文，又特别参考了新近出版的张政烺先生的释文手稿。

本书作者丁四新教授在丰富《周易》与出土文献研究方面无疑作出了自己特别突出的贡献，嘉惠学苑。他是一位勤奋的学者，功底扎实，毕力钻研。他的专长在先秦两汉哲学，尤有功于出土简帛哲学文献之整理与研究，已有《郭店楚墓竹简思想研究》《郭店楚竹书〈老子〉校注》等精专著作问世，还有数十篇精专的论文发表。我们衷心祝贺本书的出版，愿青年才俊丁教授取得更大的学术成就！

是为序。

庚寅年甲申月于武昌珞珈山

（原载丁四新：《楚竹书与汉帛书〈周易〉校注》，上海古籍出版社2011年版）

《楚竹书与汉帛书〈周易〉校注》评介

萧洪恩

“周易”是我儿时生活中耳熟能详、最为神圣的词语之一。20世纪80年代，我在武汉大学攻读研究生，正赶上国内易学界的盛事——东湖会议，自那以后，笔者就立下了研学《周易》的宏愿。20余年来，学《易》虽时有小成，但总感心悸。加上年来身家巨变，心力消磨，更是意志懈怠，无心向学。就在这屯邅知困之时，我读到了丁四新教授的《楚竹书与汉帛书〈周易〉校注》（上海古籍出版社2011年，下简称《校注》）一书，蓦地让我疲顿已久的精神为之一振，向学之志再次充盈全身。通过拜读四新教授的大作，笔者对其学问态度及校注成绩，稍有领会，现略谈一二。

第一，作者立足于经学之本原，具有强烈的文化反思意识，而这种强烈的文化反思意识本身即显示其学《易》、研《易》之宏旨。在该书《后记》中，作者直抒胸臆，认为作为中国传统学术之根本的经学在20世纪受到了极大的伤害，个中原因，既有特定的历史情势，也有学者“滕口而说”的各种奇谈怪论，而《周易》经学在这方面表现得尤为突出。在作者看来，对中国传统文化造成巨大破坏，一方面是因为“西化”之风异常炽烈，人们“蚁慕他山，夸煽新风”，另一方面则是由于片面的“革命”观念，人们谋求通过全面的“革命”来实现中国的现代化（包括文化现代化）。这不但导致了“‘经学’形态之经学崩亡于二十世纪”的噩运，而且就《周易》

来说也导致其学术传绪“几近中绝”的惨状。正是具备此等文化忧患意识，四新教授提出了自己的学《易》、研《易》之主旨——“立足于经学之本原”和“抒我经学之实意及真精神”的观念。而这种信念，正是他研习《周易》、探寻经义和校注文本的动力来源。

第二，在校勘上，作者对出土楚简本和帛书本《周易》做了相对完备的资料搜集和文本鉴别工作。根据作者所述，除了得到研究生的大力协助之外，还借到台湾大学做访问研究的机会搜集资料，并先后得到不少学界友人的帮助，如侯乃峰博士的《〈周易〉文字汇校集释》由作者亲寄，郑玉姗博士的《出土与今本〈周易〉六十四卦经文考释》由乃师赖贵三教授邮赐。总之，《校注》不是平地起高楼，而是立足于勤勉而扎实的资料建设工作之上的。我粗略点数了一下书中注释及书末所附《参考文献》，作者直接征引的文献达到了300多篇种，这其中包括今人刘大钧、李零、何琳仪、季旭升、廖名春先生等的大作。可以说，作者在资料的建设上几乎达到了“会当凌绝顶”的地步。进一步，我认为四新教授的这种坚韧不拔的做学问的干劲，与其研究特质也是密切相关的。毫无疑问，对于资料搜集，他采取了撒大网、搞迂回战和包围战的方式；对于资料选择，则采用拧拳头、打攻坚战和堡垒战的方法，攻其一点，试图突破，最后达到了去枝蔓、显主干、抓关键的目标。

马王堆汉墓帛书《周易》和阜阳汉简《周易》相继出土于20世纪70年代，其中帛本的校注或注译成果很多，例如张政烺、张立文先生等均有大作面世；上海博物馆藏楚竹书《周易》2004年才公开出版，发表的研究成果也较多。不过，此前，学界的相关校勘并不完善。例如，帛书本基本上没有使用楚简本做仔细的校勘，而关于楚简本的研究，学者亦多流于单纯文字方面的检讨。《校注》一书的出版，确实弥补了这些方面的不足。为了校勘楚竹书本，作者即使用了帛本、阜本、汉石经、王弼本、陆德明《释文》、《易传》类帛书、《说文》引经、阮元《校勘记》、黄焯《经典释文汇校》、李鼎祚《周易集解》等，几乎是“竭泽而渔”。就楚竹书本，《校注》以濮茅左释文

（见《上海博物馆藏战国楚竹书（三）》，上海古籍出版社 2003 年）为基础，并参考其他学者的意见，对文字做了较多改变。笔者比较了部分文本，可知改释的文字的确不在少数，我认为这需要相当专业的水准和眼光。从简帛界到易学界，作者往来从容。

第三，在具体的校注实践中，作者贯穿了实事求是的为学方针，对于古注和今人注译都做了一定程度的批评。不过，我们也可以看到，作者似乎比较崇尚故训古义，不轻信今人训解。

简帛本卦名字形，相对于今本而言，差异很大。长期以来，人们对于这种异文现象十分关注，这是值得肯定的。不过，学者或据此异文而故生新解，以期与古训相异；《校注》的作者对此却保持非常审慎的态度，不刻意求新：遇到此种情况，一般均依通假例训读，比较尊重千百年的易学传统和学界共识。例如，《乾》卦名，帛本作“键”，学者或训同“关键”之“键”;《离》卦名，帛本作“罗”，学者或训同“罗网”之“罗”；《巽》卦名，帛本作“筭”，学者或训同“筭具”之“筭”。诸如此类，我查看和比照了一下，丁著都是依通假例为训。

关于辞义，《校注》一书特别重视异文的校勘及疑难词句的辨析。在字形辨认上注重吸纳古文字学家的成果，在辨义上注重吸收《说文》段玉裁《注》、王引之《经义述闻》等的说法。作者广征故书（例如吕祖谦《古易音训》、惠栋《九经古义》《周易述》、宋翔凤《周易考异》、李富孙《易经异文释》、朱骏声《六十四卦经解》、俞樾《群经平议》）及今人的相关著作，汇集《周易》古今异文和经典训解，以疏通经义。比如，楚竹书卦名“孠”，帛本作“襦”，帛书《衷》作“嬬”，今本作“需”。关于此卦名的隶定，濮茅左的原释文有误，丁四新教授从何琳仪、季旭升等教授的释文，隶作“孠”，这是正确的，从而也就避免了在误字的基础上再做错误的说解。又如《比》卦辞“备簭”，帛本、今本作“原筮”。作者首先征引了濮茅左、李零的意见，区别了“邍（备）”“原”二字，随后就“原筮”一辞进一步辨析了虞翻、孔颖达、李鼎祚、俞樾和尚秉和的训解，还原其本义，力求做到准确而不模糊。另外，关于爻义，《校注》的论述有 50 多处，大体涵盖了《周易》一书比较难以解释的部分。

当然，为了节省篇幅，丁著在不少地方直接引述学者们的正确意见，特别是权威专家及首创者的说法，而力求做到不掠人之美，并凸显那些创新真实的成果。我认为，这也是一种“实事求是”精神的体现。

第四，《校注》一书的作者在校勘和训诂两个方面训练良好，经验丰富；同时，作者也积极地运用了一些当今古汉语语言学（包括古文字学）的知识与方法，这尤为难得。这方面的例子，《校注》众多，随处可见。这里，我特别想说的是，作者在受惠于珞珈中国哲学传统的同时也将其深化和具体化了，因为在他看来，语言是通往学术和思想的必由之路。

笔者曾和作者浅谈了一下当前简帛《周易》研究中存在的问题，他认为，按照古人的传统，《周易》的解释应当是在辞、象、占、意四者（王弼以下，大体简化为辞、象、意三者）之间的循环和统一，不过，目前学者的研究基本上还停留在单纯的“辞”或“辞义”的理解上面，这是需要努力加以改进的。笔者认为，《校注》一书也面临同样的问题，作者的校注还主要是在“辞—意”之间做了解释的循环，缺乏“象”的介入。毫无疑问，这样做是将《周易》的解释简单化了。

总之，笔者认为，丁四新教授的《校注》一书资料十分丰富，学术贡献突出，属于上乘之作。我查看了“京东”和“当当”两大图书网上的评论或留言，对于丁著盛赞者众，而砸砖块者几乎没有（2012 年 2 月 5 日之前）。这是一个非常好的“民间”印证。郭齐勇教授在《序》中说，本书作者是一位“功底扎实”的学者，并祝愿他未来“取得更大的学术成就”，这也是笔者的基本判断和期望！

（原载《武汉大学学报（人文科学版）》2012 年第 4 期）

综罗诸家，胆大心细
——丁四新教授《楚竹书与汉帛书〈周易〉校注》读后

陈仁仁

《易经》文字古奥，成书体例独特，自古号称难读。短短五千言，历代为之注疏、说解之作汗牛充栋，众说纷纭。有时《易经》的难读，不是难在它无解，而是难在它能解的可能性太多，甚至多种解说之间相互冲突、矛盾者所在多有。众多解说当中，不可能都对，孰对孰错，何以评判？追根溯源，当然还是要回到对《易经》文本的把握上。

把握《易经》文本的核心内容之一是要把握它的异文，因为许多我们难以评判其对错的对爻辞的多种解释，都是由于没有注意到异文，或者难以分辨异文之间的通借、古今字及其他诸种文字关系而造成的。所以，易文本校勘，对于理解易卦爻辞而言就显得尤为基础和重要。

半个世纪以来，陆续出土了不少简帛易学资料，而以《易经》文本的形式出现的，最重要的有1994年春流入香港古玩市场、后由上海博物馆购藏的战国楚竹书《周易》、1977年7月出土的安徽阜阳双古堆汉简《周易》和1973年12月出土的湖南长沙马王堆汉帛书《周易》三种。其中汉初帛书《周易》最完整，发表最早，学界研究最多；楚竹书《周易》是目前所见最古的易文本，但不完整，其所存文字约占原本的五分之二；阜阳汉简《周易》最为残破，仅存经文1110字，其所获得的研究也最少。所以，对校勘易文本而言，最重要的出土易材料还是战国楚竹书易和汉帛书易两种。系统整理和校注帛书《周易》的著作有几部，但系统地将帛书易与其他出土易做严格校读的不多。当然，此外还有不少论文综合校读了简帛易文本的相关部分。楚竹书《周易》是 2004 年才公布的，一经公布就形成了研究热潮，但学者们的讨论主要集中在文字释读和特殊符号上，对它进行系统而详尽的校注还不多，且一般是简注。

现在丁四新教授以 42 万字篇幅的专著《楚竹书与汉帛书〈周易〉校注》（上海古籍出版社 2011 年 4 月），对目前最重要的两个出土易文本做出了系统而又比较详尽的校注，无疑极大地推动了《易经》文本的整理与研究。

丁四新教授习中国哲学出身，有着良好的哲学训练和很强的理论思辨能力，这一点已经很好地体现在他的博士论文《郭店楚墓竹简思想研究》（东方出版社 2000 年）中。这篇论文获得了全国百篇优秀博士论文奖（全国首篇中国哲学专业百优博士论文），丁四新教授也以此知名于学界。从这篇博士论文，我们也看到了他对中国古典哲学文本的熟悉程度、深刻的把握能力和很强的分析水平。这些构成了他在中国古典哲学方面的深厚学养和扎实的学术基础。

近年来，我们发现丁四新教授在学术上似乎有一点点转向，即从中国古典哲学思想方面的研究转向了文本校勘、文字释读等方面的朴学研究。2010 年，丁教授出版了《郭店楚竹书〈老子〉校注》（武汉大学出版社 2010 年 3 月）一书。该书被列为“十一五”国家重点图书。甫一出版即得到学界的高度重视和好评，被认为是“一个突破性成果”“胜义如云，新见迭出”。刚过一年时间，丁教授又向学界推出了这本厚重扎实的《楚竹书与汉帛书〈周易〉校注》，令士林叹为观止。可以说，这本简帛易《校注》是目前简帛易文本研究成果的最佳集成，它把易文本的研究推向了一个新的高度。

其实，这并不意味着丁教授的学术转向，而是意味着在学术上的进一步深入。这也正是传统学问的方法，即由小学的路子进入。要真正研究中国古典哲学文献，非要有这项训练不可。看得出来，丁教授是借研究出土哲学文献之机，要为自己打下更扎实的研究传统思想文献的学术基础。

从《楚竹书与汉帛书〈周易〉校注》一书，我们可以看到，丁四新教授对文字、声韵、训诂之学，以及古文献学、古汉语语言学的方法有着深入的了解，对朴学考据之法有着娴熟的掌握和运用。而这正是目前中国哲学界尤其是中国古典哲学研究领域，所普遍缺乏的一种必备能力。从丁著，我们还可以看出丁四新教授具备一种“综罗诸家”的学术气魄和“胆大心细”的学术品格。这又主要体现在如下几个方面。

其一，文献搜集务穷其尽，良莠判别由我作主。在校勘版本的选择上，丁教授综罗了历代众多的重要版本。楚竹书《周易》以濮茅左释文为基础，帛书《周易》则以《马王堆帛书〈六十四卦〉释文》（《文物》1984年第3期）为基础，依据彩版照片逐一做了核对。凡校注楚竹书《周易》，即用帛本、阜本、汉石经、今本（清嘉庆二十年《重刊宋本十三经注疏》南昌府学刊本）、陆德明《释文》《易传》类帛书引经对校，辅以《说文》引经及阮元《校勘记》、黄焯《经典释文汇校》等材料。凡校注帛书《周易》，亦复如是。

丁教授在校注竹书《老子》时，曾收集数十吉字节的《老子》注疏及简帛文献，在校注简帛《周易》时，同样是如此。这从书后所附“参考文献”就可看出来。但是，如果因为文献太多而被文献牵着鼻子走，也无疑是一个误区。文献收集后应该有一个通过阅读的良莠鉴别过程，以及根据自己的主题精其选。与竹书《老子》校注一样，在对简帛《周易》的校注中，丁教授一般只引述和评判权威学者及首创者的看法，以及正确的意见，对于人云亦云的看法则不加提及。所以，他的综罗诸家，主要是综罗那些值得综罗的观点，对于一般性的看法则以其学术气魄大胆汰除，以避免芜杂。

其二，不论名望，不论古今，惟学术真理为大。与文献择取一样，丁教授对学术观点的评判也是以“惟其是”的态度对待，敢于挑战学术权威，而不论古今名家，不畏人言。比如，他批评南唐文字训诂学家徐锴及近代著名学者杭辛斋区别“无”“無”，以“无”为虚无，“無”与“有”对之说为“臆说，不可据”（第4页）。他批评《需》九二“需于沙”的“沙”

字郑玄作“沚”乃“沚”字形讹（第 10 页），批评孔颖达训《需》九二象“需于沙，衍在中也”的“衍”字为“宽衍”为非（第 10 页）。《需》九三“致寇至”的“寇”字，郑玄、王肃、虞翻本作“戎”，丁教授据简帛本所作字并参李富孙等说，以之为非（第 11 页）。对于《讼》卦辞“窒惕”一语，郑玄据马本作“咥”解为“觉悔貌”，近人李镜池以“窒”借为“恎”，训惧。丁教授古批郑、今批李，称“郑玄实据毛《传》以训本经，而私为新说也”，李镜池说乃“蔑削经义，殆不可从”（第 14 页）。这样的批评在丁著中俯拾即是。尽管丁教授的批评未必都正确，但其中所体现的学术气魄和批判的态度却是值得敬佩和肯定的。

当然，丁著并非只有批判，对于证据充分的正确的看法有大量的引证。在文字辨形上，吸收了当代古文字学家如廖名春、李零、何琳仪、濮茅左等的不少成果，并相互参证辨析，然后给出自己的选择和判断。从中可以看出丁教授用心之细致，评析之果断。丁教授对楚竹书原文的释读提出了许多自己的看法，对原释有不少改释。《需》卦卦名“需”字，释读很多，丁著从何琳仪、季旭昇释，并为之疏通。又如，《需》卦辞“利涉大川”的“涉”字，丁教授根据图版隶作步字中间从水之字。据《集韵·叶韵》和《正字通·止部》，这个字是涉的古字，同涉。这是一般人没有注意到的。《蒙》六三“勿用取女”的“取”字，《周易集解》作“娶”，丁著引王筠《说文句读》说，精确指出“娶”为“取”的分别字，而不是泛泛地指出两字相通（第 3 页，第 404 页）。《比》九五“显比”的“显”字，今本、帛本、帛书《缪和》等均作“顯”，阜阳本作“㬎”，丁著据《说文》段注，指出“㬎”为本字，“顯”为借字（第 32 页）。这些虽然于字义训诂意义不大，但对古字形的发展研究是有意义的。在训诂释义上丁著采用清人的看法比较多。比如，丁著引王引之《经义述闻》等说指出《师》六五“田有禽”的“禽”字不当读为“擒”（第 24 页），《师》初六“师出以律”的“律”字不当训为“六律”而应该训为“律令”（第 21 页），《蛊》卦名之字不当训“惑”而当训“故”“事”。又《大有》六五“厥孚交如”的“交”字，濮茅左、廖名春等均已正确地读作“皎”，丁著进一步据俞樾《群经平议》说加以疏解，并指出俞樾于此字之训已先得之。

其三，有几分证据说几分话，不足以判断则诸说并存或不做判断。丁著中有大量的学术批评，也有大量的学术引证，但丁著并非为批判而批判，为引证而引证，一切都以问题和材料本身为准，当批判则批判，当引证则引证，而当证据不足以支持某种独一性的判断时，他就往往不做判断或诸说并存而无抑扬于其间，不强作解人，这正表明了丁教授为学具有一种客观严谨的态度。比如，对《比》九五“三驱”一语，历来有许多解读，丁教授主要介绍了传统的王弼、孔颖达之说和清人李道平说，同时还指出有其他多种说法可参。

从总体上来说，丁著主要建立在异文校勘及疑难词句辨义的基础上。在文字辨形上，注意吸纳当今古文字学家的成果，训诂、释义则采用清人以上意见较多，例如《说文》段玉裁《注》、王引之《经义述闻》等。对于《周易》异文的汇集、疏通和辨析，丁著多加利用的有吕祖谦《古易音训》、惠栋《九经古义》、宋翔凤《周易考异》、李富孙《易经异文释》、马宗霍《说文解字引经考》等著作。同样以清人意见居多，对今人著作则引用不多。这是因为清代朴学发达，清人在这方面无疑是做得最好的，值得我们认真汲取。当代学人研易已有不少开始注重清人的研究成果，这是一个可喜的现象。

当然，丁著也还存在可以进一步完善的地方，比如，尽管作者尽力避免了在校注楚竹书易和帛书易相同文字部分时重复出注，但是如果能将简帛易合并（目前是作两大部分内容分开做校注），则无疑更便于读者的阅读和研究。此外，对爻义的疏通还可以做得更多些。

最后，值得一提的是，丁著收有一个附录《马王堆汉墓帛书〈易传〉释文》。本释文初刊于《儒藏》精华编二八一册（北京大学出版社 2007 年），系以帛书彩色照片为依据，参考已经面世的诸种释文，综合校订而成。收入本书，又依据张政烺《马王堆帛书〈周易〉经传校读》（中华书局 2008 年）、廖名春《帛书〈周易〉论集》（上海古籍出版社 2008 年）、濮茅左《楚竹书〈周易〉

研究——兼述先秦两汉出土与传世易学文献资料》（上海古籍出版社 2006 年）三书所载释文，重新做了校订，从而为学界提供了一个最新校订的帛书《易传》文本，必定有益于学界对帛书《易传》做进一步深入的研究。

（原载《湖南大学学报（社会科学版）》2013 年第 1 期）

帛书《易传》的哲学新知

——读丁四新新著《周易溯源与早期易学考论》

冯 立

《周易》作为“五经”之首，长期以来被认为是中华文化传世经典的思想之源。20世纪以来，随着出土文献的大量涌现，关于经典文献的识读有了重大突破，亦如郭店楚简、上博楚简、阜阳双古堆汉简等均出现《周易》传本，对于《周易》经文部分的释读都具有重要参考价值，尤以1973年出土于湖南长沙的马王堆帛书《周易》，具有《周易》的经传两部分，对《周易》自上古秦汉以来的版本流变，产生了深远影响。

台湾周易研究学者赖贵三教授曾指出，海内外的周易研究大致分为三个方向，其一是从历史文献学入手，研究《周易》文本经典化过程之流变。其二是从中国哲学入手，研究《周易》经文以及各种传文的思想内涵。其三是从文字训诂等传统小学入手，研究《周易》经传中的字词深义[①]。丁四新教授曾撰写《郭店楚简思想研究》（东方出版社2000年版）以及《楚竹书与汉帛书〈周易〉校注》（上海古籍出版社2011年版）等《周易》相关出土文献专著，为国内研究《周易》出土文献的权威学者之一。其新著《周易溯源与早期易学考论》于2017年2月已由中国人民大学出版社出版发行。

---

① 赖贵三:《台湾易学史》，里仁书局2005年版，第35页。

该书分为三编九个章节，三编正是从以上三个方向全面解析马王堆帛书《易传》与早期易学的紧密联系。

本书的第一编共分为两个章节，从历史文献学的角度概述出土文献与周易溯源之间的理论关系。《周易》与《连山》《归藏》在上古时期并称为"三易"，均是上古时期的占筮之书。现今出土的商周时期甲骨文大多是卜筮之辞。张政烺先生在1978年率先提出"数字卦"概念，指出在周原甲骨中所见数字多为一、五、六、七、八的筮数，具有早期《周易》阴阳爻画的雏形，为早期《周易》卦爻画之来源[①]。2013年公布的清华大学藏战国楚简《筮法》篇的发现[②]，进一步佐证了张先生的观点。不过丁四新认为张政烺的结论过于经验化，他指出《周易》卦爻画为周易爻辞常见之一、六之数，缺乏《周易》筮法理论的有力支持（第4页）。他利用清华简《筮法》与陕西西仁村出土的陶拍易卦为基础，指明"一"在卦爻画中应是数字"七"的省形，根据大衍筮法产生的四象数可知，数字卦中的卦爻画应为七、八两数构成，而六、九两数在外被安排为爻题（第37页）。总之，夏商周三代的易卦多分为本卦和用卦两部分，本卦以经爻表现爻画的一般形式——卦画。用卦以揲蓍法在具体占卜中展示演算卦画，形成了"数字卦"的概念。先秦时期的揲蓍法，又分为天地之数揲蓍法与大衍之数揲蓍法两种，前者为五十五数，后者为五十数，故而卦爻画的构成与来源不同，则揲蓍方法不同，由此造成了张政烺等学者的误解。丁四新以此论证，足以窥视周易溯源之门径（第37–39页）。

除却《周易》的经文部分，有关先秦时期《周易》的解释部分向来被称为《十翼》，其中《说卦》《序卦》与《杂卦》三篇丁四新在充分研究出土文献材料之后，认为此三篇并不是王充《论衡》中所谓的"得逸《易》一篇，一分为三"的后得之书。结合出现在西晋时期的传世出土文献——汲

---

① 张政烺：《张政烺文集·论易从稿》，中华书局2012年版，第40–41页。

② 李学勤主编：《清华大学藏战国竹简（肆）》，中西书局2013年版，第75–122页。

冢竹书中的《周易》可知，在春秋时期，《周易》虽未占据易筮的主导地位，但《周易》作为卜筮之学由来已久，并非由秦汉后学撰写其经传之主体部分。

马王堆帛书的六篇《易传》——《二三子》《系辞》《衷》《要》《缪和》《昭力》中的言论，在丁四新看来均是出自孔子之手。帛书《易传》的哲学思想主要分为——解《易》原则、阴阳哲学和乾坤说三个方面。其中，解《易》原则主要体现在《要》篇之中。孔子提出了拟德而占、以德解占、以德知《易》和“求其德义”的一系列原则，这种对《周易》占筮内容在思想上的总结和提高，十分鲜明地突出了占蓍者和解占者的主体性与断占、解占之间的密切关系。这一主体性原则对于易学发展至关重要，使得解《易》的“十翼”及其他易学解释学说不断涌现。

继而作者从核心概念出发，探讨《要》篇的“观其德义”的易学内涵。帛书《要》篇的公布，再次证明了孔子“晚而喜《易》”的传统说法。孔子的君子易学思想区别于史巫之筮的关键，在于将阴阳观念引入《周易》之中，使得《周易》固有的卦爻象占被注入了新的内涵。以“阴阳”观念分析《周易》卦爻辞，使得乾坤两卦地位凸显。以乾坤二卦象天地，意味着《周易》的卦爻体系可以与阴阳气化的宇宙体系相结合。天地之间万物生灭，均可被包括在《周易》之中（第111页）。一切事物只有在“类”的约束下，才可以称之为“象”。在易象的世界中，最大的象是天与地，君子观察天地之象，进而推及人伦之则，此乃三才之道。

全书最为旗帜鲜明的观点来源于第五、六两章有关帛书《缪和》《昭力》篇的成书过程与文本性质的讨论。作者认为《缪和》和《昭力》中的“子曰”，并非欧阳修解释、廖名春所证明的“讲师之言”[①]，应就是孔子本人之言行。因为《缪和》中一问一答具有极强的针对性与连续性的特征，继而一问多答，最后无问无答的“子曰”辑录形式也符合《论语》以来的孔子论学的固定

① 廖名春:《帛书〈缪和〉、〈昭力〉简说》，载陈鼓应主编:《道家文化研究》第三辑，上海古籍出版社 1993 年版，第 211 页。

问答语境，符合孔门思想对言语之道的重视。虽然《昭力》一篇与其他五篇《易传》相比，没有分篇的墨迹符号，但是究其文本性质应是独立成篇，其文本内容与《缪和》的结构类似，具有浓厚的黄老思想色彩。作者认为，孔子叙述、解释与讲授《周易》经文的教学活动的言论结集，构成了《周易》经、传相结合的文本模式，从而在学术上揭示了孔子与《周易》的密切关系及重要学术价值所在。之后作者专辟一章探讨了一些出土文献中的文字问题。虽然丁四新教授并不是文字学家，但是其耐心对比字形字义，其中辨析之处可在易传研究中备为参考。

全书下编中，作者结合出土早期易学材料与同时代其他出土文献材料的文本性质的流变，反思了现代学术观念下有关出土文献研究的一些问题。他指出“经史子集”的分类观念自乾嘉之学以来影响颇深，《论语》《周易》与《老子》均是先秦思想的经典著作，但是以目前之学术观念认为《论语》与《周易》是经学著作，而《老子》是子学著作，尤其像是《老子》与《周易》在战国、西汉均有简本出现，甚至同在湖北荆门郭店楚简中既有《老子》的两种简本，也有《太一生水》这样与《周易》有着紧密联系的出土文献。由此可知《老子》与《周易》等出土文献在战国秦汉时期的文本流传过程中应是同时发展的，我们不应该把它们割裂开区分对待，这样才能更好把握经典文本的传承规律。

最后，全书从解释系统、文本材料与训诂文字的角度总结了《周易》经学的哲学解释的现状与未来可发展的空间。作者慨叹《周易》研究乃“训故(旨趣)举大谊(义)”之事，难度之高，需要旷世英才才得以解决，此即是在昭告后学，勤能补拙，《周易》之学大有可为。

（原载《社会科学动态》2017年第10期）

当代哲学视域下的易学创见

——《周易溯源与早期易学考论》述评

郑朝晖

经学曾是中国传统思想的主要载体，然自清末以来，经学在中国思想发展中的动力作用逐渐为哲学所代替。并且，即便是历史上存在的经学传统，也被视作是一种有实质意义的哲学形态，而逐渐被哲学化。自20世纪末以来，随着对哲学的深入理解，以及大量简帛文献的不断出土，学界开始不断检视经学的积极意义，开始出现了将现代中国哲学研究与传统经学研究相结合的研究趋势。

清华大学哲学系丁四新教授的著作《周易溯源与早期易学考论》（以下简称“新著”），就是在现代哲学视域下依据新出土的简帛易学材料探索传统易学问题的深入尝试，丁四新认为学界对于这些出土的早期易学材料的研究，“目前还是在文字的释读和文本的校注方面”[①]，而新著的研究则将关注点集中在这些材料的思想研究之上。该书分为三篇九章，第一编共两章，分别为“从出土材料论《周易》卦爻画的性质和来源”“《说卦》三篇后得问题与汲冢竹书《易》述论”；第二编共五章，分别为“马王堆帛书《易传》的哲学思想”“论马王堆帛书《要》篇‘观其德义’的易学内涵”“帛书《缪和》

① 丁四新：《周易溯源与早期易学考论》，中国人民大学出版社2017年版，第231页。

《昭力》‘子曰’辨”“论帛书《缪和》《昭力》的内在分别及其成书过程”“马王堆帛书《二三子》疑难字句释读”；第三编亦两章，分别为“早期《老子》《周易》‘文本’的演变及其与‘思想’之相互作用”“出土早期易学材料与《周易》经学的哲学解释”。这些篇章虽为作者不同时期所写论文之汇集，但因其主题集中，问题意识一致，因而形成了事实上的整体论述。

此外，丁四新具有“新易学”的经学与哲学相互融合的视野，因而新见迭出，加以新著论证精致，结论可信，其述其论可成一家之言，拓展了学界对出土易思想研究的深度。总体上而言，新著的学术贡献主要体现在以下几个方面：一是结合现代哲学分析方法发展了传统的理校方法；二是运用新出简帛材料并结合传统筮法得出了阴阳爻画源于“七”“八”两数的新创见；三是从思想发展史角度对帛书《易传》阴阳观念的层累性进行了细致解析；四是指出了《周易》思想的历史进展动力实源于其内在的解释本性。

一、结合现代哲学分析的理校法

新著具有十分强烈的问题意识，重视厘清问题，从而能够做到有针对性地解决问题，如作者说：“在讨论相关问题之前，先就《周易》（包括《归藏》）卦爻画的‘构成’‘性质’‘来源’三个概念稍做辨析。‘构成’，乃就组成卦爻画的形状而言，不过它常常兼摄‘性质’和‘来源’两个概念。而‘性质’和‘来源’，则皆以‘构成’概念为前提，前一概念是就卦爻画的构成特征及其思想、价值倾向而言的，而后一概念是就卦爻画的先后生成关系而言的，且往往与历史的因素相关。如说《周易》的阴爻画是由‘--’构成的，其中“--”表示爻画，其性质为阴为柔，现在又知道它来源于筮数‘八’，或者说它是由数字‘八’变化而来的，这样我们就将这三个概念区别开来了。”[①] 将卦爻画的阴阳属性问题与符号来源问题区分清楚，就

① 丁四新：《周易溯源与早期易学考论》，中国人民大学出版社 2017 年版，第 12 页。

能更加精致地论证相关问题，避免将两者混为一谈，防止因语言不清晰而产生论证失焦的问题。新著问题意识的另一个方面体现在对研究现状的充分把握上，当今学界在学术研究中自说自话的现象十分严重，观点往往缺少足够的讨论，而新著提出问题往往建立在对学界先进的相关研究充分掌握的基础之上，如丁四新说："张政烺先生提出了数字卦的概念，思考了《周易》阴阳爻画的来源问题，虽然他的研究极富启示意义，但是由于资料的不足和误用……数字卦问题疑窦丛生及楚简《筮法》等提供的新材料，早期卦爻画的性质及其来源问题，仍是今天需要着力加以追问的探讨的。"①这种基于对话讨论的问题提出方式，显然更能提出具有学术史含义的问题，形成推动学术进步的合力。

新著在对帛书文本进行文本分析与文字考证时，一方面重视传统的文献考证、字义训诂以及地下材料与文献材料相互印证等方法的运用，"从出土材料和传世文献相结合的角度来看，'《说卦》三篇后得'说是不正确的。"②"'猒（厌）'可读为'恹'，或'燕（宴）'，均可训为'安'。不过'恹'字偏于心理及举止活动上的安详貌，而'燕（宴）'为安闲、安息、安乐义。权衡二训，笔者认为'猒'读作'燕（宴）'，似乎更符合帛书本义。"③显然，作者更加注重对文本的思想考察，所有的研究方法都从属于思想阐发这个终极目的，因此新著广泛运用了语式分析与思想背景考察的方法。"从第一部分的第一层到第二层，再到第二部分的叙述方式——先是一问一答，继之以一问多答，接之以无问无答的多个'子曰'的自语自释，再接上关系更为疏远的第三部分文字，其文章安排，何其有序也哉！足证《缪和》帛书文本是经过作者或编者精心安排和编纂的结果。"④"2001年9月，笔者终于明白前一个'子曰'是所谓述经的内容，它着重反映和强调了孔子

① 丁四新：《周易溯源与早期易学考论》，中国人民大学出版社2017年版，第11—12页。
② 丁四新：《周易溯源与早期易学考论》，中国人民大学出版社2017年版，第55页。
③ 丁四新：《周易溯源与早期易学考论》，中国人民大学出版社2017年版，第188页。
④ 丁四新：《周易溯源与早期易学考论》，中国人民大学出版社2017年版，第152—153页。

曾经传经这一事实本身，而孔子弟子所习得的《经》文也正是由其师所授的，《易经》也才能够称得上所谓的儒家经典；后一个‘子曰’是所谓‘解经’的内容，它着重反映了孔子不但述经，而且针对经文做了细致的解释，从其体例看，正是所谓‘传’的方式和内容。”[①] 无疑，这些推论都是建立在出土文献提供的新材料之上的，但要想利用这些材料进行有说服力的论证，则还是需要通过细致的语式分析与背景检验才能够令人信服。正是通过引入这些现代哲学分析方法，作者才得出《缪和》《昭力》两者编在一起是因为出于拼合成文的编撰目的，而“引经的‘子曰’”模式与孔子传经的历史背景相关，这两个令人耳目一新的观点。

二、阴阳符号源于“七”“八”两数的新创见

民国以降，传统经学问题散入中国哲学史、文献学或者思想史问题之中，因为学科遮蔽的原因，造成一些经学问题被简单化处理，而忽视了经学问题的处理，在经学传统中采用的是多学科合一的综合方式。新著在处理传统易学中卦爻画的来源问题时，意识到了张政烺先生在讨论数字卦问题时视角单一的缺陷，他说：“张先生曾认为《周易》阴阳爻画来源于筮数‘一’‘六’，现在看来这一具体结论是不正确的；而且，他的论证比较经验化，缺乏《周易》筮法理论的有力支持。”[②] 张先生的数字卦理论，是当代易学的一个重要考古发现，是张政琅先生归纳甲金简材料上的三位和六位竖排数字组，通过奇偶数对应阴阳爻的转换，而将之判定为数字组成的卦象，并认为在历史发展中，奇数（一、五、七、九）集中为一，偶数（八、六）集中为六，同时一、六逐步转化为阴阳符号“—”‘--’，而阴阳爻的读音则为九、六。新著认为张先生的论证是一种经验性的推想，虽然结合了

① 丁四新：《周易溯源与早期易学考论》，中国人民大学出版社 2017 年版，第 170 页。
② 丁四新：《周易溯源与早期易学考论》，中国人民大学出版社 2017 年版，第 4 页。

一些易学常识，但认识并不深入，也存在一些误解，没有采用综合考察的方法。[①]

新著之所以能提出卦爻画来源于数字“七”“八”的新创见，首先是因为清华简《筮法》的出土提供了新发现的契机，“清华简《筮法》的发现，为我们探讨爻画与筮数的关系提供了难得的契机，这就是爻画‘一’在《筮法》卦例中竟然表示数字‘七’！”[②]其次则是筮法理论的引入，新著发现，出土简帛材料的阴阳爻画存在两种数字构成，“楚简《别卦》、秦简《归藏》的阴阳爻画是由‘一’‘六’两数，而出土《周易》则是由‘一’‘八’两数构成的。”[③]这样，就存在“七”“六”与“七”“八”两种数字构成的阴阳爻画。对于这种状况的出现，新著认为这是由于筮法的不同造成的。易学史上至少存在两种筮法，一种是基于天地之数的筮法，即以五十五数为基数衍易，最后会得出四、五、六、七、八、九六个数字；一种是基于大衍之数的筮法，即以五十数为基数衍易，最后会得出六、七、八、九四个数字。同时，作者引入孔颖达经爻与用爻的易学观念，认为天地筮法经爻为“七”“六”，大衍筮法经爻为“七”“八”，因此就出现了两种不同的阴阳爻画构成。同理，卦的一般形式即所谓本卦只用经爻记数，而卦的运用则依筮法所衍之实际出现的数来记卦，因此“七”“六”或“七”“八”就逐渐演变成了阴阳爻组卦的连断形状，用卦中出现的多种数值主要是由不同的筮法造成的，“七”“六”或“七”“八”也就并非经验集中的结果。

丁四新根据西仁村陶拍易卦的材料推断，天地筮法与大衍筮法之间是一种前后衍化的关系，“单就《周易》来说，大衍筮法是对于天地筮法的简化，

① 关于“数字卦”能否成为一个专门的易学术语，丁四新认为，虽然在特定的历史条件下，“数字卦”问题的提出具有一定的学术史意义，但在易学的整体结构中，“数字卦”概念不具有合法性，应当终结。参见丁四新:《数字卦研究的阶段、贡献及其终结》，《周易研究》2018 年第 5 期，第 43-51 页;《数字卦及相关概念辨析》，《中国哲学史》2019 年第 3 期，第 30-36 页。

② 丁四新:《周易溯源与早期易学考论》，中国人民大学出版社 2017 年版，第 18 页。

③ 丁四新:《周易溯源与早期易学考论》，中国人民大学出版社 2017 年版，第 18 页。

而由于揲蓍法的变革（简化），遂导致其卦爻画的构成及其来源相应地发生了改变：在西周至春秋时期，以六、一（七）为爻体；在战国时期则以一（七）、八为爻体，出土诸本及今本阴阳爻画即由其抽象化和观念化而来"[①]。新著认为，前期之所以将"七"误认为"一"，一则是因为筮卦书写的特殊性造成，因为七的竖笔容易挤占上下空间，遂逐渐"约定数字'七'省书作'一'字形"[②]；二则是因为无论是天地筮法还是大衍筮法，都不可能产生出数字"一"，"在《筮法》卦例中根本不存在数字'一'的可能性"[③]。当然，新著既认定今本周易的阴阳爻画由一（七）、八形式化而来，也就不会赞成九、六是阴阳爻的读音，"九、六两数为用爻或占爻，被安排在爻题中，用以指示在卦画中居位之爻体的阴阳或刚柔性质"[④]。新著将新出土简帛材料与筮法理论相结合，得出"七""八"两数是今本阴阳爻画的直接来源，其推论过程十分精妙，环环相扣，其结论因之具有很强的可信度，是近年来少有的重要易学创见。

三、阴阳观念"层累性"的细致梳理

"古史是层累地造成的"，本是顾颉刚先生批判中国伪史的方法，但结合中国思想的形成传统，尤其是经典书籍的形成过程，"层累性"这个概念是可以用来正面描述一些传统观念的特性的。对于易学思想的层累性，古人实际有所自觉，如《汉书·艺文志》中所说的"人更三世，世历三古"的说法，到朱熹提出"《易》本卜筮之书"的观点并发挥为所谓"四易"的说法，"朱子沿着此一路线，反复阐明'伏羲自是伏羲之《易》，文王自是文王之《易》，孔子自是孔子之《易》'"，而'画前易'则是空阔

① 丁四新：《周易溯源与早期易学考论》，中国人民大学出版社2017年版，第38页。
② 丁四新：《周易溯源与早期易学考论》，中国人民大学出版社2017年版，第23页。
③ 丁四新：《周易溯源与早期易学考论》，中国人民大学出版社2017年版，第23页。
④ 丁四新：《周易溯源与早期易学考论》，中国人民大学出版社2017年版，第33页。

明静之‘理’，不挂搭在具体的画、文上面”[①]。朱子的说法其实从反面说明了思想的层累性是正当的。新著可以说在实质意义上意识到了阴阳观念的层累性，但主要是从思想的历史发展角度来看待复杂的阴阳观念的层累性的。

孔子对于《周易》阴阳思想的系统化与丰富化有很大贡献，帛书《易传》在这一点上比今本《易传》保有更多的相关材料。新著首先论证了帛书《易传》与孔子的紧密关联。丁四新认为帛书《易传》中的大量“子曰”引文，证明了孔子与《易传》的密切关系，一些学者将《缪和》《昭力》篇中的“子曰”释读为“讲师之言”，是不对的。此论证从问答方式入手，仔细分析了帛书中“李羊问先生曰……子曰……孔子曰……”的偶然句式，指出“子曰”引文与“孔子曰”引文是并列作答的句式，从而证明“子曰”即是“孔子曰”，并通过帛书《易传》与传世文献、孔子思想的相似性进一步印证了帛书《易传》思想与传世孔子思想的一致性，从而推定孔子与《易传》的直接关联，“笔者认为帛书答李羊问中的‘孔子曰’之‘孔’字虽系误笔，但这个误笔不是否定性的，而是具有积极的参考价值，从功能与地位来看，具有证明‘子曰’即是‘孔子曰’的效力。联系其他众多的坚实基础，我们可以断定，《缪和》《昭力》的‘子曰’当即是‘孔子曰’，‘子’指”‘孔子’，与其他四篇帛书《易传》的‘子曰’‘孔子曰’‘夫子曰’相同，而非欧阳修所谓‘讲师之言’”[②]。

其次，新著在肯定了孔子与《周易》具有紧密关联的基础上，认为帛书《易传》是对今本《易传》的继承，除了在文本上抄录今本《系辞》《说卦》的文字外，在思想上更进一步细化、丰富了阴阳观念的内涵，“首先，帛书《易传》除抄录了今本《系辞》‘一阴一阳之谓道’等重要命题外，《衷》篇又提出了‘《易》之义萃阴与阳’的命题。……前一命题强调阴阳对待之义，而后一命题则从宇宙论的层面将《易》义概括为阴阳对立的双方，其间存

① 丁四新：《周易溯源与早期易学考论》，中国人民大学出版社2017年版，第240页。
② 丁四新：《周易溯源与早期易学考论》，中国人民大学出版社2017年版，第142–143页。

在一定的差别。现在看来，后一命题更加符合战国末至汉初人们对于《易》义的概括……此外，《说卦》曰：‘立天之道曰阴与阳，立地之道曰柔与刚，立人之道曰仁与义。’这三句话亦见于帛书《衷》篇，不过《要》篇对它们有非常具体的解释……可见相对于今本，帛书《易传》在思想上确有更进一步的推展。更为重要的是，帛书《二三子》《衷》《要》三篇又都提出了‘五行’的概念，正式将水、火、金、土、木五者纳入了‘天道’的内涵之中，从而深化了阴阳观念，而今本《易传》则根本上不存在此一概念……不仅如此，帛书《易传》又以刚柔、文武深化了当时的阴阳观念，进一步强化了天地、阴阳、刚柔、文武的相匹和相救之义……此外，帛书不但暗含了八卦的卦气说，而且在《要》篇中还有《损》《益》二卦的卦气说。……最后，在阴阳宇宙论的哲学背景下，相对而言，帛书《易传》更为注重政治思想的阐发，这体现在《二三子》《缪和》《昭力》三篇中；而今本《易传》则更为关注道德性思想的阐发，这体现在《象传》和《文言传》中。”[①]显然，在作者看来，阴阳观念的内涵是不断发展的，需要做出细致的分析与梳理，将其变化细节解释清楚，而不能将一个历时性的阴阳概念的丰富内涵看作同时性的混沌一体。事实上，也只有对阴阳思想的层累性有更清晰、更细致的认知，才能更好地发展阴阳思想的现代意义。因此，可以说，新著的研究在一定的程度上为阴阳观念的现代发展铺下了一块坚实的地砖。

四、《周易》经典“解释本性”的深入开掘

清末以来，受西方中国观之影响，学界多认为中国传统思想没有多少本质性的变化，亘古如一，似乎是停滞的思想国度。此说近来颇为学界所质疑，近年来丰富的出土简帛资料证明了早期文本随着思想变化的状况，其原因或在中国早期经典往往是集体性著作，历经多人之手而成，随着编

① 丁四新:《周易溯源与早期易学考论》，中国人民大学出版社2017年版，第102-104页。

者的不同而必然带来文本的变化。如《道德经》的出土早期文本，因多在其成为经典之前，可以看到其文本随着编者思想主题的变化而有明显变化，思想主题的不同聚焦与章节的聚合变化具有显著一致性，“《老子》为子书系统的代表，其文本的生成和演变呈现出历时性的特性，‘文本’与‘思想’之间的相互作用和关联是非常直接的：文本的实质性变化（包括文本构成及其含义）即展现在其思想的改变上，而思想的改变即呈现在文本的实质变化上”[①]。新著认为，《道德经》文本表现出的“文本”与“思想”变化的同步性，并不是仅出于编者的主观裁断，“不是由传抄者个人随意处置的结果，而是由‘思想单元’（具有确定思想内涵的文本单元）这一因素来奠定其迁移、变化的基础的”[②]。

在新著看来，即便是看似稳定的《周易》经学传统，也充满了不断的思想变革，“单纯从文字来看，《周易》经文的实质性变化古今很小，这充分体现了‘经’之为‘经’的特性，文本具有高度的同一性和权威性，不是可以随意更改的。由此，人们似乎得出‘文本’与‘经义（思想）’之间几乎表现为静止不动的关系，然而在几千年的发展史中，这两者之间实际上充满了张力，《周易》经学的解释历程十分悠久曲折，变化多端而极富活力”[③]。虽然《周易》的经文因成经时间较早而变化不多，“《周易》文字虽然从楚简到今本产生了很大的变异，然而其中可判断为真正引起卦爻辞含义变化的，其实不多”[④]。但也可推想，在《周易》的前经典时期，其文本变化也可能与思想主题的变迁相一致，即便在《周易》经典化后，对《易》书性质或者阴阳规律认识的变化，也会引致文本编辑思想——卦序——的变化或者阴阳观念的变化，“卦爻符号从数字到刚柔或阴阳的观念化，以及帛书六十四卦序的巨大变动，皆是解释观念（‘思想’）影响文本根

① 丁四新：《周易溯源与早期易学考论》，中国人民大学出版社 2017 年版，第 222 页。
② 丁四新：《周易溯源与早期易学考论》，中国人民大学出版社 2017 年版，第 213 页。
③ 丁四新：《周易溯源与早期易学考论》，中国人民大学出版社 2017 年版，第 223 页。
④ 丁四新：《周易溯源与早期易学考论》，中国人民大学出版社 2017 年版，第 217 页。

本含义及引发其变动的结果”[①]。只不过新著认为，《周易》思想的变动形式更多地表现在对《周易》经文进行诠释的“传”学传统中，这种不断地对经文进行诠释的历史过程中展现的巨大的诠释张力，并非出于后儒标新立异的冲动，而是源于《周易》内在的解释本性，“《易经》本身即是一个多元、开放的文本，而不只是由单纯的文字（卦名及卦爻辞）所构成的。这个文本是由意、象、卦、辞、占五者组成的，它们之间的关系非常复杂：‘占筮’既是‘卦画’形成的实践性来源，同时也是其得以应用的主要途径；‘卦画’进一步展现为‘象’，而‘象’与‘辞’的蕴义均不可拘执以解。《周易》文本的这种组织特点和表达形式，决定了‘解释’是其内在本性，甚至可以说它先于‘文本’而存在”[②]。

新著认为，要想释放《周易》解释的内在本性，应在两方面发力。一方面，《周易》文本异体字虽无思想变化的意义，但为校正历史上的误释提供了机会，“出土简帛诸本为我们改变观念，重返雅正的经解传统提供了十分有利的条件，同时也为将来《周易》经学之哲学解释提供了坚实的文本基础”[③]。另一方面，即《周易》思想的哲学解释，作者主张不要将“《周易》当作子书、史书文本等来读”[④]，而应当重视传统中形成的经书界限，要注意到“《周易》文本结构的复杂性在很大程度上即已预先决定了解释的复杂性和歧义性，以及经义新阐的正当性和可能性。……文本的同一性在朝向经义的歧异性中做出无穷多的延展”[⑤]。这种释放《周易》解释张力的文本活动，在今天当然是朝向哲学的，“如果从思想研究来看，如何把对《易经》这本书的解释转变为哲学性的，这是我们需要解决的问题”[⑥]。不过，

① 丁四新：《周易溯源与早期易学考论》，中国人民大学出版社2017年版，第223页。
② 丁四新：《周易溯源与早期易学考论》，中国人民大学出版社2017年版，第223页。
③ 丁四新：《周易溯源与早期易学考论》，中国人民大学出版社2017年版，第227页。
④ 丁四新：《周易溯源与早期易学考论》，中国人民大学出版社2017年版，第224页。
⑤ 丁四新：《周易溯源与早期易学考论》，中国人民大学出版社2017年版，第227页。
⑥ 丁四新：《周易溯源与早期易学考论》，中国人民大学出版社2017年版，第235页。

新著也认为，这种思想层面的训经活动，“几百年来，在《周易》经学方面，从哲学、思想的角度对《周易》做注释，应当说，还没有什么突出的贡献”[①]。作者特别指出其困难之处在于，传统经学是依于注疏体存在的，“‘注疏’既是经义得以延展和新生的基本方式，也是‘经学’本身得以存在的基本方式”[②]。而我们现在要“将《周易》解释从一种对象化的、分解性的研究方式转变成为一种有机综合的经学训解方式，并接上古人的注疏传统”[③]。这实在是一个巨大的挑战，面临非同一般的困难，“《周易》解释要重新实现经学化，并将义理性（乃至哲学性）的阐释有机地植入其中，这里面确实存在很大困难”[④]。可以看到，新著既指出了《周易》思想能够在现代得以重新开显的内在本性所在，也看到了经学断裂造成的艰难的思想困境，从而使我们能够在坚定信心的同时做到克服困难的长期准备。

自明末以来，中国学术开始转向对语言世界的探索，延至民国而期望用新的理论形态即“中国哲学”代替经学的历史作用，一些学者也意识到了“中国哲学”不应是西方哲学在中国，而是中国思想传统中隐藏的实质性哲学体系，因而主张接着这个实质的传统来续讲新的“中国哲学”，我们知道这个主张是冯友兰明确提出来的。20 世纪八九十年代以来，国内中国哲学界受到西方解释学的影响，如汤一介等人主张复兴中国自身的解释传统，饶宗颐等人主张复兴中国固有的训诂传统，成中英、余敦康等人则主张建立结合中国经学传统与现代哲学思维的新易学。依笔者考之中国思想史之事实，每一种经典诠《易》文本的出现，都是在两种异质文化冲突融合的过程中出现的，如与孔子相关的《易传》是商周文化碰撞融合的结果，王弼、孔颖达的《周易注疏》是南北（周楚）儒道文化融汇的结果，程颐、朱熹的《程氏易传》《周易本义》则是东西（中印）文化融合的结果。显然，

---

① 丁四新：《周易溯源与早期易学考论》，中国人民大学出版社 2017 年版，第 241 页。
② 丁四新：《周易溯源与早期易学考论》，中国人民大学出版社 2017 年版，第 243 页。
③ 丁四新：《周易溯源与早期易学考论》，中国人民大学出版社 2017 年版，第 243 页。
④ 丁四新：《周易溯源与早期易学考论》，中国人民大学出版社 2017 年版，第 245 页。

西方文化至今天已经开始内化为中国人的思维模式了，新的经典诠释文本也应当或者说在不远的未来就要出现了。新著自觉顺应这种历史的呼唤，意识到了构建体现新易学思想的注疏文本的必然性，而从细微处努力，运用现代哲学思维，接续传统易学的问题意识，获得了一些突破性的易学创见，取得了优秀的释经成果。这些成果打开了新的问题域，也相应启动了一些沉睡的易学问题，如新著在谈到“子曰”引经时触及今文经学的口传问题，在讨论阴阳爻画源于“七”“八”两数时亦间接引发了，何以奇偶的数值二分要转向形象化的爻画二分并由之引发以后千年之久的象数学与图书学阐释传统的问题，同时，这个问题是否与更加悠久的龟卜传统有关，这些引发的新问题都是值得进一步追问的易学问题。当然，更为重要的是，如丁四新之言，新的具有经典性意义的易学注疏还未出现，我们除了寄希望于作者在以后的研究中有更优秀的思想性研究与注疏性易学著作出现以外，也同作者一样寄希望于“旷世大儒的出现”！

（原载《哲学门》总第四十一辑，北京大学出版社 2021 年版）

感受中国哲学的“世界性”
——丁四新等著《英语世界的早期中国哲学研究》述评

叶树勋

尽管中国哲学的合法性问题一度让人们纠结，但作为人类思想之重要部分的中国古典思想早已走出国门，成为东西各国学者重视和研究的对象。在各处学者的共同努力下，有关中国哲学思想的研究已成为一门国际性的学问。东方的日本、西方的法国，一度是海外汉学的重镇；随着20世纪以来汉学的发展，以美国为代表的英语世界已逐渐成为海外汉学的中心，无论是研究内容，还是方法、视角，都引领着这一领域的潮流。

对于国内研究者而言，这些“域外之花”已是我们绕不开的风景，尤其是代表着当前海外汉学之主流的英语世界。但由于语言上的限制，以及了解途径的相对不便利等因素，国内学者对海外相关研究的认知整体上来说还是比较欠缺的。为此，近年国内学界陆续出现了一些评介英语汉学的论著，为我们了解其情况提供了便利。但这些论著多是围绕某位古代思想家或某部典籍展开，倘要综合了解海外研究之态势，已有的这些评介则未免显得支离不全。我们一直期待着一部综合性的书籍，可以对英语学界的相关研究有一大局上的把握。

丁四新教授等人所著的《英语世界的早期中国哲学研究》，正是这样的一部综合性著作。此书以英语学界对先秦秦汉哲学之研究为主，兼涉对秦汉以后哲学思想的研究，是目前所见对英语世界中哲研究最为系统的评介。作者集中关注近二十年的新成果，追踪其间的前沿问题及研究走向，让我们及时了解到英语学界相关研究的新趋势。在考察过程中作者还特别注重提炼其间新颖的理论视域和研究方法，努力为国内研究者提供有借鉴意义的研究新路径，这一关切体现在书中的各个部分，可说是通贯全书的一根线索。在学术全球化的大潮流中，中国哲学的“世界性”也在日益加强。阅读此书正是一个走出去的过程，让我们从国内走向海外，在广阔的学术视野中逐渐感受中国哲学的“世界性”。

一、展现新景象

作为一部评介英语学界中哲研究的专著，此书首要的特点和贡献就在于它的综合性和前沿性。此书由六章内容和一个附录组成，前四章评介儒、道、墨、名诸家的研究状况，第五章综述秦汉哲学之研究，第六章专门介绍易学研究，附录则收入方克涛先生所撰的一篇专论。基于这一格局，作者集中关注英语学界近二十年的研究新动向，从不同方面展现了中国哲学在英语世界的新景象。

儒家方面，书中考察了近年来英语学界的研究态势并对其利弊做出评析。基于作者的考察可知，孔、孟、荀等人的思想依然是英语学界关注的重点，学者们从现代的哲学观念出发，对先秦儒学展开了多维度的探讨。英语学界的儒学研究在问题意识上更为多元，视角和方法新颖多样，相关的思考和诠释也比较深入，但也如同作者在书中所指出的，其间也存在一些不足，比如对《论语》文本之真实性的过度怀疑，对新出简帛中儒学文献的缺乏关注等。

英语学界在道家方面的研究主要围绕老子、庄子思想展开，除了一般的文本分析和问题研讨，学者们还以比较哲学的方法展开探讨。类似于儒家，研究者也从现代的哲学观念去探讨道家思想，对此书中有比较详细的介绍。作者强调，注重比较研究、强调现代哲学的视域是英语汉学界道家研究的两个特点，但这些研究过于依赖某种视角，对道家文本的解读未尽准确，并且对出土文献的关注也不充分，这是其研究比较欠缺的地方。

墨家也是英语学界的关注点，书中对该领域的研究有比较深入的评述。英语学界有关墨学的研究主要围绕《十论》《墨辩》《墨语》等方面展开。针对《十论》，道德哲学是英语学界研究的重要路径；对于《墨辩》，学者们则主要从语言哲学、逻辑学角度展开；《墨语》是以往墨学研究中受关注较少的部分，但近年来学者们开始给予较多的重视。并且，新近的又一趋势是，针对海外墨学研究之代表的葛瑞汉（A. C. Graham）的相关成果，学者们开始从不同角度展开反思和批评。此外，作者还特别介绍了英语学界对秦汉墨学的研究。目前国内对秦汉墨学还重视不够，国外学者在这方面的研究有较大的借鉴意义。

英语学界对名家也有较丰富的研究，书中对此做出了详细考察。作者将研究历程分为三个阶段：一是以佛尔克（Alfred Forke）、梅贻宝（Yi-Pao Mei）为代表的早期阶段，主要致力于《公孙龙子》等文本的译介；二是以葛瑞汉为代表的中期阶段，其研究特色是注重文本分析、关注逻辑学相关问题；三是以陈汉生（Chad Hansen）、所罗门（Bernard S. Solomon）为代表的新近研究，注重从语言角度切入哲学问题。书中还特别论析了新近态势，指出以语言哲学的进路研究名家思想，显示出汉学家所拥有的语言分析的优势，但这种研究在多大程度上符合中国固有的思想，是一个值得深思的问题。

除了先秦子学，此书还考察了秦汉哲学的新近研究。其评述没有先秦部分那么详细，但对重点问题也有集中反映。从中可以了解到，目前英语学界比较关注秦汉的“学派”观念、司马迁的史学思想、黄老道家的宇宙论与政治思想，以及以董仲舒为中心的儒家思想。此外，书中还专门介绍了近年来英语学界对阴阳理论与性别观念的研究。综合来看，如同作者在书中所总结的，英语学界对秦汉哲学的研究虽然显示出比较新颖的视角和理论资源，但其研究集中在某些典籍或大思想家上，对秦汉哲学整体上的丰富性和复杂性还关注不够。

易学一直是英语学界关注的重点，在此书中做出了更为综合的考察，包括《周易》的译介、《周易》经传研究、易学史研究、出土易学研究以及比较视野下的易学研究，几乎囊括了易学研究的各个主要方面。书中特别介绍了英语学界对《周易》与西方思想之关系的讨论，如《周易》与莱布尼茨二进制、荣格心理学、康德哲学、怀特海哲学的关系。作者最后强调，在英语学界易学研究的范围不断扩大，问题意识越发多元，视角和方法多种多样，但其间也存在一些不足，如过于倚重某种学科视角、对中国古代文献的掌握不够娴熟等。

此书在最后以附录形式收入了方克涛先生所撰的一篇综述性文章。此文题为“英美学界对于中国经典诠释传统之研究：回顾与展望”，这不是仅限于儒家的经典诠释传统，而是在宽泛意义上考察英语学界对中国思想史、中国经典诠释传统的研究。其考察虽不像前面那么详细，但在内容上构成了重要补充。作者先评论近年英美学界的研究趋势，强调其所关注的问题及其研究特色；接下来则按时代（从先秦到现代）简要介绍该处学者的相关成果，梳理出一个大致的谱系。由此也知作者编排的用意所在。作为书之主体的六章集中评介英语学界对先秦秦汉哲学的研究，而对于秦汉以后的情况，则可通过这一附录了解其脉络。

此书源于武汉大学的一个项目（“海外人文社会科学研究动态追踪计划”），旨在追踪近年海外中哲研究的态势。由于研究范围很广，成果众多，非一书可以容纳，所以作者将范围加以限定，一是集中到作为当前海外研究之主流的英语世界，二是将所要考察的范围集中在先秦秦汉方面。即便如此，英语学界的中哲研究还是很难一次性展现。就先秦思想来说，该处对诸子以前的思想、对儒道墨名以外的诸子学说，也有不少探讨和研究，这些情况在书中都还没有得到反映。要对海外中哲研究做一个全景式的展现，还需要更多的投入，不是一部书籍可以做到。就此书现有的内容来看，在评介论析海外相关研究上已作出了重大贡献。作者付出了长期而巨大的努力，才有可能呈现出这一幅广阔的图景。

二、聚焦新方法

作为一部综合评介的著作，在系统考察的基础上如何提炼具有借鉴意义的研究方法，是一项相当重要的工作。在这一方面，作者也做出了很大努力。书中可看到，作者并不是简单地梳理或平铺直叙，也不是在已有的综述基础上进行归拢，而是出于一种基本的关切，对相关领域的成果做出深入考察和评析。作者特别关注海外研究者独特的理论视域，以及各种新颖的问题意识、研究路径，希望为国内研究者提供可能的借鉴和参考。这一关切体现在书中的各个章节，是通贯全书的一根重要线索。

在对各个领域进行评析时，作者都很注重提炼海外研究的理论和方法。例如，在第一章评介儒学研究时作者特别关注道德哲学的研究视域。自葛瑞汉、倪德卫（David S. Nivison）以来，从道德哲学角度研究儒家思想是海外的流行做法。书中不仅展示了此种研究之传统，还着重分析了新近研究的特点，尤其是德性伦理、环境伦理等一些新的视角。当然，在儒学方面这不是唯一的研究路径，书中还考察了学者们如何从现代哲学观念出发，对儒学展开反思性的探讨，比如自由主义、全球化问题等。

关于道家研究，作者着重突显比较哲学的视野。从更大范围来看，道家思想在被海外学者进行研究的同时还扮演着另一种角色，亦即，它已经被整合到西方哲学当中，成为后者一个思想资源，比如海德格尔哲学便是一个典型。海德格尔和老庄思想的关系，是目前英语学界很关注的一个问题。围绕于此的比较研究并不是纯粹的平行比较，而是着重探讨老庄对海氏学说的影响。这一点就好比易学和莱布尼茨、荣格等人的关系，后者同样是海外研究者所关心的问题。

在易学一章中，英语学界针对上述问题的研究是此书所评析的重点内容。当然，如前所述，此章对易学研究的考察是比较全面的，并没有限于某个方面或某个时代。通过书中的考察，我们可看到诸如哲学、逻辑学、数学、物理学、心理学、人类学、宗教学、政治学、管理学、美学等丰富多彩的研究路径。在最后的总结中作者强调，伴随路径多样化，大家关心的话题更为多元，视角也更加丰富，但同时又表现出“内在化”的趋向，即强调通过《周易》文本的内部证据或紧扣易学史的内在脉络展开研究。

总之，在展现宏观图景的基础上，聚焦海外研究者独到的视域和方法，是此书的又一个特点和贡献。新的视域往往会催生新的问题，而问题的处理又依赖于新的路径。问题意识和研究方法（此所谓方法是广义的，包括视域和路径）之间是双向互动的，很难截然分先后。国外学者研究中国哲学时每每涌现一些我们所不曾关注的问题，或是以新的视角对已有问题展开研究，这在很大程度上源于他们在方法创新上具有更强的主动性。对于国内研究者而言，我们不仅要关注海外学者“研究了什么”，还要关注他们“怎么研究”，某种意义上后者比前者更为重要。不管是汉语学界，还是英语学界，抑或日韩、欧陆等地区，当我们要开展中国哲学史研究时，大家面对的文本和材料是一样的，那么关键就在于如何呈现意义，如此一来研究的视域和路径就显得殊为紧要了。

当然，海外学者的研究方法也有不尽妥贴的时候，正如作者所分析的，某些做法可能有削足适履之嫌，未必符合中国古典思想的真实意义。无可否认的是，域外研究往往能带来很多启发，我们未必全按其方法去做，但它所促发的视野的拓展、思维的摩荡，却可以提供丰富的助力。就当前的中国哲学研究而言，一个重要的工作便是让古典思想在新的时空下绽放新的生命力，这离不开方法的更新。通过新的视域和路径，很可能是呈现那些曾被遮蔽的意义，而不是只会遮蔽其意义。这也正是诠释学所强调的，转换视域往往能让那些曾被遮蔽的意义得到呈现，如果我们承认视域融合这一前提的话。

三、倡导互动与融通

不论是从作者展现的图景来看，还是从其关切的焦点来看，此书都是重要的指引，带领我们走进中哲研究的英语世界。其景象是如此丰富多彩，如果沉浸于自家圈子，确乎无法想象域外之盛景。事实上，伴随近代以来“中学西渐”的潮流，中国文化早已走出国门，它不仅成为各国研究的对象，并且也作为有机成分融入域外文化之中。具体到作为一个专门领域的中国哲学研究，其在海外的起源至迟也可以追溯到19世纪的日本汉学。自20世纪以来，随着西方学者的大规模加入，海外的中国哲学研究已蔚为壮观。无论是数量上还是质量上，都在提醒我们，中国哲学早已不是一门只在中国被研究的学问，而是一门在东西方各国普遍受关注的国际性学问。

然而，不无遗憾的是，东西各地的学者虽然围绕同一对象展开研究，但不同语言世界的研究者难免会局限于各自的圈子，对圈子以外的研究仍是深入不够。如同作者在书中屡屡强调的那样，海外研究的一个明显不足是不怎么关注中国学界的相关成果，而中国学界正好类似，我们对海外研究同样关注不够。可以看到，西方汉学家的论著多是参引西方的汉学作品，只涉及很少的汉语成果。反观国内学界，何尝不是如此？虽然近年来随着国际交流的加强，情况有了很大改善，但整体上来看，更深入的互动还需要进一步努力。

由此来看，此书不仅给我们带来一幅域外图景，在其深层之处还包含着一种理念、一种期待。不同的语言世界之所以沟通不足，固然有语言各异、传播途径不便利的原因，但可能更根本的因素乃在于我们的态度。就国内学者对国外研究的态度来说，我们便存在两种选择。如果是基于“中国中心主义”的立场，认为自家屋里的东西，海外学者怎么可能比本土学者更理解，那么自然就会把域外之见拒之门外。但是，如果我们突破这种立场，代之以开放的态度，可能会惊讶地发现，在有些地方确实海外学者比本土学者看得更清楚。本土学者的视域难免会固化，那些被遮蔽的地方依然被遮蔽，那些模糊的地方依然模糊；而海外学者的视域可能更多元，能看到本土学者所看不到的地方，或是将那些模糊的地方看得更清楚（当然，这不是说海外学者总会看得更清楚）。

由此而言，海内外的视界是可以且需要相互补充的。如此书所考察的先秦哲学研究，便是很好的说明。在目前国内的中哲研究里，先秦哲学是较受关注的领域，之所以如此，一方面是因为先秦思想是中国哲学的发源，另一方面则源于出土简帛提供了丰富的新材料。关于后者即出土简帛方面，西方研究整体上显得比较薄弱。虽然已不乏学者参与其中，但总的来看，出土简帛文献并没有被充分纳入研究视野（关于这点，此书在其所评述的多个领域中都有指出）。那么，大局上来比较，可以说海外学者更注重方法拓展，对新材料则较少关注；国内学界很注重新材料，在方法创新上则显得主动性较小。如此情形下，两处的学者正该彼此借鉴，互补长短。方法创新在某种意义上比材料更新更重要。材料更新往往是“被动”的，有其偶然性，若一味依赖新材料，那么当材料不再更新之时，我们的研究也将随之止步；而方法创新则不然，我们可主动努力，这里有无限空间，只要我们的思考不止步。就中国哲学的发展来看，魏晋出现新道家、宋明产生新儒家，其材料几无新增，然其思想却有殊大之进展，其动力源于何处？在此意义上，对海外研究的借鉴就显得更紧要了，这不是说我们要照搬海外做法，至少，我们要借鉴海外研究以加强方法创新的努力。

在学术全球化的今天，中国哲学的“世界性”日益加强。此书带给我们的不仅是一幅汉学图景，同时也是一种提醒、一种敦促，让我们从国内走向海外，在广阔的学术视野中感受中国哲学的“世界性”。中国哲学虽名为“中国”哲学，但它不是只在中国被研究，作为人类思想的重要部分，它早已走出了国门。目前不同地域的研究者仍难免限于各自的圈子，要让中国哲学成为一门内外无间的全球性学问，还需要大家不断突破。在此意义上来说，中国哲学的“世界性”还在形成过程中，如何达到无界无碍之境，仍有待进一步努力。

（原载《哲学门》总第三十九辑，北京大学出版社 2020 年版，收入本书时作者做了修改）

秦汉哲学史的新书写
——简评《中国哲学通史·秦汉卷》

冯　鹏

《中国哲学通史·秦汉卷》（江苏人民出版社 2021 年版）由丁四新、龚建平教授主撰。除《导言》外，此卷共分十六章，它们依次是：第一章《从秦国到秦朝：以法家为主导的政治哲学》，第二章《杂糅与会通：〈吕氏春秋〉的哲学思想》，第三章《汉初的思想斗争与黄老思潮》，第四章《董仲舒的天人感应哲学》，第五章《〈淮南子〉的哲学思想》，第六章《诸子分派观念的演进与司马迁的哲学思想》，第七章《西汉周易哲学与谶纬思潮》，第八章《刘向、刘歆的哲学思想》，第九章《严遵与扬雄的哲学思想》，第十章《桓谭与张衡的哲学思想》，第十一章《〈白虎通德论〉的儒学理论系统与思想贡献》，第十二章《王充的自然哲学》，第十三章《王符、崔寔、仲长统、徐干哲学思想合论》，第十四章《荀悦的哲学思想》，第十五章《汉末易学与易学在汉魏之际的转变》，第十六章《道教的形成与〈太平经〉〈老子想尔注〉的哲学思想》。此卷的新书写主要体现在如下五个方面：

其一，以正向的积极的文化价值观念和心态来看待、发掘和梳理秦汉哲学思想，彻底抛弃了曾经长期笼罩在秦汉思想论述上的启蒙心态和买办心态。清末民初以来，启蒙思潮和文化上的买办心态泛滥。反映在传统文化的研究上，秦汉思想，特别是汉代经学和儒学遂成为替罪羔羊，受到启蒙思想家及受启蒙思想影响的学者的大肆诋毁、攻击、踩踏和近乎谩骂式的大批判，致使秦汉哲学沦为近百年来中国哲学史叙述中最薄弱和最负面的环节。《中国哲学通史·秦汉卷》的书写一扫“救亡图存”的时代意识给人留下的心灵阴影，摆脱了中国人给自己布下的迷魂阵，而直面秦汉哲学的思想和精神本身，并予以梳理、发掘、阐扬和总结。此种观念即决定了该卷在性质上迥异于过往的同类著作，而超越于它们之上。

其二，彻底摆脱了旧的研究范式及其话语体系的限制，对秦汉时期的哲学观念、命题、思潮、人物、著作等问题进行直截了当的梳理、归纳、诠释和省思。回顾过往的秦汉哲学史研究，由于受到各阶段时代风潮和政治风向的严重影响，研究者常常将其浓重的主观意见和刻意的批判意识作为立论前提，于是秦汉哲学或思想一方面遭到严重掩盖和扭曲，成为任人打扮的小姑娘，另一方面又成为一面破鼓，而任人捶之。反观此卷的写作，已完全跳出了上述“陈规陋习”。从此卷的《导言》来看，我们可以清晰地感受到，作者完全是站在新的哲学及哲学史观念的立场上来开展其研究工作的。而秦汉哲学的主体性，近百年来首次得以在《中国哲学通史·秦汉卷》中出场，并彰显其正面的思想内涵和精神价值。

其三，将秦汉哲学的主题定位为“政治哲学”，认为“政治哲学是秦汉哲学的重头戏”①。此一判定不仅为读者正确认识秦汉哲学指明了方向，而且避免了由于问题错位而造成的对秦汉哲学的误读，以及因此而导致的有失公允的负面评判。这些情况在过往的中国哲学史叙述中十分常见，例如，20世纪70年代，牟宗三认为“两汉经学之中较少哲学问题，因此我们略过不提”②；劳思光则认为汉代儒学背离了原始儒家的宗旨，致使孔孟心性之精义不传，其“思想混杂之结果，使中国哲学思想退入‘宇宙论中心之哲学’之幼稚阶段”③。这些先生根据他们所持有的哲学定义，而径直宣称秦汉时

① 丁四新、龚建平:《中国哲学通史·秦汉卷》，江苏人民出版社2021年版，第719页。
② 牟宗三:《中国哲学十九讲》，上海古籍出版社1997年版，第213页。
③ 劳思光:《新编中国哲学史》第一卷，广西师范大学出版社2005年版，第15页。

期是中国哲学发展的泥潭和低谷。该卷以“政治哲学”为本期哲学的核心议题，在笔者看来，是符合实际的。本卷对于秦汉思想的相关梳理和描述呈现出一幅恢宏画卷，猛然提高了笔者对于此期哲学思想的认知境界和研究兴趣。

其四，重视对于汉代经学哲学的梳理和研究，特别是易学哲学的梳理和研究。《中国哲学通史・秦汉卷》指出盖天说和浑天说为汉代经学的宇宙论背景，又指出律历之学是汉儒天道观的重要组成部分。关于盖天说和浑天说，以往的哲学史著作也有论及，但一般只停留在比较其真理性的层面。《中国哲学通史・秦汉卷》所做的推进主要在于，进一步探讨了这两种宇宙论学说对古人哲学思考的影响。作者指出，“浑天说最为直接和最为重要的影响表现在历法上”，并且在汉代宇宙论的发展上起到了重要的作用；而盖天说则扮演了价值观念建构之基础的角色。具体而言，“由盖天说所导致的天上地下、天阳地阴和天尊地卑等观念”，被理解为“天道”的基本内涵，而“人道世界的价值基础”和“人伦世界的基本秩序”，就是在这种天道观的基础之上建立起来的。[①] 作者的这些说法，是以往同类著作几乎未曾言及的。关于汉代经学哲学的具体内容，本卷高度重视对汉代易学哲学的叙述和研究，这是本书的又一大特色。此卷第七、第十五两章即分别阐述了西汉和东汉的易学哲学，特别在后一章，作者关注的重心不再是一般意义上的所谓易例（象数解易方法），而是汉代象数易学建构的符号逻辑及其背后所隐藏的思想主旨；同时，作者高度关注汉末象数易学与王弼易学的批判性关系。作者指出：“汉末易学在着重建构一个宇宙图景的同时，力图建构一个人文化的世界。”[②] 笔者以为，作者的此一论断揭示了汉末象数易学的深层内蕴，对于整个象数易学史的研究也具有启示意义。

其五，重视“天道观”的概念，笔者似乎感到，该卷暗中以“天道观”

---

① 丁四新，龚建平：《中国哲学通史・秦汉卷》，江苏人民出版社2021年版，“导言”第8–26页。本文凡暗引或概括引用此卷文字，大多见于“导言”部分，少数见于此卷相关部分。

② 丁四新、龚建平：《中国哲学通史・秦汉卷》，江苏人民出版社2021年版，第644页。

为总摄，来观照和梳理秦汉时期的哲学思想。作者指出，“在汉代，‘天道’成为一个表示‘普遍原理’的概念，它贯穿于古人的宇宙观、价值观和人生观之中，而汉人即以‘天道’作为人事的根本依据和原理”。结合汉代黄老学和儒学等思想流派及其代表性著作来看，作者的这种见解，确实把握到了汉代哲学与思想的核心。也正因为如此，此卷一改过去同类著作的沉冗、散漫印象，而使得本书的叙述变得有趣、有序和明亮起来。

除以上所论五条，此卷还有许多其他的特点和优长。例如，在章节的安排上，新著打破以往的惯例，将《吕氏春秋》的位置调后，以“从秦国到秦朝：以法家为主导的政治哲学”为全书的第一章。这种安排不仅更贴合历史自身与思想发展的先后顺序，而且更加凸显了政治哲学作为秦汉时期首要议题的特殊地位。又如，在材料的选用上，新著不仅对传世文献做了细致的遴选，对出土文献（如马王堆帛书《经法》《十六经》《称》《道原》与帛书《易传》等）也进行了积极、合理的运用。另外，本卷在总体上除了以秦代、西汉和东汉为主导线索外，还辅之以汉代经学发展的逻辑。这也是本书写作很成功的原因之一。

总之，与以往同类型著作相较，《中国哲学通史·秦汉卷》无论是在研究心态、观念、方法还是在章节设置、具体叙述和诠释上都取得了明显进步，有了质的变化。毫不夸张地说，通过该卷的叙述，秦汉哲学不再是以往所显示的那种可憎可恶的邋遢、塌陷形象，而是换了一副新面孔，具有新时代气象。而此卷因此可以成为中国哲学史，特别是秦汉哲学史书写的一个新范本，并为以后的秦汉哲学史研究提供新的起点。

（原为《主体性的彰显：中国哲学史的新书写》一文第四节，载《孔子研究》2022 年第 2 期）

重写汉代之哲学

——《中国哲学通史·秦汉卷》的哲学突破

温海明　袁传志

当代中国哲学的研究，正在从学术史和文献学研究方法，转向注重中国哲学本身的研究，也就相应地超越之前的中国哲学史研究范式。相对于部分《中国哲学史》专著或教材[①]对汉代部分的哲学研究，丁四新、龚建平著《中国哲学通史·秦汉卷》[②]对以往汉代哲学研究多有推进[③]。丁四新、龚建平等对汉代哲学的研究，注重汉哲学思维本身，实现了哲学突破。可概括为三点：第一，《中国哲学通史·秦汉卷》在书中突出了“汉思维”哲学思考方式，确定了基于阴阳五行的“天道观”作为汉哲学思维核心，抓住了汉哲学思维的主线，在宇宙论和形上学方面有所突破。第二，《中

---

① 其他的《中国哲学史》教材包括但不限于：任继愈主编:《中国哲学发展史（秦汉）》，人民出版社 1985 年版。冯友兰:《中国哲学史新编》，人民出版社 1998 年版；北京大学哲学系中国哲学教研室:《中国哲学史》（第二版），北京大学出版社 2003 年版；冯达文、郭齐勇主编:《新编中国哲学史》，人民出版社 2004 年版；张立文、罗安宪主编:《中国哲学史教程》，中国人民大学出版社 2021 年版；郭齐勇编著:《中国哲学史》，高等教育出版社 2006 年版；詹石窗主编:《新编中国哲学史》，中国书店出版社 2002 年版。

② 丁四新、龚建平:《中国哲学通史·秦汉卷》，江苏人民出版社 2021 年版。

③ 丁四新、冯鹏在《主体性的彰显：中国哲学史的新书写》（《孔子研究》2022 年第 2 期，第 24–26 页）一文中已经进行了讨论，本文从读者的角度，认为还可进一步讨论。

国哲学通史·秦汉卷》结合学界既有的研究成果，扬弃旧的研究范式和话语体系，尝试构建新的哲学研究范式，如政治哲学、生命哲学、宗教哲学等。第三，《中国哲学通史·秦汉卷》对汉代的易学哲学进行了深入研究，重视易学在汉代哲学中的重要地位，相比较前人的研究也有较大突破。总之，丁四新、龚建平所著《中国哲学通史·秦汉卷》试图以汉代哲学史写作为基础，突破之前的汉代哲学研究范式。文章结合《中国哲学通史·秦汉卷》一书的具体观点，着重从以上三个方面讨论丁四新、龚建平等对汉代哲学研究，尤其是对汉代易学研究的哲学突破。

一、突出"汉哲学"思考方式：以阴阳五行"天道观"为核心

近现代以来，救亡图存成为中国历史时代的主音，所以很多知识分子攻击古代，几乎整体性地否定中国古代哲学思想，这种中国学术界对中国哲学的否定，几乎是对西方将中国哲学的思想归于"汉思维"的一种彻底否定[①]。相应的，中国学界对"汉思维"方式的否定，也影响到西方汉学界，导致"汉学"的研究越来越没有哲学意味，造成了明显的负面影响。

其中对汉代哲学的批判可谓最为负面。似乎站在科学主义的立场，本着所谓的科学精神就应该把古代的非科学主义说成是"迷信"，其实这种科学主义的视角来自西方文明的强势影响，从笛卡尔开始的主客二分法，牛顿物理学的三维坐标，严格的因果律横行常识世界，让人文研究充满科学主义精神，否则就是非科学的，汉代的科学萌芽不幸成为"前科学"或者"非

---

① 参见郝大维、安乐哲著，施忠连译：《汉哲学思维的文化探源》，江苏人民出版社1999年版。

科学”的攻击目标，甚至有标签化的倾向。[①]《中国哲学通史 · 秦汉卷》则“彻底抛弃了曾经长期笼罩在秦汉思想论述上的启蒙心态和买办心态。”[②] 从同情之了解的态度出发肯定了汉代的哲学精神与科学精神。

与对汉代哲学的负面批判倾向相比，《中国哲学通史 · 秦汉卷》明显突出了“汉思维”的哲学思考方式，“汉思维”即是汉代哲学奠定的中国古代哲学的基本框架，具体表现就是基于阴阳五行的思维方式。由于各种原因，许多国人自己把阴阳五行相关的一切，如“中医”都打入冷宫。虽然汉代经学建立了理智之学（科学的前身），比如易纬卦气、纳甲理论都以古代的天文学做基础，体现出古人对宇宙规律加以把握的努力，开辟了智慧之学的系统，进而鼓励人们修德配天，把儒家的价值追求理念与科学探索结合起来。可是这样的思维方式，因为与科学主义的世界观有距离，往往受到来自理性主义和科学主义立场的很多批判，甚至有“政治正确”的意味，似乎不批判本身就是一种错误的认识。

其实，无论如何批判，汉代哲学的特质并不会变质，也不会褪色。汉代宇宙论有图式化的倾向，由当时的儒生与方士所共有。《周易》先秦时代“推天道以明人事”的哲学精神，到汉代已经成为常识，认为天道与人事相互影响是非常自然的事。先秦阴阳家建构了一套宇宙观，到汉代时与象数易学融合，形成了一套丰富复杂的象数图式。阴阳的观念，配以五行、四方、四时、五音、十二月、十二律、十天干、十二地支，形成了一套精妙对应，但繁复的宇宙象数图式。阴阳五行之学，先是为了解释宇宙万物的变化，

---

① 相比于大量的批判先行的汉代哲学讨论，中国读者对于葛瑞汉《论道者》当中关于汉代哲学思想的书写，就容易觉得耳目一新，其实最重要的关键，正是因为西方人对于汉代的学问有一种尊敬和同情的了解。葛瑞汉把汉人的思维方式称为关联性思维（correlative thinking），认为汉代人开启的中国思维方式与西方的分析方法，因果思维不同，虽然是前科学的，但不可被贬低。而且，葛瑞汉认为西方人无法解决天人之间的张力，但汉代哲学通过天人感应、天人合一解决了。参见葛瑞汉著，张海晏译：《论道者：中国古代哲学论辩》，中国社会科学出版社 2003 年版。

② 丁四新、冯鹏：《主体性的彰显：中国哲学史的新书写》，《孔子研究》2022 年第 2 期。

其后历法、音乐、医学、算术等无不援以立说，成为中国古代科学的基础。一直到西方科学传入之前，以阴阳五行为基础的象数图式构成了中国人现实生活的科学基础。

汉代经学是对先秦天人哲学的继承与发展，与孔子“五十而知天命”、荀子“制天命而用之”的自然之天，孟子“尽心知性知天”的义理之天相通。到了汉代，哲学家继续讲究顺天命，建立的哲学体系都是为了“通天人之际”，运用的理论框架是阴阳五行。可以说，汉代经学丰富了中国哲学的话题，其中“天道观”无疑是汉哲学思维的核心。汉代哲学围绕“究天人之际”的主线，扩充关于人事和伦理的理念，并变成普遍性的、充塞宇宙的“天”观念。可以说，中国的哲学从人事进入宇宙和天地，建构起人与宇宙天地的沟通架构，在究天人之际的基础上，上升到天道法则的高度，汉代经学哲学作出了杰出的贡献。而从《中国哲学通史·秦汉卷》的行文讨论中，我们看到了“汉思维”的哲学思考方式在本书中的回归。

关于《淮南子》的研究，特别能够说明论者是否同情中国古代哲人的思维方式，在这个问题上，可以看到一个非常吊诡的现象，诸多大陆研究《淮南子》的著作，以批评和批判的态度为多，作为一本汲取了各家思想的著作，诸多研究试图希望能够将《淮南子》归宗一家，或道家，或儒家，或杂家，对其中的杂糅儒、墨等家的成分也持批判态度。而西方的《淮南子》研究悬置这些争论，给出非常积极的评价，研究成果也令人耳目一新，如安乐哲（Roger T. Ames）认为此书“能够超越思想派别之纷争，融合各派思想之精义”是一本晚周以来的集大成之作。[①]《中国哲学通史·秦汉卷》的研究，展现了对《淮南子》充分的同情之理解，《中国哲学通史·秦汉卷》悬置有关“归道归杂还是归儒”的思想史讨论，主要从宇宙论、自然论、性命论、道德论四个方面对《淮南子》的哲学思想进行了细致介绍，认为“从气本原、

---

① 安乐哲著，滕复译：《中国古代的统治艺术——〈淮南子·主术〉研究》，江苏凤凰文艺出版社 2018 年版。

本体、本能所作的不确定的本性、本质规约，以此天生塑造的自然神、自然物、自然人所得的确定的形象、形式说明，进而由社会人研判其历史、现实与精神凝结的情志及散发的灵感，以此人文质感，意志推证社会群体的道德、仁义与政治群体的利益、法度”[①]。任继愈《中国哲学发展史》认为《淮南子》的宇宙论以“道”为核心，[②]而丁四新认为以“气”为核心，多有创见。《中国哲学通史·秦汉卷》专门讨论了《淮南子》对儒家思想的吸收，并讨论了儒道之间的互补性，进一步推动了对《淮南子》哲学的讨论和研究。

《中国哲学通史·秦汉卷》第四章研究了董仲舒的天人感应哲学，任继愈《中国哲学发展史》将董仲舒的思想概括为“神学体系”[③]。北大哲学教研室版本的《中国哲学史》也持这一观点，认为“天人感应”是“神学目的论”[④]，天人感应确实具有其神秘性的一面。但是《中国哲学通史·秦汉卷》着重发掘了“天人感应”所具有的宇宙论内涵，认为董仲舒充分吸收和发展古代阴阳五行观念，揭示了天人感应的宇宙秩序的“作用机制是五行阴阳合力作用于四时和以类相动的感应机制”[⑤]。运用阴阳五行的思维观念解释天人感应的运行机制，体现了对汉思维的贯彻与回归。在此基础上，董仲舒提出了性三品说的人性论，“深察名号”的认识论以及君权神授的政治哲学观点[⑥]。《中国哲学通史·秦汉卷》强调这一系列观点的最终哲学依据都来自于天人感应的宇宙论哲学，并始终贯彻着阴阳、五行的原理，如“深察名号”的认识论是道德实践的基础，而这一观念是“天人感应中

---

① 丁四新、龚建平:《中国哲学通史·秦汉卷》，江苏人民出版社 2021 年版，第 191 页。
② 任继愈主编:《中国哲学发展史（秦汉）》，人民出版社 1985 年版，第 253 页。
③ 任继愈主编:《中国哲学发展史（秦汉）》，人民出版社 1985 年版，第 321 页。
④ 北京大学哲学系中国哲学教研室:《中国哲学史（第二版）》，北京大学出版社 2003 年版，第 123 页。
⑤ 丁四新、龚建平:《中国哲学通史·秦汉卷》，江苏人民出版社 2021 年版，第 160 页。
⑥ 丁四新、龚建平:《中国哲学通史·秦汉卷》，江苏人民出版社 2021 年版，第 152–189 页。

天意在人间的社会投射”[1]。对于董仲舒的研究展现了《中国哲学通史·秦汉卷》以阴阳五行解释天道的汉哲学思维。

《中国哲学通史·秦汉卷》第八、九章对刘向、刘歆、严遵、扬雄等的宇宙论看法多有新见。作者超越对文本基本含义的解读，深入发掘基本观点背后所反映的宇宙论等思想。首先，不同于其他诸多版本，《中国哲学通史·秦汉卷》将刘向、刘歆二人加入讨论，展现了从以阴阳观念向五行观念的转变，刘向、刘歆二人是以“五行”论述灾异学说、德运观念的代表人物，刘歆构建了以太极元气为本体，以阴阳五行为生化法则的宇宙论[2]，并且将“数”作为天道展开的基本规范，如九六之数、三统三正等，展现了对“以阴阳五行理解天道”的汉哲学思维的内在转变。其次，严遵通过区分形上界与形下界展开其宇宙生成论，认为“道”“德”“神明”“太和”贯通形上与形下，并提出了有生于无、实生于虚、气化分离、相因与因借、自生自化的生成法则。最后，扬雄之宇宙论以“玄”为中心，并以浑天说主导，辅以盖天说，以五畴九类的思维方式为关联天地万物的原理，等等。二人的思想在形式上展现了与刘向、刘歆的相似性，如对五行、九类等“数”的强调。《中国哲学通史·秦汉卷》的叙述与阐发，既有历史的考据，更有哲学的反思，超越文本表面的基本意思而深入展现其中的哲学内涵。

《中国哲学通史·秦汉卷》第十章讨论桓谭和张衡的哲学思想，其中对张衡哲学思想的讨论很有特色。张衡职为史官，在后世以发明“地动仪”闻名。作为一名研究天文历法的思想家，其思想中必然蕴含着对宇宙的认识以及较为成熟的天道观念，但是鲜少有人注意到其文字背后的哲学思想。冯友兰在《中国哲学史新编》中讨论了张衡“反对谶纬”的思想、天文学与宇宙形成论[3]，但以介绍为主，并未做过多分析。在此基础上，《中国哲

---

① 丁四新、龚建平:《中国哲学通史·秦汉卷》，江苏人民出版社 2021 年版，第 174 页。

② 丁四新、龚建平:《中国哲学通史·秦汉卷》，江苏人民出版社 2021 年版，第 322-342 页。

③ 冯友兰:《中国哲学史新编》中卷，人民出版社 1998 年版，第 328 页。

学通史·秦汉卷》则更加系统地介绍和梳理了张衡的思想内容和哲学内涵，从多方面总结了张衡“寻绪本原”的宇宙生成论、“八极之维”的宇宙结构，并进一步讨论了张衡“事依礼制”的政治哲学和“与仁义乎逍遥”的人生哲学。《中国哲学通史·秦汉卷》认为张衡的宇宙论结构展现了哲学精神与科学精神的交相辉映[①]，对于张衡的这一定位较准确，超越了冯友兰“科学的精神”[②]的评价。

《中国哲学通史·秦汉卷》第十一章讨论《白虎通德论》的儒家理论系统和经学神学化的进一步加强。该书研究了《白虎通德论》产生背景，说明图谶之学有助于深奥的儒学义理世俗化，犹如今天的白话注解，现代新诠。在宇宙论哲学方面体现出“创造性和灵性”，将理论的思考落实到制度规范和具体行为。将宇宙论的抽象玄思落实于实践维度，颇有几分将天道、天意实化的意味。《中国哲学通史·秦汉卷》认为《白虎通德论》承袭董仲舒天人感应论，将今文经学神秘化，谶纬神学法典化，其中关于社会伦理的“三纲”“六纪”的思想影响深远。《中国哲学通史·秦汉卷》对《白虎通德论》的气论和五行的研究比较深入，根据五行的旺相休囚死提出“五行更王说”，从五行生克解释社会治乱变迁。《白虎通德论》发挥“阳尊阴卑”的思想，将“一阴一阳谓之道”落实到人伦关系中，将汉代宇宙观人伦化，为传统社会的人伦秩序提供理论依据。其理论特质是关系重于个体性，人的社会关系决定社会角色，亦决定其行事的伦理守则，人行事的自由意志是受其社会关系制约的。《中国哲学通史·秦汉卷》深入检讨了五伦关系的得失，深刻揭示了三纲、五伦之于中国古代社会的重要性，如“维系着

---

① 参见丁四新、龚建平：《中国哲学通史·秦汉卷》，江苏人民出版社 2021 年版，第 433—450 页。

② 冯友兰：《中国哲学史新编》中卷，人民出版社 1998 年版，第 330 页。

社会所需要的平衡”[①]，同时也批判了其中的落后，如“男性中心论”[②]。《中国哲学通史·秦汉卷》的评论并不一味地否定，也肯定其中的合理之处以及可同情之理解的内容，比较客观中肯。

《中国哲学通史·秦汉卷》第十二章研究王充的自然哲学。王充挑战谶纬神学的无稽之谈，以批判当时主导意识形态为己任。虽然他在哲学上并没有突破汉代形上学所达到的高度，持论也是破多立少，但其人卓有见地，其“疾虚妄”所彰显的独立不惧的著述气概独树一帜。王充认为“元气”是天地万物的基础。气是物质，“天地，含气之自然也”，没有意志。万物都在天地之中，是元气的变化形式。强调天既没有意志，也不跟人事发生感应。这是无神论思想。该书进而讨论其认识论和历史宿命论、自然命定论、人性论等哲学问题。该书对王充自然哲学的讨论，诸多看法较前人有所突破，如进一步论证了劳思光“‘天’词义甚为模糊”的观点，认为王充天道观杂糅了道家自然义与儒家道德义[③]。又进一步发挥了劳思光认为王充“对‘价值根源问题’全无立场”的结论，认为王充将自然无为和道德仁义相表里，展现了其对世俗道德的批判倾向[④]。同时，《中国哲学通史·秦汉卷》较为深刻地指出了王充思想中的模糊立场和复杂性内容，并进行了细致梳理，并对其不足之处给出了中肯评价。

二、建构新的哲学研究方式：政治、生命、宗教哲学

随着哲学与哲学史观念的变化，对中国古代哲学研究视域的拓宽，新的研究范式、研究角度也在不断形成。这也是《中国哲学通史·秦汉卷》

---

① 丁四新、龚建平：《中国哲学通史·秦汉卷》，江苏人民出版社2021年版，第487页。

② 丁四新、龚建平：《中国哲学通史·秦汉卷》，江苏人民出版社2021年版，第490—491页。

③ 丁四新、龚建平：《中国哲学通史·秦汉卷》，江苏人民出版社2021年版，第500页。

④ 丁四新、龚建平：《中国哲学通史·秦汉卷》，江苏人民出版社2021年版，第504页。

要进行新的研究和写作的重要原因。在《中国哲学通史·秦汉卷》中，对比前人的研究成果，我们可以发现其开拓了诸多新的秦汉哲学研究范式，如政治哲学、生命哲学、宗教哲学，等等。汉代的哲学在历史上的最大特点就是离不开汉代纷繁复杂的宇宙图式，但他们更为深沉的情怀都是要追溯社会秩序和个体命运的终极根源，如此一来，从政治哲学（社会秩序）和生命哲学（个体生命）等角度将秦汉关于天道和人道两者的紧张推衍到极致，形成天人关系在公共政治、个体生命上的不同维度，或者合一，或者相分。此外，“宗教哲学”也在对道教的研究中展开深化。

既往的诸多哲学史版本，如任继愈《中国哲学发展史》并未明确提出秦汉时代的政治哲学等问题，只对一些人物的政治社会理想有所涉及，但不是明确的政治哲学或生命哲学分析。北大中哲教研室《中国哲学史（第二版）》、张立文《新编中国哲学史》、冯达文、郭齐勇合著《新编中国哲学史》等皆是如此，这些著作都停留于对思想内容的梳理和介绍，没有明确提出政治哲学、生命哲学的观点，一方面是受限于篇幅，另一方面也说明当时对于汉代哲学研究尚未开拓至这一层维度。而在《中国哲学通史·秦汉卷》中秦汉思想的哲学维度得到了充分的揭示。《中国哲学通史·秦汉卷》深入发掘秦汉哲学中的“政治哲学”“生命哲学”“宗教哲学”等维度，对于牟宗三“两汉经学之中较少哲学问题”[①]的论断持反对态度[②]。展现出了《中国哲学通史·秦汉卷》构建新的汉代哲学研究范式的努力。

（一）政治哲学

《中国哲学通史·秦汉卷》几乎在对每个人物、著作的研究中，都强调了其思想的政治哲学维度，这是符合思想史与社会现实背景的。不仅秦汉时代，中国哲学史上每一个时代的哲学都与现实的政治与社会密切相关，

---

① 牟宗三：《中国哲学十九讲》，上海古籍出版社 1997 年版，第 213 页。

② 丁四新、冯鹏：《主体性的彰显：中国哲学史的新书写》，《孔子研究》2022 年第 2 期。

这一点在秦汉时代体现尤为明显。且《中国哲学通史·秦汉卷》强调这种政治哲学的展开都有其宇宙本体论依据，同时具有很强的现实关怀。《中国哲学通史·秦汉卷》将有关天道本体的抽象思考和现实的政治关怀打通，使秦汉哲学的研究变得更加丰富、全面。

在《中国哲学通史·秦汉卷》导言部分，丁四新认为“法家哲学属于政治哲学”①，《中国哲学通史·秦汉卷》的第一章到第三章突出了秦朝的法家哲学。既往学者对中国哲学通史的研究，对于秦朝的哲学往往一带而过，或作为战国尾声并入先秦研究，或作为汉代先声简要讨论，因此《中国哲学通史·秦汉卷》提出秦代哲学的分段，使中国哲学史的“模糊地带”更加明确，具有开创性，并突出了秦朝法家哲学的特殊性。《中国哲学通史·秦汉卷》通过深入解读睡虎地秦简等出土文献资料，讨论了秦代法治主义的强化，开创性地阐发了秦始皇的哲学思想。对于李斯后期提出具有极端法家倾向的“督责之术”，《中国哲学通史·秦汉卷》也表达了同情之理解。

关于董仲舒政治哲学，该书抓住公羊学的核心，讨论春秋大一统、天地之常经、古今之通谊、天人感应等公羊学基本理念。《中国哲学通史·秦汉卷》对董仲舒政治哲学的研究，讨论了董仲舒对“政治正当性根据与统治合法性原则”的观点。既往的研究成果也注意到了董仲舒的政治哲学思想，但是主要集中于对其思想内容的介绍，《中国哲学通史·秦汉卷》则上升到了哲学问题意识的高度，所以更具有哲学意味，这种研究哲学的角度，是其他版本哲学史所较少体现的。

《中国哲学通史·秦汉卷》第十三章研究王符、崔寔、仲长统、徐干的哲学思想并有所推进。一般而言，秦汉的思想家在政治上也具有一定的官职和身份，如具有汉武帝“帝师”角色的董仲舒，淮南王刘安主持编纂的《淮南子》，等等，一直在做较为低级官吏的王充，基于其官吏的身份而提出有关政治的思想与哲学，可谓合情合理。但是相对于其他人，王符、

---

① 丁四新、龚建平：《中国哲学通史·秦汉卷》，江苏人民出版社 2021 年版，第 1 页。

仲长统、徐干、崔寔“或终身不仕，或虽仕而时间并不长”[①]，但是他们的思想仍然具有强烈的现实关怀，远离政治却能够思考政治，这也体现了中国古代思想家的使命感和责任感。这几位思想家在其他版本的哲学史研究中，或没能注意到，或直接忽略，但是《中国哲学通史 · 秦汉卷》能够充分发掘具有代表性的几人，呈现其政治哲学思想，进行细致梳理和介绍，并做出中肯评论。类似的政治哲学研究性突破还体现在对贾谊、《二三子问》、刘向、严遵、桓谭的讨论中。

（二）生命哲学

汉代哲学家提出各种复杂的宇宙图式和天道观念，一方面落实于政治制度和社会秩序，另一方面也落实于个人的生命和存在，构成了秦汉时代天人观念的另一重要面向。《中国哲学通史 · 秦汉卷》认为秦汉时代形成了“元气自然论和以精气神为中心的新生命哲学观念”[②]并在具体的人物、著作分析中展开了对秦汉时代生命哲学的讨论。

《吕氏春秋》的生命哲学以“贵生和重己”为核心，《中国哲学通史 · 秦汉卷》一方面论述了其生命哲学的主要内容，另一方面也分析了其生命哲学与政治哲学的关联，认为《吕氏春秋》“试图确立以生命为本，以己我为重的生命哲学观念，但是另一方面又将生命纳入政治哲学中来讨论”[③]。同时《吕氏春秋》中也包含政治哲学的观念，《中国哲学通史 · 秦汉卷》对这两层维度都进行了深入分析。任继愈在《中国哲学发展史》中也讨论了《吕氏春秋》的生死观、养生之道以及社会政治理想，但是并没有明确的生命哲学与政治哲学观念，前者侧重于思想史内容的梳理，后者则侧重于哲学意识的分析，这是《中国哲学通史 · 秦汉卷》哲学性更为厚重的体现。

《中国哲学通史 · 秦汉卷》也重点分析了《淮南子》的生命哲学，淮

---

① 丁四新、龚建平：《中国哲学通史 · 秦汉卷》，江苏人民出版社 2021 年版，第 551 页。
② 丁四新、龚建平：《中国哲学通史 · 秦汉卷》，江苏人民出版社 2021 年版，第 28 页。
③ 丁四新、龚建平：《中国哲学通史 · 秦汉卷》，江苏人民出版社 2021 年版，第 81 页。

南子的生命哲学以“性命之情”为核心，认为其“生命哲学的内蕴是宇宙自然之气，其表征是万物性命之情”[①]。《中国哲学通史 · 秦汉卷》关注当前生命哲学研究存在的问题，认为对《淮南子》生命哲学，“太多的解读游离此基本内涵及其表现，注入西学分科体系建构的认知模式来规范其本义与用意。”[②]《中国哲学通史 · 秦汉卷》则着力突破此种固化的认知模式。如冯友兰认为《淮南子》是“形神二元论”[③]，但《中国哲学通史 · 秦汉卷》认为“生命的基源看似‘道’而实为‘气’，其机制本为‘气’而实为‘道’，构成似为三元（形气神）实为一元。”[④]这一形气神三元而一元的分析，显然超越了形神二元判断，也彰显了哲学思想本身的系统性和复杂性。

《中国哲学通史 · 秦汉卷》推进了严遵《老子指归》的哲学研究[⑤]，特别是对《老子指归》生命哲学[⑥]的研究多有新意。《中国哲学通史 · 秦汉卷》从形神论切入，认为“对于道家而言‘生命’或‘生命体’的问题也就是形神问题。”[⑦]《中国哲学通史 · 秦汉卷》认为《老子指归》回答了“生和生命来自何处”“如何是生”“何谓神明”等问题，并指出“解决人的生命性的根源，乃是道家生命哲学的核心问题之一”[⑧]。这些具有深刻哲学性的分析，是其他哲学史著作没能注意到的。此外，《中国哲学通史 · 秦汉卷》在对《白虎通德论》等章节分析中，也在不同维度上呈现了生命哲学的内容。

（三）宗教哲学

《中国哲学通史 · 秦汉卷》对宗教哲学的研究主要集中于对道教哲学

① 丁四新、龚建平：《中国哲学通史 · 秦汉卷》，江苏人民出版社 2021 年版，第 207 页。
② 丁四新、龚建平：《中国哲学通史 · 秦汉卷》，江苏人民出版社 2021 年版，第 207 页。
③ 冯友兰：《中国哲学史新编》中卷，人民出版社 1988 年版，第 171 页。
④ 丁四新、龚建平：《中国哲学通史 · 秦汉卷》，江苏人民出版社 2021 年版，第 208 页。
⑤ 丁四新、龚建平：《中国哲学通史 · 秦汉卷》，江苏人民出版社 2021 年版，第 352 页。
⑥ 丁四新、龚建平：《中国哲学通史 · 秦汉卷》，江苏人民出版社 2021 年版，第 368 页。
⑦ 丁四新、龚建平：《中国哲学通史 · 秦汉卷》，江苏人民出版社 2021 年版，第 370 页。
⑧ 丁四新、龚建平：《中国哲学通史 · 秦汉卷》，江苏人民出版社 2021 年版，第 372 页。

的讨论，第十六章研究了《太平经》和《老子想尔注》的哲学思想，并明确提出了两部经典的宗教哲学内涵，相比较前人著作，可谓一个新的突破。《太平经》成于西汉成帝年间，继承发展元气说、四时五行、旺相休囚、一分为二、三和相通，提出太平世道要修行成仙，方法是守一和胎息等。《中国哲学通史・秦汉卷》认为《太平经》处于从道家哲学到道教思想的过渡阶段，并分析了《太平经》宗教理论的哲学基础，相比较前人只梳理宗教理论更进一步。《老子想尔注》是五斗米道（符箓派）重要典籍，强调守一即守道，守一须守诚实，守诫可成仙，提出帝王行道。《中国哲学通史・秦汉卷》认为《老子想尔注》通过解释《老子》而将其宗教化、神学化，并从道体、道气、道诫等方面系统梳理了其中的宗教思想。

《中国哲学通史・秦汉卷》指出，学界通常将《太平经》《老子想尔注》《周易参同契》并列为早期道教的三大经典①，《中国哲学通史・秦汉卷》最后一章对前两部进行了深入细致的研究，但却忽略了对《周易参同契》的研究，只在论述虞翻易学时略有提及②，不能不说是一个遗憾。实际上，《周易参同契》的道教经典价值和哲学思想同样重要深刻，《周易参同契》在历史上被称为"万古丹经王"，但汉代哲学书写往往都不同情其中的哲学结构，反而因为此书与道教修炼有关系而认为是神秘主义。因此想要彻底摆脱旧研究范式和话语体系，需要引入新的哲学观，才能说明《周易参同契》是有哲学思想的，但因为理解经文本身就很有难度，所以要先梳理经文。《周易参同契》是杂、通、合《周易》、儒理、炼丹功理等多家学说而成。该书以汉代象数易学为基础，融合天文律历图谶等宇宙论内容，以修炼内丹为指归、养生长寿为目的，通过阐发阴阳二气运行的理论，说明修炼的功理及功法。该书从不同维度丰富了汉代的宇宙观念和生命哲学。因此，研

① 丁四新、龚建平：《中国哲学通史・秦汉卷》，江苏人民出版社 2021 年版，第 699 页。
② 丁四新、龚建平：《中国哲学通史・秦汉卷》，江苏人民出版社 2021 年版，第 658-659 页。

究汉代的道教哲学和哲学史不可绕过《周易参同契》[①]。此外，《中国哲学通史·秦汉卷》还呈现了历史哲学、人生哲学、认识论等不同的研究范式，这些都展现了《中国哲学通史·秦汉卷》从新的研究范式推进秦汉哲学研究的努力。

三、推进汉代易学哲学研究，论证易学思维的哲学特质

汉代宇宙论主要通过易学思想的解读来体现。汉代宇宙论的发展与阴阳家的灾异思想并行不悖，谈论宇宙模式的目的是为了预测人事的吉凶，从董仲舒、孟京到《易纬》都是如此。董仲舒将天拟人化，将阴阳家的思想与《春秋公羊传》的政治哲学相结合。孟京将卦气、八宫、纳甲、飞伏等象数易学体系发展完善，使易学图式化达到高峰。《易纬》则进一步将象数易学推广到对人事的解释上。

《中国哲学通史·秦汉卷》第七章讨论《周易》哲学与谶纬思潮，这部分对过去易学宇宙论的研究有明显丰富和发展。过去易学宇宙论的研究往往不能把易学和哲学结合到位，本书可谓大有推进。如《中国哲学通史·秦汉卷》认为，阴阳家讲阴阳灾异的盛行，易学家采用其话语体系提出自己的解释，同时也推动了易学本身的发展。丁四新注意到《周易》经学地位的变迁[②]，认为《京氏易》立于学官，是《易》阴阳灾异说得到官方正式肯定的标志。在《周易》经学变迁的过程中，形成了师法和家法的不同流派，丁四新给出了较为客观的评价。同时，应当看到，丁四新的对汉易的梳理和讲解，既突破了师法，也突破了家法，而形成了自己的“丁家”讲法。

西汉末年（王莽摄政至东汉光武、明、章三帝时期），用阴阳灾异之

① 关于《周易参同契》哲学思想的专门研究，参见温海明：《新古本周易参同契明意》，上海三联书店 2022 年版。

② 丁四新、龚建平：《中国哲学通史·秦汉卷》，江苏人民出版社 2021 年版，第 248-250 页。

说来解释、演绎、附会经典的谶纬大行其道。《纬书》将儒家经典宗教化，把儒家经典推崇的帝王、圣人神秘化为超凡脱俗的神仙，如《尚书纬》视《尚书》有代天立言的神秘意味，《春秋纬》把孔子说得神乎其神。经学神学化的特点是图谶化，河图在《尚书》《周易》《论语》都有，《易纬》进一步发挥乾坤、卦气、爻辰说，发挥易有三义：效（象）易、变易、不易，从而确立《易纬·乾凿度》的象数之学[①]。《中国哲学通史·秦汉卷》在前人研究的基础上，特别发掘了《易纬》中的宇宙本体论。这部分研究深入细致，条理清楚，本着客观的学术态度，实事求是，没有强加价值判断，可以说是对谶纬哲学研究的一大推进。

易学是西汉时期哲学的重要组成部分。丁四新对易学哲学的研究，突破了很多早年的看法。以朱伯崑《易学哲学史》为对照，朱伯崑《易学哲学史》四卷共 1910 页[②]，其中第三章《汉代的象数易学》共 112 页[③]，占大概二十分之一的篇幅，可以说没有达到其论断“汉代是易学发展的一个重要阶段”[④]的重视程度。相比之下，《中国哲学通史·秦汉卷》与易学有关的第七、八、九章和第十五章是丁四新撰稿，第十四章关于荀悦的是龚建平撰稿，篇幅上达到 235 页，从数量上可见《中国哲学通史·秦汉卷》在写作当中对汉代易学较为重视。

对比朱伯崑和丁四新对汉代易学相关问题的研究。朱伯崑反对传统卦象与卦爻辞有逻辑关系的看法，同意近人认为卦爻辞本来就是筮辞，所以筮辞跟卦象本身没有逻辑关系[⑤]，朱伯崑重视郑玄的“五行说”[⑥]，丁四新

① 丁四新、龚建平：《中国哲学通史·秦汉卷》，江苏人民出版社 2021 年版，第 310-319 页。

② 朱伯崑：《易学哲学史》，华夏出版社 1995 年版，第一卷 402 页，第二卷 598 页，第三卷 514 页，第四卷 396 页，共 1910 页。

③ 朱伯崑：《易学哲学史》第一卷，华夏出版社 1995 年版，第 113-245 页。

④ 朱伯崑：《易学哲学史》第一卷，华夏出版社 1995 年版，第 113 页。

⑤ 朱伯崑：《易学哲学史》第一卷，华夏出版社 1995 年版，第 11 页。

⑥ 朱伯崑：《易学哲学史》第一卷，华夏出版社 1995 年版，第 199 页。

认为郑玄易学是“以乾坤爻辰说为中心的象数学”[①]，定位更为准确。同样，朱伯崑书说荀爽易学是“乾升坤降说”[②]，丁四新认为是“乾升坤降说和卦变说”[③]，强调的卦变说起源于荀爽，而朱伯崑只在虞翻部分谈到卦变[④]。丁四新注意到荀爽的卦变说[⑤]，但朱伯崑认为卦变说是虞翻继承荀爽的刚柔升降说后，才将卦气说引向卦变说[⑥]，相比之下，丁四新的说法更有道理。

关于卦变，高怀民认为荀爽的卦变说是不成熟的升降说，因为汉代只有两套卦变，一套是京房的八宫卦变，另一套是虞翻卦变说[⑦]。余敦康在《汉宋易学解读》中，从荀爽过渡到王弼，跳过了虞翻，且对荀爽以阴阳相交、二气感应解读多有批评[⑧]。类似的，林忠军对虞翻卦变说多有批评，认为其体系“十分不严密，不科学”“毫无道理可言，纯属附会”“一爻动生出两卦之例反映出虞氏卦变所使用的概念混乱及其体系的不严密”“露出破绽，令人难以置信”等[⑨]。朱伯崑在解释虞翻卦变说的时候，认为虞翻用卦变说来解释乾坤生六子[⑩]，解释“十二消息卦变为杂卦”[⑪]，解释旁通说，即六爻皆反[⑫]。朱伯崑在以蛊卦卦变为例评价虞翻十二消息卦生其他卦的卦变说时说道：“此种卦变说，无非是以爻象的变易解释蛊卦卦辞和《彖》文。此

---

① 丁四新、龚建平:《中国哲学通史·秦汉卷》，江苏人民出版社2021年版，第644页。
② 朱伯崑:《易学哲学史》第一卷，华夏出版社1995年版，第204页。
③ 丁四新、龚建平:《中国哲学通史·秦汉卷》，江苏人民出版社2021年版，第650页。
④ 朱伯崑:《易学哲学史》第一卷，华夏出版社1995年版，第211页。
⑤ 丁四新、龚建平:《中国哲学通史·秦汉卷》，江苏人民出版社2021年版，第651-653页。
⑥ 朱伯崑:《易学哲学史》第一卷，华夏出版社1995年版，第211页。
⑦ 高怀民:《两汉易学史》，广西师范大学出版社2007年版，第139页。
⑧ 余敦康:《汉宋易学解读》，华夏出版社2006年版，第101页。
⑨ 林忠军:《周易象数学史》，上海古籍出版社2022年版，第474-481页。林忠军:《象数易学发展史》，齐鲁书社1994年版，第200-203页。
⑩ 朱伯崑:《易学哲学史》第一卷，华夏出版社1995年版，第211-212页
⑪ 朱伯崑:《易学哲学史》第一卷，华夏出版社1995年版，第212-217页。
⑫ 朱伯崑:《易学哲学史》第一卷，华夏出版社1995年版，第217页。

种解释，颇具匠心，实际上与原意无涉，成为一种象数游戏。”[①] 他进而说道：“此种解释，煞费苦心，同样，尽其牵强附会之能事，将汉易进一步引向了烦琐哲学的道路。这也是象数之学的一大特征。”[②] 这样，朱伯崑不仅否定了卦变说，而且在否定卦变说的基础上，否定了象数易学，凸显了他义理易学的立足点。

虽然朱伯崑也肯定了卦变说是一个历史进步，是辩证思维的表现，而且“宋明时期的易学家和哲学家，都不否认卦变说”[③]，认为卦变说有一定的合理性。但相比之下，丁四新的评价更平实，更具有同情之了解，比如，他认为虞翻的卦变说“接着《彖传》和荀爽的卦变说来讲的，不过他的目的在于以乾坤为本根来推演八卦和六十四卦的生成，且在形式上变得更为规范、整齐和富于象数逻辑。……关于六十四卦的生成，虞翻认为乾坤先生出十二消息卦，然后由十二消息卦再生出六十四卦”[④]。对此，丁四新的评价是：“虞翻的卦变说在本质上是基于其自身之阴阳逻辑的推演。由此来看，虞翻的卦变说在性质上属于数理的，而不属于宇宙生成论的。后来，虞翻的卦变说成为宋人卦变说的基础。”[⑤] 可见，丁四新承认卦变说由《周易》自身阴阳推演而出，有其内在的合理性。

关于取象，朱伯崑和丁四新都注意到汉代逸象的问题，朱伯崑认为是随意设定的，且越来越繁杂，比如《焦氏易林》取象极其广泛，虽然有人认为取象道破了《周易》的奥秘，但朱伯崑认为：“同虞翻一样，自主体系，自圆其说，同《周易》卦爻辞本身的含义，并无多大关系。”[⑥] 相比之下，丁四新的评论更加平正合理：

---

① 朱伯崑：《易学哲学史》第一卷，华夏出版社 1995 年版，第 216—217 页。
② 朱伯崑：《易学哲学史》第一卷，华夏出版社 1995 年版，第 218 页。
③ 朱伯崑：《易学哲学史》第一卷，华夏出版社 1995 年版，第 220 页。
④ 丁四新、龚建平：《中国哲学通史·秦汉卷》，江苏人民出版社 2021 年版，第 656—657 页。
⑤ 丁四新、龚建平：《中国哲学通史·秦汉卷》，江苏人民出版社 2021 年版，第 658 页。
⑥ 朱伯崑：《易学哲学史》第一卷，华夏出版社 1995 年版，第 219 页。

> 逸象的大量增加，固然为虞翻注解《周易》带来了极大的方便，但也突出了其注解的随意性。而这种悍然突破经典（《说卦传》）界限的做法，其实不但得不到其他经师的赞许，反而在很大程度上会招致人们的严厉批评。①

丁四新注意到《说卦》是取象的根本，反对漫无根据地扩大逸象，同意运用卦变说解易，马恒君《周易正宗》② 就基本按照《说卦传》来取象，强调《说卦》的卦象在解经过程当中具有密码本的核心地位，无法撼动。同时，朱伯崑强调王弼解易受老庄玄学的影响③，这是比较外在化的视角，丁四新注意象数到义理的过渡有内在合理性。

对于月相纳甲说，朱伯崑认为其来源于京房易学和《易纬·乾凿度》④ 而《中国哲学通史·秦汉卷》则进行了进一步追溯，认为其源自于先秦的清华简《筮法》中《天干与卦》一节，京房的纳甲说亦源自于此。同时，基于月相纳甲说，《中国哲学通史·秦汉卷》进一步分析了虞翻与魏伯阳《周易参同契》的密切联系并指出“虞翻的月相纳甲说，是从魏氏月相纳甲说改作而来”⑤。《中国哲学通史·秦汉卷》的这种理解，可谓高屋建瓴，很有历史感和穿透力。

正是在这样的比较基础上，我们可以发现，《中国哲学通史·秦汉卷》对汉末象数易学的评价较为平实中正，在一定程度上修正了过去对汉代象数易学的否定性成见：

> 从经学和哲学的角度看，汉末易学象数学⑥ 最值得注意，其中以郑玄、荀爽、虞翻等为代表……从方法论来看，汉末易学有三大特点：其一，

---

① 丁四新、龚建平：《中国哲学通史·秦汉卷》，江苏人民出版社 2021 年版，第 663 页。
② 马恒君：《周易正宗》，华夏出版社 2019 年版。
③ 朱伯崑：《易学哲学史》第一卷，华夏出版社 1995 年版，第 245-249 页。
④ 朱伯崑：《易学哲学史》第一卷，华夏出版社 1995 年版，第 233 页。
⑤ 丁四新、龚建平：《中国哲学通史·秦汉卷》，江苏人民出版社 2021 年版，第 659 页。
⑥ 如林忠军《周易象数学史》（上海古籍出版社 2023 年版），一改之前所用的“象数易学”（林忠军：《象数易学发展史》，齐鲁书社 1994 年版）的提法。

汉末易学以求“象”为宗，其中虞翻最为典型……其二，汉末易学不但注重象数方法的运用和发明，而且注重梳理和建构各象数方法之间的逻辑关系……汉末易学象数学具有明显的系统性和统一性……其三，汉末易学注重“天象”和“天道”。①

丁四新对于汉代象数易学的持平之论看似平淡，但如果理解整个汉代象数易学在不懂易学的哲学研究者那边受到的忽视和误解，在懂易学的专家那边受到的无情批判和否定，我们就会理解，丁四新对于汉代易学的持平和公允之论是何其不易。

总的来说，丁四新突出了王弼义理之学之前的易学哲学的本相，比很多汉代哲学的易学研究部分都更接近易学本来的样貌，其诠释的分寸也拿捏得比较精准到位。汉代易学因其象数内容而极有难度，容易引发很多轻视和贬斥，殊不知，汉代象数易学其实是易学义理发挥的基础，对汉代象数易学，尤其是卦变易学，学者们仅研究还不够，还需要有能力合情合理地理解和解读，这不仅是汉代哲学思维特质的核心，也是中国哲学思维特质的集中体现。

四、结论

本文通过比较过去《中国哲学史》研究的秦汉部分，认为丁四新、龚建平著《中国哲学通史·秦汉卷》在多方面取得了哲学突破。《中国哲学通史·秦汉卷》突出了汉代哲学的思考方式，作为中国哲学独特的思维模式，这对于回到以中国哲学研究中国哲学史意义重大。《中国哲学通史·秦汉卷》从政治哲学、生命哲学、宗教哲学等多个角度力图突破现有的中国哲学研究范式，且取得了一定的成功，开拓了中国哲学史研究的新视野。《中国哲学通史·秦汉卷》重视易学哲学的研究，强调易学是秦汉哲学展开的

① 丁四新、龚建平:《中国哲学通史·秦汉卷》，江苏人民出版社2021年版，第18–19页。

思想基础，这些拓新都非常重要。

《中国哲学通史・秦汉卷》的研究一方面贯彻了天人合一、阴阳五行的易学思维，另一方面对于易学哲学进行了深入而系统的研究，这在诸多哲学史研究著作中独具特色。《中国哲学通史・秦汉卷》的研究说明了汉代哲学家如何从不同角度切入宇宙、人生与世界，构建出中国古代形上学的高峰。《中国哲学通史・秦汉卷》相对其他哲学教材来说，突出了汉代哲学的特点，尤其是宇宙论和形上学的维度，多方面实现了哲学突破。总之，该书的哲学性更强，论述更加客观公正，持平中和，让汉代哲学的哲学意味得到更好呈现。

（原载《国际儒学（中英文）》2023 年第 4 期）

编后记

王政杰　王巧生

人恒言“幸遇良师”，此言何谓也？盖人生道路常坎坷而多劳，分歧而易惘。若幸遇良师，受其鼓舞和感召，润溉与提撕，则多能奋发精进，于废惰中一鸣冲天，于犹豫中顿生果决，而于学于业皆有所成。师者，非徒授业解惑也！师者，传道传心，人之模范也！我二人受教于丁四新先生，实有类于此。

丁师敬爱师长，尊重学统，志笃情深；关爱学生，提撕后学。其为学也，好之乐之，发乎真心，出于自然；又强毅夹持，锐意进取，莫可阻挡也。作为后生小子，我二人坐享先生之德化，如沐春风，如遇甘霖。偶尔触感先生端严之气，即遽尔醒悟而奋发，沉潜而跃动，乃至砥砺前行，宁静以致远。丁师意志坚强，诚一无伪，尊学乐道，给人印象极深。我等门人小人皆以受教于先生为幸，为莫大之光荣。

丁师巨著等身，智慧盈宇，“瞻之在前，忽焉在后”。今我二人俯首听命，协理《远影碧空集》一书，先于同门而得窥先生之珠玑，甚喜甚乐，亦深感责任重大。是书主要述及先生在武大期间的学习和研究情况，兼及厦门大学时期。去年夏天，丁师欲借此书总结其人生经历，先后与我二人商议，由是有是书之董理也。书名“远影碧空集”取自李白诗句，意境阔大、悠远，甚契合于丁师之心境。是书包含访谈文章、纪念文章、序、跋、书评等，我们读后，受益匪浅。王政杰主要负责资料的搜集，王巧生主要负责初稿的校对。在丁师的亲自指导下，是书已整理完毕。若我们的工作尚有疏漏之处，敬请先生海涵。

感谢丁师赐此良机，让我们在编辑之余再披先生之德风慧雨！

癸卯年春末